世界で一番やさしい

建築計画［住宅編］最新改訂版

樋口善信=著

24

第1章 建て主と設計者の関係

第2章 実感力や観察力を養う

第3章 敷地を知る

第4章 建築計画のポイント

図・イラスト……樋口 善信
制作……タクトシステム
カバー・表紙デザイン……秋山 伸＋刈谷 悠三(schtücco)
印刷・製本……シナノ書籍印刷株式会社

第1章

建て主と設計者の関係

001

住宅の建築計画とは

Point 具体的なカタチにする前の「計画」は、住宅の方向性が決まる最も重要な段階である。

住宅の建築計画の「計画」には、大きく2つの意味がある。1つは、計画学としての調査・分析して、今後の指針となる住宅の方向性を示す学術的な「計画」と、もう1つは住宅を具体的なカタチに設計する前段階の「計画」である。本書では、後者の「計画」を対象にし、建築計画として、カタチにしていく過程を追っていく。

国が定めている一級建築士事務所の標準業務（報酬）では、大きく見ると、Ⓐ調査・機能的プログラム・規模の検証・企画→Ⓑ基本設計（機能的プログラムと空間、建築仕様・設備仕様、概算）→Ⓒ実施設計（詳細設計、各部の決定）→Ⓓ工事標準監理とⒺ付加的な業務、という流れになっている。本書では、ⒶとⒷを併せたものを基本設計段階にして、Ⓒ～Ⓔまでを実施設計および工事監理段階として扱う。

住宅づくりを進めるうえで、基本設計段階が最も重要である。なぜならば、この段階で、建物の方向性が決まってしまうからだ。与条件を整理して、設計方針を立案する。そして建て主へ建物のカタチを提出し、設計内容の摺り合わせを行う最も重要な段階である。同時に予算配分をこの段階で抑えることになる。

実施設計段階では、技術的な検討が多くなるが、基本設計段階には、プロジェクトの行方を決める重要な要件が詰め込まれているのである。

もちろん、設計を進めるうえでは、当初想定していない変更もあるだろう。しかし、実施設計段階で基本設計段階に立案した設計方針に関わるような変更があるならば、構造設計や設備設計、場合によっては法手続きに及ぼす影響が大きくなり、設計や法手続きに対する建て主の費用負担が増す場合もある。そうならないためにも、基本設計段階で建て主と建築計画の方針を十分に検討し、共有しなければならない。

■住宅の「建築計画」とは

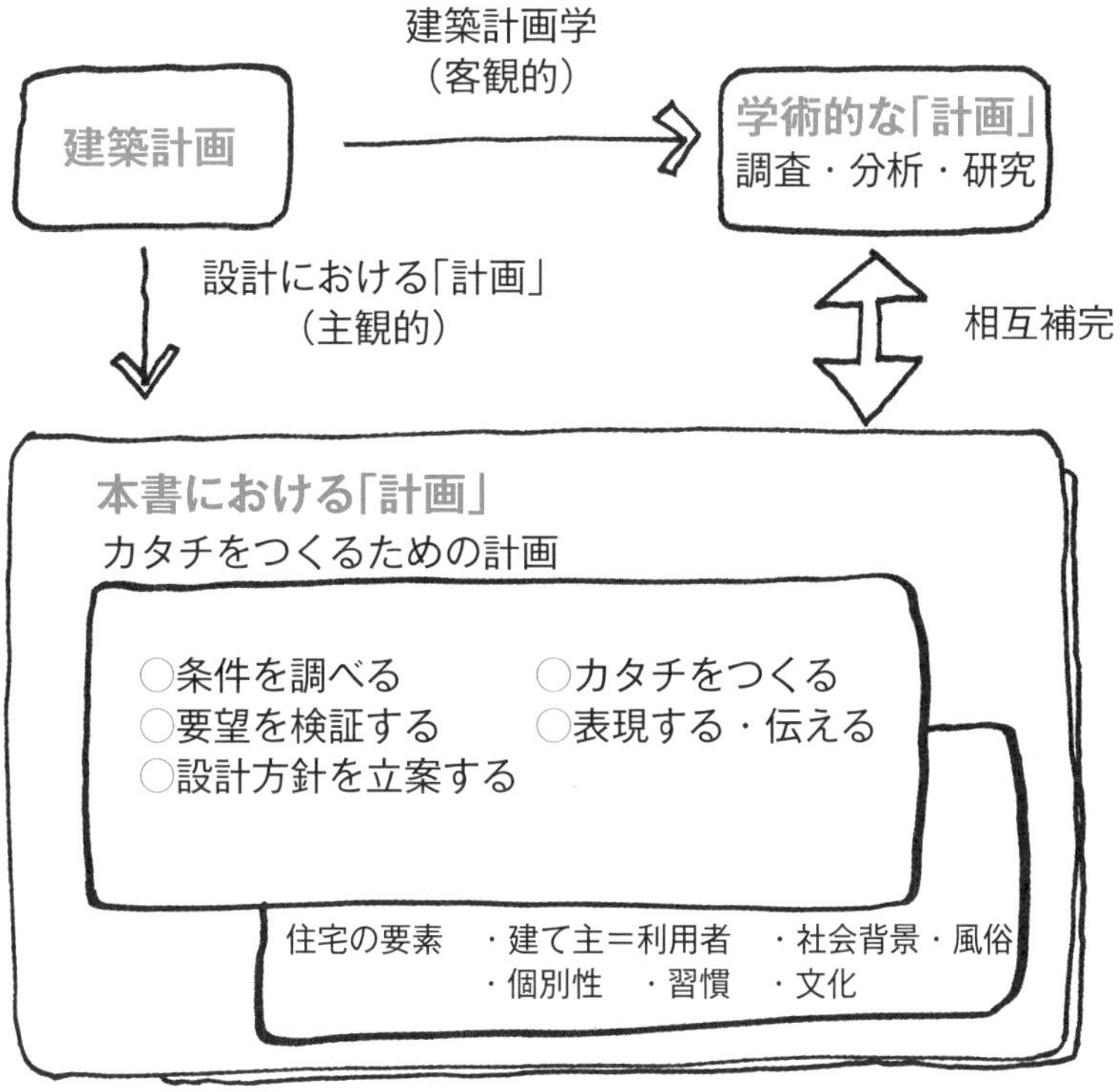

■設計段階

基本設計に十分時間をかけたい

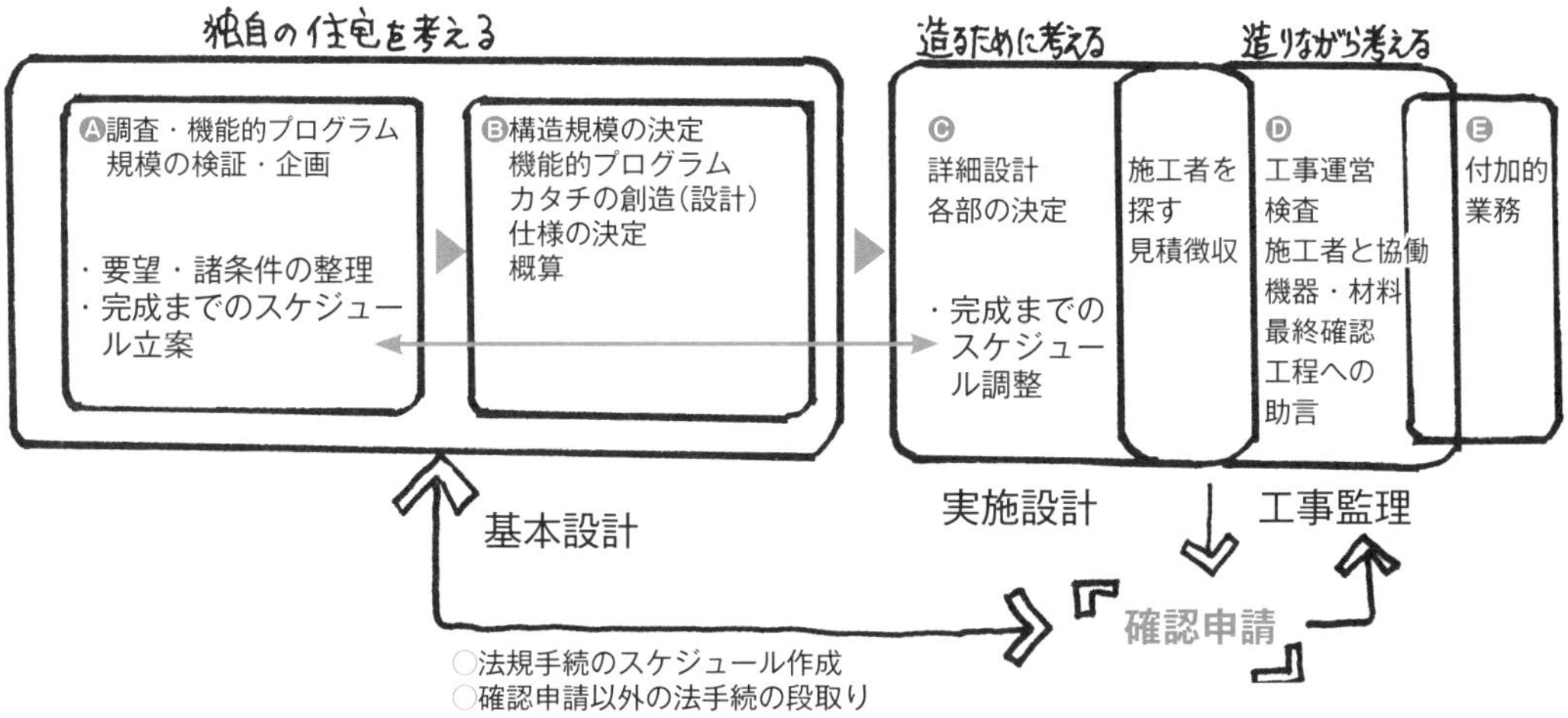

002

設計者の役割

Point 設計者にはイメージをカタチにする創造者の資質、予算や法規を読む実務家の資質が求められる。

建て主の家づくりへの夢を施工者とともに、具体的なカタチにしていくのが設計者の役割だ。だが建て主の夢をそのまま書き写しても、よい家にはならない。建て主がどのような生活をしたいと思っているのか、どのようなことに心が動かされるのか、どのような生理感覚を持っているのかなど、話や要望書では表現できないことを感じ取らなければならないからだ。時にはセラピストのように建て主の言葉にならない心の中を読み取り、時には医者のように家族の顔の表情から本音を引き出す能力も必要になってくる。そのためにはできるだけ多くのことに興味を持ち、様々な人に接して、コミュニケーション能力を高めることが大事だ。

建て主の想いを感じ取ったら、見たり聞いたり体感してきた設計者の「引き出し」からアイデアやイメージを取り出して、そこに住む人や敷地にふさわしいカタチにするための技術を考えて翻訳し、設計提案につなげていく。

建物の内外に使われる材料の特色や耐久性を考え、自然環境（重力・光・風・雨・地震など）を考慮した構法など、技術的にも最良と思われるものを選ぶ知識も設計者には必要だ。さらに建て主が納得する設計提案につなげるには、材料や構法のメリットとデメリットを説明できなければならない。

大地の上に建てる住宅は、その地域の法的な制約を受ける。建築基準法に則っているかどうか、近隣にどのような影響を及ぼすかといった社会的な配慮も求められる。さらに建て主にとっては人生を左右する大きな買い物になるので、建て主から提示された予算を考えなくてはならない。設計者には、建て主のイメージをカタチにする豊かな創造者の資質と、予算や法規を視野に入れて耐久性を持った構築物を考え、施工者にも信頼されるという実務家の資質、その両方が求められる。

■設計者の役割

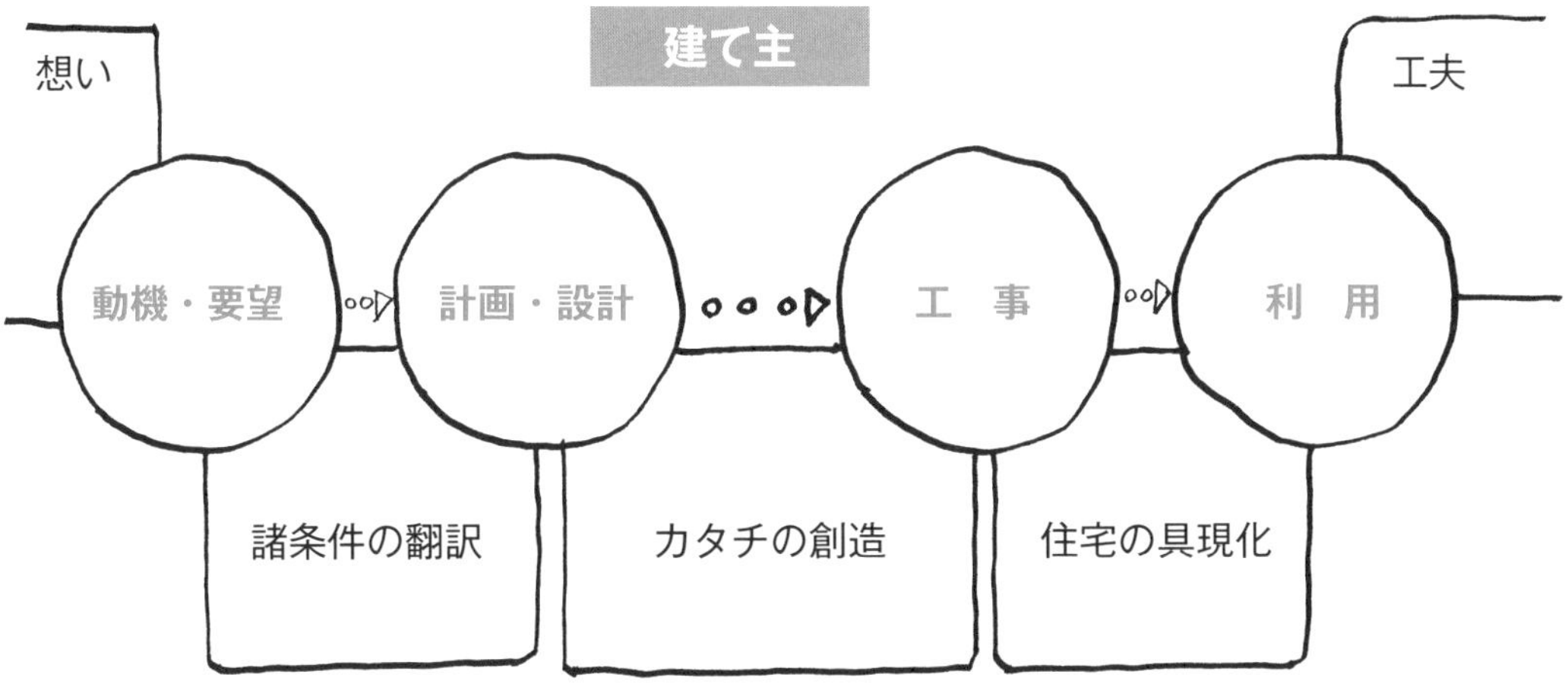

設計者
工事監理者

動機・要望

◯土地
◯イメージ
◯テイスト
◯使い勝手

予算：経済事情
工期：生活事情

諸条件の翻訳とカタチの創造

建て主の想い
好み

⬆

◯共有可能な
価値観の発見
◯設計者の
テーマの発見
・予算
・工期
◯技術的な解答
◯法規手続き事務

住宅の具現化

◯建て主、
設計者の想いの
具現化
◯コスト
◯技術
◯建設

利　用

建て主→住み手

住み手の工夫

003

建て主を知る

Point
雑談に織り交ぜて建て主の話し方や表情から、言葉にできない本音を引き出すことも必要だ。

自分の身体に合わなくても、そこから選ぶしかない大量生産の服とは違って、建て主が設計者に家づくりを依頼するというのは、オーダーメイドの服を注文するようなものだ。自分の好みの生地で、自分の身体に合ったしっかりした仕立てなら、流行さえ気にしなければ、何年でも着ることができるように、どのような家を建て主が望んでいるのかを知ることから設計は始まる。

ではどのようにして建て主の想いを引き出したらよいのだろうか。1つは、設計者のほうで、建て主から聞き出したい項目を問診票のようにして、書き込んでもらうという方法である。逆に、建て主が要望をまとめていたり、気に入った住宅のスクラップを作成していることもあるので、そこから設計の手がかりを見つけるといった方法もある。だが、これだけでは、ほんとうに建て主が住みたいと思っている家づくりにはならない。つまり、問診票や要望書に書かれたことは、必ずしも本音ではないことがあるからだ。

私の場合は、質問したいことをあらかじめリストアップしておき、建て主の家族と顔合わせをしたときに雑談に織り交ぜて、建て主の話し方や表情から、できるだけ本音を引き出したいと思っている。杓子定規に「どのような家に住みたいですか」と質問するよりも、世間話をしながら建て主がどのようなものに興味を持ち、どのような生活観を持っているのかを感じ取るようにしている。時には一緒に食事をするのもよい。食事中の何気ない会話の中から、建て主がどのようなことに心を動かされ、どのような暮らし方を望んでいるのかを知ることができるからだ。

建て主を知ることは、同時に建て主に設計者のことを知ってもらうことでもある。設計者に家づくりを託すということは、人間として互いに理解し合うということなのだ。

■要望書・問診票

まずは文章化しやすいところから始めよう(オモテの内容)
そのうえで本音や潜在的な要求があるかどうかを聞き取る(ウラの内容)

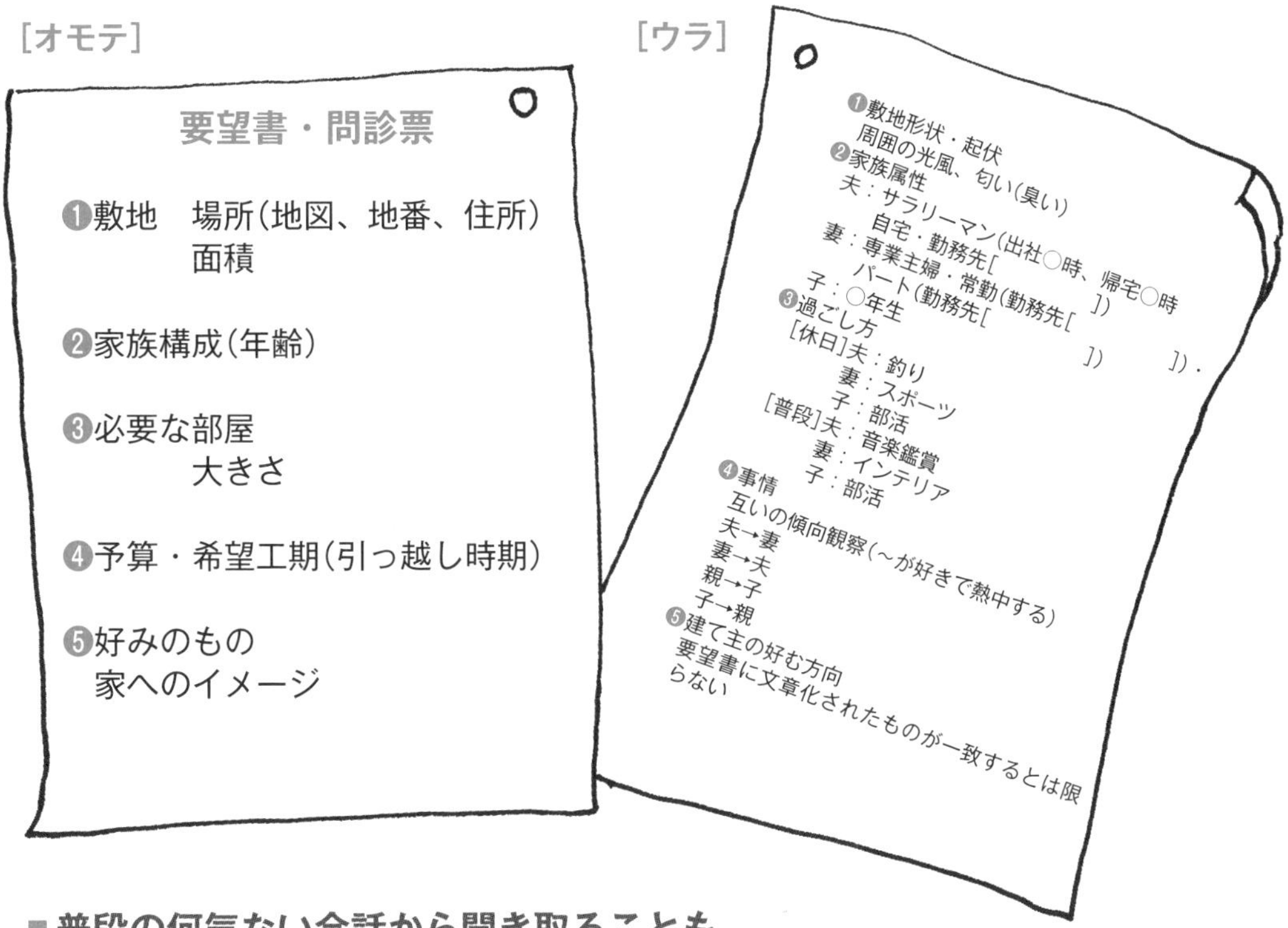

■普段の何気ない会話から聞き取ることも

あらたまった席よりも雑談のほうがよい場合もある

004

建て主の暮らし方拝見

Point 建て主が現在住んでいる家を訪れることで、暮らし方やモノの量や種類が見えてくる。

建て主が現在住んでいる住まいを訪れてみよう。建て主がどのような家に住み、どのような暮らし方をしているのかを知ることは、計画するうえで、大きな手がかりになるからだ。その際「普段通りの暮らし方を拝見させてください」とお願いするのがよい。暮らし方というのは、千差万別。言葉にするのが難しいこともあり、言語化した要望と実際の暮らし方とがかけ離れている場合もあるからだ。

キッチンや各部屋の使い方、収納の位置など、現状がベストなのか、やむをえずなのか、広さについても十分満足しているのか、我慢しながら暮らしているのか、家の内外を見れば、建て主の日常の所作もわかる。

特にモノをどのように整理しているか、どの部屋にどのようなモノがどれくらいあるかを注意して見ておきたい。整理整頓や掃除が苦手なのか、得意なのかによって、収納計画だけではなく、動線、仕上げ材など、住宅全体に大きく関わってくるからだ。

さらに新しく建てる住宅でも「継続して使うモノのリスト」を建て主に作成してもらうことも必要だ。リビング、ダイニング、寝室、子供部屋の家具などを、そのまま使うのか処分するのかなど、収納面積や室内の仕上げ、さらには予算配分にも影響してくるので、早めに決めてもらうほうがよい。計画時には、10年、20年後の家族の姿は見えてこないが、将来の暮らし方まで視野に入れて、建て主に考えてもらうことも忘れないようにしたい。

とはいっても設計者は、あくまでも選択肢を建て主に提案するのであって、設計者の考え方や生活観を押しつけてしまうと、住み始めてから暮らし方と合わなくなってしまう。そうしたことがないように、建て主が無理なく、本音で決断できるように、互いの距離を縮めていくことが大切だ。

■建て主の現在の住まいを訪問

普段通りの家を見せてもらうようにする

普段通りの家では、言語化した要望と実際との比較をすることができる
収納計画、仕上げをどうするか、使うモノリストの作成につながる

■持ち込みリストを作成してもらう

大きなものをメインに

- ダイニングテーブル
- ソファ
- ベッド
- タンス(和・洋)
- 食器棚
- オーディオセット
- ピアノ
- クローゼット

etc.

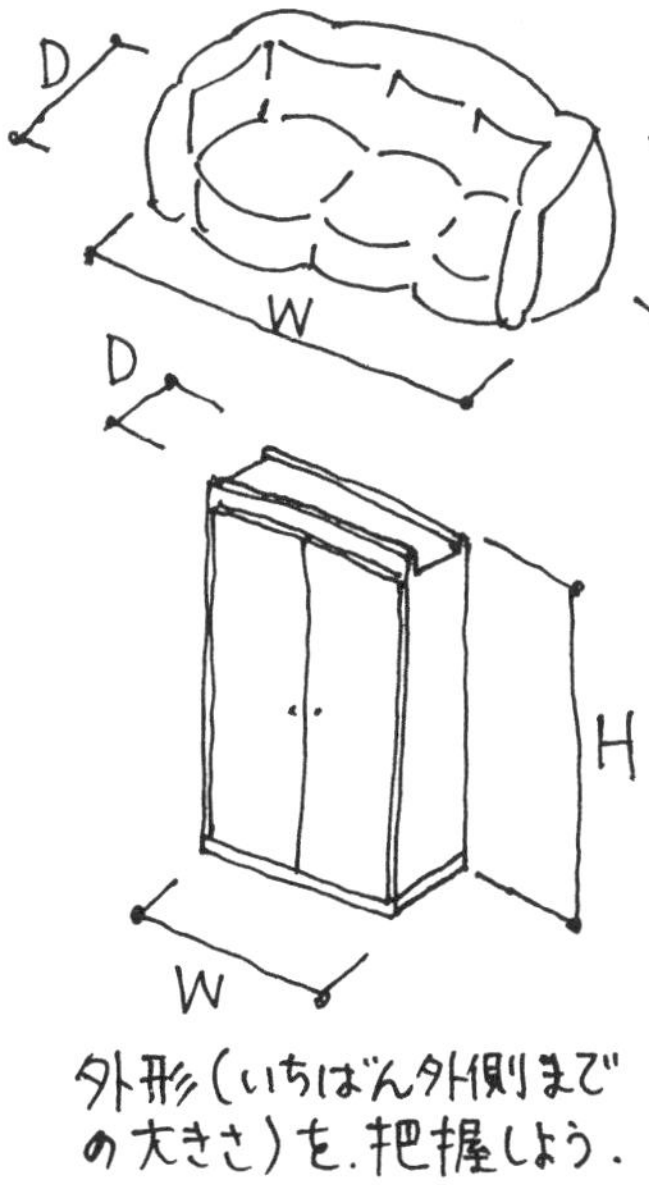

特別にディスプレイするもの、特殊な大きさのもの

- 絵や写真(大きさと重さ)
- 大きな花器(重さ)
  →水が入ると非常に重い
- 金庫

etc.

005

家族構成や関係を読み取る

Point 子どもや夫婦の年齢、親との同居、家族の関係まで読み取って計画に反映させる。

計画を進めるうえで、建て主の年齢や家族構成は大きな要素になる。夫婦ふたりだけの人生をより豊かなものにするために、子供が小学校に上がる前に、2人目の子供ができたので、子供が巣立ったあと元気なうちの50代に高齢化に備えた家にしたい、両親の介護を想定して二世帯住宅にしたいなど、家を建てるきっかけは人様々だ。いずれの場合にも、新しく建てる家に住む家族が、住み始める時点でそれぞれ何歳なのか、どのような家族構成になっているのかを把握し、同時に5年後、10年後、20年後に変化する年齢や家族数なども ある程度視野に入れて計画したほうがよい。

子供が健やかにのびのびと育つのに、家は大変重要な役割を担っている。だからといって、子供部屋を充実させればよいというものではない。都市圏以外だと、子供は18歳になると家を出て行くことが多いので、8歳で住み始めたとしても10年間しか子供部屋を使わない。限られた床面積しかとれない場合は、家族が集まる部屋を豊かにして、子供部屋は成長に合わせて増減できるようにしておくのも一案だ。

50代以降の家づくりでは、夫婦の関係を読み取ることが大切だ。長い間、一つ屋根の下で暮らしてきたゆえに、新築を機に寝室は別にしたいと思っている夫婦は意外に多い。

読み取るのが難しいのが、二世帯住宅の親子関係だ。息子との、娘との二世帯かによっても、親と子の関係は微妙に異なる。設計者は、どちらの世代からも本音を聞き出して、二世帯住宅にしたことが生活していくうえでメリットになるような計画案を提示したい。

いずれの場合にも、家づくりの打ち合わせには、子供からお年寄りまで、その家に住む家族全員に参加してもらい、設計者はそれぞれの考え方を受け止めて計画に反映させたい。

■家を建てる動機(きっかけ)とスタート年齢

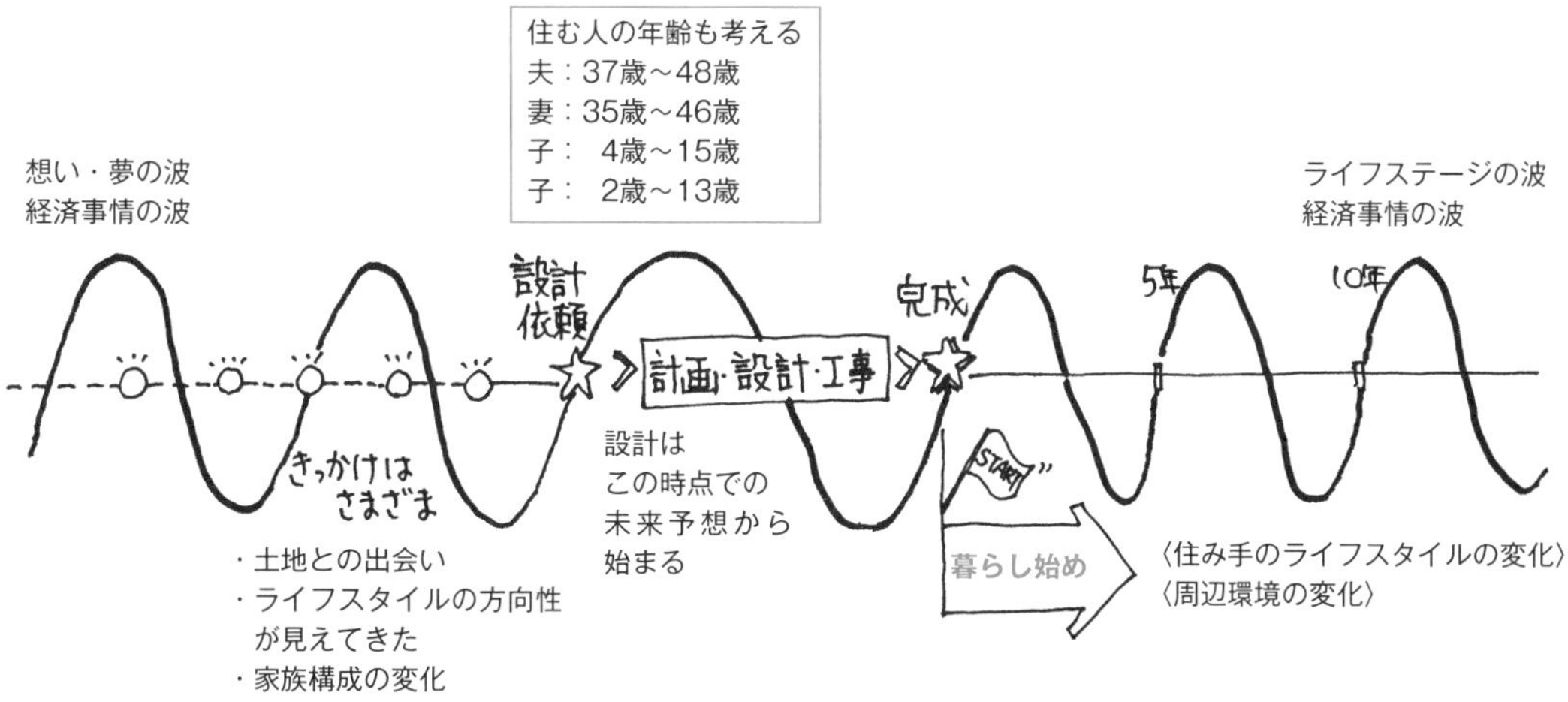

■全員参加の家づくりを

家族の意見をまとめる人が必要ではあるが、「どんな家にしたいか」を通じて「チーム家族」のメンバーの意見交換をしてもらおう

006

生活感覚を身に付ける

Point 日々の暮らしの中で、使いやすさや心地よさを自覚しながら感じ取ることも大切だ。

住宅の設計は、暮らしの器をつくることである。朝起きて、食事して、排泄して、身体を清め、眠る。そうした日々の営みを1日、365日、5年、10年、20年と、たんたんと受け入れてくれる器をつくるのが設計者に求められている最低限の仕事だ。したがって、料理をしたことがない、食器を洗ったことがない、掃除をしたことがない、洗濯をしたことも干したことも片付けたこともない、家に人をよんだこともない、といった生活感覚とは無縁の人に、建て主が望む生活を理解できるのか疑わしい。

もちろん、家事だけが家での行為のすべてではない。顔を洗ったり入浴するときに、どれくらいの幅や奥行きや高さだと使いやすいか、キッチンと食卓の距離はどれくらいだと動きやすいか、子供部屋とキッチンやリビングとはどのような位置にあれば気配を感じることができるか、どの位置にソファがあると落ち着くかなど、日々の暮らしの中で、自覚的に使いやすさや心地よさを感じ取ることも大切だ。

さらに広さ、高さ、距離といった具体的な空間の寸法だけではなく、日々の生活を豊かにしてくれる樹木、光、闇、風、水、音、湿度、匂いといった、五感を呼び覚ますような自然現象やそれらの変化に常に気づくような感受性も大事だ。たんたんとした日々の営みの合間には、室内に入る光のシルエットを眺めたり、通り抜ける柔らかい風を感じたり、樹木を渡る風の音を聴くことで心身を解放して、明日への元気を取り戻すことも住まいには求められているからだ。そうした生活感覚や感受性の大切さを建て主に何気なく気づいてもらうことで、家というものが「食う寝る」ところ以上に、人生をさらに豊かにするものであることを共有しあうことができたら、両者にとってよいスタートになるはずだ。

■「生活」を意識する

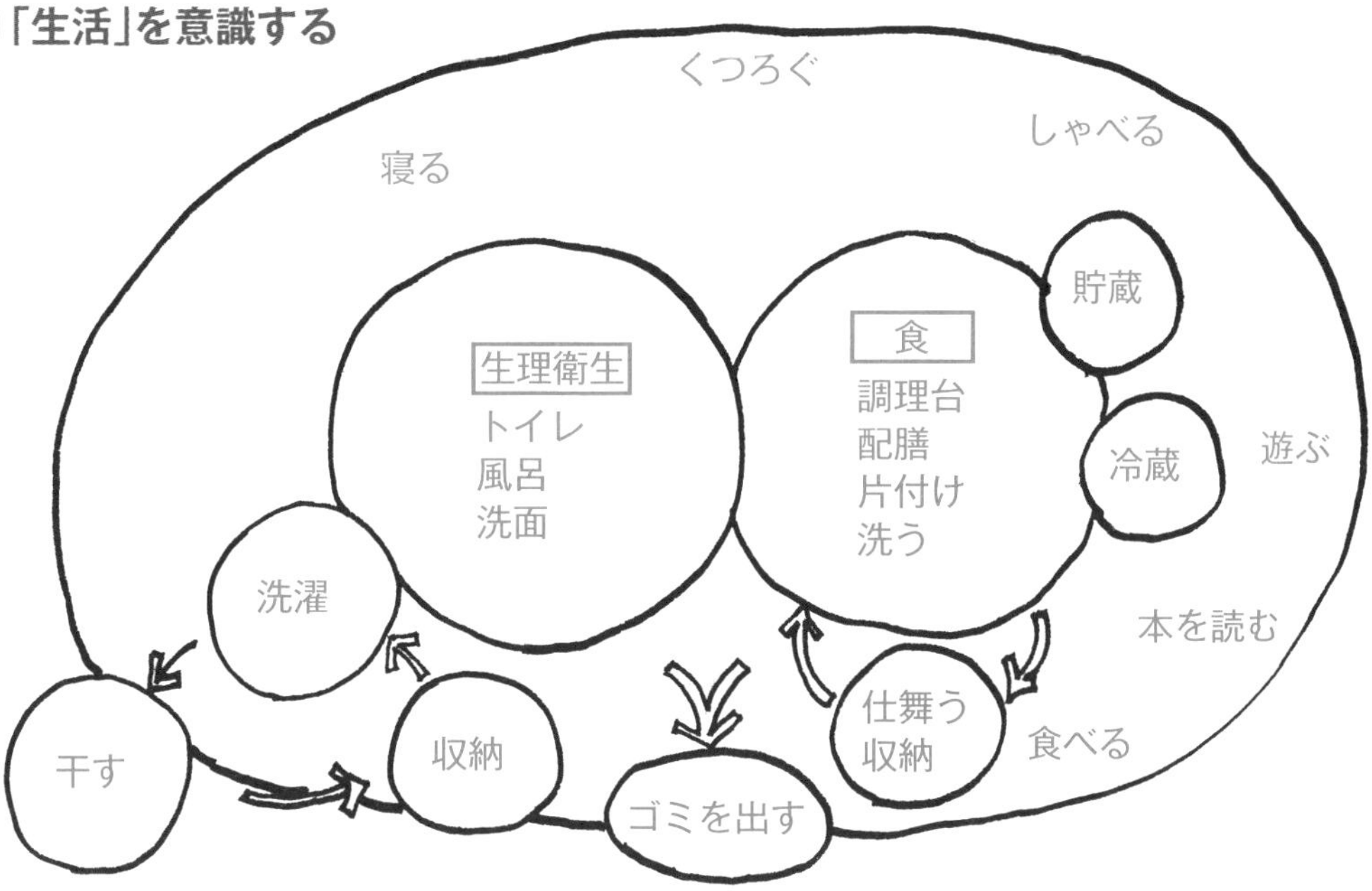

それぞれの行動に生活実感を持つことが大切だ

■設計者は観察をし続けること

日常の何気ない感覚を表現し、伝える。それを計画に取り入れるとき、設計者の日常生活感覚が顕わになる

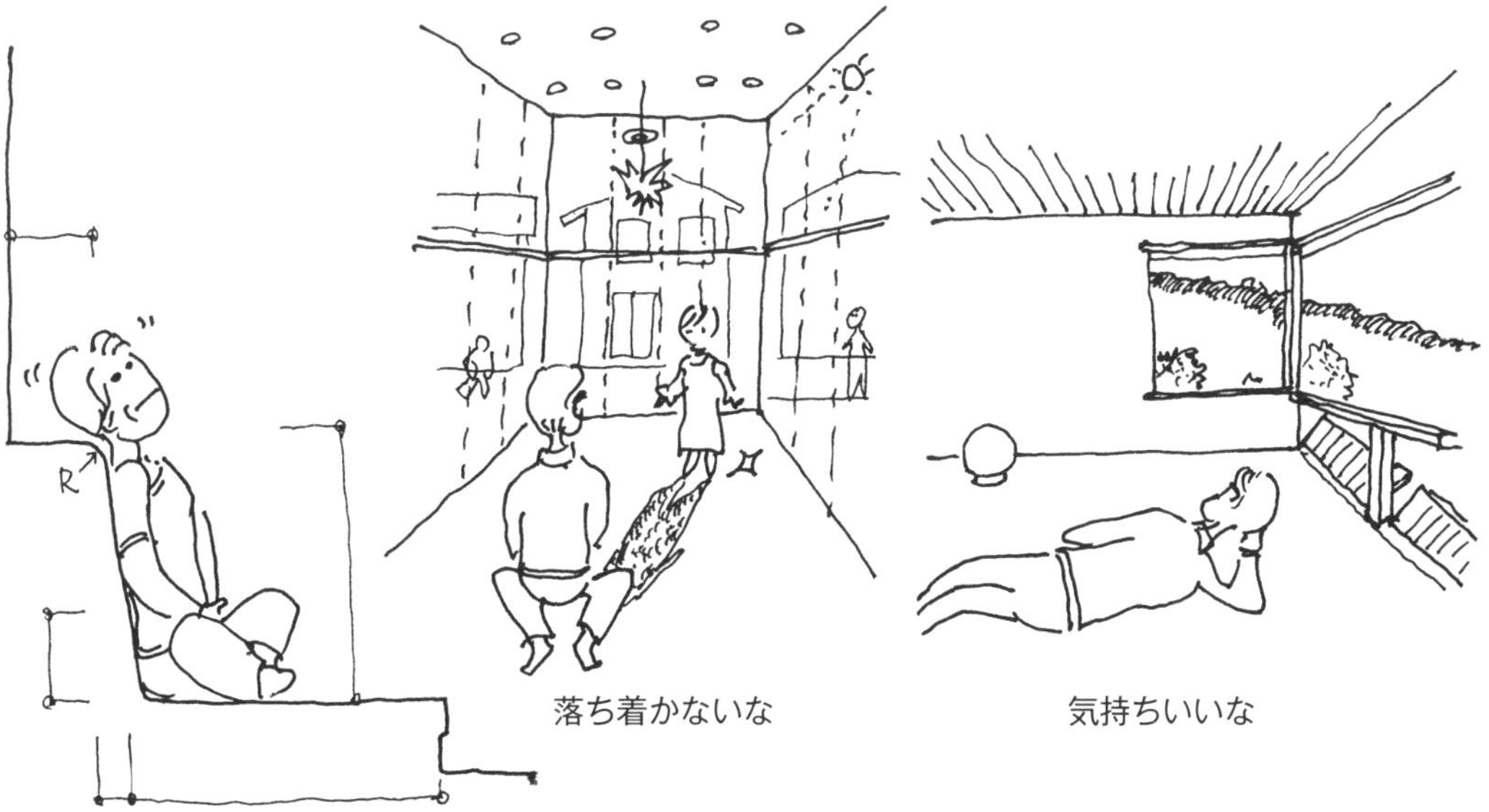

落ち着かないな

気持ちいいな

なかなかしっくりくるな

家ができるまでの費用

Point 建設に関わる費用のすべての項目を、計画段階から建て主に伝えるようにしたい。

敷地条件と建て主から提示された予算によって、どのような規模と仕様の家が建設可能なのかの大枠が決まるといってもよい。設計者は建て主の予算に責任を持つことになる。予算を有効に活用できるように土地代も含めて、家ができるまでにどれだけの費用がかかるのかを項目別に列記してみよう。

Ⓐ土地に関する費用

①土地購入費。購入に関わる登記、手数料、不動産仲介料など

②調査費。地盤調査・地籍測量図(敷地測量)など計画の段階で必要になってくる

③地盤造成、地盤改良、杭の有無の判断など地盤にかかる費用

Ⓑ建物に関する費用

①建物本体の工事費。建築工事・電気設備工事・空調換気設備工事・給排水衛生設備工事

②外構と植栽

③追加工事費・予備費(必ず発生する)

④設計料　統括設計者。構造設計者や設備設計者に依頼する場合も含めて

⑤表示登記・保存登記費(土地家屋調査士へ依頼する)

⑥電話・通信設備費(建て主が手配)

⑦排水・ガスの敷設状況による自費工事の有無

⑧公共下水道受益者負担金、水道開設費用(各自治体によって異なる)

⑨建設にともなう法手続き許認可申請料(申請の種類によって異なる。確認申請料は建物の規模によって異なる)

⑩火災保険料(引き渡しと同時に施工者から住み手に切り替わる)

⑪その他　ローンなどの諸手数料、家具やカーテンなど

初めからすべての費用を把握することは難しいが、項目だけでも計画の段階から建て主に伝えることは必要である。項目の自覚がないと、ずるずるとお金が出て行く印象だけが残ってしまうからだ。

■土地に関する費用

❶土地購入費
購入に関わる登記、手数料、不動産仲介料なども含んで考える

❷調査費
地盤調査・地籍測量図(敷地測量)など計画の段階で必要になってくる

❸地盤造成、地盤改良、杭の有無の判断など地盤にかかる費用
地盤調査の結果によって発生する費用である

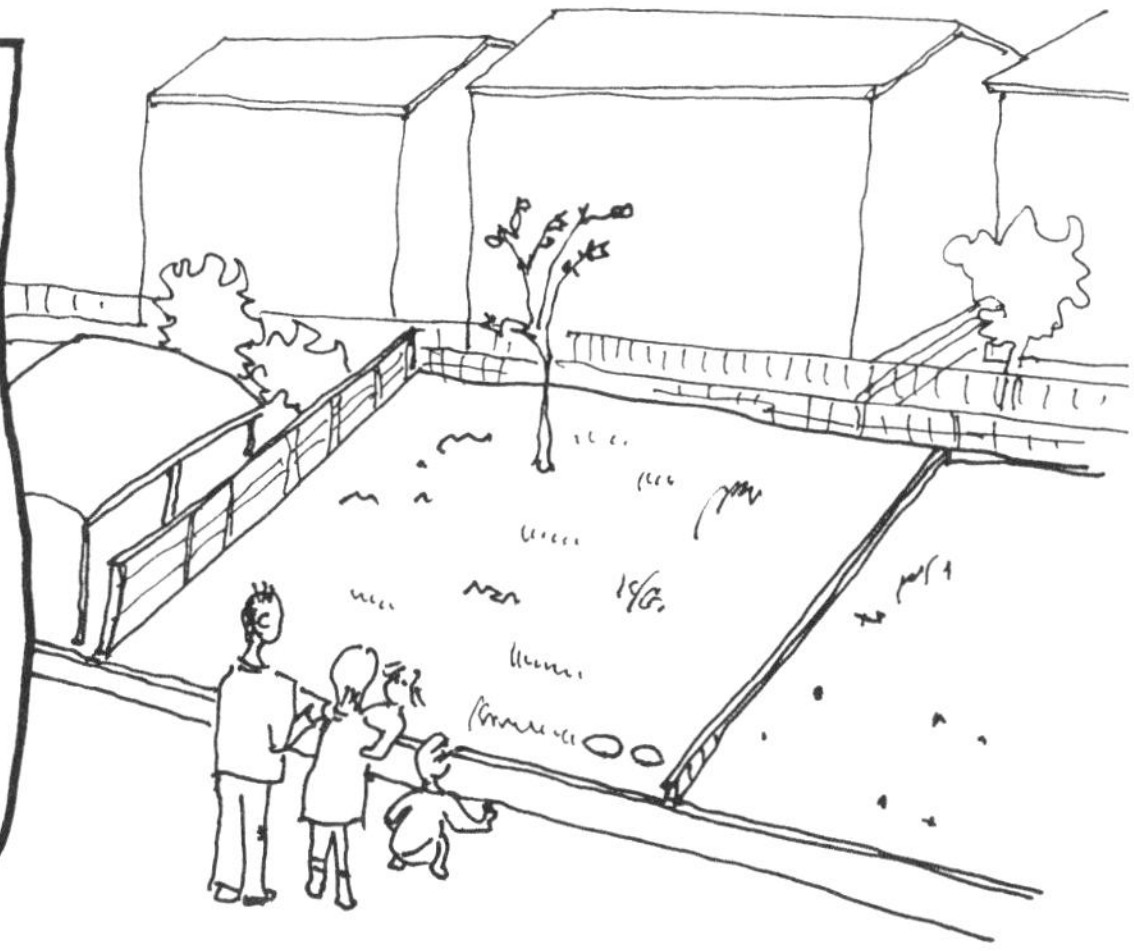

■建物に関する費用

❶建物本体の工事費
建築工事・電気設備工事・空調換気設備工事・給排水衛生設備工事
❷外構と植栽
❸追加工事費・予備費
必ず発生する
❹設計料
統括する設計者、設計内容によっては構造設計者および設備設計者への費用も必要になる
❺表示登記・保存登記費
土地家屋調査士は施工者が紹介する場合もある
❻電話・通信設備費
建て主が手配する
❼排水・ガスの敷設状況による自費工事の有無
❽公共下水道受益者負担金、水道開設費用
各自治体によって異なる
❾建設にともなう法手続き許認可申請料
申請の種類によって異なる。確認申請料は建物の規模によって異なる
❿火災保険料
引き渡しと同時に施工者から住み手に切り替わる
⓫その他
ローンなどの諸手数料、家具やカーテンなど

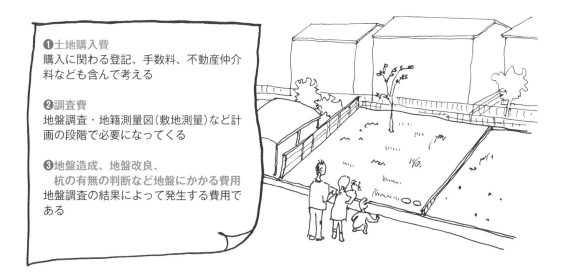

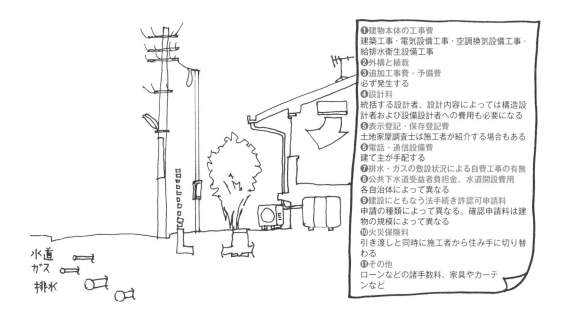

008

工事費の目安を立てる

Point 建物の規模、構造、設備、仕様のグレードなど、計画段階で予算の大枠をとらえておく。

建物本体の工事費は、「坪当たりいくら」という言い方が一般にされている。だが建て売り住宅ではないのだから、敷地や構造など、それぞれの条件によって異なるので、「坪単価」はおおよその目安にすぎない。

しかし、まったく当てにならないかというとそうともいえない。設計事務所は、建て主の要望や予算から、経験値での「坪単価」は把握している。計画の初期段階で、予算から規模や構造、仕様のグレードなど、建て主との話し合いの中から、大枠はとらえることができるだろう。計画を進めるにしたがって、当初の方向性に合致しない点が出てくれば、話し合いのうえ調整して、修正していくことになる。

建物本体の工事費は、実施設計図から施工業者が見積り、算出されるが、予想外に工事費を左右することになる項目を以下にあげる。

①**地階をつくる場合**／工種としては、山留め工事、土工事、地業工事、鉄筋工事、コンクリート工事（土圧がかかるため鉄筋量もコンクリート量も多くなる）、近隣家屋調査など。

②**地盤がかなり悪い場合**／基礎を深くするには、地階と同等の工事が必要になる。杭や地盤改良が必要な場合は、杭工事あるいは地業工事が必要になる。その場合、前面道路の状況によって、杭の種類、施工方法などを併せて考え、コストを比較しつつ可能な工事方法を探すことになる。

③**ガス・排水の敷設状況による自費工事が必要とされる場合**／敷地周辺のガス管が敷設されていない場合、またガス会社のほうで施工予定がない場合は、自費工事となる。建物から公共下水道の敷設された道路までの距離が長い場合（旗竿敷地など）、排水工事が割高になる。あるいは、公共下水が敷設されていない地域であれば、合併浄化槽設備が必要になる。

■坪単価を決めるもの(例)

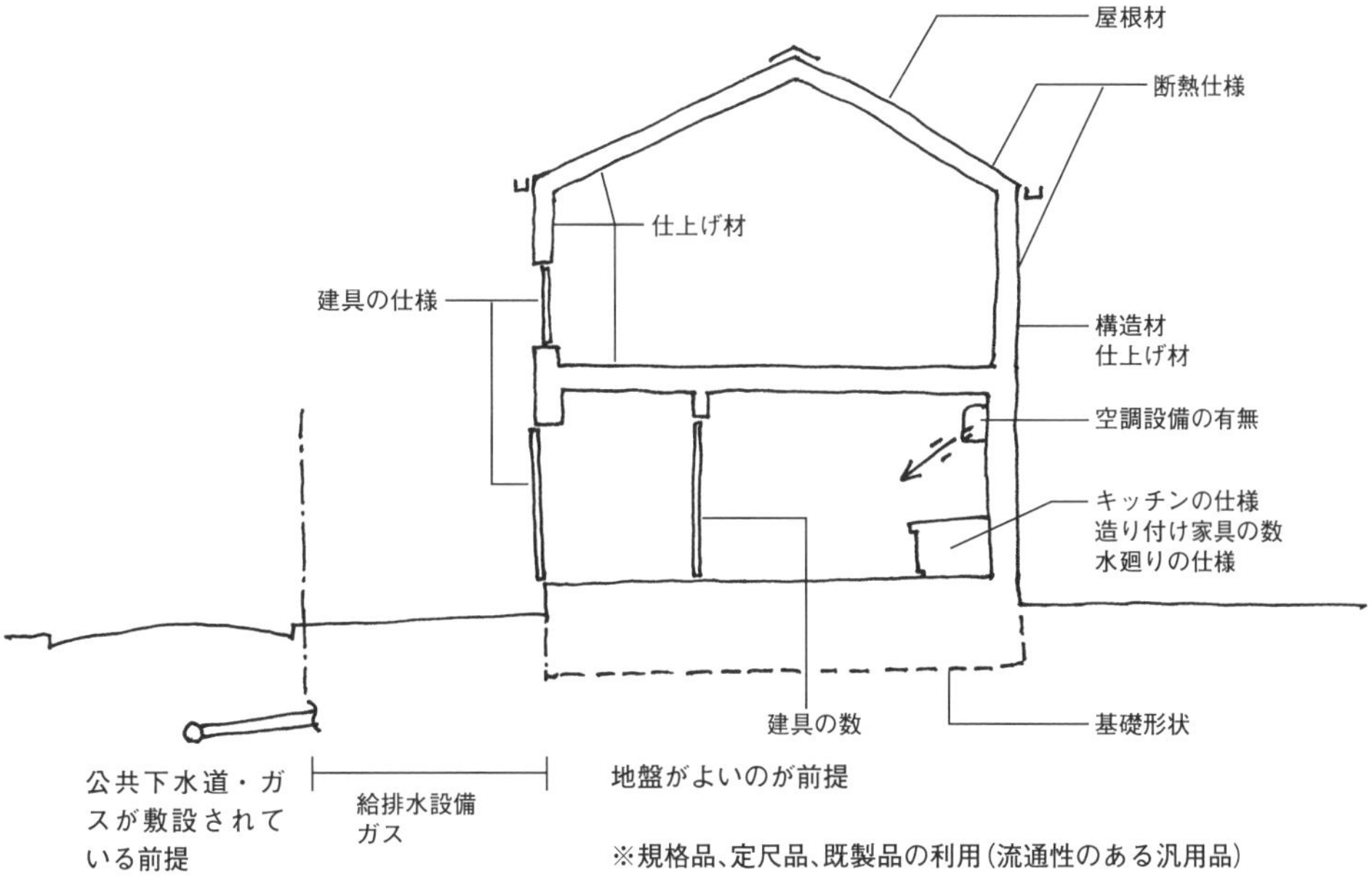
屋根材
断熱仕様
仕上げ材
建具の仕様
構造材
仕上げ材
空調設備の有無
キッチンの仕様
造り付け家具の数
水廻りの仕様
建具の数
基礎形状
公共下水道・ガスが敷設されている前提
給排水設備
ガス
地盤がよいのが前提
※規格品、定尺品、既製品の利用(流通性のある汎用品)

■増額要因例

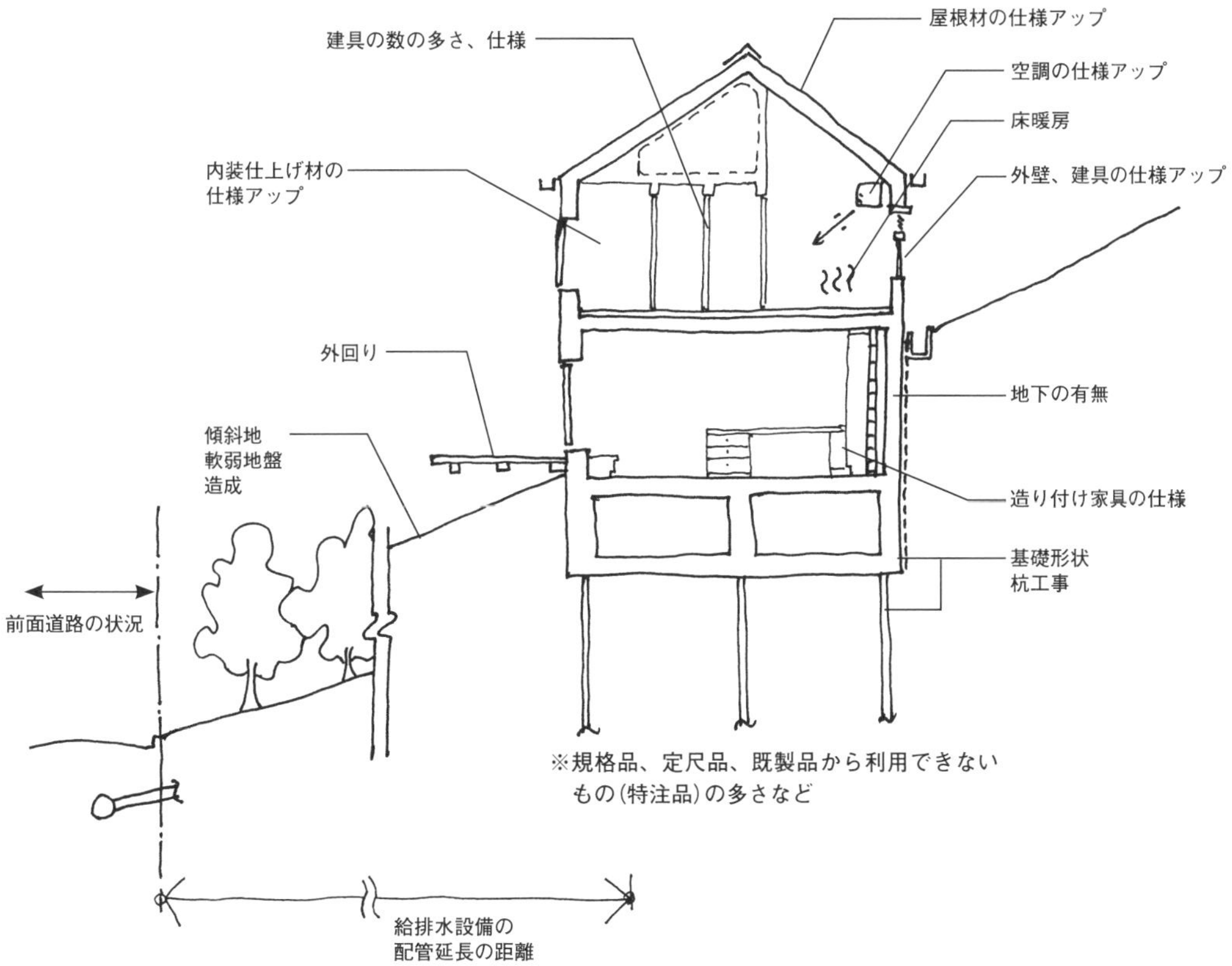
建具の数の多さ、仕様
屋根材の仕様アップ
空調の仕様アップ
床暖房
内装仕上げ材の仕様アップ
外壁、建具の仕様アップ
外回り
地下の有無
傾斜地
軟弱地盤
造成
造り付け家具の仕様
基礎形状
杭工事
前面道路の状況
※規格品、定尺品、既製品から利用できないもの(特注品)の多さなど
給排水設備の
配管延長の距離

009

予算の配分

Point 建て主が納得いくように工事内容を説明して、工事費の配分を考えなければならない。

設計者は、建て主から提示された予算から、合理的に工事費の配分を考えなければならない。「建て主は知っているはず」という思い込みを捨てて、納得いくように、それぞれの工事内容を説明する必要がある。工事費の配分によって、設計図とは別に設計者が「何を大切にしているか」が見えてくる。

寒冷地や高地などの立地条件によっても、また各部位の仕様の選択によっても、各工事の全体工事費に対する割合は変動する。建物の躯体（構造体）工事には、土工事、地業工事、鉄筋工事、コンクリート・型枠工事、木工事、鉄骨工事などがある。

木造の場合、躯体工事の経費を除いた直接工事費に対する割合は45％程度。躯体だけの状態では住めないので、断熱・屋根仕上げ・内外仕上げとして27％を配分。地盤、建物形状、仕上げの内容によって、大きな差があり、各範囲の中でのやりくりが必要である。

さらに開口部の建具が必要である。開口部は、建具の材料によって大きく差が出るが、木製建具であれば、12％を確保したい。シェルターが確保されれば、次は水道を引き、電気やガスの熱源、冷暖房設備が必要だ。電気6％、冷暖房設備10％程度をとる。

外構と植栽は、本体工事とは「別途」となることも多い。しかし外回りで、建物の印象は大きく変わることを考えると、7～10％を確保したい。しかし、現実には3～5％といったところだ。

契約後に建て主の要望による設計変更により、工事が追加された場合は、追加費用が必要になる。建築家の清家清は、追加要望は決してよくならないことが多いと伝えている。しかし、まったく追加工事費なしで、完成までこぎつけることはそれほど多くはない。建て主には工事費の5～10％は予備費として別に確保してもらうように、当初から話をしておいたほうがよい。

■ 工事費の工程構成比

ケース1	ケース2	ケース3
平地	平地	傾斜地
木造	木造	木造＋一部S造
建物形状：整形	建物形状：不整形	建物形状：整形
2階建て	変則2階建て	地下1階、地上2階
空調なし	空調・床暖房実装	空調なし
公共下水道	公共下水道	浄化槽

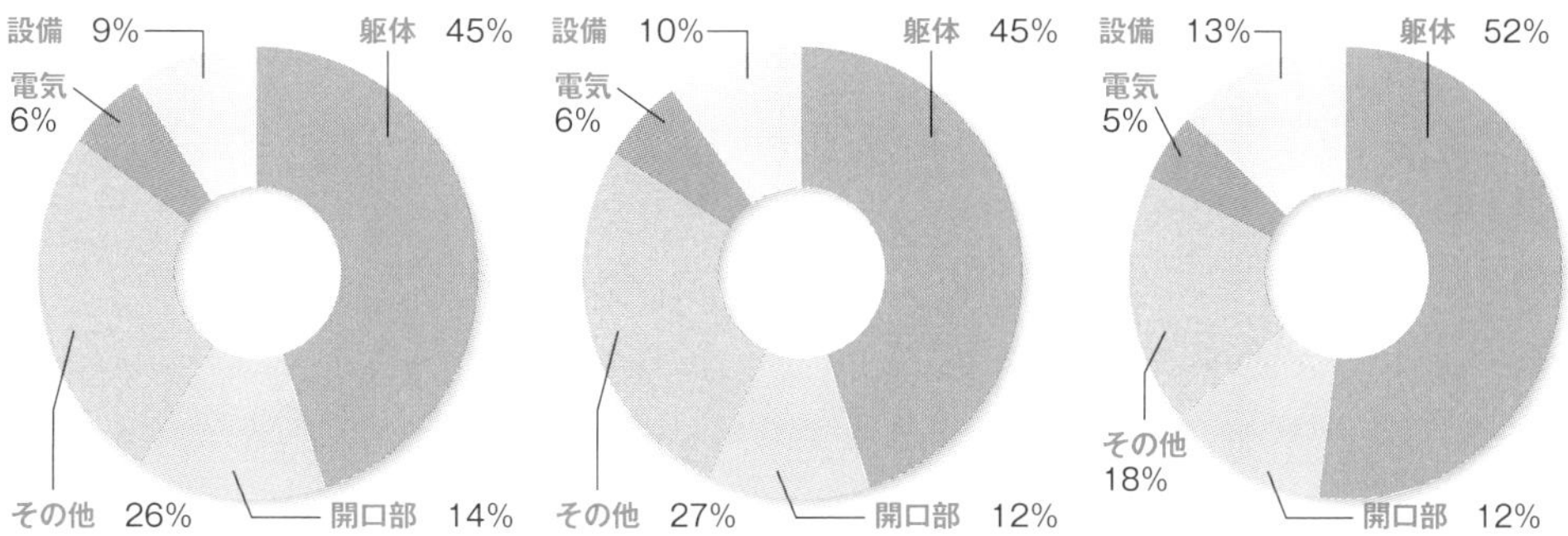

■ 外回りにお金を配分する

外構、外柵、植栽など外回りの予算が家の雰囲気を決める

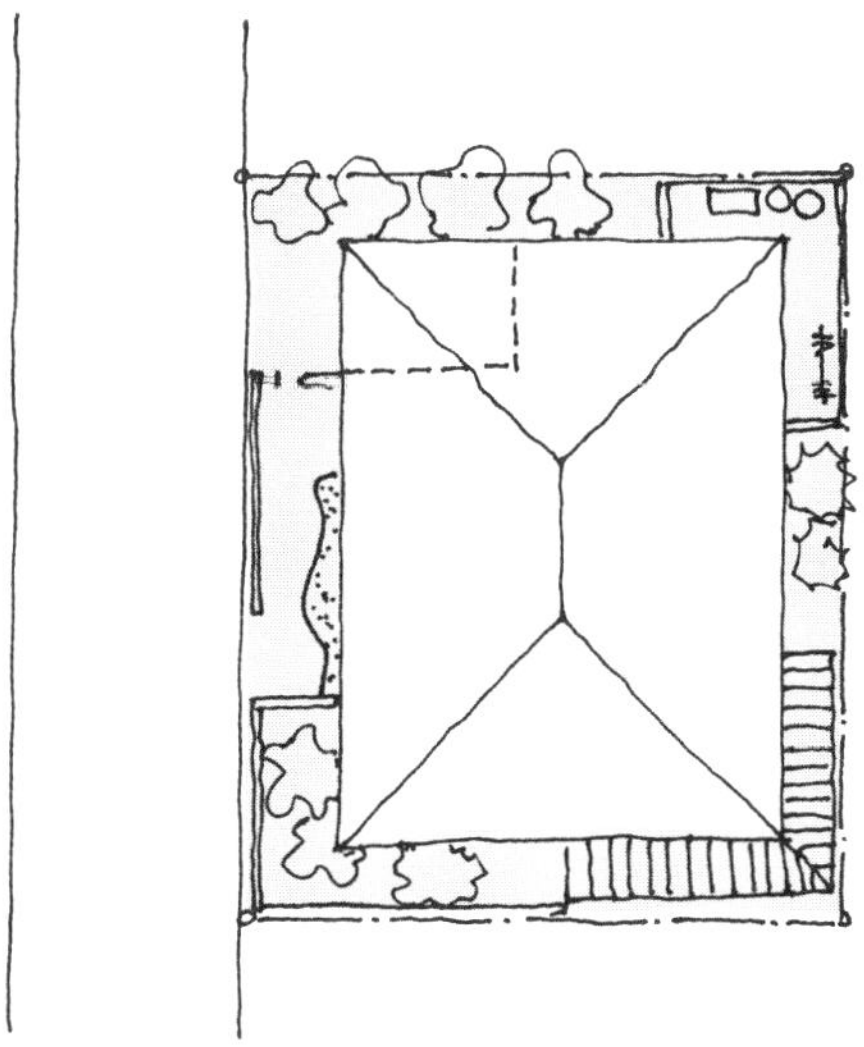

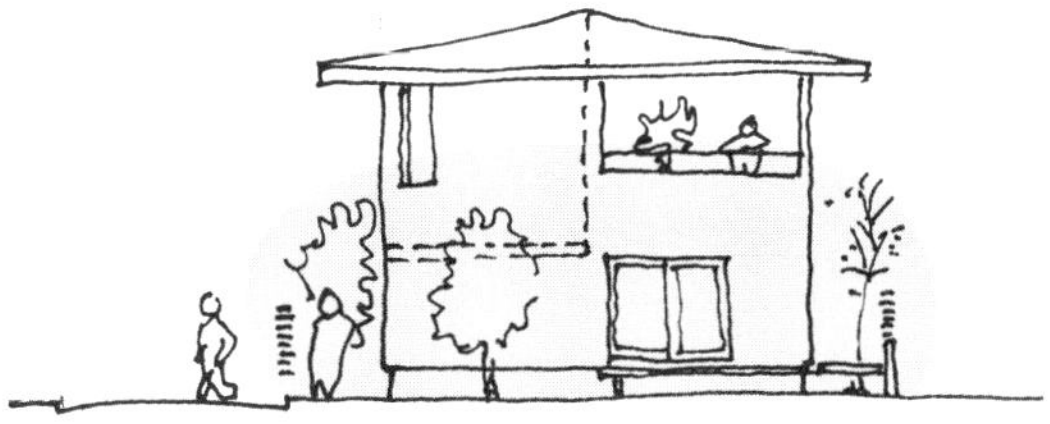

建物を街に根付かせるためにも、そして建物の内部環境に広がりをもたらすためにも、外回りには費用を確保し、隣家とのつながりを持たせたい

010

設計・監理等の報酬

Point 設計料を払うということは、設計者へ専門家としての責任と創造性を期待しているからだ。

一昔前までは、「設計料は工事費の○%」といった言い方を耳にしたことがあるだろう。平成31年度に国土交通省が改正・施行した建築士法の規定(告示98号)では、一戸建ての住宅の標準的な内容での設計料算出方法の一つ(略算方法)は以下のようになる。

業務報酬＝「①標準業務量＋追加的な業務量×人件費単価」(直接人件費)×【2.1】(直接経費と間接経費)」で算出され、さらに「②特別経費＋③技術料等経費」＋「消費税相当額」が加算される。

床面積を基にした標準業務量(建物用途によって標準的な業務量が示されている)を算出して、人件費単価を掛け合わせ、直接人件費を算出する。それに経費を掛け合わせ、技術料その他を加算する。実際には、一戸建ての住宅の場合、それぞれの設計事務所によって考え方が異なり個々のケースによって算出されているが、原則的には上記の基準に準拠した委託代金で契約を締結するよう努めなければならないとされている。

私の場合、工事費に対するパーセンテージにより設計料の目安を伝えることはあるが、契約に際しては根拠となる業務量は告示内容よりプロジェクトの内容によって算出している。構造種別や法手続きにかかる作業量、工事監理及び監理業務の有無などの条件によって変わる。また構造設計者や設備設計者と協働することになるので、ケースバイケースで見積を出している。だが建物面積を基にした方法は狭小住宅には適さない。狭小住宅の場合、建設規模が厳しいゆえに、設計者の創造性の比重が大きくなる。国の基準で言うと「技術料」の比重が大きくなるといっていいだろう。

告示の業務量は「作業量」に目が行くが、設計料を払うということは、設計者へ専門家としての責任、そして創造性を期待しているからに他ならない。

■国が定める設計料の成り立ち

●業務報酬の算定（平成31年国土交通省告示第98号）

①直接人件費＋直接経費＋間接経費＝
（標準業務量＋追加的な業務量）×（人件費単価）×2.1

業務報酬 ＝ （1）直接人件費［標準業務量（人・時間）（追加的な業務量）］× 人件費単価 ×［（2）直接経費 （3）間接経費］＋｛②特別経費 ③技術料等経費｝

※上記式には消費税を加える必要がある。業務報酬基準の対象外となる「設計に必要な情報を得るための調査、企画等の業務」等を実施する場合は、別途合理的な方法により算定し、加算する必要がある

●戸建て住宅の場合の標準業務量の算定例

「詳細設計を要する」戸建て住宅である場合別表第14（告示別添三略算表）を用いる

◆建築物の概要

敷地	整形・平坦な敷地
用途	戸建て住宅（詳細設計を要するもの）
延べ面積	150㎡（45.45坪）
構造種別	木造
階数	地上2階
構造	一般的な水準
設備	一般的な水準

「詳細設計を要するものおよび構造計算を要するもの」もある。その場合※は1,208人・時間となる

◆標準業務量の算定（別表第14より）

	設計	工事監理等
総合	490	240
構造	97	48
設備	130	49
小計	717	337
合計	1,054※	

（単位：人・時間）

■設計・監理報酬の考え方

設計者及び工事監理者は何もないところから建て主の夢を描き、実現するために「創造性」と「統括力」が期待されている。

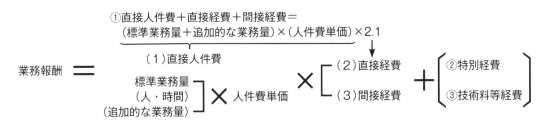

様々な補助金の活用

Point 補助金や金利優遇制度や税制優遇などの情報を建て主と共有して活用することも視野に入れる。

設計者は様々な補助金や金利優遇制度などの動向について、建て主と情報を共有しておきたい。国や自治体などによる住宅建設に関わる補助金、金融機関のローン金利優遇、所得税の税制優遇などの有無を知っていれば、住宅建設と、その後の費用を多少なりとも軽減できるからだ。ただ様々な制度の適用を受けられるのは、あくまでも住宅の「技術的な面」であって、居心地や佇まいといった、「空間の魅力や審美性」の基準ではない。けれども建て主が建物の品質や設計内容を理解するきっかけになったり、新築時に技術水準を確保するには効果がある。

補助金、それ自体を目的に計画を行わないことが必要である。建物全体のコストバランスを踏まえたうえで、どのような補助金を採用するかを検討するようにしたい。いかなる補助金や認定制度であっても基準があり、場合によっては仕様が上がり、コスト高が避けられないこともあるからだ。基準に適合するために、過剰な仕様になってしまって、コストバランスを崩すのでは本末転倒だ。

補助金の代表的なものには、新築では建物の長寿命化、省エネルギー化、それ以外の金利優遇では子育て環境整備認定制度などもある。改修では耐震化、省エネルギー化（インナーサッシなど含む）、バリアフリー化などがある。

また電気やガス会社による省エネ設備システムを導入すると、ランニングコストが低減されるといった商品も数多くある。限りある資源を有効に使う目的で、太陽光・太陽熱を利用するものから、深夜電力利用などもある。このようなシステムを導入する際には、熱源を電気にするか、ガスにするか求められることが多い。熱源を一本化する際には、供給が何らかの事故により止まったときのリスクがあることを念頭に入れて、検討してほしい。

■住宅に関連する補助金等の種類例一覧

エコ住宅関連	省エネ住宅の新築・購入等	次世代住宅ポイント	省エネ耐震、バリアフリー性能を満たす住宅の新築・リフォーム
耐震補強	耐震補強	補助金・税制優遇	耐震強度の調査、設計、工事費の一部補助
省エネ改修	省エネ改修	税制優遇・補助金	省エネ住宅への改修に対する一部補助
バリアフリー	バリアフリー改修	税制優遇	バリアフリー改修工事に対する一部補助
雨水利用	雨水利用設備購入	補助金	雨水貯留タンクの購入費の一部を補助
火災警報器	火災警報器設置	補助金	住宅用火災警報装置の設置に関わる費用の一部補助
太陽光発電	太陽光発電設備設置	補助金	太陽光発電システムの導入費の一部補助
電力	エコキュート	補助金	給湯器の導入者への一部補助
ガス	エコジョーズ	補助金	潜熱回収型給湯器の導入者へ一部補助
ローン金利優遇	長期優良住宅	金利優遇・税制優遇	住宅金融支援機構の金利優遇、各種控除、固定資産税の一定期間の軽減
子育て環境	子育てにやさしい住まいと環境の認定適合(ミキハウスなど)	金利優遇	金融機関による金利優遇

※上記の各項目は、それぞれの定める基準に適合しなければならない。補助金の有無や工事内容、募集・申請期間を各自治体や金融機関などに対して事前に調査・確認してほしい。

住宅の計画に合致した項目を取捨選択する。

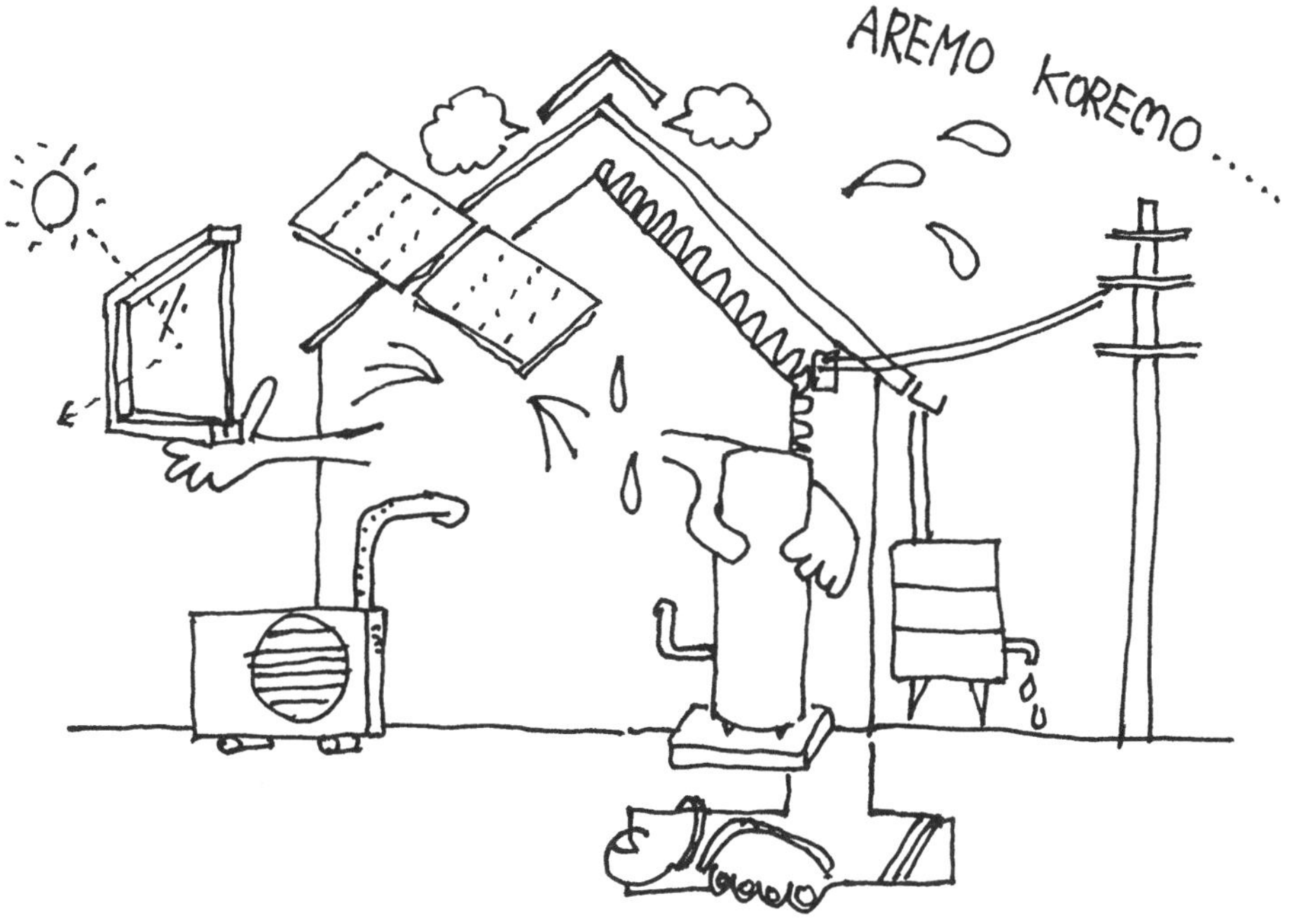

012

つくり過ぎない家がよい

Point 住み手が小さな設計上の工夫を発見できれば、それこそが設計者の個性である。

住んでいくうちに建て主が自分なりに工夫する余地のある家づくりを心がけたい。建物は竣工したときがゴールではない。雨、風、雪、寒さ、暑さに対応しながら、家族の成長とともにゆっくりと変化していくのが、住まいというものだ。住み手によって使いこなされ、住み手の創造力や想像力を喚起して、手を加えつつ家も成長していくことを、計画の段階から建て主に伝えておいたほうがよい。

イメージしていた家がカタチになり、建て主が初めて気付く「うれしい発見」もある。設計者が意図した「うれしい発見」であれば、建て主の心を深く理解したことの証《あかし》である。逆に双方が意図していないことで「うれしい発見」になったとすれば、互いの価値観が共有できた証である。

「うれしい発見」が多ければ多いほど、建て主にとってはよい家になる。際立ったデザインの提案だけが、設計者の個性ではない。小さな設計上の工夫を住み手が感じて、発見できれば、それこそが設計者の個性である。

住み手が建物を使いこなし、メンテナンスをしっかり行うことによって出てくる味わいは、竣工時には予測できない。時を経るごとに味わいを増す材料を選ぶことも、設計者には求められる。そのためには材料の特性について建て主に理解を求めることも必要だ。また風雨の当たるところは軒を深くするなど、材料の寿命を少しでも延ばすような設計上の工夫も求められる。

住み手がカスタマイズできる余地を残して、工夫や発見する楽しさがある家にするには、つくり過ぎないことだ。家族構成やライフスタイルの変化に対応できる部分と変わらない部分の見定めができて、設計者が関わったことがわからないほどになれば、住み手が家に積極的に関わりが持てて、愛着も生まれるのではないだろうか。

■住み手がカスタマイズできる余地を残したつくり過ぎない家

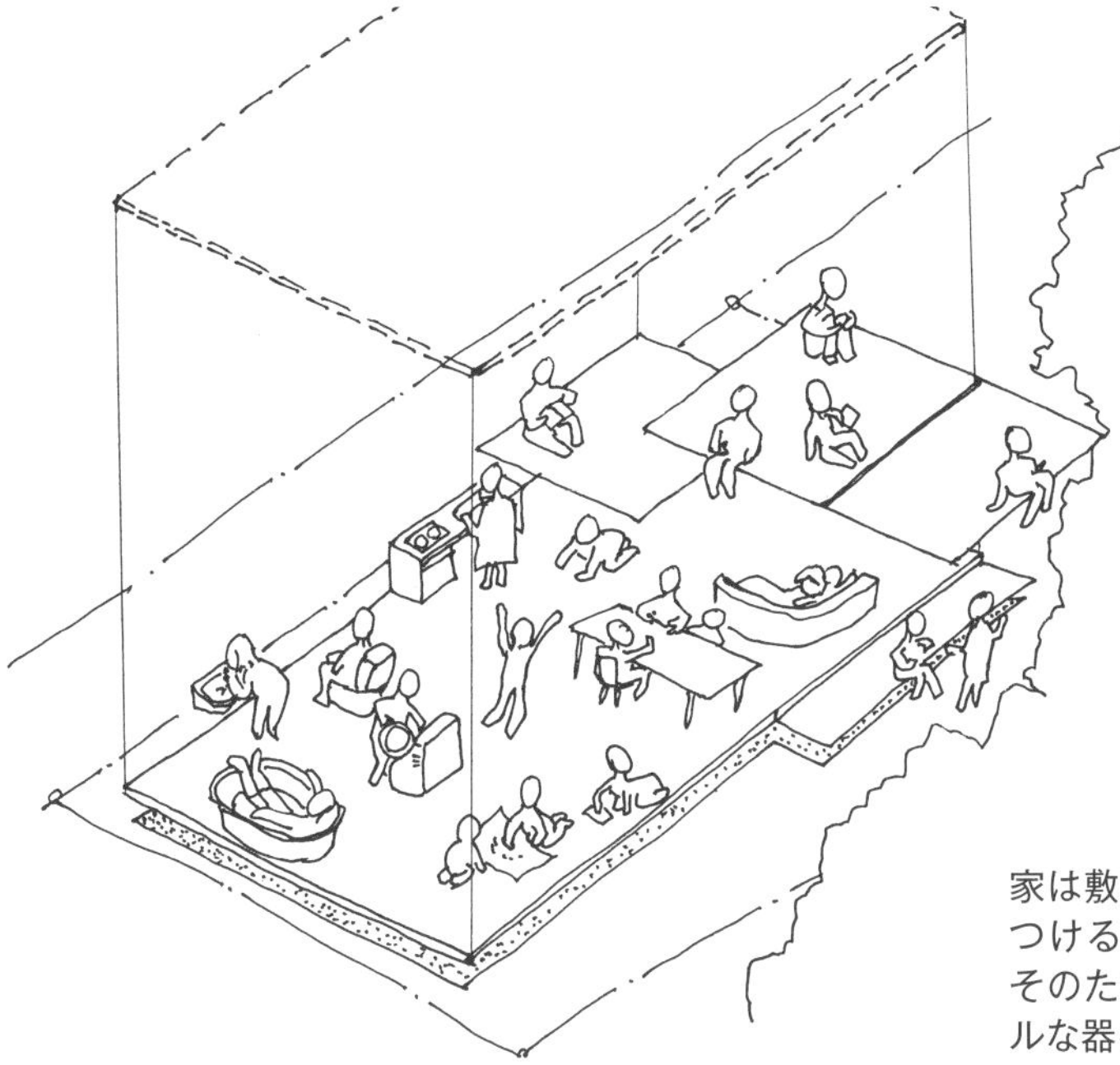

家は敷地の状況に合った居場所を見つけることができる器でありたい。そのためにはつくり過ぎないシンプルな器を考えよう

■設計上の工夫が住み手の発見につながるとうれしい

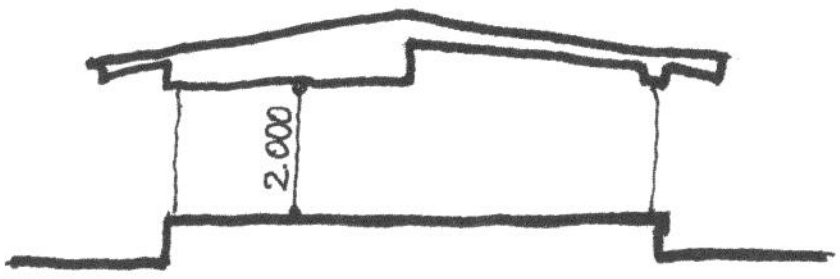

天井が低いと思ったが……

囲まれ感がかえって落ち着く

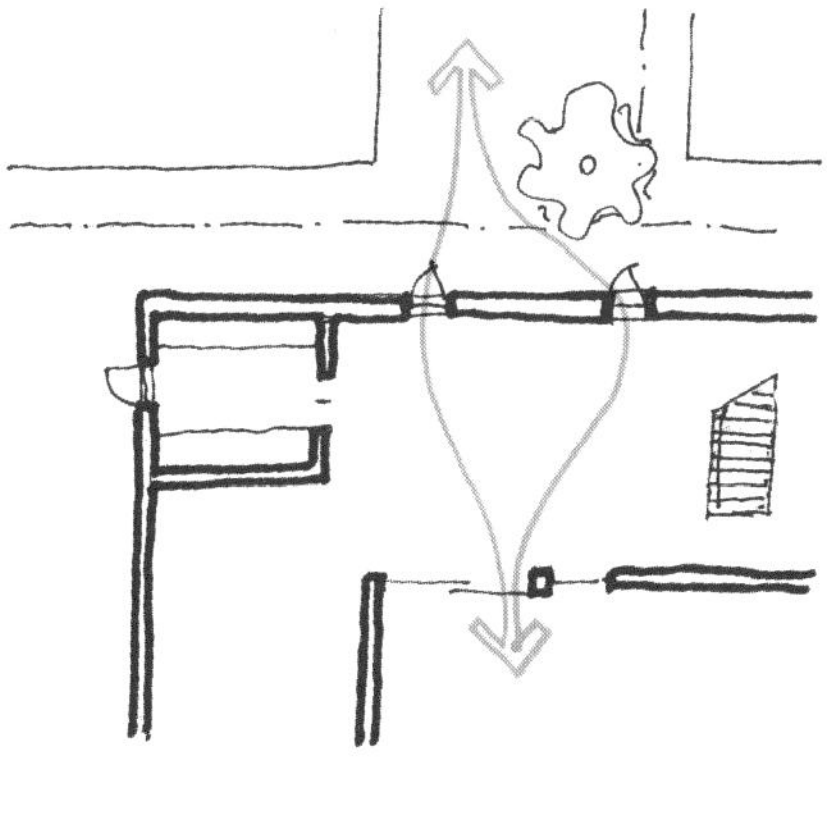

窓が小さいと思ったが……

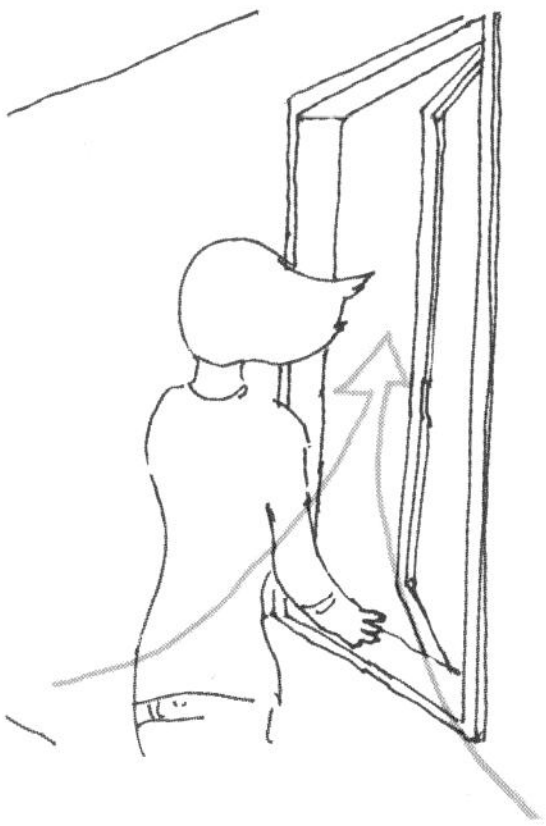

隣家の庭だったので風通しがよかった

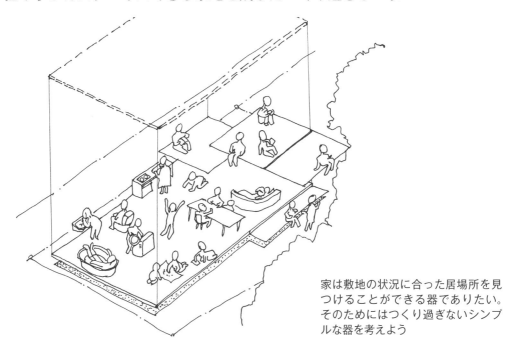

013

街の風景になる家を目指す

Point 外装材は時間とともに味わいが出るものを選び、樹木を植えれば、建物が街の風景になっていく。

「住みたくなる街、帰りたくなる街」をつくるのも設計者の役割の1つだ。何棟かの家が連なると住宅地になり、時が経つと大地になじみ、周辺の風景にも溶け込み、我が家の姿を見ると道行く人もホッとする。そんな街の一員になるように、建て主とともに、街の風景がよくなるような家づくりを目指したいものだ。

そのためには長く生き続けられる家をつくらなくてはならない。手入れをしながら、愛着を持って住み続けることができる家であること、新たな住み手に引き継がれたとしても、少し手を加えるだけで、また次の時間を刻むことができる家を、計画段階から頭に入れておきたい。

街の風景になるような家にするには、どのように計画していったらよいのだろう。まず建物のヴォリュームや形状が周辺環境から突出しないようにするのも一案だ。外装材は汚れが気になる材料はできるだけ避けて、時が経つほどに味わいが深まるものにする。

そして1本でもよいから必ず樹木を植えるようにする。竣工時に植えた小さな樹木でも、10年、20年経てば、2階建ての屋根を覆うくらいに枝葉を伸ばし、周辺に緑陰をつくり、やがて建物とともに街の風景になっていくはずだ。さらに敷地に少しでも余裕があるのなら、道路に面した玄関との間に、樹木や草花を植える場を確保する。気持ちのよい環境をつくることで、近所付き合いも生まれ、1軒の家がきっかけになって、住みやすい住宅地に生まれ変わることもある。

住み手と敷地が出会い、建物が立ち現れた時点から、街との関わりが発生する。家は地域や街並み、そして風景と無関係ではいられない。たとえ個人の家であっても、大地に立っている限りは、近隣や風景に責任があることを念頭に入れて、計画を進めてほしい。

■街の風景になる家を目指す具体的な方法

一軒一軒が豊かな緑に覆われて、街並みをつくる西宮市目神山町十二番坂界隈。
建築家石井修が道の両側に11棟を計画した

写真：新潮社　（撮影：広瀬達郎）

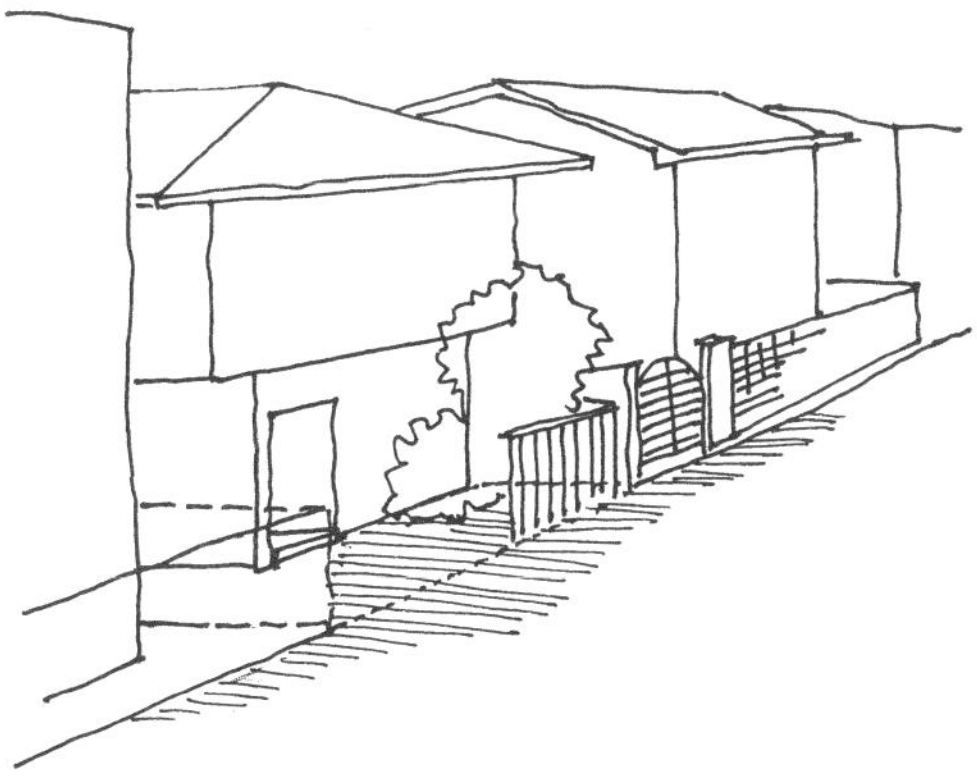

ヴォリュームを分割する
ヴォリュームを低くする
境界を曖昧にする

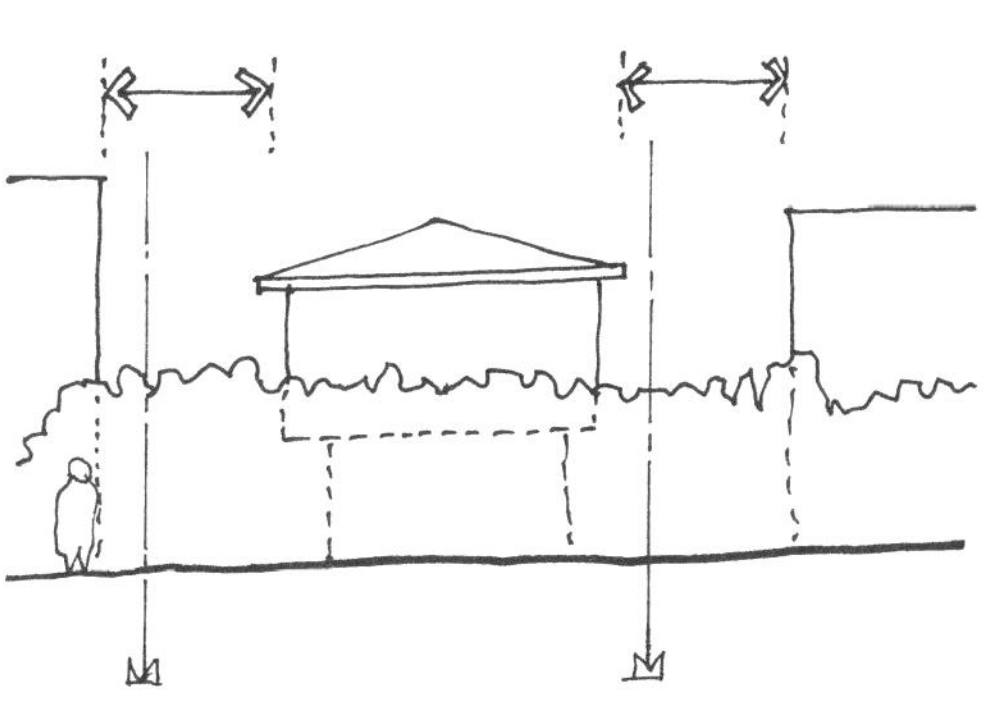

木々が連続するイメージ
所有区分を越えて互いに隣棟間を意識する

私たちの家Ⅱ期 1978年／林 昌二＋林 雅子

写真：村井 修

増改築から生まれた細長い書斎

大手設計事務所で大型の建築を手がけてきた林昌二と、住宅をメインに数々の名作を残した林雅子夫妻の自邸である。元になったコンクリートブロック造にコンクリートの平らな屋根が載る平屋の家は、やはり夫妻の共同設計で1956年に建てられた。当初の家は最小限の床面積で、暮らしながら増改築できるように計画していた。「私たちの家Ⅱ期」は寝室の位置はそのままに、RC造と木造の混構造の2階建て。

「家の中に別荘をつくる」という考えで、目の前に広がる庭の木々を横長の連続窓でとらえた2階の書斎は、最も気になる場所だ。座位という姿勢を選択した視点は、まるで縁側に座っているような、あるいは崖に足を下ろして眼下を見下ろすような爽快感がある。背後に控える屋根裏部屋との床段差は、増改築ゆえの技術的な納まりによって生まれたものかもしれないが、書斎の独立性を確保しながら他の部屋との一体感をつくりだしている。

元の家をすっぽり覆いながら、魅力的な空間を新たに生み出していくこの家は、暮らしとともに変化していく増改築の模範解答といってもよい。

第2章

実感力や観察力を養う

014

スケール感を身に付ける

Point 心地よいと感じる空間に出会ったら、寸法やプロポーションを身体で記憶しておこう。

空間を認識するには、いくつかの基準点を持つことを勧める。椅子の座面の高さにもよるが、腰掛けたときの視点や床に座ったときの視点なども基準点にできる。

床に座ると椅子に腰掛けたときにくらべて、かなり視点が低くなり、同じ天井の高さでも見え方が大きく違ってくる。椅子に腰掛けたとき、床に座ったとき、それぞれの空間の寸法やプロポーションの違いを、身体感覚で身に付けておきたい。

たとえば、1つの空間に椅座《いざ》と床座が同時にある場合、2つの基準点が身に付いていれば、床のレベル差によって様々な視界と視点を与えることができるので、実際の床面積よりも豊かな空間をつくることができる。

さらに自分にとって心地よいと感じられる空間のヴォリュームを普段から意識しておくとよい。天井が低く窓の小さい3畳くらいの茶室に座ったときと、大きな開口部がある吹き抜けの20畳くらいの広いリビングで椅子に腰掛けたときでは、空間感覚に大きな違いがあるが、どちらも心地よいと感じたら、その感覚を記憶しておいてほしい。

機能的な面からもスケール感を養うことはできる。まずはトイレの内部の寸法を測ってみよう。便器の周辺にどれくらいの余裕があれば、衣服の着脱がスムーズに行えるのかを念頭におきながら、便器の高さ・幅・奥行、便器とドアや壁の距離、紙巻き器と便器との距離などを測ってみよう。そうすることで、人が衣服を着脱し、腰掛けて用をたすことができる必要最小限の寸法を把握することができる。

次に昇降しやすいと感じた階段の勾配、蹴上げ、踏み面、蹴込み、幅員を測ってみよう。階段の昇降のしやすさは、蹴上げと踏み面の関係で決まり、安心感は勾配と幅員の寸法の関係で決まることを身体で記憶しておこう。

生活姿勢の基準を意識する

生活動作の姿勢は立位、椅座位、平座位、臥位がある

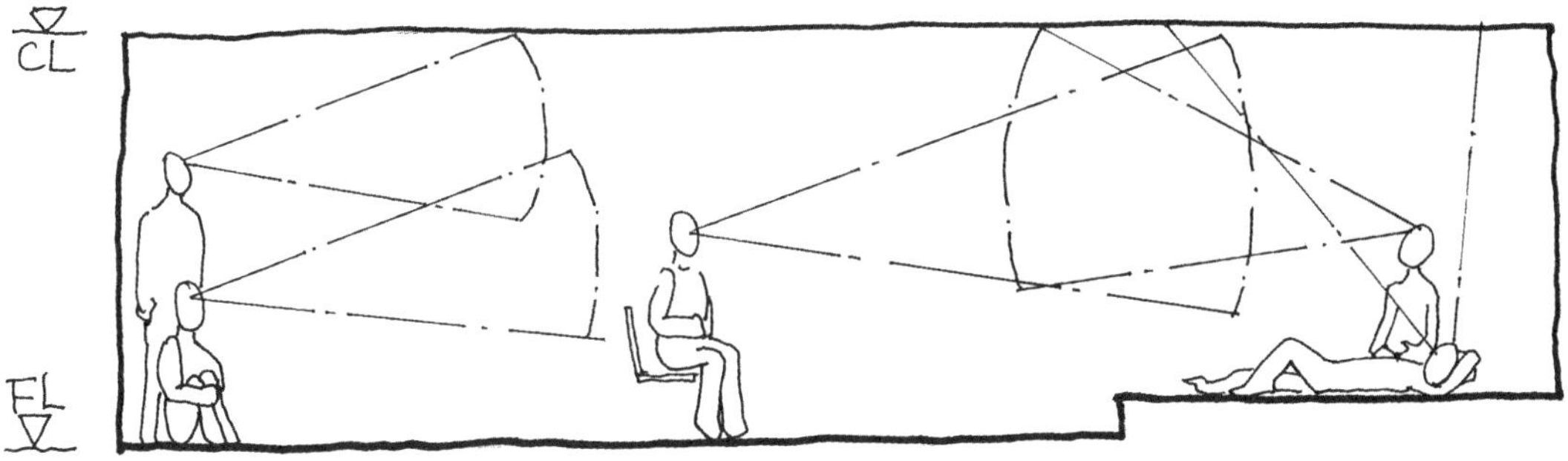

平座位と立位　　椅座位　　平座位と臥位

極小空間こそストレスなく使いたい

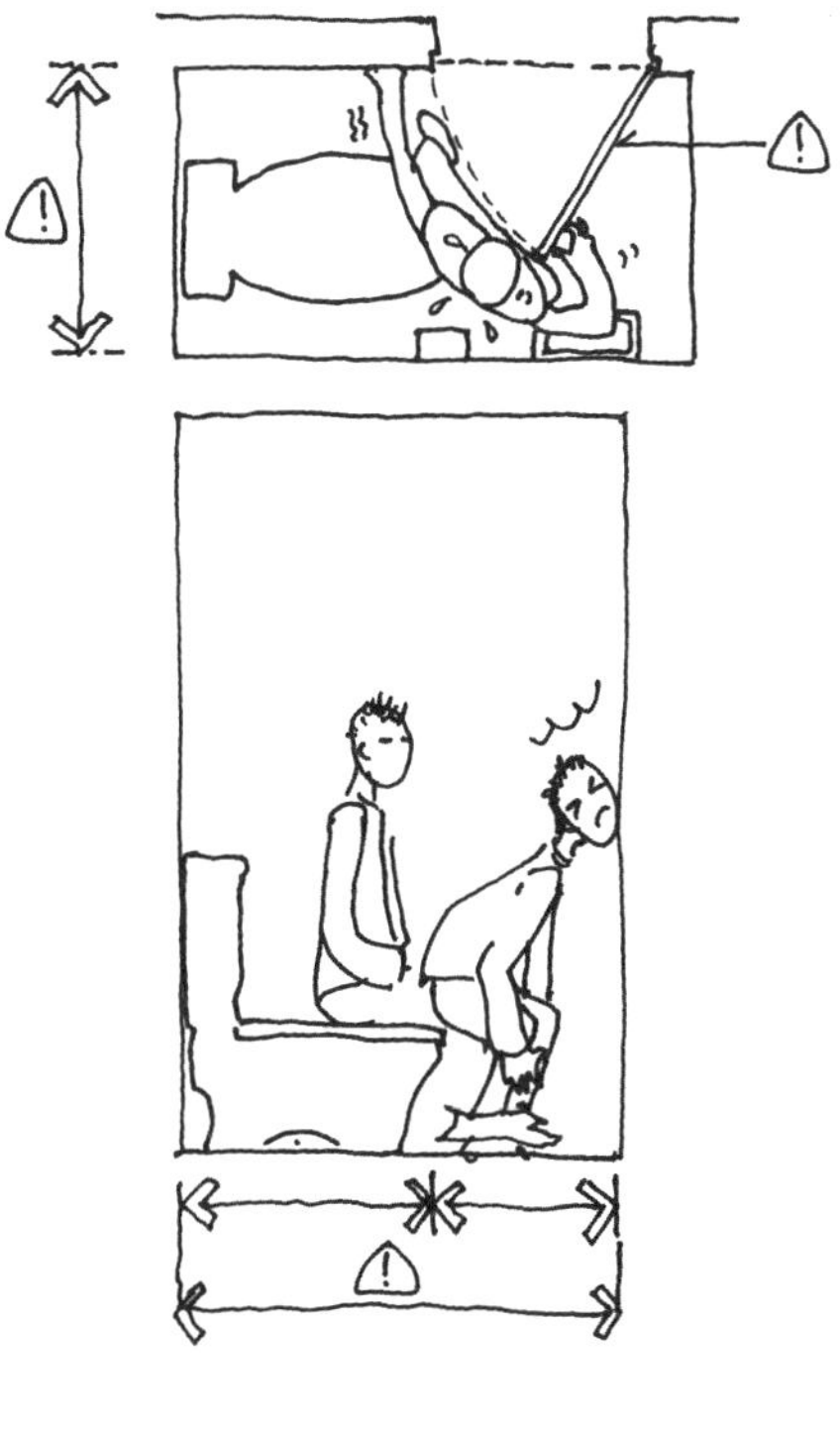

昇降しやすい階段だと思ったら実測してみる

設計者が「心地よい」と感じたら、
それを数値に記録することから始めよう

015

自分の基本寸法を身に付ける

Point 自分の身体や工業製品の寸法を手がかりにして、空間やモノの寸法を正確に把握しよう。

空間やものの大きさを、見ただけで把握できるように、日頃から心がけておきたい。室内のヴォリューム感は、同じ床面積でも天井の高さと床のプロポーションの違いによって、視覚的なヴォリューム感が違う。平面と高さの寸法を正確に把握するには、自分の身体を基準にするか、多く使われる工業製品の定尺寸法を手がかりにするのがよい。

部屋の大きさや天井高を知るには、両手を広げた寸法と、片手を上に伸ばした寸法を把握しておき、それを基準にして何倍なのか、あるいは何分の1なのかで、おおよその寸法がつかめる。

料理をするのに、シンクとコンロの距離はどれくらい離れていた方がよいのか、仕舞いやすく取り出しやすい食器棚の高さや大きさはどれくらいかといった寸法を把握する感覚も必要だ。機能的な寸法は、日常の所作に大きく影響してくるので、キッチン、トイレ、洗面、浴室など、毎日使う場所の寸法感覚は身に付けておいた方がよい。

家具や棚などの寸法感覚は、自分の手のひらの大きさ、手を握ったときの大きさ、指の関節の間隔などで知っておくとよい。机、椅子などのおおよその寸法は、手を使って把握することができる。だが、設計の参考にしようと思うなら、それぞれの寸法を正確に測って記録しておく必要がある。たとえば、使いやすいキッチンカウンターに出会ったら、奥行きや高さ、長さ、面取りのアールなどを正確に測っておく。

家具や造作などの寸法は、たった数ミリの違いで、住み手の「しっくり感」が大きく変わってしまう。住宅はあらゆるものの寸法を設計者が選択してできあがっていることを再認識してほしい。黄金比など美的なプロポーションを活用することもできるが、まずは自分の身体を通した寸法感覚を身に付けておきたい。

ヴォリューム感の違いを知る

床面積が同じでもヴォリューム感は様々である

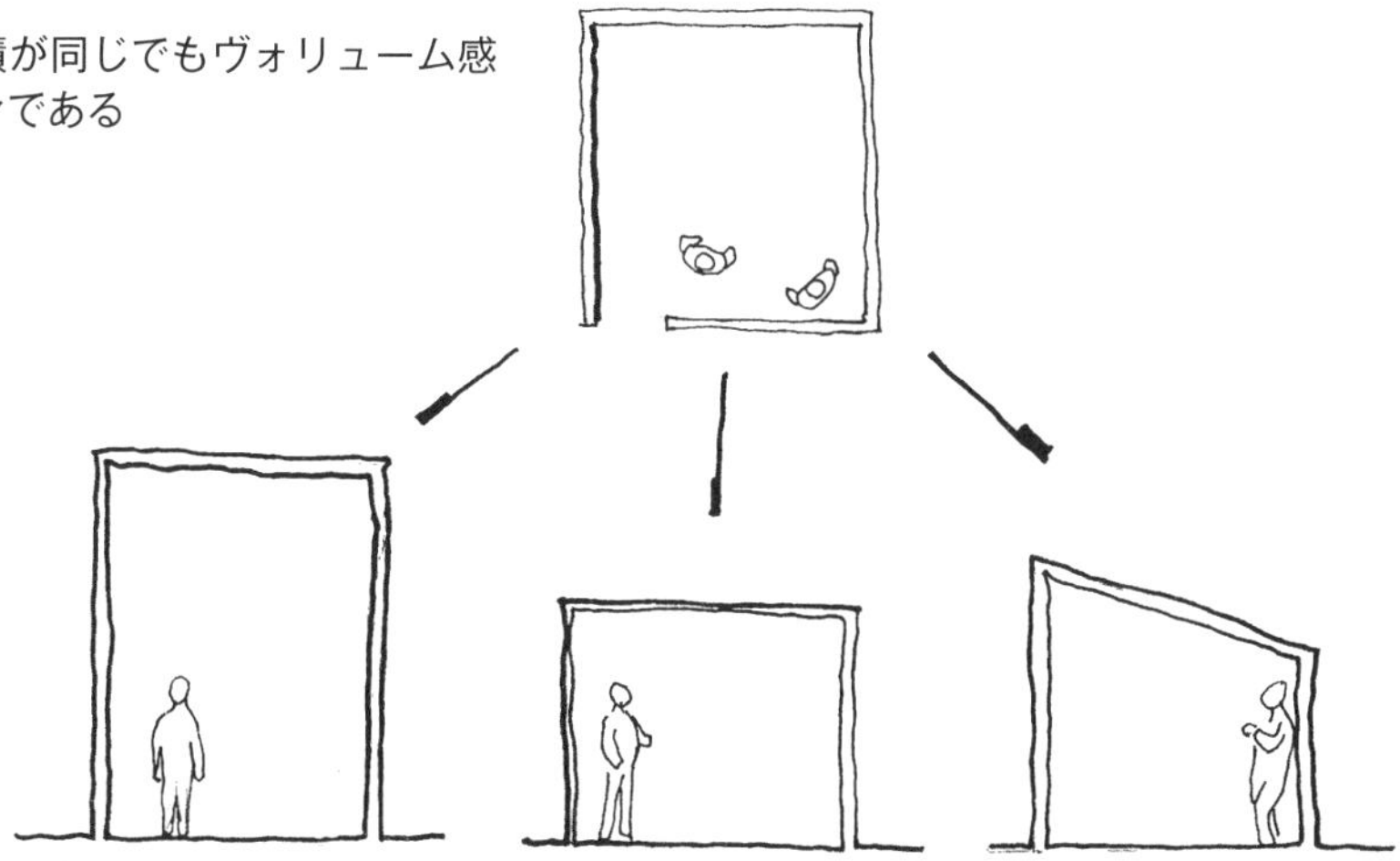

建物の高さなどを、見当を付けるには、部分的な寸法を測ることを利用する

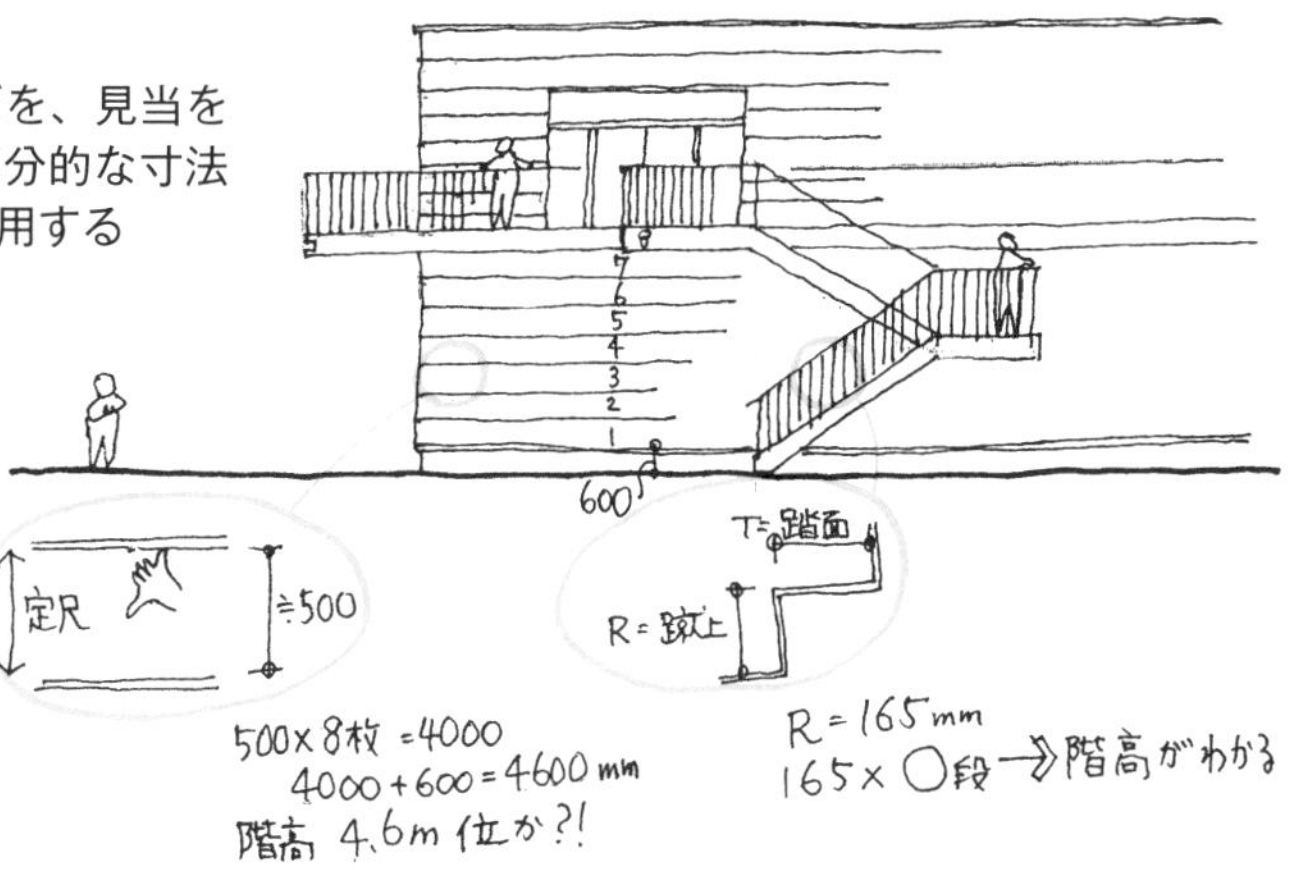

自分の体の寸法を知っておく

自分の体の寸法を知っておけば、簡単なおおよその実測ができるとともに自分の体に合った寸法を身に付けることができるようになる

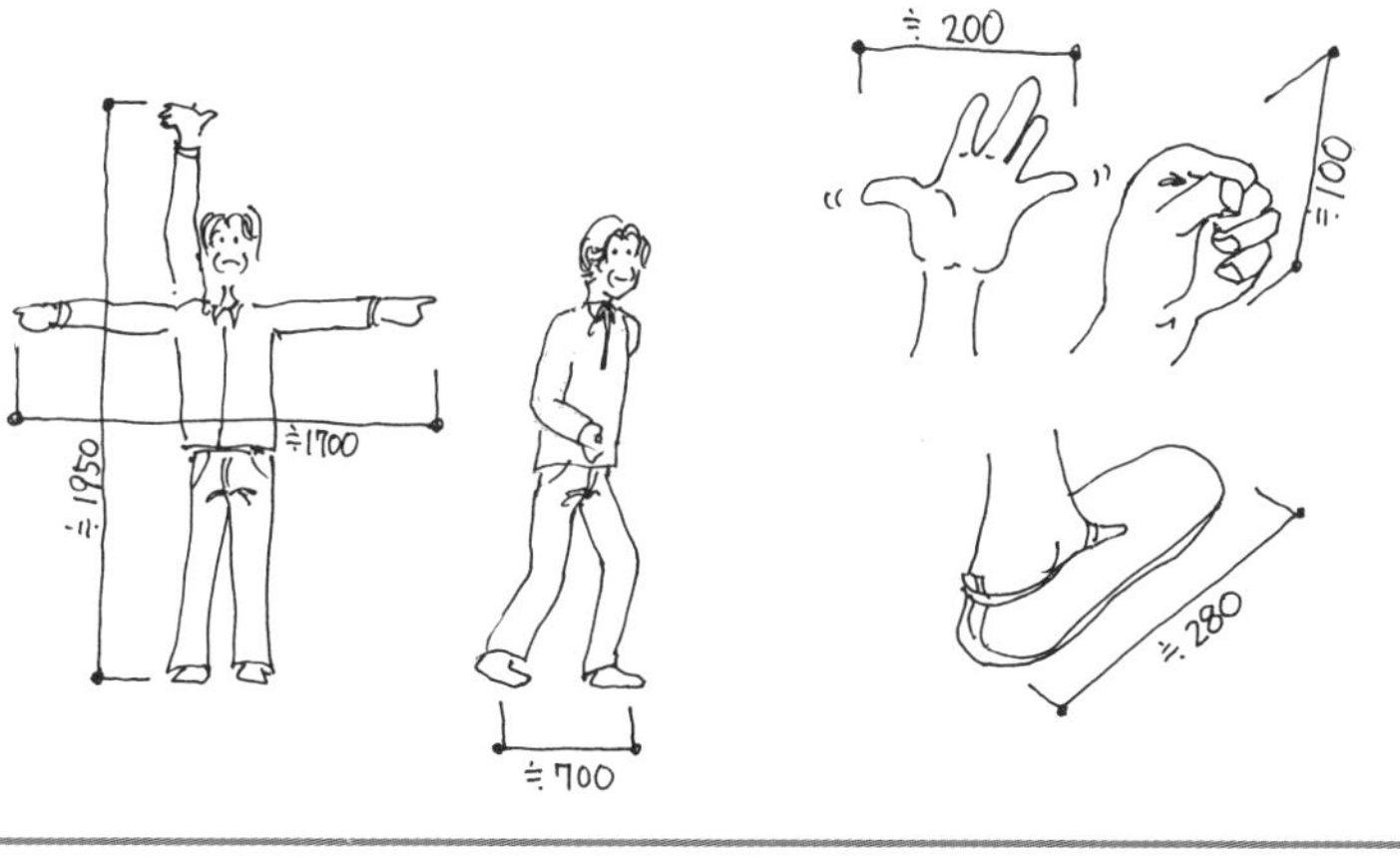

材料の特性を知る／木

Point
木が持っている特性は扱い方を知っていないと、
時にはデメリットになることもある。

山を育てる労働力の不足や工賃や輸送費用が労働に見合わなくなったことなどから、近年は輸入材のほうが安価になり、日本の山はますます荒れるという悪循環が起こっている。とはいっても多くの日本人は、木の家に住みたいと思っている。日本人が木の家にこだわり、長く住み続けてきたことには、それなりの理由があるからだ。

1つには、身近な材料であったこと。そして調湿性、断熱性、弾力性に優れていることから、日本の気候風土に適した材料だったこと。さらに樹種によって異なる木目や柔らかい手触りや香りは、日本人の感性に合い、気持ちを和ませてくれたからだろう。工業製品とは異なり、年月を経るにしたがい味わいを深め、木材を削ると新たに蘇って生き続けるのも木の特性だ。

ところがこのメリットは特性や扱い方をよく知っていないと、デメリットになることもある。木は、火と水に対して注意が必要だ。燃焼によって徐々に強度を失っていくが、「燃えしろ設計」といって、燃えた部分が被膜になることを利用して、一定時間であれば倒壊しないことを構造計算で確かめる方法がある。また特殊加工して不燃化する技術や、不燃化する塗料もある。水には、防水処理や湿気対策が必要だ。

手の掛かる材料でもある。住み手の求める「精度」にもよるが、工業製品のような均一な材料ではない。樹種によっても、重さがかなり違う。たとえばタモは非常に重いが桐は軽い。重量や硬さなど、使われる場所に合った選択が必要である。環境によって反りや収縮も起こる。反りや収縮を見込んで使うことができれば、魅力ある材料だ。

主張の強い材料でもあるので、空間にあった扱いを考えなければならない。樹種・厚さを始め、配置の仕方によっては、均一な工業製品の材料を圧倒する強さや表情を持ってくれる。

身近な木質材料

単板積層材 LVL（ラミネイティッド・ベニア・ランバー）
OSB（オリエンテッド・ストランド・ボード）
中密度繊維板 MDF（ミディアム・デンシティー・ファイバーボード）
パーティクルボード

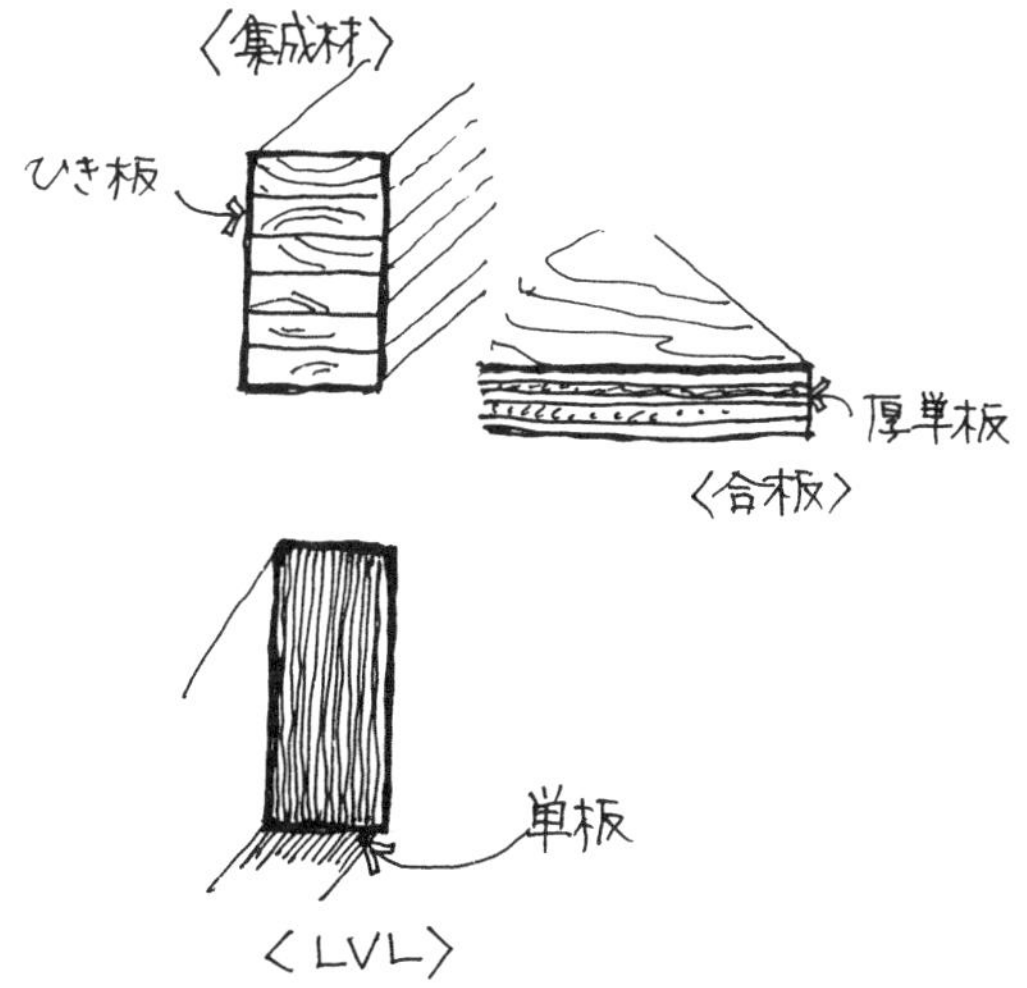

木材のよさ

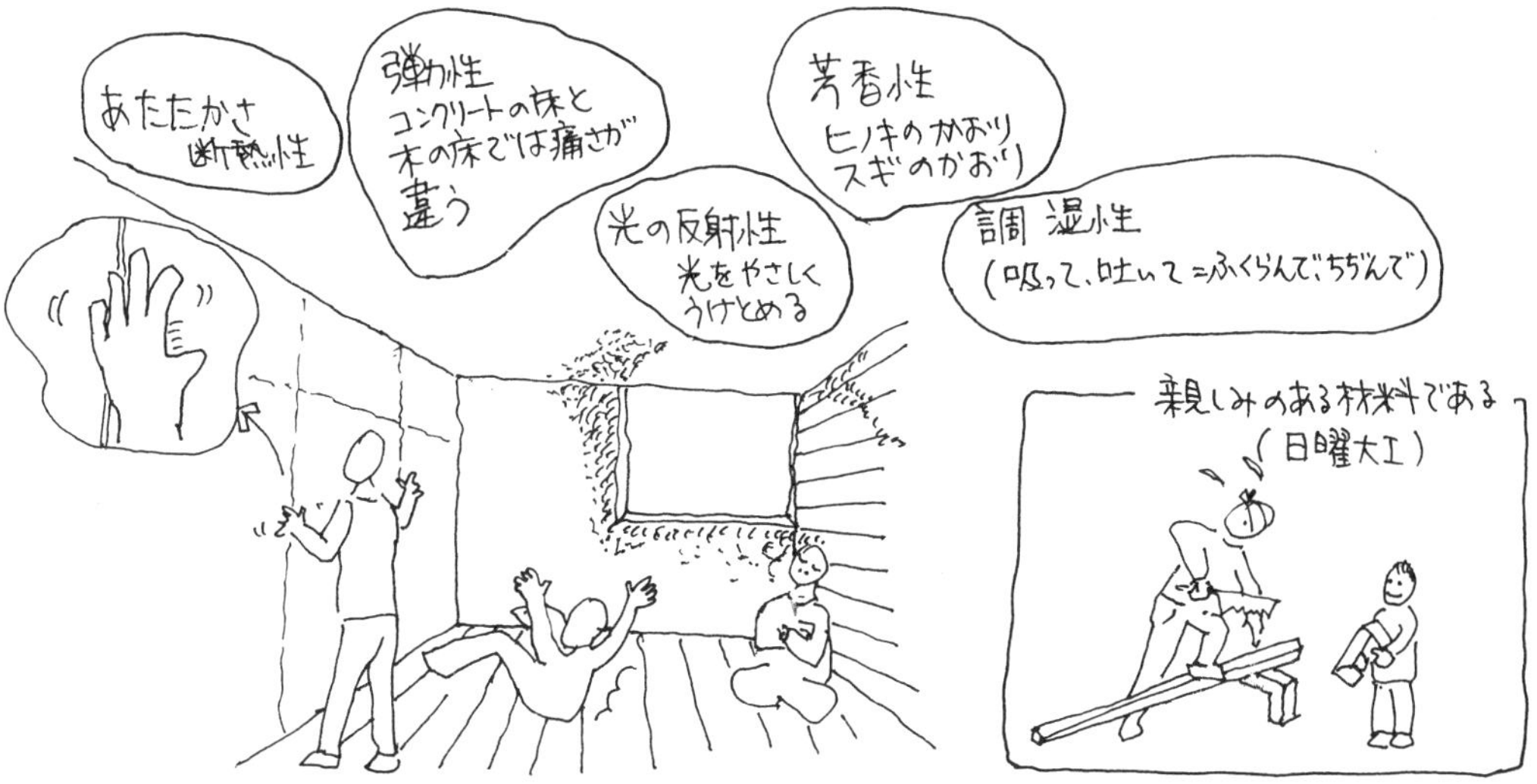

燃えしろ設計

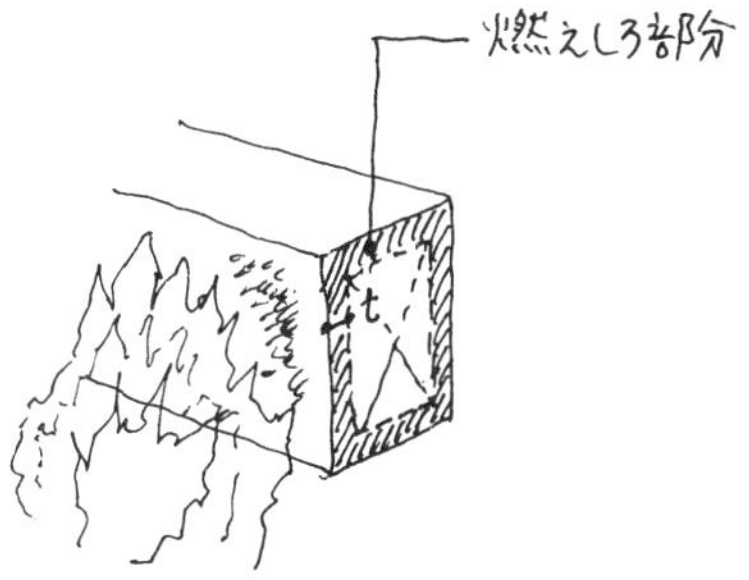

燃焼時間		30分	40分	60分
燃えしろ厚(t)	集成材	25㎜	35㎜	45㎜
	製材	30㎜	45㎜	60㎜

木材の耐腐朽性（心材）

2 実感力や観察力を養う

材料の特性を知る／石・土

Point 石や土の質感や重量感は写真ではわからない。実物に触れて実感しておく必要がある。

玄関土間や浴室などに石を使うと、木とは違った質感のある空間が生まれる。石は自然素材なので、工業製品が真似できない不揃いの材料と、個々に向き合わなければならない。質感や重量感は、カタログ写真ではわからない。実物に触れ、施工された場所があれば見学して、材料を実感しておく必要がある。配置される位置・形状・寸法、光の当たり方、さらに施工方法、下地の構成によっても、厚みや質感や表情が変化するからだ。

私の好きな石は、多孔質の大谷石、そして風呂などに使われる十和田石や伊豆石だ。旧帝国ホテルを設計したライトのように大谷石の掘削山を買い取ることはできないが、近所の擁壁に大谷石が使われていたため馴染みがある。幼少の頃は、野球の壁当てをしていて、ボールを当てると砕けるのが気に入らなかったが、今は、多孔質なところや、光を柔らかく受ける質感というい、建築素材としての魅力を感じている。

土のよさは、世界中どこにでも存在する素材であり、壊せばまた大地にもどる完璧なリサイクル材というところだ。なによりも土を扱う左官職人の手技や息遣いが感じられるのがよい。仕上げ方によって、均一な表情も、崩れた表情も表現できる。さらに土の種類、混ぜ合わせる素材、塗る回数によっても異なった表情が生まれる。職人に敬意を払いつつも、土などの左官材料は建て主の家族を巻き込んだセルフビルドも可能だ。クロス貼りのような短工期では得られない、人と材料とのコミュニケーションがある。リビングの一部を土壁にして、家族で塗るといったことを組み込むと、家への愛着がさらに増す。近年は施工性や接着性をよくするために、様々な製品が普及している。それぞれの材料の特徴を理解することを心がけたい。

石と土の特性を知る

種類	ブランド	特徴
花崗岩	御影石	堅硬、研磨による光沢がよい、耐久性あり
安山岩	鉄平石	外部に多く使われる
砂岩	インド砂岩	割肌など表情がよい、耐水性は成分によって異なる
石灰岩	トラバーチン	研磨による光沢、模様がよい
凝灰岩	大谷石	吸水性大だが、耐火性がある
粘板岩	スレート	屋根や床などに使われる

同じ種類でも一つひとつ表情が違い、カタログでは分からない

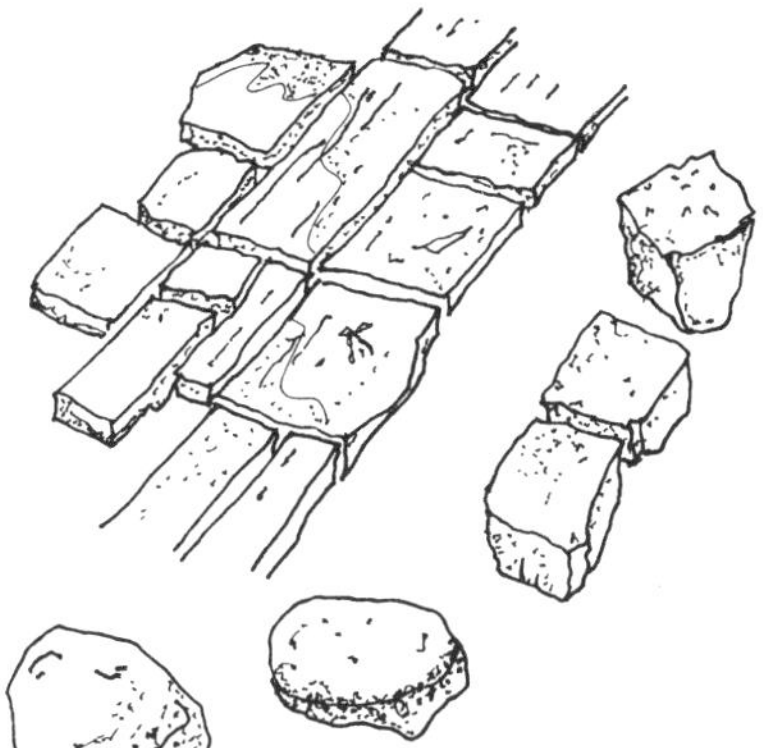

大谷石

写真：大谷資料館

光を柔らかく受けとめる石だが、掘削場は迫力がある

土壁

含まれる材料はすべて自然素材である

建て主の家づくりへの参加

三和土の魅力

三和土の魅力は内外部の連続性にある

材料の特性を知る／金属

Point 構造材や仕上げ材に利用できる金属は、それぞれの性質を知って適材適所で使いたい。

金属に対するイメージには、シャープさや冷たさがあるが、様々な部位に利用できる材料である。鉄は構造体としてだけではなく、仕上げ材として板状やネット状のものなど、形を変えて利用できる。耐火性は乏しいが不燃性という特質も兼ね備えている。

鉄の魅力は、メリットでもありデメリットでもある風化や錆である。風化した鉄は、独特の雰囲気を持っている。表面に保護性錆を形成するようにつくられたコールテン鋼（耐候性鋼）は、内部まで腐食されないという優れた特質とともに、茶褐色の色が風格さえ漂わせ、外壁の一部や玄関ドアなどに使うと、引き締まった雰囲気を醸し出す。

屋根や壁の仕上げ材として多く使用されるのが、ガルバリウム鋼板だ。アルミニウムと亜鉛の合金によるメッキ金属だが、軽量で耐久性が高く、色数も多いこともあって、住宅の外装材として広く用いられている。

熱伸縮は大きいが、軽量で加工性に富むアルミニウムは、窓のサッシや堅牢性や遮音性などを求められる外部に面するドアなどに用いられる。

ステンレスも身近な材料だ。アルミ同様、シャープなエッジを必要とされる見切りや、水廻りのカウンターなどに利用される。ステンレスは錆びない金属というのが、一般的な感覚だ。だが私の場合、塩害地域での仕事が多いこともあって、「錆びない」というステンレス信仰は持っていない。鋼材に溶融亜鉛メッキさせたほうが、塩害に強いと考えている。ステンレスの均一な表情より、数年で渋い表情に変わるところも好む理由である。

金属は水がかりのあるところで異なる金属を使用する場合、熱による伸縮、そして耐（防）火性、断熱性などに気を付ける必要がある。外壁に鉄板を張る場合は、内部の温熱環境を確保するために遮熱塗料を塗ることを勧める。

いろいろな金属

	鉄鋼	ステンレス	アルミ
メリット	強度が高い 加工性がよい 溶接、プレス成形などにより自由な形ができる	耐久性 美観 加工性がよい 表面仕上げの多様性	軽量である 加工性がよい 耐候性に優れている
デメリット	耐火性に劣る	鉄との接触部分に絶縁処理を行わないと鉄の腐食を促進させる	孔食など汚れやだまりがあると腐食を促進させる

様々な形になって使われる

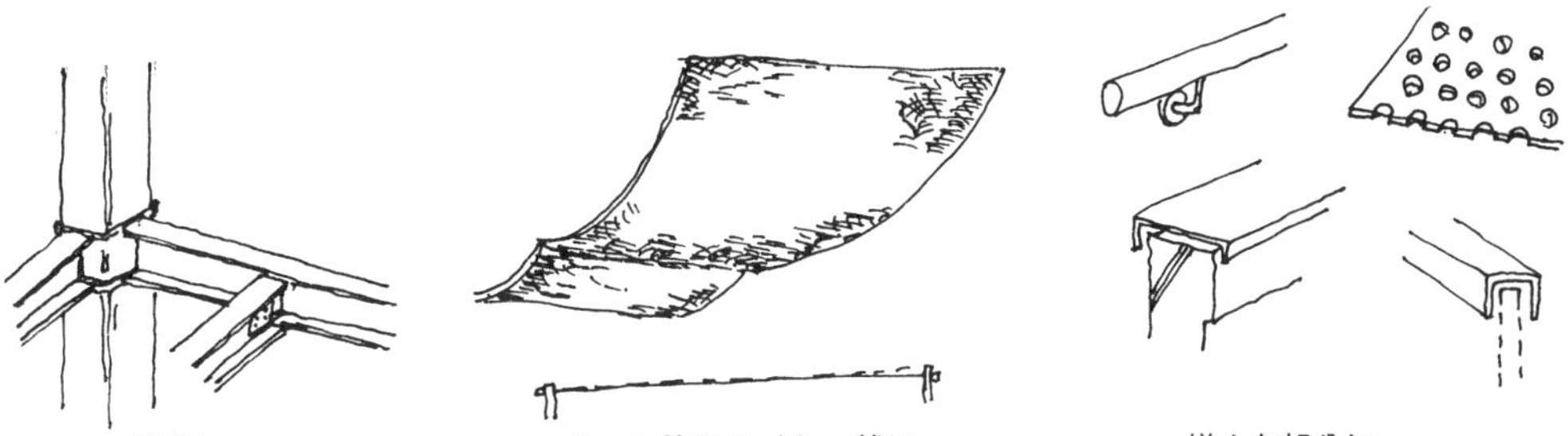

構造に　　ネット状やワイヤー状に　　様々な部分に

合金(55%アルミ亜鉛合金メッキ鋼板)

屋根や外壁に多く使われる。メンテナンスフリーといわれるが、開発からまだ40年弱の材料である。いわゆるガルバリウム鋼板(製品名)

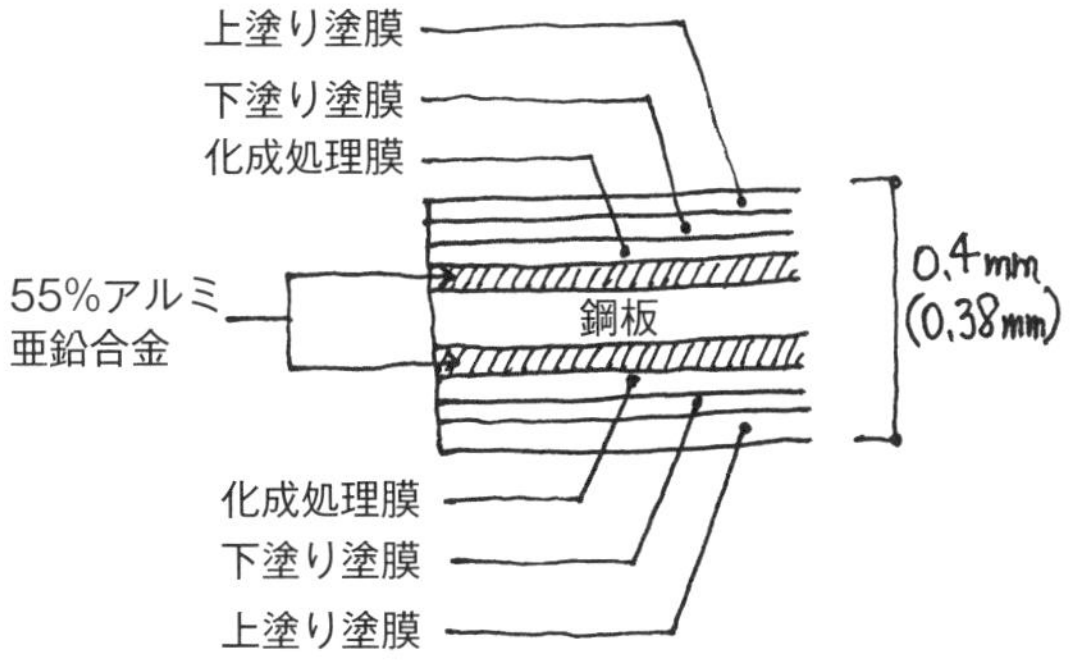

鉄の防錆処理の優れた仕様

写真は鋼材を溶融亜鉛メッキ(ドブ漬け)をしているところである。溶融亜鉛メッキは防錆の処理として優れた性能を持っている

写真：日東亜鉛(株)

019

材料の特性を知る／モルタルとコンクリート

Point 耐火性、耐水性に優れたセメントからできるモルタルやコンクリートの用途は広い。

日本で多く利用されるセメントは、ポルトランドセメントである。耐火性、耐水性に富み、水と反応して硬化する材料である。砂を混ぜればモルタルになり、砂と砂利を混ぜて練り上げればコンクリートになる。

仕上げ材としてのモルタルは、時間が経つとひび割れが生じることを知っておいてほしい。だが仕上げ用のコテによって、様々な表情をつくることができる身近で魅力的な材料だ。

セメントを材料とした建材には様々な種類がある。工場で成形されるコンクリートブロックやALC板（軽量気泡コンクリート板）は、断熱性に富むことから、外壁や水廻りに利用される。現場成形の代表は、コンクリートである。中でも、構造体として使われる鉄筋コンクリート（RC）だろう。コンクリートは圧縮力に強く、引張り力に弱い。その欠点を、引張り力に強い鉄筋が補う。現場で型枠を建て込み、練り混ぜ直後のまだ固まらないコンクリートを流し込んで、自由な形をつくることができる。

自由な形とともに、型枠の材料によって、様々な表情を映し込むことができる。塗装合板の型枠なら、均一な表情を持ち、杉板の型枠なら、木目を映し込むことができる。また、構造体に必要な鉄筋からのかぶり厚より厚くコンクリートを打ち、硬化後表面を叩いて砕く仕上げなど、彫塑性が高い仕上げが可能なのも特色だ。

コンクリートは、日射、乾燥、雨がかりなどの影響を受けると、乾燥伸縮が生じる。特別なコンクリート調合でない場合は、伸縮目地などを設けたり、表面を保護するために、撥水剤やフッ素樹脂コーティングなどを行い、耐久性を持たせる。酸性雨や排気ガスの影響を避けるためにも、表面保護とともに、雨がかりを防ぐような建築的な工夫をしたい。

セメントと鉄筋コンクリート(RC)

・レディミクストコンクリート
　セメントに砂と砂利を混ぜ
　てつくる
・モルタル
　セメントに砂を混ぜる

・コンクリートブロック
・コンクリート系パネル
　ＡＬＣ板など

鉄筋コンクリート(ＲＣ)のつくり方

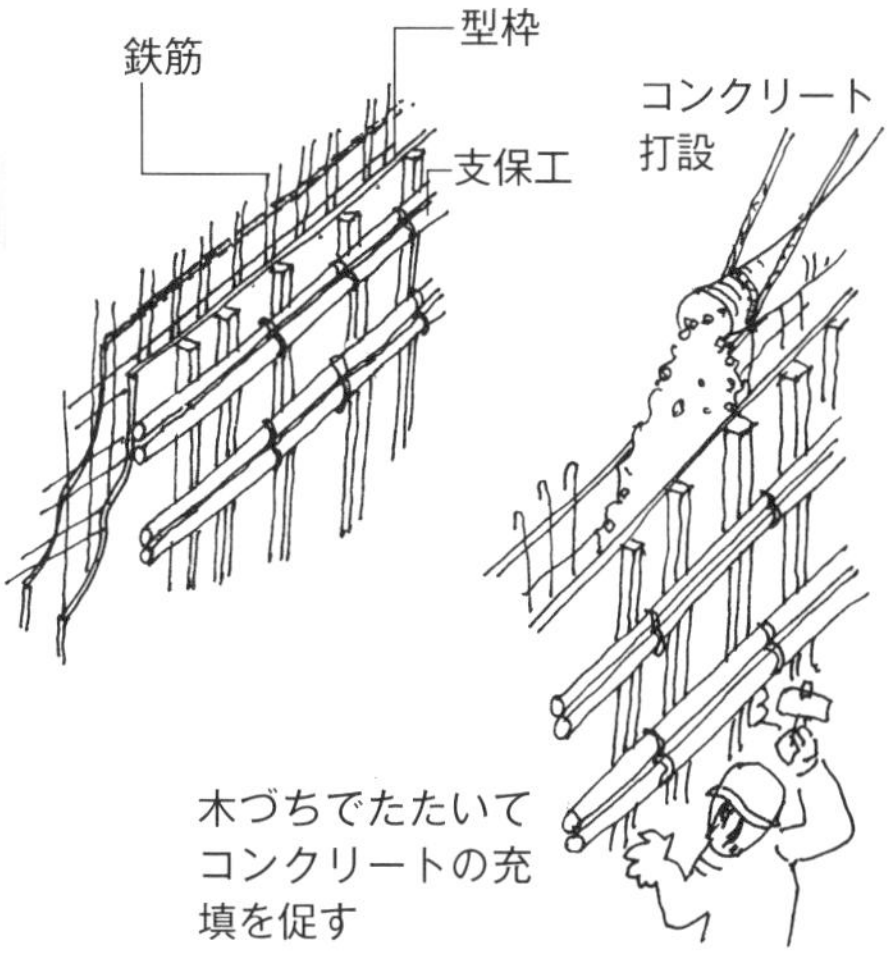

コンクリートの表情を決めるもの

塗装合板型枠打放しの表情を決めるもの

目地

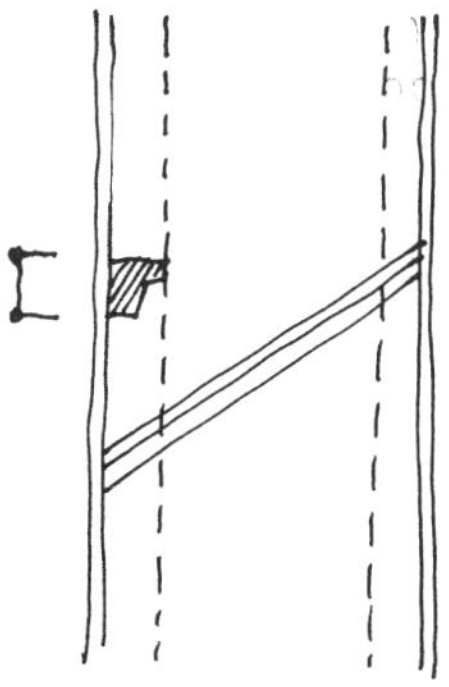

Ｐコンの配置

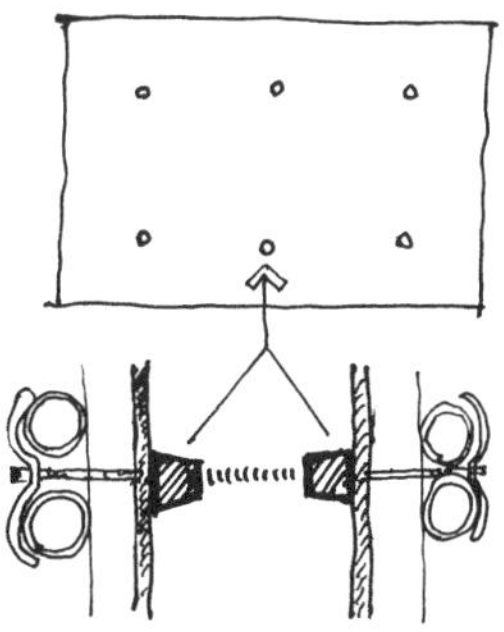

コンクリートの表情は型枠で決まる

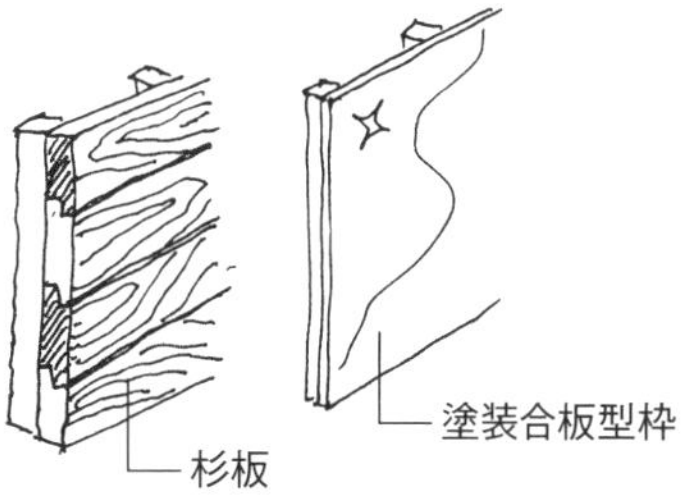

杉板でつくられた型枠によるもの

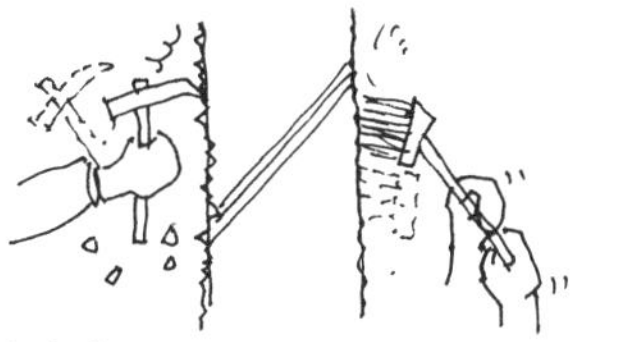

そのほか、型枠をはずした後、表
面を加工するもの

020

材料の特性を知る／ガラス・ポリカーボネート

Point ガラスと同等の透過性を持つポリカーボネートは、ガラスよりも耐衝撃性が優れ、安全だ。

ガラスが建物に用いられるようになるまでは、壁や建具で内部と外部を隔てるだけであったが、ガラスによって、室内環境の快適性を保ちながら外部を眺めることができるようになった。

住宅でガラスを使用する部位は、数多い。様々な形態や大きさの窓、扉にはめ込まれたガラス、ガラス壁、鏡など、均一性の高い工業製品であることからメンテナンス性にも優れている。ガラスには透明なものだけでなく、障子紙を透過する光に似たフロストガラスもあり、視線を遮りながら光を取り入れてくれる。

浴室と脱衣室など、視覚的に一体にしながら、音や温熱環境が違う場合でも、ガラス1枚で一体的な空間として認識することができる。だが透明ガラスは夜になると、漆黒の冷たい表情を持つ「壁」になることも注意したい。

ガラスは危険性も孕んでいる。洗面室と浴室の間に透明ガラスの扉を入れる場合、割れたときに備えて、飛散防止フィルムを張り、開口部側の小口を丸め、指つめ防止を施すといった配慮が必要だ。裸でいる場合での使い勝手を考えて計画する必要がある。

十分な断熱性を持つガラスを選択したとしても、冬はガラスを通して冷気が伝わることを念頭に入れて、空調機の配置や窓際の断熱を考えておきたい。

ガラスと同等の透過性を持つポリカーボネート（熱可塑性プラスチックの一種）は、ガラスに比べて耐衝撃性が非常に優れていて安全である。浴室のガラス扉に置き換えて用いれば、安全性は向上する。だが耐候性については、紫外線に対する対策を施す必要がある。耐久性については、表面が傷付きやすいなど、メンテナンスの方法がガラスと違うことに注意を要する。外部に面する開口部やカーポートの屋根などに使用する場合は、法的な制限を各自治体に確認しなければならない。

各種ガラスの特徴

	透過性
	装飾性、視界コントロール性
	断熱性
	安全対策
	安全対策、紫外線コントロール性
	防火性
	防火性、安全対策
	遮熱性、断熱性
	装飾性

※その他にも防音性能、防振性能、セルフクリーニング機能を持たせたものなどがある

ポリカーボネート板の特徴

ガラスと同等の高い透明性がある。最大の特徴は衝撃強度がガラス1に対して400～450倍の強さをもっていることである。熱伝導率も小さく断熱性にも優れている。耐候性については表面保護などの対策が必要になってくる。耐久性については、表面に傷が付きやすく、ガラスとはメンテナンス方法が違うことに注意する

ポリカーボネート板のいろいろな形

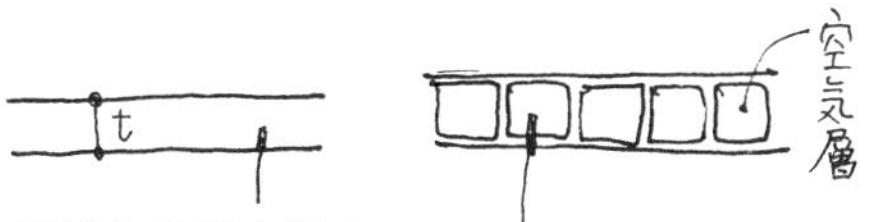

厚さや色味も様々

空気層を持つ形状もあり、意匠性・断熱性に優れている

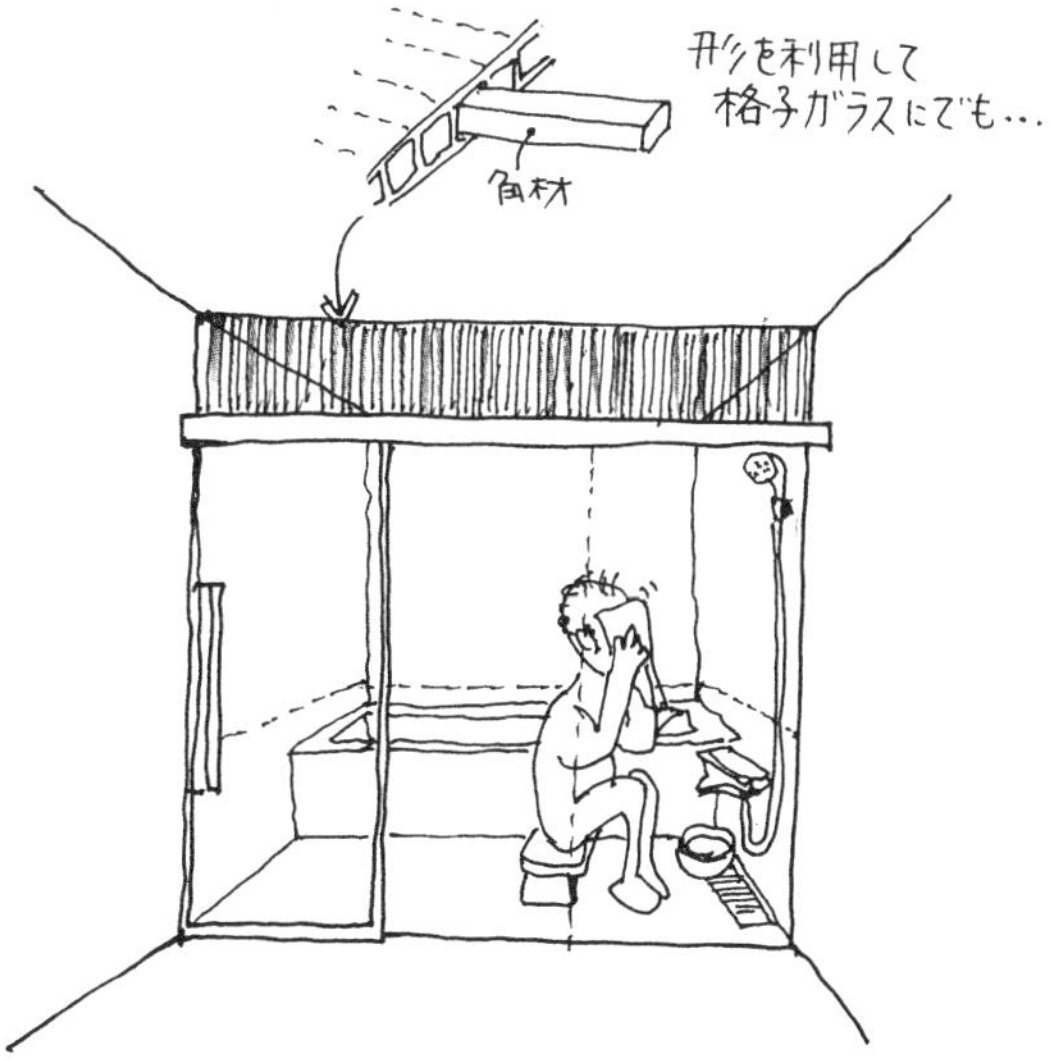

ポリカーボネート張りの浴室もあるが、メンテナンスには気を付ける

工事現場を体験する

Point 工事現場を知り施工者に信頼されなければ、設計者の想いはカタチにならない。

住宅の工事現場には、街を歩けばどこかで出会うので、工事のほんの一部なら見ることはできる。だが施工業者に許可をとるか、知り合いの設計者に頼んで現場を見せてもらうことができれば、より深く工事現場を体験できる。思い切って現場で働くのもよいかもしれない。現場を体験することは、机上で絵を描いているのとは違い、具体的にモノが立ち上がってくるエネルギーを実感できるので貴重だ。

設計者は、設計図を描けばおしまいではない。工事を監理するのも大事な仕事だ。設計者は設計の考え方を施工者に伝えなければならない。設計図に書き込んだ仕様が、どのような順序で、どのような能力を持った人たちが行っているのかを知ることは、施工する人たちへ敬意を払うことになる。

一方で、現場を知りすぎると設計の自由な発想ができなくなるといわれているが、私は、むしろ現場からの発想もあると考えている。設計者の意思は、現場で実際に立ち上がっていく生々しいモノの力に負けてはならない。現場でモノが組み上がっていく力は、机上での想像とは違う。

施工者が嫌がる設計もある。施工者の嫌がる顔を思い浮かべながら、それでも「なぜこのように設計するか」を論理的に説明して、納得して作業してもらわなければならない。施工者に信頼されなければ、設計者の想いはカタチにならないのだ。

建物は完成した後も長い時間に耐えなければならない。施工者の様々な意見を取り入れながら、建て主から家づくりを任された者として、工事まで責任を持つことが仕事だ。現場では設計者1人に対して、数人の施工者が判断を一斉に求めてくる。設計者の安易な判断は、建物の一生に影響する。そのためにも、工事現場を体験しておくことは、設計者の大きな力になる。

工事現場を体験する

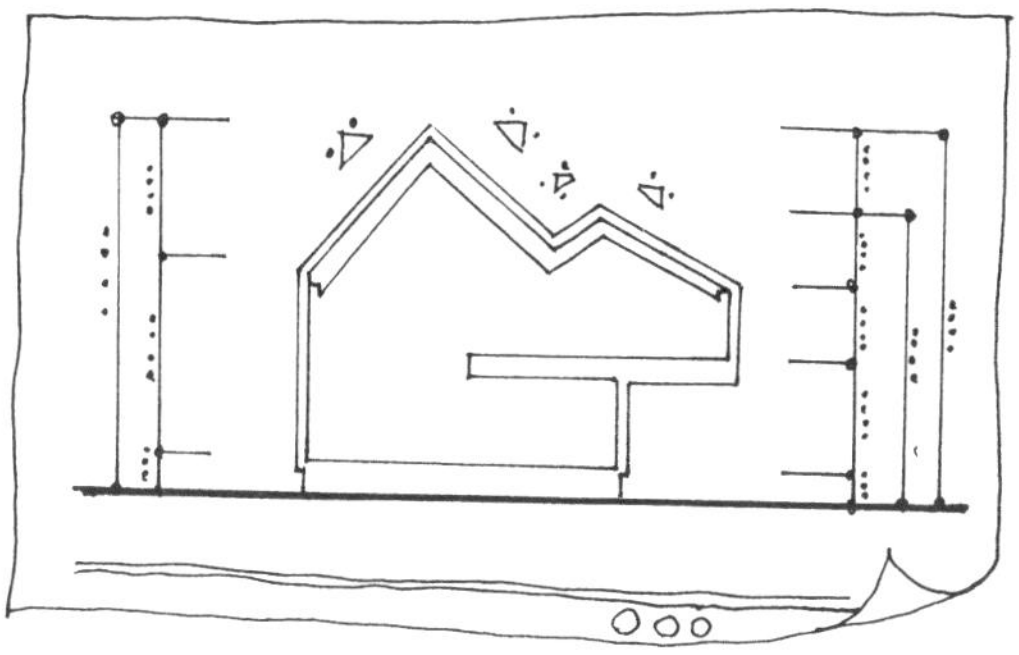

設計図に描かれた線によって、多くの人達の協力があって建ち上っていく。設計者は、自分の描く線に意図をしっかりもつことである

設計者の描いた図面の線を現場で実現するためには多くの専門工事業者の協力が必要である

現場との信頼関係をつくるには

まずは現場のエネルギーを体験する。つくり手は設計者に判断を一斉に求めてくる。そのときに安易な判断をすると建物の出来不出来に影響してくる。設計者は現場のエネルギーに負けない設計者のエネルギーを持つ必要がある

022

住宅を体験する

Point 気になる設計者の見学会やオープンハウスは、ディテールや心地よさを実体験できる機会だ。

雑誌に掲載された住宅の写真や図面を眺めていても、空間、光、風、雰囲気など、五感でしか感じ取ることができないことはなかなか伝わらない。だが写真や図面を見て、間取りや空間構成は想像できるはずだ。そうした住宅の写真や図面を見て、気になる設計者がいたら記憶にとどめ、実際に建っている住宅を見学するのが一番よい。

「百聞は一見にしかず」の諺《ことわざ》通り、空間を体感したり、仕上げ材に手で触れたり、光や風を肌で感じることで、どのような設計によって、そのような心地よさをつくりだしているかを、身体で理解できるからだ。

しかし、気に入った設計者の住宅を簡単に見学できるわけではない。ホームページを開設している設計者なら、オープンハウスのお知らせを載せていることもあるので参加できるが、それ以外は、人づてに聞いた見学会に参加させてもらうことになる。オープンハウスは、人や家具が入っていないので、設計者が意図した空間が実体験できて、ディテールまでじっくり観察できるまたとない機会でもある。

幸運にも気になる設計者が設計した住人のいる家を見学できれば、暮らすことによって空間の「質」がどのように変化するかを知ることができる。本当の住み心地は、その家に住んでいる人にしかわからないが、窓や出入り口の大きさや位置、どのような納まりになっているのか、設計者の意図通りに使われているかなど、生きた実例からたくさんのことが学べる。少し時間を経た家ならば、設計者の意図通りに仕上げ材がよい味を出しているかどうかも確かめることができるだろう。

新築住宅に限らないで、住宅史に残るような名作からも学ぶことは多い。藤井厚二の聴竹居（224頁参照）、前川國男の自邸など、公開している住宅もあるので、訪れてはいかがだろう。

住宅を体験する方法

建築家のオープンハウスに行ってみることも
住宅を体験するよい機会である

そのほかにも建築関係の団体が主催する見学会などがあるので、積極的に参加してほしい

※いずれの場合でも建て主の好意に支えられていることを忘れずに行動する

江戸東京たてもの園内にある前川國男自邸内観
写真：小平恵一

公共団体などの運営で著名な建築家の住宅を移築したものや、歴史的な住宅を見ることができるところなどもある。写真は東京都小金井市にある江戸東京たてもの園に移築された前川國男の自邸である。公開されており、見学が可能である

江戸東京たてもの園
東京都小金井市桜町3-7-1
都立小金井公園内
電話：042-388-3300

023

いろいろな建築を体験する

Point 現代建築から都市化されていない地域の建築まで、多様な建築を体感することは設計力につながる。

住宅以外の建築を体感することも、発想の仕方、構成方法、スケール感、素材感、技術的な処理の仕方など、設計者の引き出しの中味を増やすうえで欠かすことができない。こちらのほうが、住宅よりも見学できる機会は多い。

美術館では、入口までのアプローチをどのように演出しているか、主役の美術品を引き立てるために、自然光や照明をどのように取り入れ、壁の材質はどのようなものを選んでいるか、人の流れをさばくために、平面上、立体上どのような動線にしているかなど、設計者の目で見ると、気付くことがたくさんあるはずだ。

人が泊まることを前提としたホテルなら、いっそう住宅との接点が多くなる。日本旅館のよさもある。現代の住宅は、床の間付きの座敷が少なくなっているために、座敷に接するよい機会である。建築家のなかには、国内、国外問わず、ホテルや旅館の部屋に入ると、荷物をひもとく前に、メジャーで部屋やバスルームの寸法を測って内観パースを描き、よいディテールだと感じたら、その部分だけスケッチするという人もいる。こまめにスケッチすることで、ホスピタリティーを追求したホテルの空間や素材感覚を身に付けて、住宅設計に生かしているのだ。

アフリカ、中近東、アジアなどの都市化されていない地域では、今でも土、竹、草、石など、身近にあるものを材料にして、自分で家を建てている。太陽・雨・風などを防ぐだけのシェルターかもしれないが、人はそのような器でも暮らしていけることを知ってほしい。そのような地域では、親族が一つ屋根の下で一緒に暮らしていることもある。一緒に暮らすことで、家族を気遣う知恵が身に付いているはずだ。

最先端の現代建築から、人が住むことの原点まで、多様な建築を体感することは、設計力につながっていく。

旅先などでは実測をしながら建築を体験する

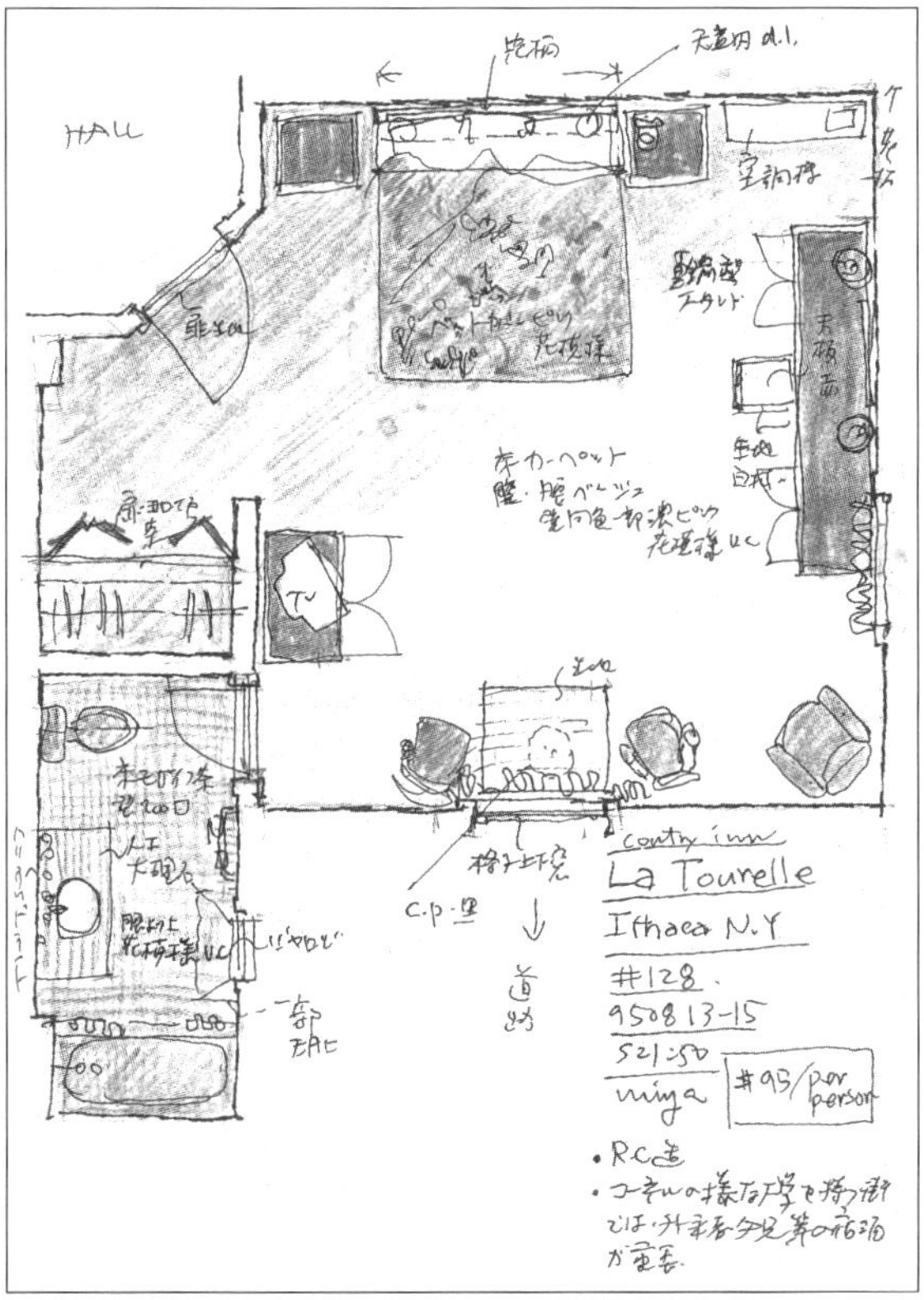

宮脇檀によるホテル室内のスケッチ（提供：宮脇彩）

旅先で泊まったホテルなどを実測しながら体験するのもよいだろう。建築家宮脇檀は、訪れた旅先で描いた多くのスケッチを遺している。特に宿泊した部屋のスケッチでは、寸法をただ記録するのではなく、カーテンやラグのテクスチュア、シーツの質感、特徴的な装飾物まで見えるものをスケッチしている。様々な要素が関係して、1つの雰囲気を醸し出しているということをメモしたのだろう

多様な建築を体験する

スリランカ北中部の伝統的住居

最先端の現代建築を体験するだけでなく、アフリカ、中近東、アジアなどの都市化されていない地域の建築を体験してみるのもよい。世界中の人々が、それぞれの習慣の中で暮らしている。気候・風土の中で、調達可能な材料を用い、人間関係のルールによって、棲み処をつくっている。見た目だけではなく、住む人の生活やものの考え方、信仰と物理的な家との関係を理解することは、現在の日本における住宅の計画にも応用できるのではないだろうか

024

手を動かそう

Point 頭の中に浮かんだ「像」を描くスケッチは、設計にははずすことができない作業だ。

ものづくりは、手を動かすことから、すべてが始まる。手を動かしてスケッチすることで、対象物を観察する癖がつき、関心のあるものは何でも描きたくなってくる。

設計作業におけるスケッチは、頭の中に浮かんだ「像」を紙に描きとめ、それを手がかりにして検討していくための、はずすことのできない作業である。手を動かすことを通じて、設計案を四六時中考えていると、断片的なアイディアが浮かぶこともある。手を動かして案を考え続けながら日常を送っていると、何気ない風景であっても、設計中の建物に関連した情報をキャッチすることができる。その瞬間にまた描きとめる。描きとめることで、設計に応用できるのではないかとイメージが膨らむ。手を動かすことは、机の前だけではない。むしろノートとペンを持って外に出たほうが、イメージを喚起するものに出会える確率は高い。

私の旅先でのスケッチは、どうしても関心のあるところの描き込みが増える。建築家のスケッチ集のように素敵な絵にはならないが、そのときの関心事がよくわかり、後で発見する場合もあり、助かっている。

要望内容を形に置き換える際、要望書を読んでイメージしていたものと、実際に絵に落としてみたものとが合わないという場面がある。要望書を読んで形に置き換えていくのと、手を動かしながら考えることとは、まったく違うことの証明ではないかと思う。

設計者は手で考えない限り、次へは進めない。様々なギャップを埋めるために、手を動かしながら考える。分析された事柄などから、カタチに置き換える際の「きっかけ」が生まれる。発想の手がかりを見つける作業と、手を動かし、絵に落とす作業を繰り返す必要がある。頭で考えたことを、手で描けるように、日頃から訓練し続けたい。

とにかく手を動かそう

机の前で腕組みしてしても仕方がない

雑誌を見て自分がつくったものが気になっても仕方ない

外に出て身近な風景・実物を観察して手で描いてみる

散歩中に気になる

納まりが気になる

設計に関して何かが浮かんだら、模型をつくったり、スケッチしたり、どんどん手を動かす

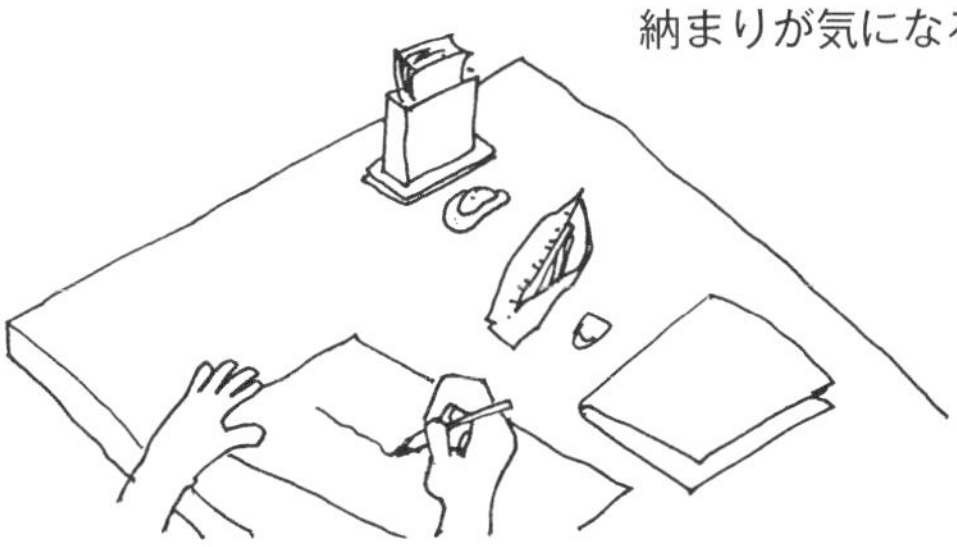

色をコントロールする

Point 素材の色が生きるように、色数は抑え、飽きのこない色を選ぶ。

服を着るときに、パンツとシャツの色のコーディネーションを考えるように、家も計画段階から全体の色のイメージをつかんで、仕上げ材や設備機器を選ぶことになる。家に使われる色は、素材そのものの色から、顔料や塗装で色を付けることもできるので、多彩だ。色の好みは人それぞれだが、外観は周辺との調和を一番に考慮したい。周辺の家から突出しないで樹木の緑が際立つように、また時間が経っても汚れたように感じられない色を選ぶ。

私の場合は、素材そのものの色を基調にしていることが多い。地域によっては防火規制により、外装材として木を使えないところもある。その場合は、塗り壁でもガルバリウムのような鋼材でも、色の種類を限定して選ぶようにしている。

内部も素材の色が生きるように、色の種類は極力抑えている。長く住み続けるために、飽きのこない、時が経つほどに味わいが出てくるような色を選ぶなど、色数や色調を抑えて、住み手が選ぶクッションや絵画やそこで暮らす人が映えるように考えている。

基本色は素材そのものの色やモノトーンに抑えておくが、色にこだわりを持っている建て主なら、好みの色を、玄関ドアやリビングの一部にポイントカラーとして使うという方法もある。

色の感じ方は、面積や光の当たり方によって異なる。床・壁・天井を同じ素材や色にしても、光に対する面が異なるので、コントラストは自然とできる。床は暗い色にして、天井を白くすると容積以上に広がり感が生まれる。天井が高い場合は、天井を暗めの色にして、壁を白くすると、空間が引き締まってくる。見本帳で確認しても、面積や光の当たり方によって、異なった印象を与えるので、色を決める場合は大きめのサンプルで確認し、建て主と一緒に決めてほしい。

色をコントロールすることは素材をコントロールすること

塗装によって色分けは可能であるが、選んだ色が周辺と調和することをまず考慮する。素材そのものの色を基調にして、色の種類を抑えることで長く飽きのこない、時が経つほどに味わいのあるものにすることができる

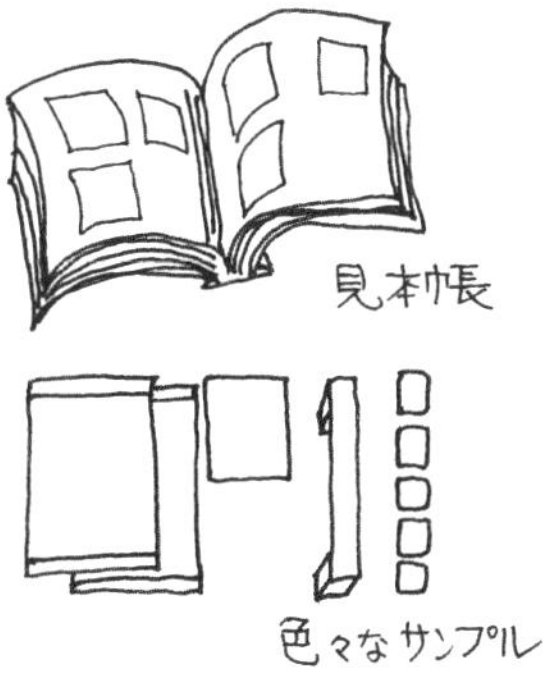

見本帳で確認しても、面積や光の当たり方によって、異なった印象を与えるので、色を決める場合はできるだけ大きめのサンプルで確認する

色のトーンを考える

色の感じ方は、面積や光の当たり方によって異なる。床・壁・天井を同じ素材や色にしても、光に対する面が異なるので、コントラストは自然とできる

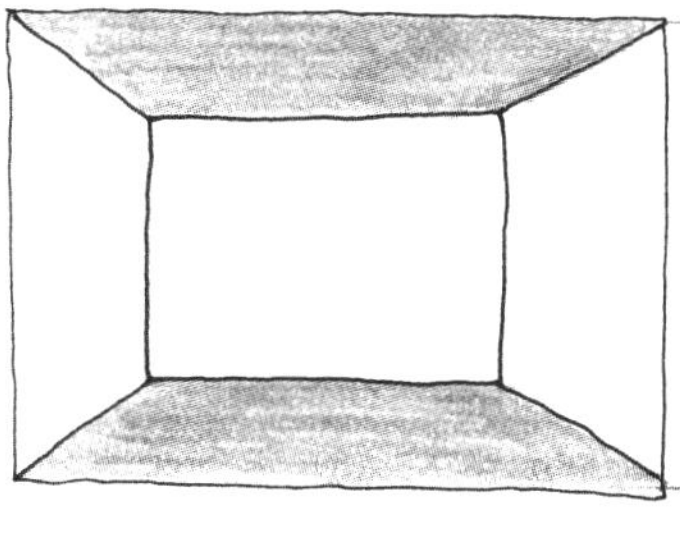

天井が高い場合は、天井を暗めの色にして、壁を白くすると、空間が引き締まってくる

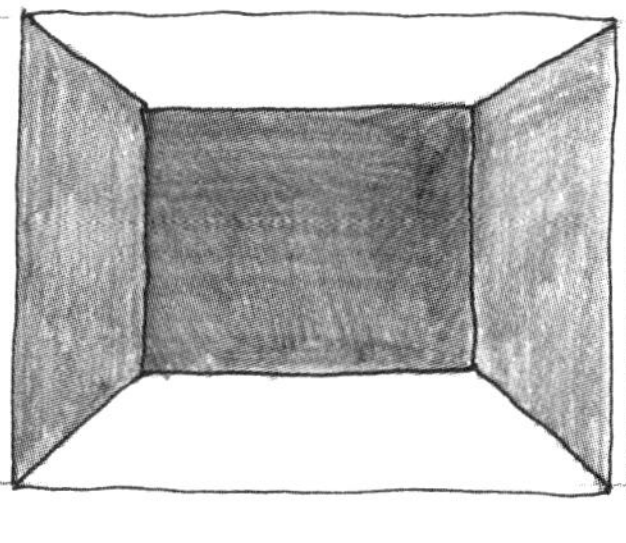

壁を暗くすると囲まれた感覚がある。天井が高いプロポーションであると圧迫感が強調されてしまう

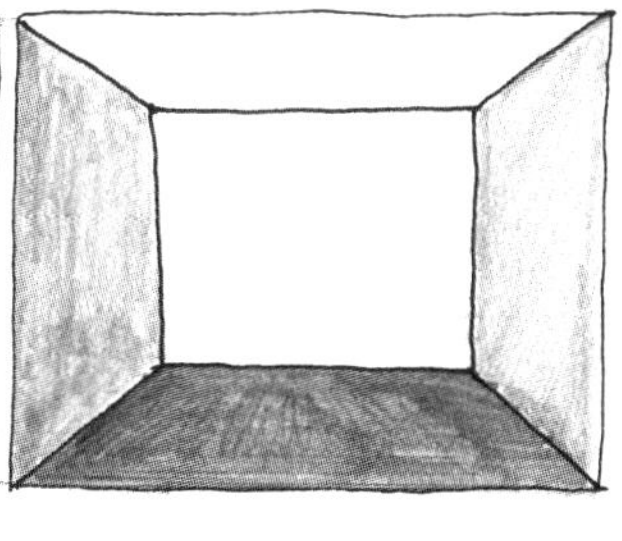

壁と天井を同色にしても、光の受け方によってコントラストができる。床を暗い色にすれば、よりコントラストが強調される

026

身近な街並みを意識する

Point

街並みのよさは敷地境界線の周囲をどのように計画するかによって決まってくる。

設計者は、街並みを意識することが大切だ。街並みとは、なにも伝統的な街並みだけではない。自分の住む周辺環境に関心を持つことから始めたい。道路の上に設置された電線や電柱はくもの巣のようだ。電線群はいまだに「仮設」状態である。せめて、敷地に引き込んだ後には、地中化したい。

舗装面も街並みを大きく左右している。アスファルト舗装が街並みに与える影響は大きい。排水など技術的な側面を意識しながらも、石畳、レンガ、芝などの路面は魅力的である。そのような路面に接している敷地であれば、境界線を意識させないように、敷地内にも同様な仕上げを一部でも引き込みたい。それによって、街並みに広がりが生まれてくるからだ。

建物を配置するのに、隣家との間隔を意識することも重要だ。所有区分を現す境界線や道路境界線の周囲を観察してみよう。敷地内における建物の配置や形態、諸室の配置、方位などが関係して、敷地内の建物回りをどのように計画していったらよいかにつながるからだ。たとえば、北側のキッチンに面する部分に、無造作に置かれたゴミ箱、簡易物置、枯れた観葉植物の鉢が散乱している状況をつくらないように、サービスコートとして計画する。街並みのよさは、優れたデザインの建物群だけで醸し出されるものではない。境界線周囲をどのように計画するかによって、魅力的になる。

境界線周囲の塀や門扉は、街を歩く人たちにとって、直接的に街並みを意識させられる構築物である。建物本体と外構工事の時期がずれたとしても、建物の佇まいに合った外構計画にすることが重要である。現代の住宅では、塀や門に防犯対策が求められる。外構費へかけられる費用にもよるが、高い塀を巡らして、警備会社と契約すること以外にできることを考えたい。

身近な街並みを意識する

建物の配置は隣家や周辺の環境を意識する必要がある。境界線周囲の塀や門扉は、街を歩く人たちに街並みを意識させられる構築物である。建物本体と外構工事の時期がずれたとしても、建物の佇まいに合った外構計画にすることが重要である

電線、塀、それに車が主役の街並みよりも……

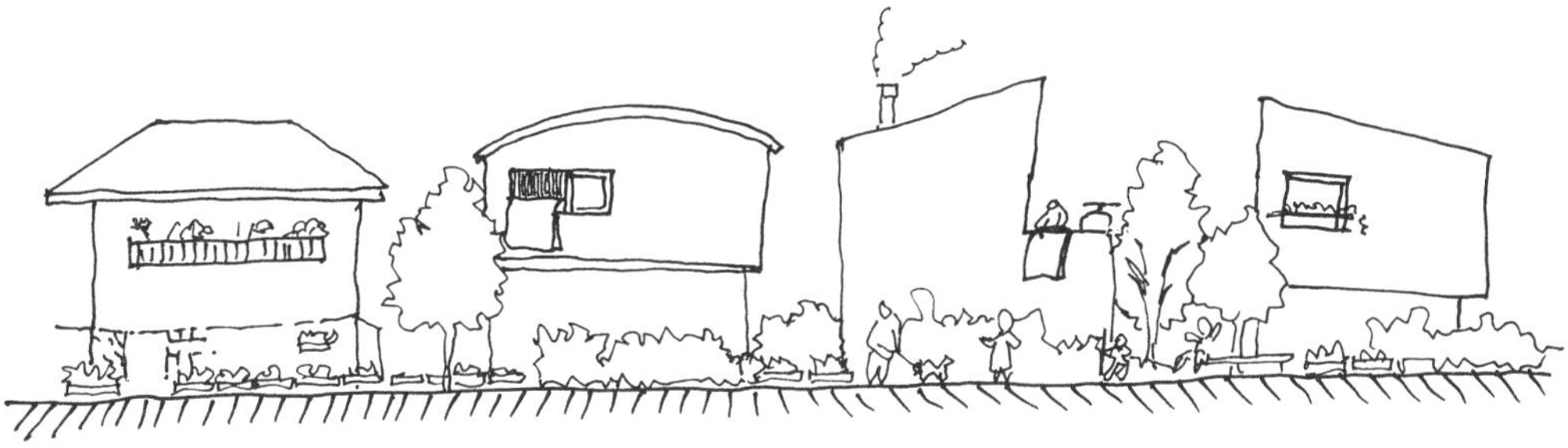

写真：伊礼智

心地よい街並みには、道になじんだ家並みがある。
門扉のなかに見えるのは沖縄特有のヒンプン

ときには伝統的な街並みに触れてみたい。なぜよいのか。素材、電線が少ないこと、路面、建物のヴォリュームだろうか。写真は沖縄・竹富島の住居。この地区は「重要伝統的建造物群保存地区」に指定されている

027

身近な樹木に関心を持つ

Point 四季折々に近所の庭木を意識して観察すれば、樹木や草花の知識は豊かになる。

戸建ての家であるならば、建物とつながった庭がほしい。土地代の高い都市圏では、庭を設けるほどの敷地がないうえに、敷地を購入して建物の建設費を用意すると、ローンが組める限界ということが多い。こうして20坪を切る敷地に隣棟間隔いっぱいに、3階建ての家が並ぶ街並みができてしまう。だが、たとえ狭い敷地であっても、光庭に樹木を植えたりすることで、室内から緑が感じられる家づくりは可能だ。

1本の樹木は、家をその土地になじませてくれる大事な要素だということを、設計者は肝に銘じてほしい。

そのためにも、樹木への知識は必要だ。成熟した住宅地を歩くと、ほどよく生長した庭木のある家に必ず出会う。塀際にジンチョウゲやカロライナジャスミンが植えてある家なら、春先や初夏には、周囲に甘い香りを放っているだろう。ヤマボウシ、シマトネリコ、ハナミズキ、カツラといった樹木なら、初夏には若葉の間から白や桃色の花が咲き、爽やかな風を室内に運んでくれているはずだ。秋になるとモミジが紅葉し、冬になっても葉が落ちない常緑樹など、四季折々に身近な庭木を意識して観察するだけでも、樹木の知識は豊かになる。

樹木は目を楽しませ、心を豊かにしてくれるだけではない。夏の日差しを遮って、木陰をつくり、屋根や壁に緑があると、室内の温熱環境をよくする。

植物は日々生長し、虫や鳥がやってくる。手入れを怠れば、枝が伸びたり、朽ちたりして近隣に迷惑をかけることもある。だが樹木が建物や近隣にもたらす効果や喜びは、手間をかけた以上に得られることを、建て主に理解してもらうのも設計者の力量だ。そのためにも、身近な樹木を観察することから始めて、植物についても建物と同じように興味を持ってもらいたい。

住宅地に植えられる樹木の例

カロライナジャスミン
春にジャスミンに似た香りを放つ黄色や白の花を咲かせるツル性の常緑低木樹。寒さにも強く育てやすい

シマトネリコ
初夏の頃に小さな白い花を付ける半落葉高木。夏によく葉が茂りさわやかな印象のある木だが、生長が早く剪定が必要である

写真：山本明

カエデ
日本の気候風土に根付いたポピュラーな木。秋には紅葉が美しい

樹木を利用した圧迫感のない塀

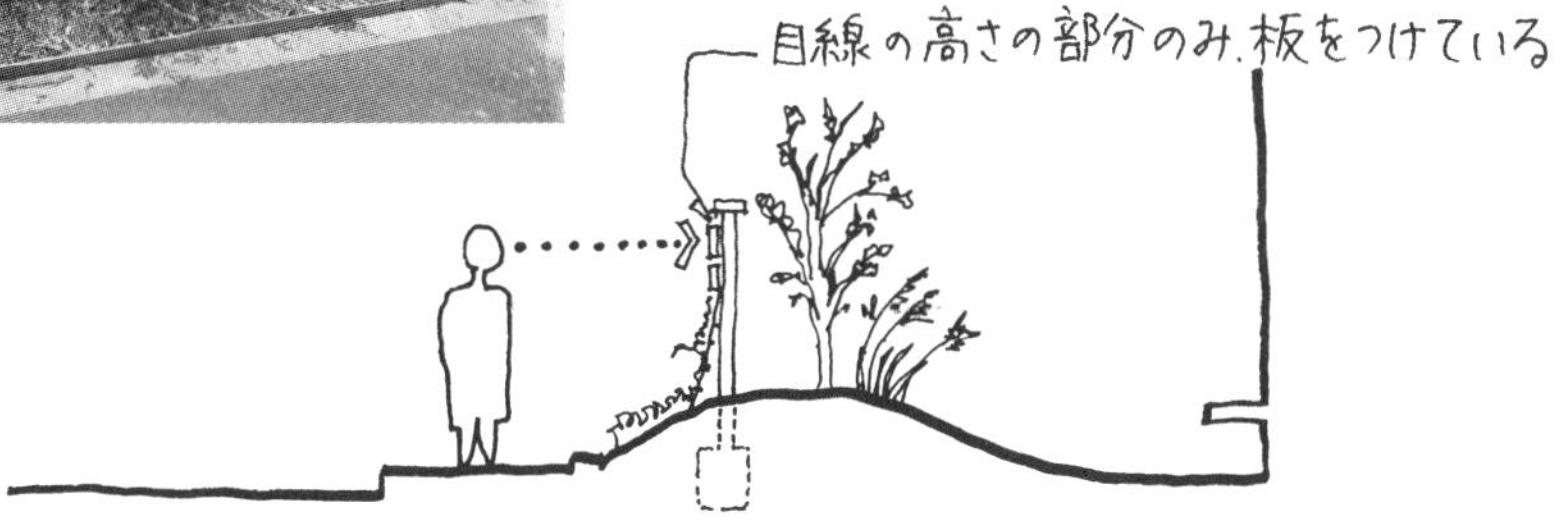

工夫によって圧迫感のない木々による塀をつくる

情報を活用する

Point 意識的に観察して得た様々な情報を、自分の設計の引き出しに入れて活用する。

住宅が紹介されている雑誌は、見るだけではなく、気になる住宅があれば、掲載されている住宅の図面や写真をもとに、トレースしたり、模型をつくることを勧めたい。その場合、縮尺を同じにするといい。トレースは手描きで行う訓練をしてほしい。手で描くことで、スケール感が身に付くからだ。

外観写真や平面図を見ても、それほど興味が持てない住宅でも、その住宅を成立させている原理のようなものが発見できれば、トレースや模型をつくることで、格好の訓練材料になる。

メディアに紹介された住宅だけが、訓練材料ではない。街を歩いているときに見つけた、気になる建物や橋などをスケッチして記憶にとどめる。日常生活の中に、いろいろなアンテナを立てることで、自分の評価軸を持つことができる。

宿泊した旅館やホテルなどの部屋の寸法を測って記録する。あるいは神社の参道や劇場の舞台から客席までの距離など、非日常的な動線の長さを体験することでの発見や、道路の防御柵と住宅の手摺のスケールの違いに気づき、置かれた状況や役割によって、スケールや材質が変わることを知る。このように意識的に観察することで、得られる情報も自分の設計へ役立てるための引き出しに入れておくとよい。

建て主との打ち合わせでは、具体的に役立つ情報を求められることが多い。たとえば省エネ型の電化製品はどれを購入したほうがよいか、ＬＥＤは従来の電球とあかりの質がどう違うのか、北欧の家具を購入したいのだがそれに合わせてインテリアを考えてもらえるかなど、専門誌よりも、ライフスタイルを紹介する一般誌からの話題が出てくる。そのような場合でも、専門家と生活者の両方の視点が求められるので、様々な情報にアンテナを張っておきたい。

各種情報を活用する

いろいろな情報に出会ったことを「きっかけ」にして、内容を掘り下げて調べる好奇心を持ってほしい

建築専門誌の情報

ＧＡ
ＪＡ
新建築
新建築住宅特集
住宅建築
建築知識
日経アーキテクチュア
……

マスメディアの情報

一般誌の情報

・生活者目線の情報がある
・建築専門誌にはない切り口の情報がある

展覧会・イベントの情報

展覧会・イベントに出かけ、
建築家の創作に直に触れたい
　ＧＡギャラリー
　ギャラリー間
　ギャルリータイセイ
　Panasonicギャラリー
　INAXギャラリー
　etc.
　建築家の個展など

Web情報

建築系検索エンジン「Kenken」など
キーワード「建築　検索」で検索するといくつもの検索エンジンを見ることができる

菅野ボックス　1971年／宮脇 檀

写真：大橋富夫

食事コーナーが主役

外向けの使われないリビングに異を唱え、普段着で家族が心地よく暮らせるモダンリビングをつくり続けてきた宮脇檀の代表作である。

　RC造と木造の構造が入れ子になっている混構造。各部分の平面と断面を同時に読み込まないと空間の魅力は把握できない。たとえば、浴室の天井は、屋根に設けられたトップライトに向かっていくような形状になっている。極めつけはテーブルとベンチを固定した食事コーナー。箱の中に平面的にも断面的にも中心に据えられ、角度をふって吹き抜けに放り出されている。45度ふることで、向かい合う2階からの圧迫感まで和らげているのだ。しかも座る位置によっては洗面所や洗濯機が見えてしまうが、構わない。

　一見、舞台のようにも思える食事コーナーだが、「表舞台」だけではなく、生活を支える「舞台裏」をしっかり押さえている。建て主の要望を建築家が読み込み、互いの価値観が共有された結果なのだろう。この空間の躍動感は、たとえ住み手が変わっても、あるいは用途が変わっても、褪せることのない魅力を持っている。

第3章

敷地を知る

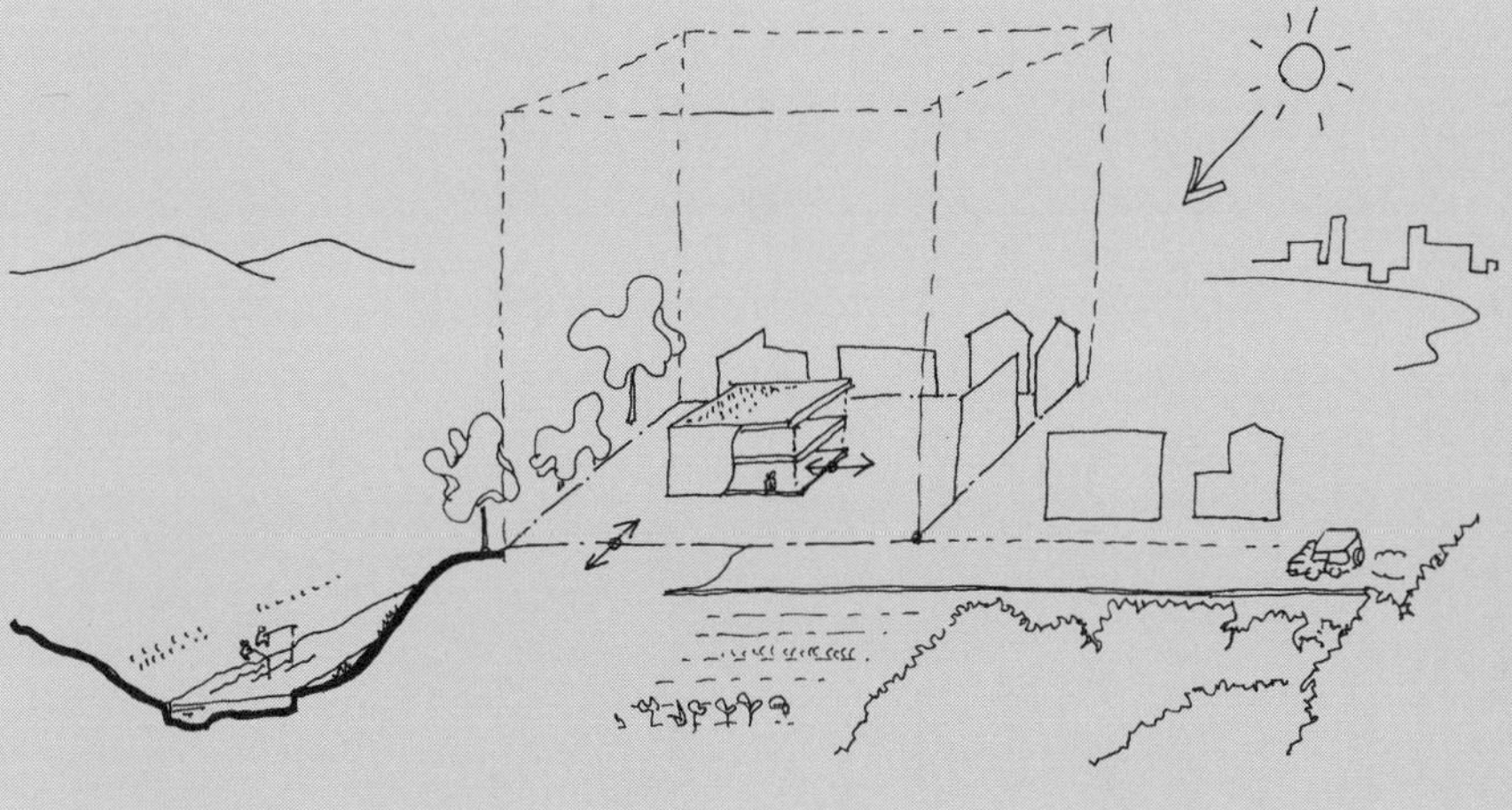

029

住宅に適している土地とは

Point 敷地の善し悪しは見ただけでは分からない。水はけや地盤などを把握することも大事。

設計者に土地探しから依頼する建て主もいる。建て替えなどで、すでにある土地を提示される場合でも、住宅を建てるにはどのような土地が適しているのか、逆に、どのような土地は避けた方がよいのかを知って、設計者の考えを明快にしておくとよい。

当然、場所や敷地面積は予算から絞られてくるが、市街地から少し離れていても、自然環境に恵まれていて庭が確保できるところ、敷地が狭くても通勤や買い物に便利なところなど、建て主がどのような暮らし方をしたいのかを把握したうえで、助言したほうがよい。敷地の北側のみが開かれた土地であっても、住宅内部に安定した間接光が入ってくれれば、魅力的な内部空間ができることもある。設計上の光の取り入れ方を工夫して、敷地のマイナス条件をプラスに変えることもできる。

敷地の善し悪しは、見ただけではわからない。坪単価が安いことだけで決めてしまうと、どこかに落とし穴がある。地盤、水はけ、採光、通風など、人が長い間暮らしていくのに適切な土地なのかどうか、土地の履歴も購入を決める前に調べておかなくてはならない。同じ敷地の中でも、水はけが悪く、じめじめしているところがあれば、そこを避けて建物を配置しなければならないからだ。

なかでもどのような地盤なのかを把握することは大事だ。軟弱な地盤の場合、地質調査をして杭を打つなど調査費や地盤工事の費用もかかる。古くに造成された住宅地での事故もあるので、ひな壇になっている場合は既存の擁壁の資料を探したい。資料がない場合は配置に制約が出てきたり、構造設計上とくに注意しなければならない場合がある。行政が公開しているハザードマップでの調査やどのような履歴がある土地なのかを、そこで暮らしている住人に聞くことができれば安心だ。

■どんなところに住むか

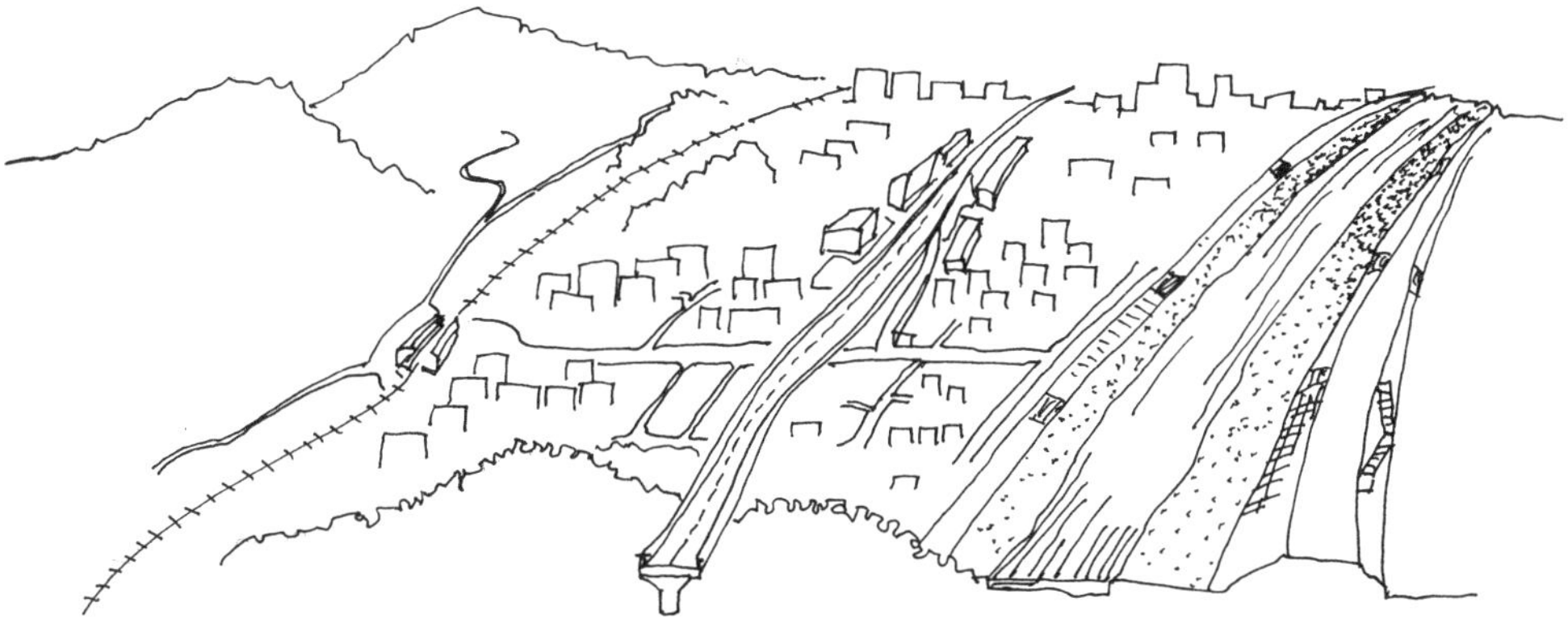

住み手のライフスタイルに合った場所を考える

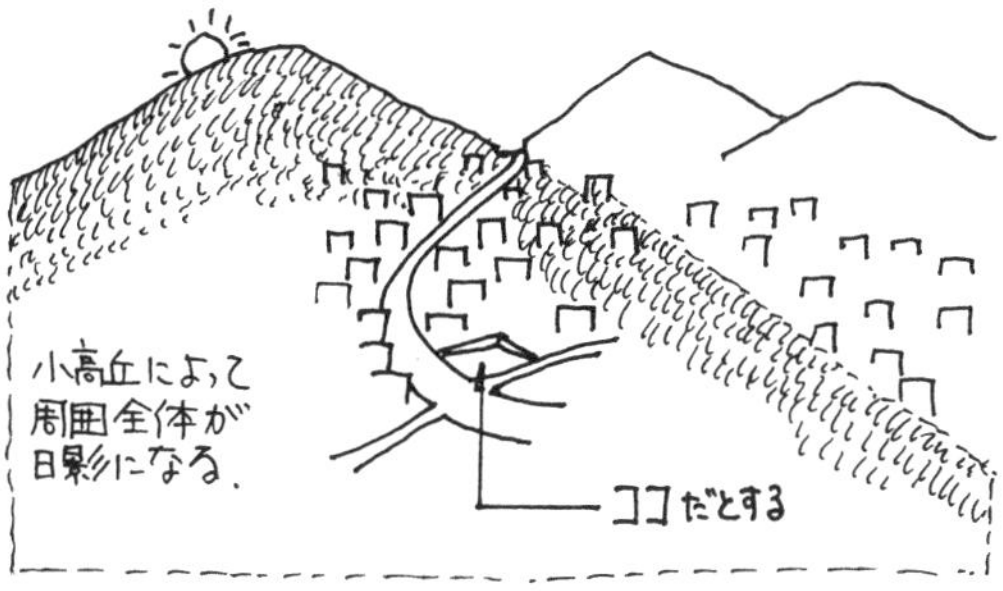
小高丘によって
周囲全体が
日影になる。
ココだとする

周囲の地形を見る

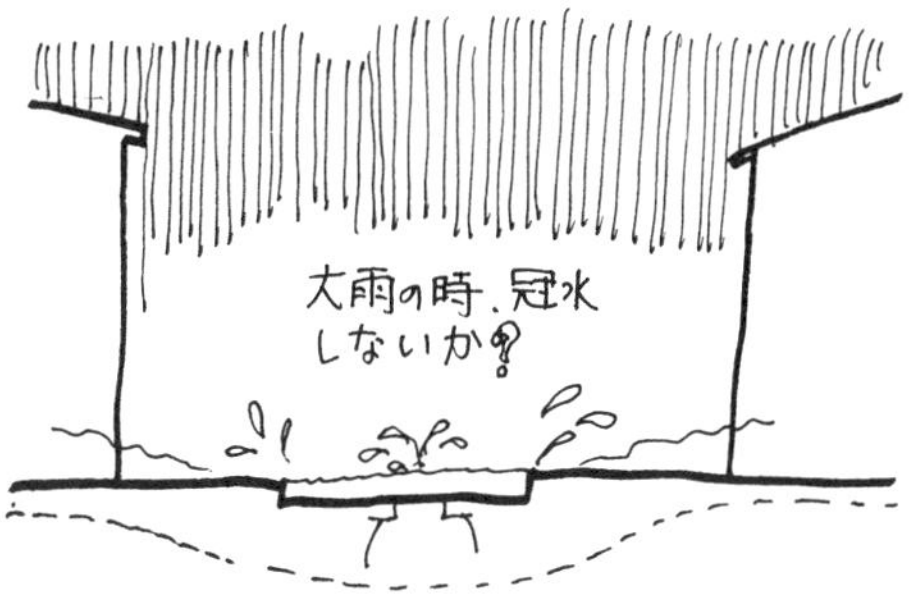
大雨の時、冠水
しないか？

周囲の情報を得る

■建物を建てる際に土地に関わる費用を最小限にしたい

○地盤は計画を左右する重要な要因
以下のものから土地購入の前にその地域の地盤を把握する

土地の履歴等：国土変遷アーカイブ、航空写真、GEODAS、土地条件図、地震調査研究推進本部（活断層）
法務局：公図　公図を取る
　　　　謄本　法務局で閉鎖謄本を閲覧する
現地植生：イネ科、アシ類、竹林などは、地下水位と関係している
地元の声：沼地だった、工場があったなど
各行政（市町村等）：ハザードマップ

○ひな壇造成
築造時の図面を探す

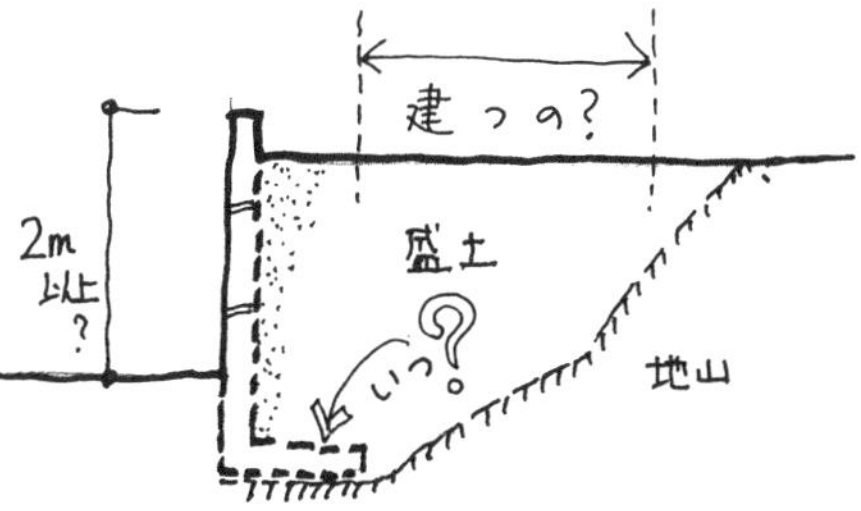
建つの？
2m
以上
？
盛土
いつ？
地山

敷地を読む

Point

目や足や五感をフルに使って、
敷地の周辺環境をスケッチや写真で記録する。

建て主が敷地を確保したら、設計者は敷地を見に行く。現地に行き、敷地を知ることは、設計依頼を受けた設計者が最初に行う仕事である。

方位や形状を確かめ、敷地の周辺にどのような建物や工作物があるかをチェックし、周辺環境がどのようになっているのかをスケッチや写真で記録する。敷地の高低差、道路との取り付き状況、隣家がどこまで建っているかなど、建物を配置するうえで知っておかなくてはならないことを、図面だけでなく、自分の目や足を使って確認する。さらにどの位置に開口部を設ければ、良好な採光や通風そして眺めを得ることができるかも、敷地を見ながら頭の中で描いてみる。

敷地図面だけでは読み取れないのが周辺の状況だ。周辺の建物や工作物以外にも、南側の道は人通りが多いが、北側は樹木の豊かな自然公園がある、東側は2階の高さにすれば川が眺められる、西側は隣家の屋根が敷地いっぱいまで張り出している、などといったことがあると、これから計画する住宅は、そうした条件を読み込んだ上で、考えていかなければならない。

さらに街並みに対する視点も必要である。街並みを誘導する法律的な条項に、高さ制限がある。用途地域によって、境界線からの斜線制限はもちろんのこと、自治体で「絶対高さ」を規制している場合があるのだ。

ほかにも接道道路と敷地のレベル差も、現地で確認したほうがよい。極端にレベル差がある場合は、造成費用や外構費の配分を多くしておかなければならないからだ。

敷地の状況に対して、身体感覚をフルに使って読み、インフラの整備状況や法律上の規制をしっかり調べておくことは、住宅の建築計画を進める際の最初の一歩となるので、見落としがないように慎重に敷地を読んでほしい。

■敷地を訪れ、体で感じてみる

方位や形状を確かめ、敷地の周辺にどのような建物や工作物があるかをチェックし、周辺環境がどのようになっているのかをスケッチや写真で記録する。敷地の高低差、道路との取り付き状況、隣家がどこまで建っているかなど、建物を配置するうえで知っておかなくてはならないことを、図面だけでなく、自分の目や足を使って確認する

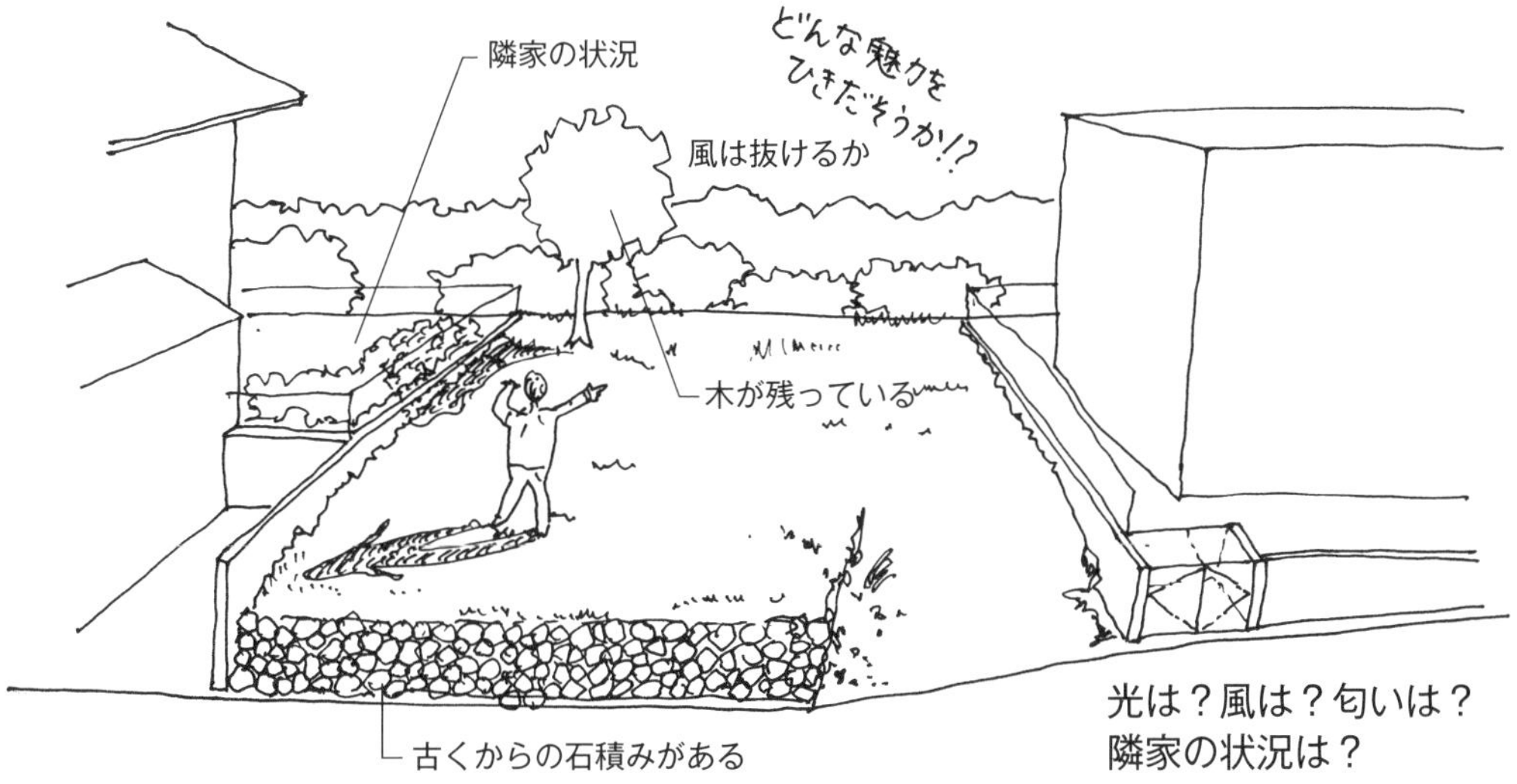
隣家の状況
どんな魅力をひきだそうか!?
風は抜けるか
木が残っている
古くからの石積みがある
光は？風は？匂いは？
隣家の状況は？

■敷地周囲の雰囲気を感じてみる

周辺の建物や工作物以外にも、周辺道路の人通りや、近くの環境（自然公園や空き地の状況など）などを実際に歩いて感じてみる

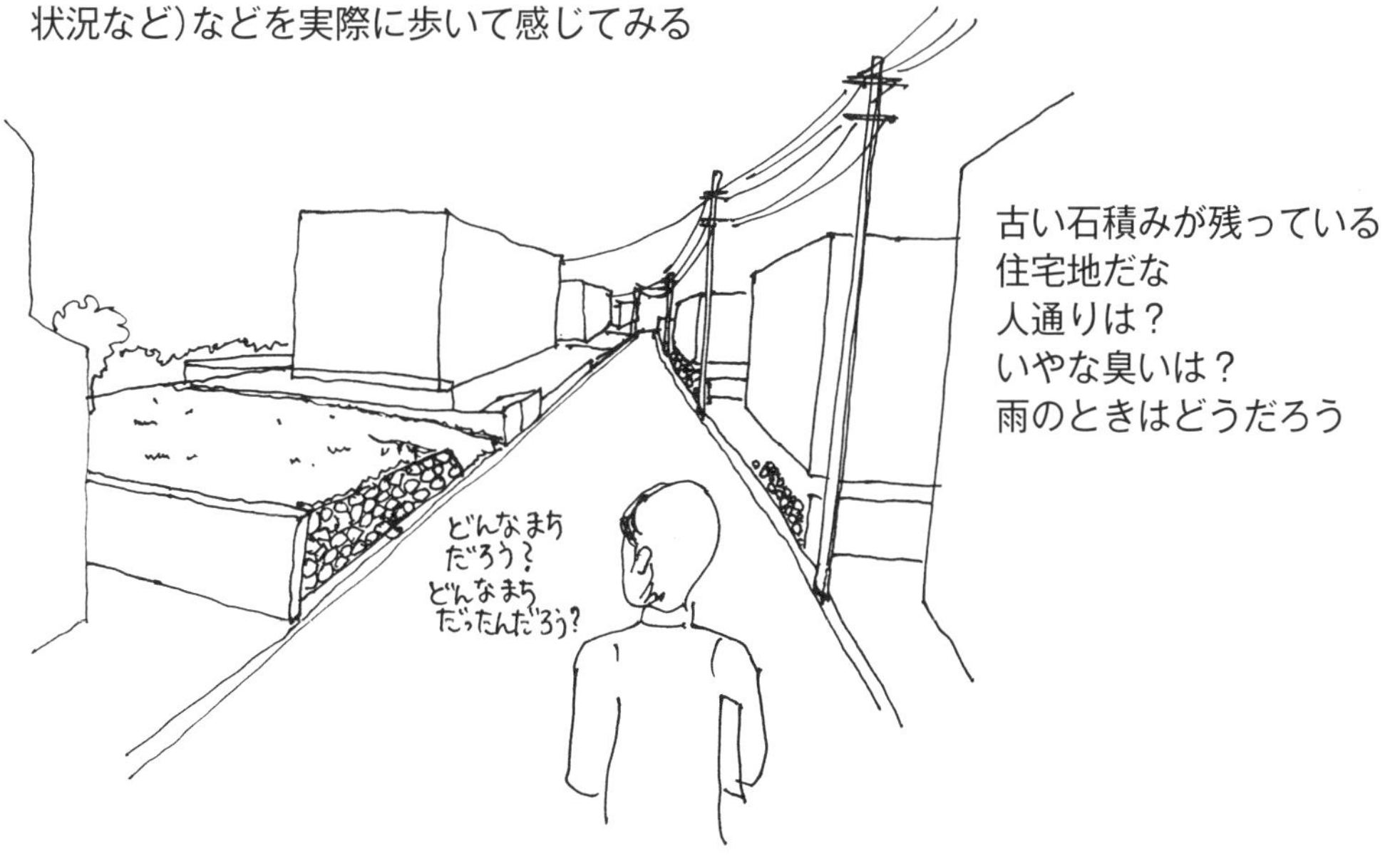
古い石積みが残っている
住宅地だな
人通りは？
いやな臭いは？
雨のときはどうだろう
どんなまちだろう？
どんなまちだったんだろう？

031

敷地条件を調べる

Point

インフラの状況、登記、法規以外の規制など、あらゆる角度から敷地条件を調べておく。

敷地条件を調べることは、そこに住宅が建てられるかどうかに関わってくる。一見なんでもない道路が、建築基準法上の道路でないこともある。公共下水道が敷設されている場合でも、排水方式や雨水処理の方法を確認する必要がある。公共下水道がない場合は、合併浄化槽を自前で設置することになるからだ。インフラの状況によっては、建物の工事費以外の費用を用意しなくてはならないので、あらゆる条件を抽出する必要がある。

現地では敷地図面を見ながら、現状と照合する。土地には所有者が明記された登記簿と、その登記簿の地番と照合できる公図がある。建て主の一族が代々所有している土地こそ、登記簿の内容を確認しておきたい。場合によっては、払い下げなどの手続きが必要になることもあるからだ。

ほかにも埋蔵文化財包蔵地、風致地区、地区計画区域などでは、建築法規以上の規制がかかり、法規内であっても、同じ規模では建てられない場合もある。計画する住宅の形や大きさに影響するので、必ず関係行政機関に確認する必要がある。さらに建設工事に影響を与えるものとして、地下埋設物、地上工作物、高架線などの有無を確かめておいたほうがよい。

敷地の規制確認はどこへ行ったらよいのかを整理してみよう。

法務局／登記事項証明書、登記簿謄本閲覧、閉鎖謄本閲覧、公図閲覧、地籍測量図。「写し」も購入できる。

関係行政機関の建築指導課、都市計画課、景観課など／道路・用途地域・地区計画など。下水道課／インフラ調査。ガスは配管敷設図を取り寄せる。管轄するガス会社のｗｅｂで閲覧できる。さらに工事のために、電柱の位置、建設材料を運搬するために、道幅、舗装の強度、通学路か一方通行かどうか、資材置き場の有無も確認しておきたい。

■敷地条件を調べる

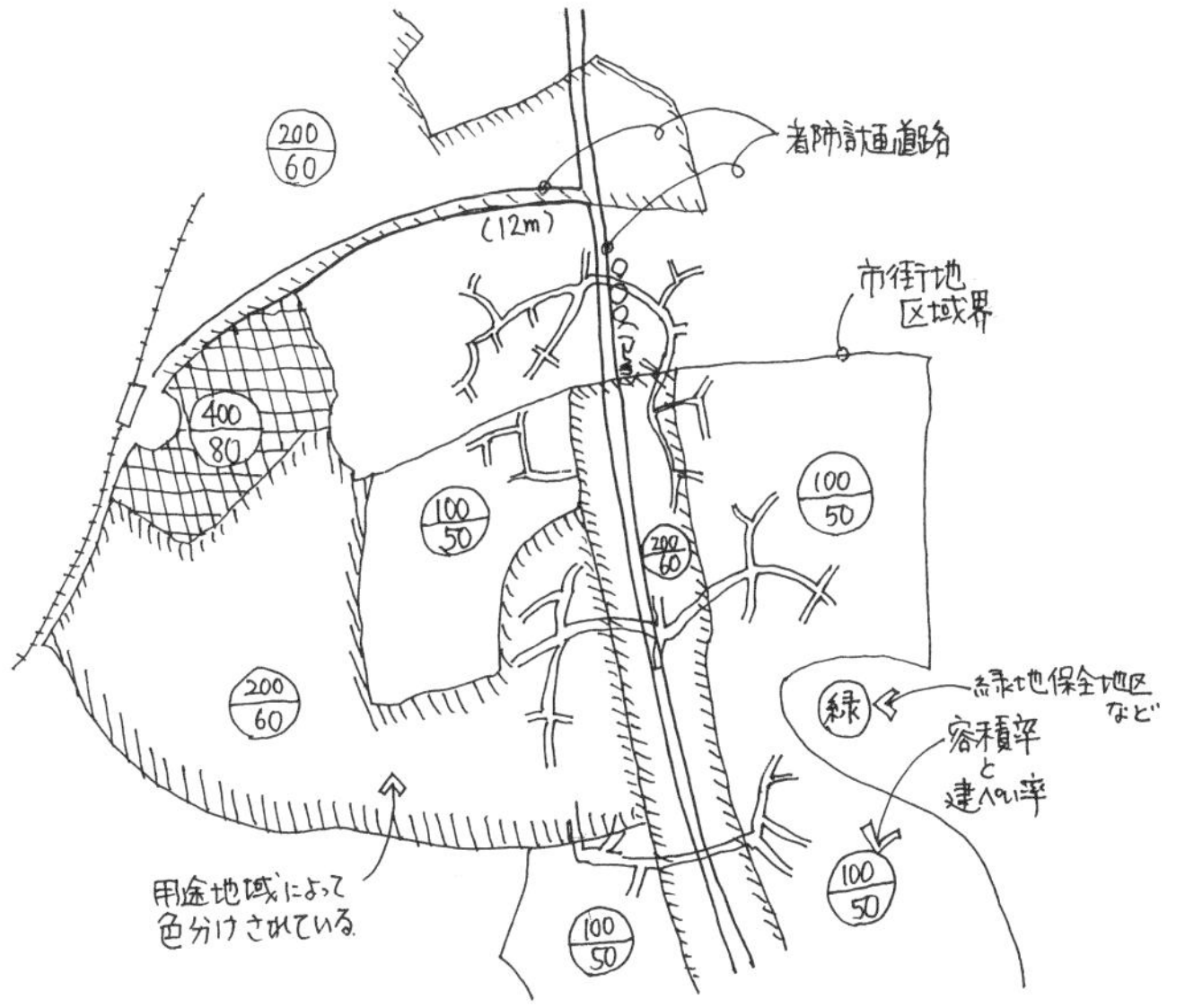

都市計画統括図
市街地境界
用途地域
都市計画道路
防火地域
準防火地域
ゴミ処理場、火葬場など
商店地区
地区計画
ｅｔｃ.

そのほかに急傾斜地、規制地域、埋蔵文化財包蔵地などを調べる
用途地域の線引きの詳細は関係行政機関に確認する（都市計画課など）

■敷地に出向き、目に見えるものすべてをメモする

現地では敷地図面を見ながら、現状と照合する。土地には所有者が明記された登記簿と、その登記簿の地番と照合できる公図がある

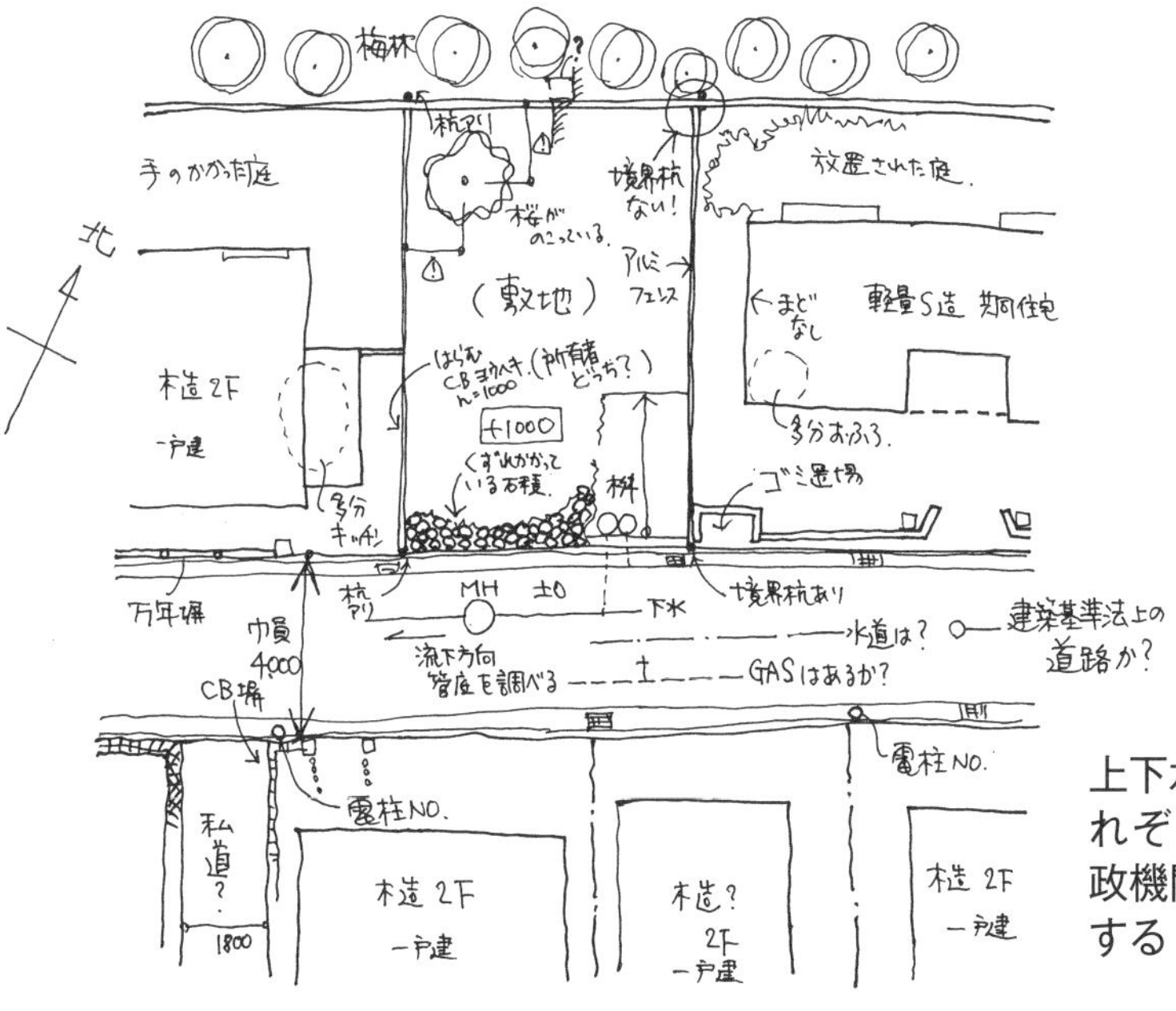

上下水道、電気、ガスなどはそれぞれの施設を管理する各行政機関や電力、ガス会社に確認する

032

敷地形状を把握する

Point 区画整理してある宅地であっても、敷地の形状、方位、道路付けを確かめる。

住宅が建てられる敷地は、区画整理や宅地造成をして、平均的な住宅が建てやすいようにしたところだけではない。そうした敷地は、「南向きリビング+駐車場のための道路付け」を想定しているようだが、とりあえず建築基準法の接道長さをクリアするように変形させている敷地もあり、区画整理された敷地であっても、矩形とは限らない。逆に、条件がそろっていない敷地の方が価格は低く、設計に工夫が求められるので、設計者の力量が問われる。

敷地を訪れたら、敷地の形状、方位、道路付けを見てほしい。

敷地の形状／敷地の平面形には、矩形、台形、南北に細長い、東西に細長い、旗竿、不整形、20坪以下の狭小地などがある。敷地の断面形には、平地、傾斜地、窪地、盛土地などである。また、新規に宅地造成された地域で、ひな壇状になっている場合もある。こうした敷地では、古くからの擁壁が隣接していることもあり、形状とともに安全性に特に注意を払う必要がある。

建物の基準となる設計ＧＬ設定に関わってくるので、道路とのレベル差も必ず押さえる。敷地周辺を含めた地域の起伏も頭に入れる。豪雨の際の排水の状況を確認したり、近くに小高い山がある場合は、敷地に及ぼす冬の午後2時以降の日影なども調べておく。

方位／建物の配置や開口部の位置や大きさを決めるには、敷地の方位を把握していなければならない。

道路付け／道路付けの位置も計画に大きく影響する。たとえば、南面下がりの傾斜地で、南側に道路が接道していると、眺望方向とアプローチや駐車場が同一方向に集まる。また、駐車場を確保するために、造成が必要になってくるかもしれない。一方、北側に接道している場合は、建物からブリッジを架けて、アプローチと駐車場を併せて計画することもできる。

■敷地の形状と方位

○敷地の平面形状と方位
同じ広さの敷地であっても南北に細長い敷地であれば高度の低い日射の影響を受けやすい

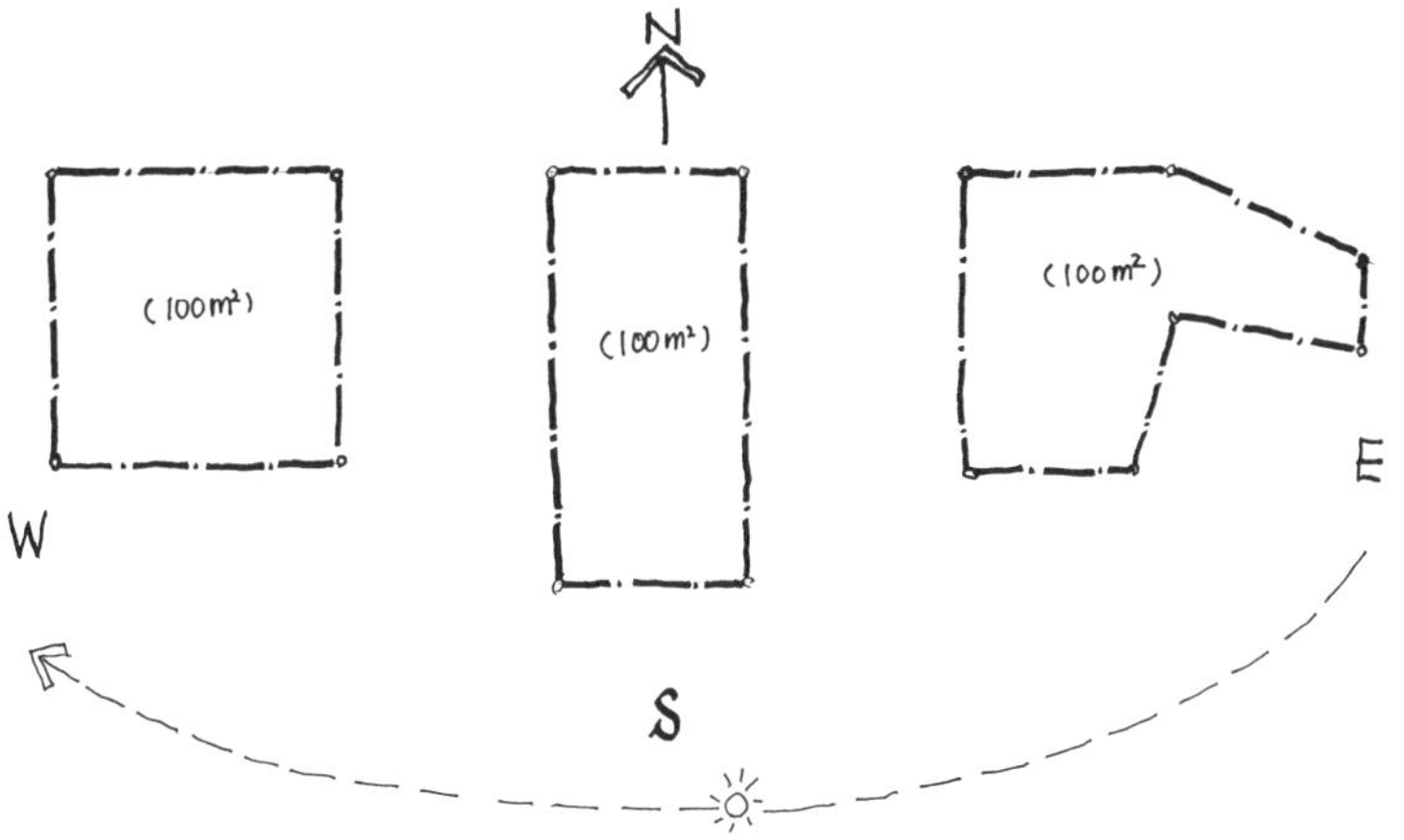

○敷地の断面形状と方位
断面形状と方位は計画に大きく影響する

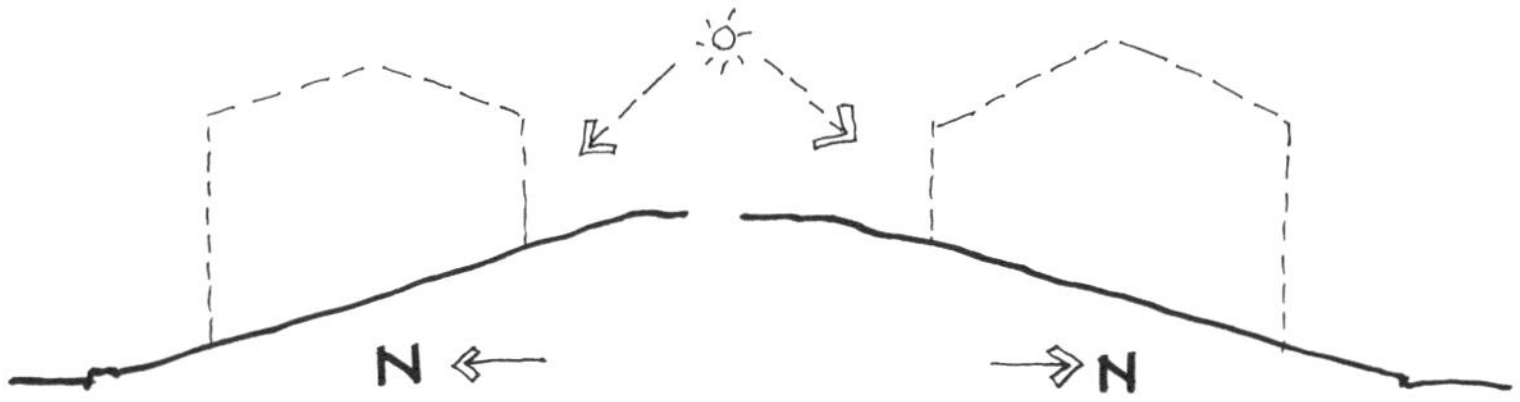

■敷地の形状と方位と道路付け

道路付けの位置も
計画に大きく影響する

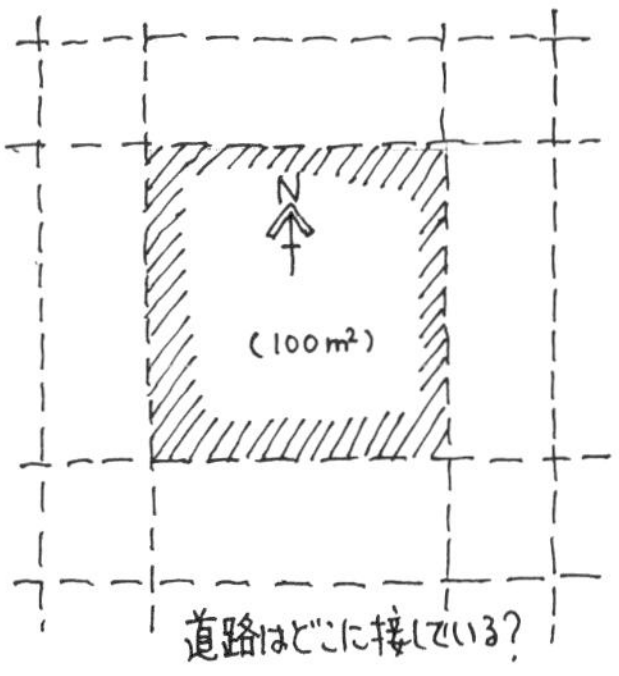

旗竿地は道路付けが限定され、アプローチとカーポートの配置が難しい場合が多い

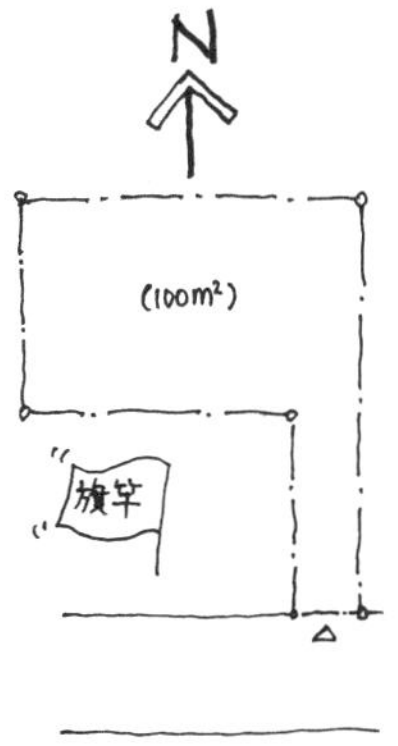

❶南面下がりの傾斜地で、南側に道路が接道していると、眺望方向とアプローチや駐車場が同一方向に集まる
❷北側に接道している場合は、建物からブリッジを架けて、アプローチと駐車場を併せて計画することもできる

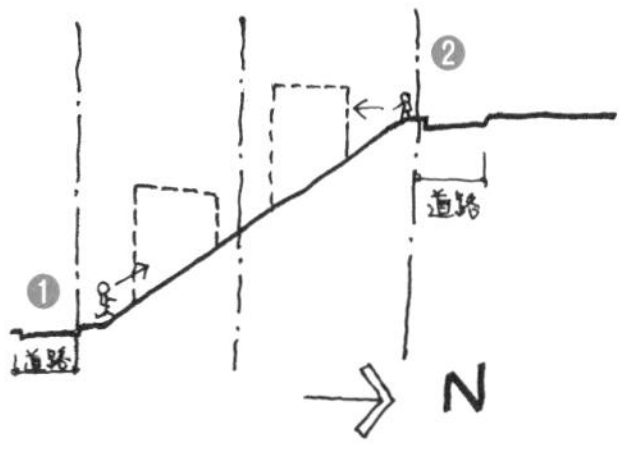

033

建物の規模制限

Point 敷地と建設する建物の法的な規制を調べて、建てることができる建物の規模を出す。

敷地から建物のカタチがおおよそイメージできたら、敷地と建設する建物の法的な規制を調べて、与えられた敷地に建てることができる建物の規模を出すことになる。

建物が集まっている都市で、無秩序な開発を防ぎ、住みやすさと安全を維持するために設けられたのが、建築基準法の中にある集団規定である。住宅を建設する場合も、この集団規定に従わなければならない。ほかにも都市計画法や関係行政機関の建築基準条例などの法律も確認する必要がある。建築基準法の集団規定には、おおよそ以下の項目がある。

①**用途地域**／住宅が建てられない地域もある。関係行政機関で用途地域や防火地域制限を必ず確かめて、敷地に複数の用途地域が交差していないか、隣接して異なる用途地域がないかどうか、線引きの位置を必ず確かめる。

②**容積率**／敷地面積に対しての床面積の制限。建物のヴォリュームを制限している。

③**建ぺい率**／敷地面積に対しての建築面積の制限。

④**道路斜線制限と隣地斜線制限**／建物の配置と高さによって、建物の形に影響を受ける。

⑤**日影規制**／一定の高さ以上の建物に対して適用され、建物の形に影響する。

⑥**接道義務**／敷地が道路に2m（ないし3m）以上接していなければならない。建築基準法での道路は、法律に定められた道路のみ対象とされる。道路と思われる部分が、きれいに舗装されていても、あるいは、交通の往来がある場合でも、建築基準法上のどのような道路か（何項の道路か）ということを、関係行政機関に必ず確かめる必要がある。

他にも敷地に関わる法令は多い。都市計画法や宅地造成法など、計画に影響する法律を確認する必要がある。

■用途地域

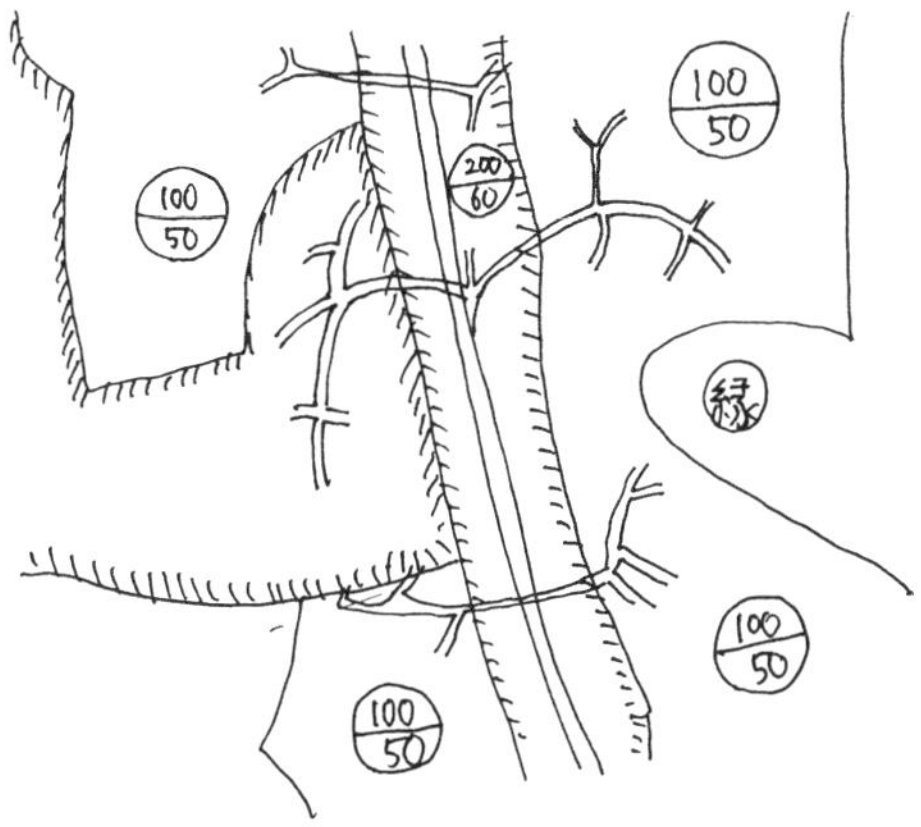

敷地に複数の用途地域が交差していないか、あるいは隣接して異なる用途地域がないかどうか、線引きの位置を必ず確かめる

■容積率

第１種低層住居専用地域なら指定容積率は100%

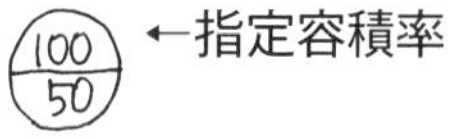

◯容積率とは
つくる床の面積ではなく、容積率算出のための床面積である
敷地面積に対する建築可能な最大の延べ床面積である

◯もう１つの容積率
前面道路が12m未満なら、幅員からくる容積率と指定容積率の小さいほうが容積率となる

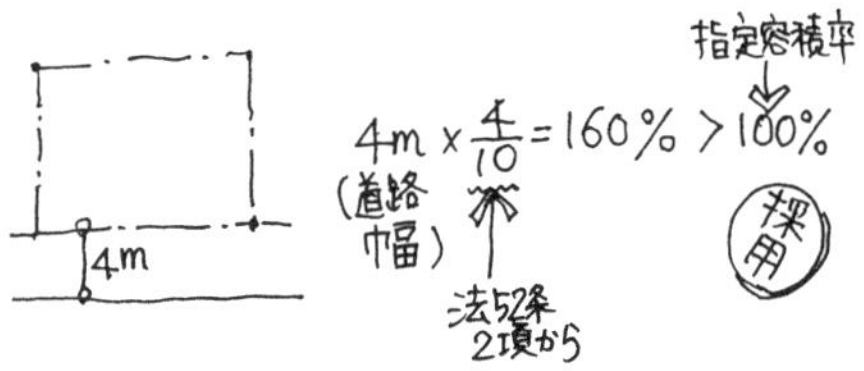

■建ぺい率

第１種低層住居専用地域なら建ぺい率は50%

敷地面積に対する建築可能な最大の建築面積である

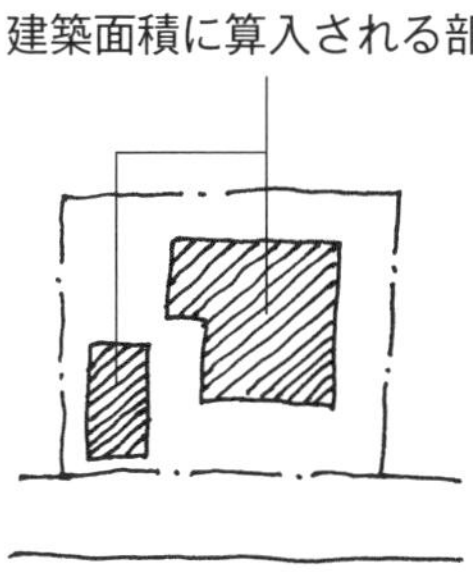

■高さを規制する様々な制限

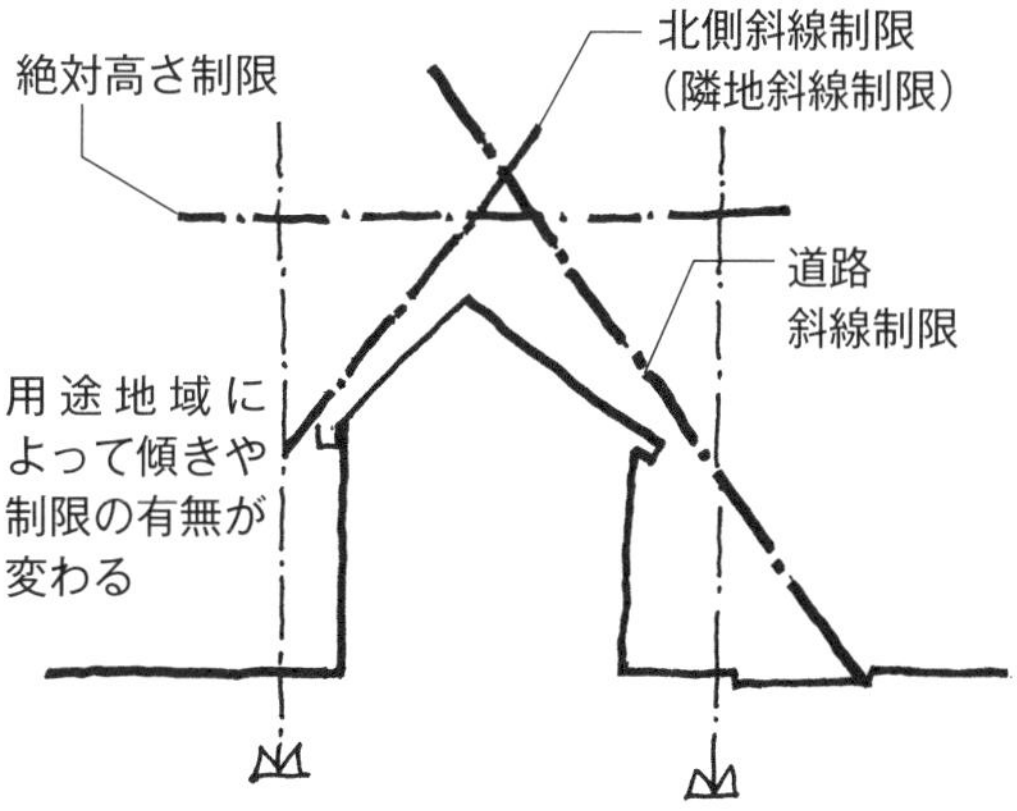

天空率や壁面後退による緩和規定もある

3 敷地を知る

敷地と地盤の調査

Point 敷地実測、真北の確認、地盤調査など、工事に入る前に敷地の状況を調べる。

設計時に必要なのが敷地実測である。建て主からの提示は、公図と登記簿の写ししかない場合がある。測量された実測図および地積求積図がある場合でも、現場で敷地境界杭と「周《まわ》り間《けん》」といって敷地の外周部の辺の長さを実測し確認する。その後、敷地測量図の作成を建て主に依頼する。特に敷地が傾斜地で高低差がある場合は、必ず断面測量を行う。敷地の高低差を図面化することで設計GLが設定され、容積率・建ぺい率などの制限が数値として確定される。敷地測量図は施工の際に、仮設工事にも利用される。

私の場合、敷地の実測とともに、専用の計測器で「真北《しんぽく》」を確かめてもらうことにしている。方位磁石で「磁北」を確認することも大切だが、日影規制を受ける場合、「真北」方向とその計測記録を明記する必要があるからだ。

建物の配置が固まり始めたら、建物外形に対して、地盤調査を必要とするポイントを設定し、地盤調査を行う。地盤を知る方法はいくつかあるが、まずは敷地周辺を含めた地域の起伏を見ることだろう。低地は水にとっても下流であり、どうしても地盤がゆるくなる。暗渠《あんきょ》も潜んでいる。道路路盤の崩れや、周辺建物の外壁にひびが入っていたり、塀が傾いていれば不同沈下が原因であることも考えられる。

地盤調査は木造住宅の場合、人力で行える簡便で安価なスウェーデン式サウンディング試験といわれる測定方法で行うことが多い。RC造住宅などの場合は、土の硬軟や締まり具合、土の種類や地層の構成など、地盤の強度を測量するためにボーリング試験や土質試験を行う。櫓《やぐら》を立てて、単管を地中に打ち込むことで、地層の状況を測定する方法である。これによって、地面からどのくらいの深さのところに、基礎底盤を設定するか、杭をどのくらいの深さに打ち込むかという判断をする。

■敷地測量

5mメッシュで縦横断図を作成する

専用計測器で「真北」を確かめてもらう

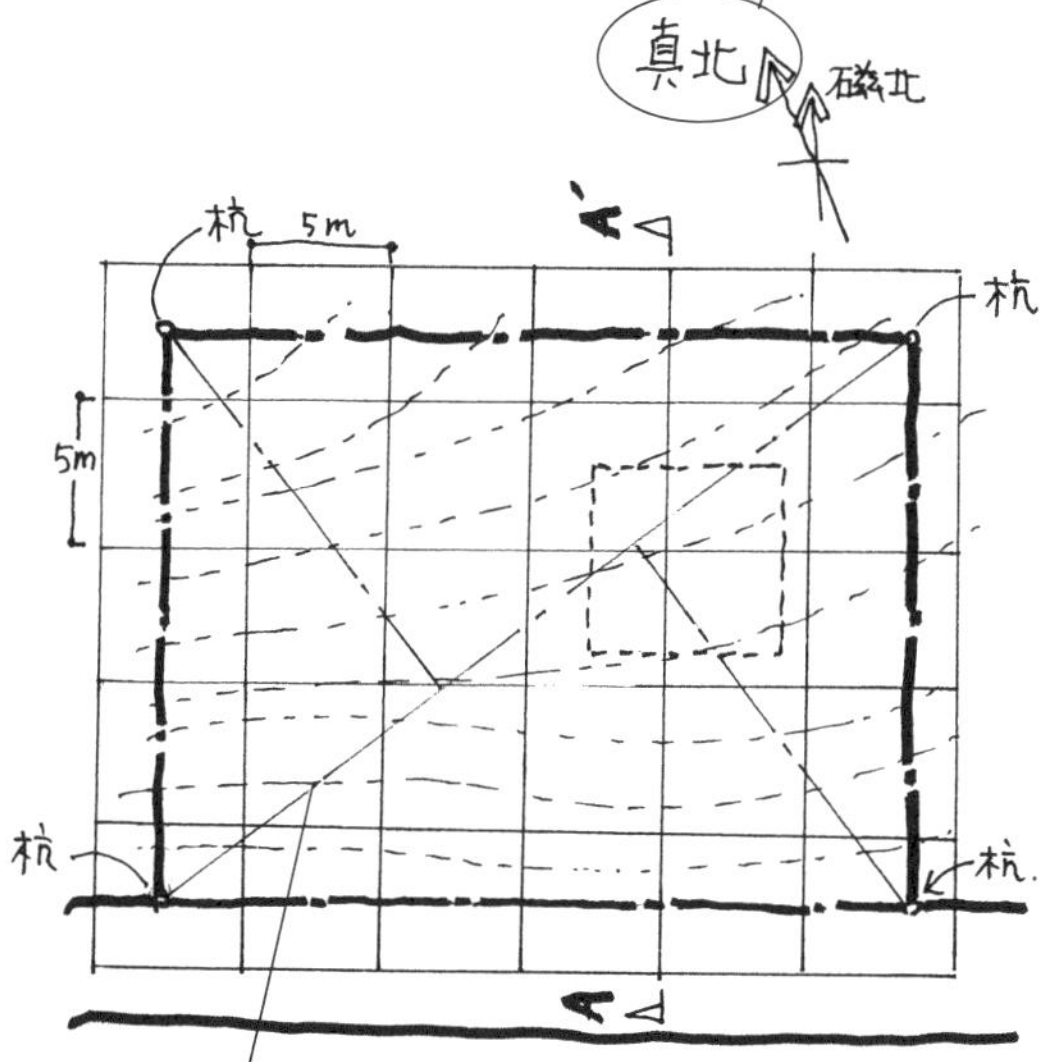

このように地積を求めることを
「三斜をきる」という

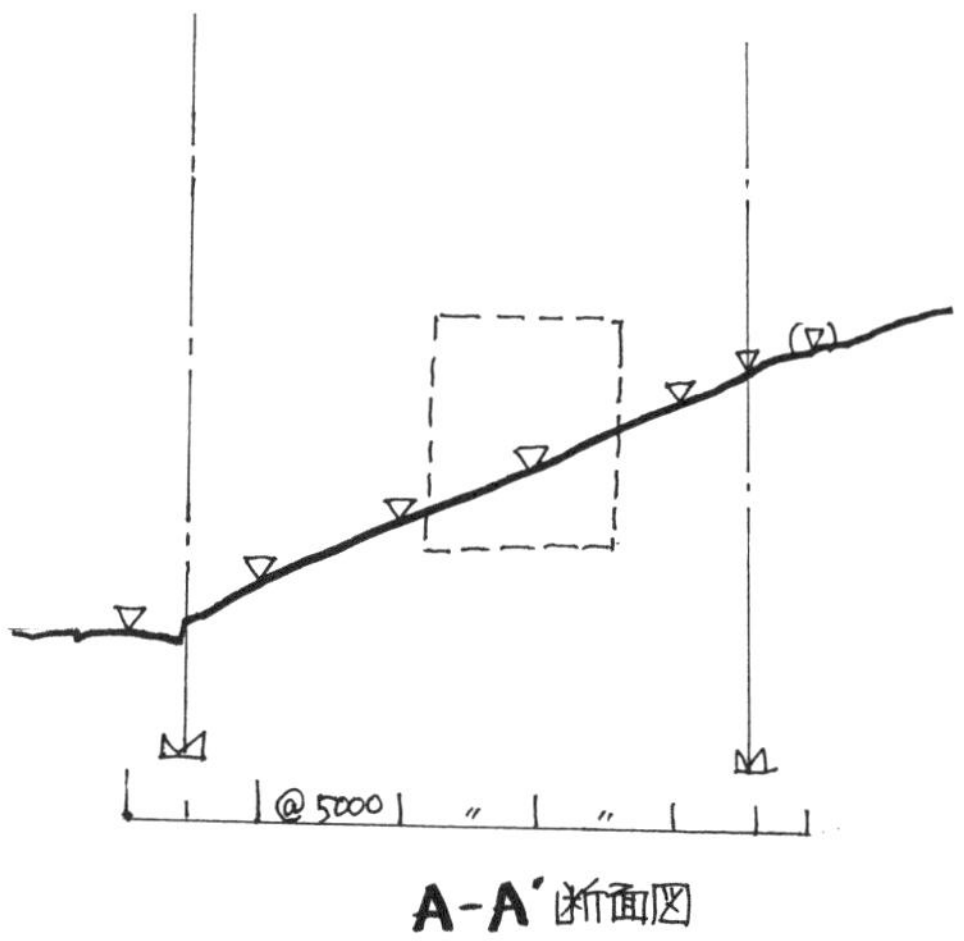

傾斜地などは必ず測量する

■敷地測量

スウェーデン式サウンディング試験（木造等）

据置タイプもあるが
このような作業風景

標準貫入試験（RC造等）

もっと大がかりの機械であるが、
このような雰囲気の作業風景

035

設計の手がかりは敷地から

Point 敷地に何度も通い敷地が発する情報をしっかり受け止めて、答えを導き出す。

時間が許すのであれば、敷地には何回か訪れたい。四季ごとに、晴れた日に、雨の日に、風の吹く日に、雪の日に、朝・昼・夜に。何度も訪れているうちに、そこから敷地や周辺の特色がわかり、住宅のおおよそのイメージが浮かんでくるはずだ。

「南向きリビングの家」をベースにして考えていると、不利な条件が多い敷地に出会えば、すぐに行き詰まってしまう。多くの建て主は「明るく、南向きリビングのある家」を希望するだろう。だが、敷地によっては、南側は開口部を少なくするか、高窓にしたほうが、外部の騒音や夾雑物を遮ることができる場合もある。南側の開口部は抑えて、北側を開けると、安定して落ち着いた採光が得られるので、そちらのほうがよい場合もある。

一般的に日本では、居室が南に面するように、南北に比べ、東西方向が長い敷地が好まれる。ところが南北に細長い敷地のほうが工夫に富んだプランが生まれやすい。三角形、旗竿、不整形、斜面地といった、不動産市場では値が下がる敷地のほうが、厳しい条件を有効に活用しなければならないこともあって、設計の手がかりが見つけやすい。不利な条件の敷地こそ、設計者の腕の見せどころである。

周囲に飲食店などがあると、臭いや人の出入りが気になる。そうしたマイナスの存在が感じられないように、計画しなくてはならないこともあるだろう。そんなときは、敷地全体を壁で囲って内部に庭を設けるような建て方が浮かんでくるかもしれない。

敷地の形状と方位、道路との関係、周囲に存在するもの、自然条件などから、設計の手がかりを見つけるのは、理にかなっている。それには敷地に何度も足を運び、敷地が発する情報をしっかり読み込んで、最もふさわしい答えを導き出すことだ。

■制約が独自の家になる

・北側に面する敷地
→太陽に照らされた借景

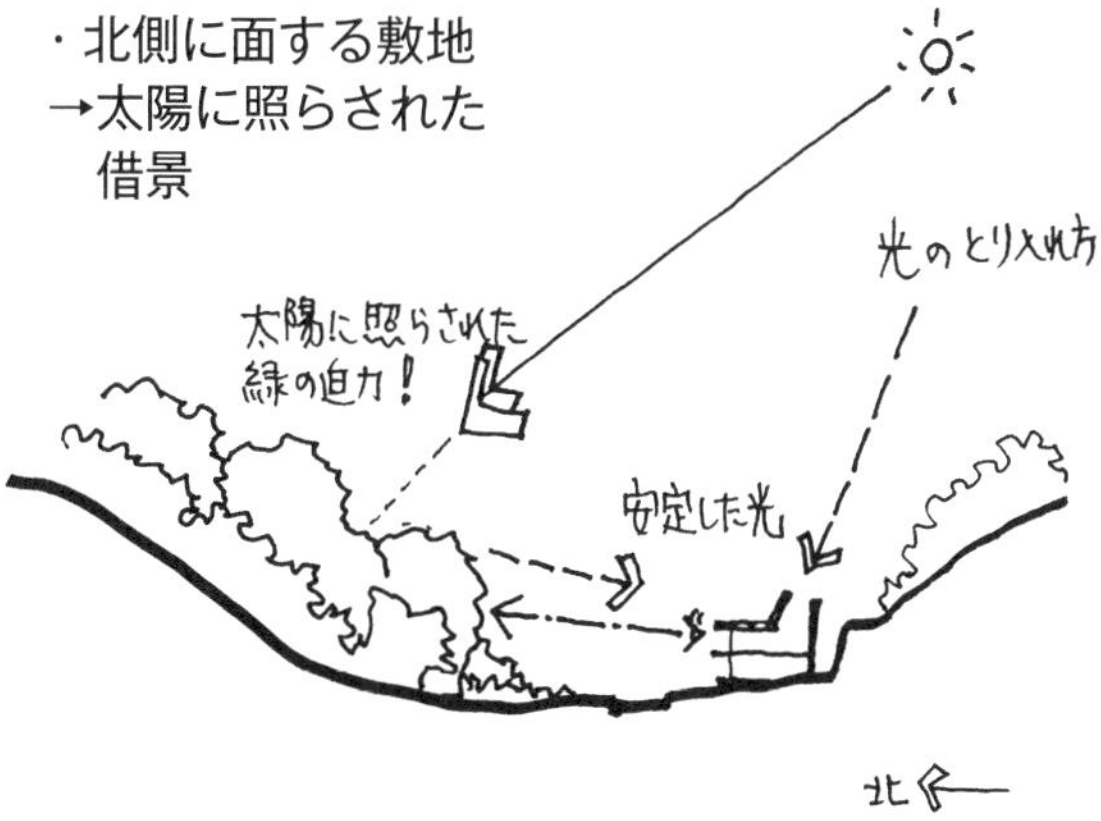

北側の斜面を克服することで
独自の家をつくる

・旗竿状の敷地

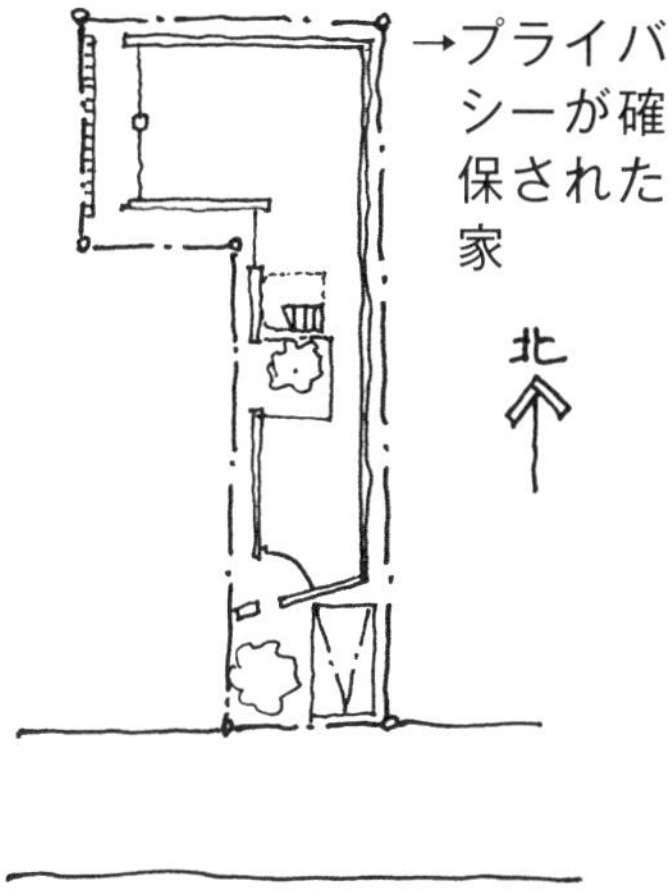

敷地形状が独自の家をつくる

■敷地の置かれた状況から手がかりを探す

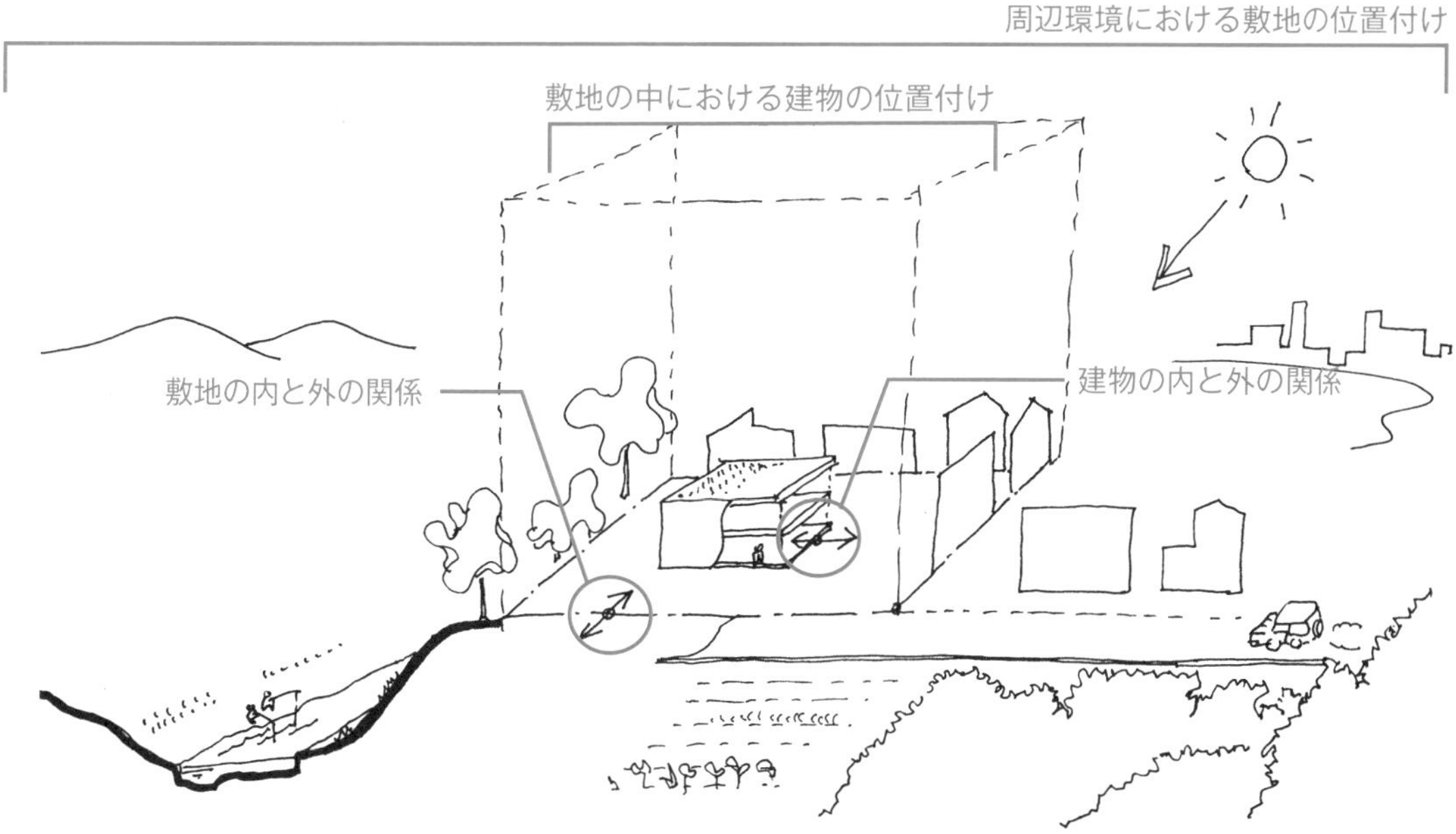

敷地の周辺の環境や敷地をとりまく地域の特徴を観察しよう。建物を大きな視点から捉えることからはじめる。建物の内から見えるもの、敷地の内から見えるもの、それぞれの関係から、設計の手がかりとなるものが見つけ出せるものである。メリットとなるものだけでなく、デメリットと思える状況も設計の手がかりとなるように考えたい

column

カタチは降りてくるのか

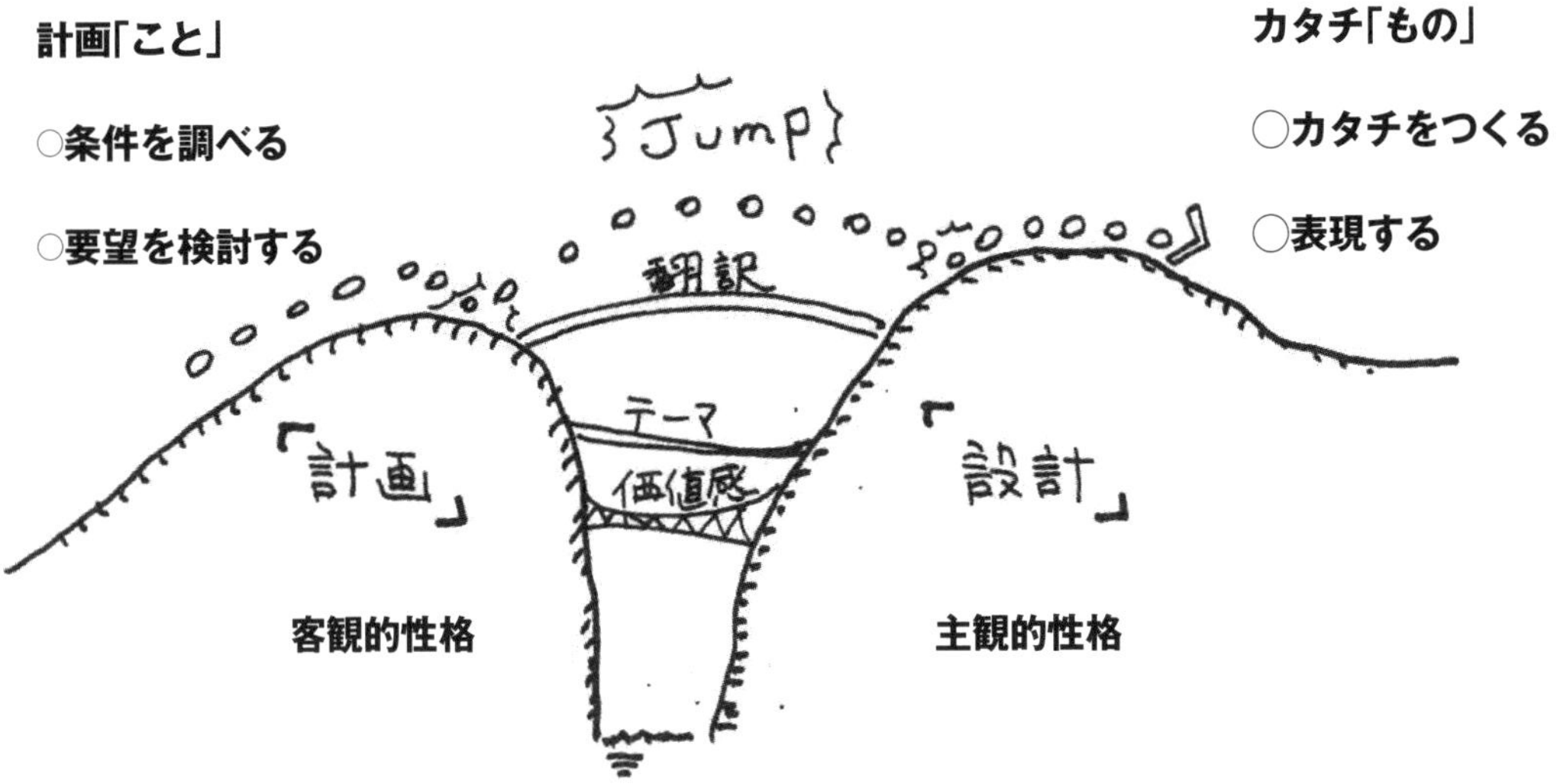

カタチをつくるための設計のテーマやコンセプトを探す・きっかけを見つける

計画と設計　そのギャップ

何かカタチを生み出す際に「カタチ、もしくはイメージが降りてくる」といった言い方を聞いたことがあるだろう。本当に降りてくるのであろうか。設計者の問題意識と与えられたプログラム、敷地の環境が奇跡的に合致して降りてくることは否定しない。これは幸せなことであるが、建て主が望む姿とは必ずしも合致しないので、設計者の独りよがりにならないように注意が必要だ。

冒頭の「計画」と「設計」は、違うと考えている。計画はさまざまな客観的事実を積み上げ、予算を組み、敷地条件を紐解いて、設計条件を作っていく作業ともいえる。一方、設計はその設計条件を翻訳し、建て主との会話の中で、言葉にならない部分の潜在的な要求を発見する。それらをすべて検証し、建て主と設計者が共有可能な価値観を柱に、カタチを与えていくのである。共有可能な価値観は、設計する対象にテーマを与えてくれる。ここから、計画から設計へとジャンプしなければならない。つまり、カタチを与えることへのギャップがあるのである。前述の幸せな合致は、軽々とジャンプするであろう。しかし、多くはそのように事は簡単ではない。そこで、さまざまなきっかけを見つけていく作業をしていくのである。それは、共有可能な価値観から生まれたテーマかもしれない。計画の翻訳から生まれた事柄かもしれない。敷地周囲の環境だってカタチを生み出すための重要なきっかけである。そこには、設計者の主観的で主体的な解釈も出てくるであろう。これこそが計画の客観的性格とは違う設計とのギャップであり、醍醐味である。

第4章

建築計画のポイント

036

アプローチはできるだけ長く

Point 門と玄関の位置をずらすことで、アプローチの距離が延び、期待感が高まる。

道路から玄関へ至るアプローチは、その家の第一印象を決めてしまう。建物を配置したら、外部はほとんど残らないという場合でも、アプローチの長さや眺めを工夫することで、家の中に入るまでの気分はかなり違ってくる。

居心地のよい住宅をつくってきた吉村順三は、「門と玄関は一直線におかないこと」を旨としたと、吉村が設計した住宅の所有者から伺ったことがある。門から玄関の位置をずらすことで、アプローチの距離が延び、心の準備や期待感を高めることができることを、吉村はいくつもの住宅を設計しながら確信したのだろう。

たとえ狭い敷地でも、設計次第で豊かなアプローチをつくることができる。たとえば、約30坪のほぼ四角い敷地で、北側に道路がある場合、道路に接する足下にツル性植物を植えて、足下と上部を開けた塀を設けて建物との間を露地のようにする。塀の西の端から入って露地の東端に坪庭をつくり、その手前に玄関を設けると、足下の緑と正面の坪庭の緑が目に入り、長いアプローチを楽しみながら玄関にたどりつくことができる。どうしても長いアプローチがとれない場合は、動線上に沖縄の魔除けにもなっているヒンプン（59頁参照）のような自立壁を配置したり、樹木を植えて気持ちが切り替わるようにすることもできる。

どの方向にアプローチを設けるかによって、外観デザインも影響を受ける。アプローチを通りながら最初に目に入るのが外観だからだ。南入りなら、庭や建物を眺めながら玄関に向かうことになるので、庭との調和も考えながら南側の外観を計画することになる。

道路と敷地との境界には、防犯上、門や塀を設けることになるが、できるだけ閉鎖的にならないように、理想をいえば目線の高さくらいの生垣等で囲って、風通しをよくしておきたい。

■アプローチを長くとる方法

○敷地の外から建物内部へのアクセス

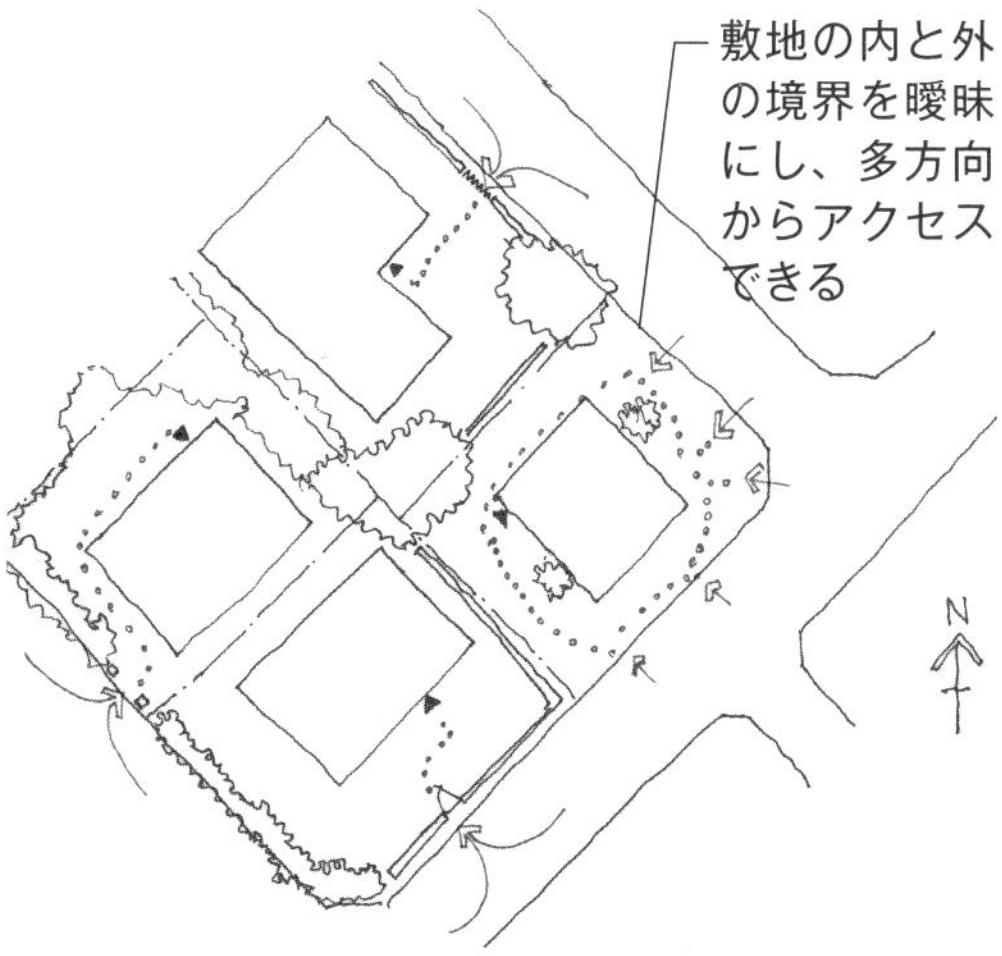

敷地の内と外で境界をつくり、
敷地内にアプローチ空間をつくる

○敷地の外から建物内部へのアプローチにストーリーをもたせる

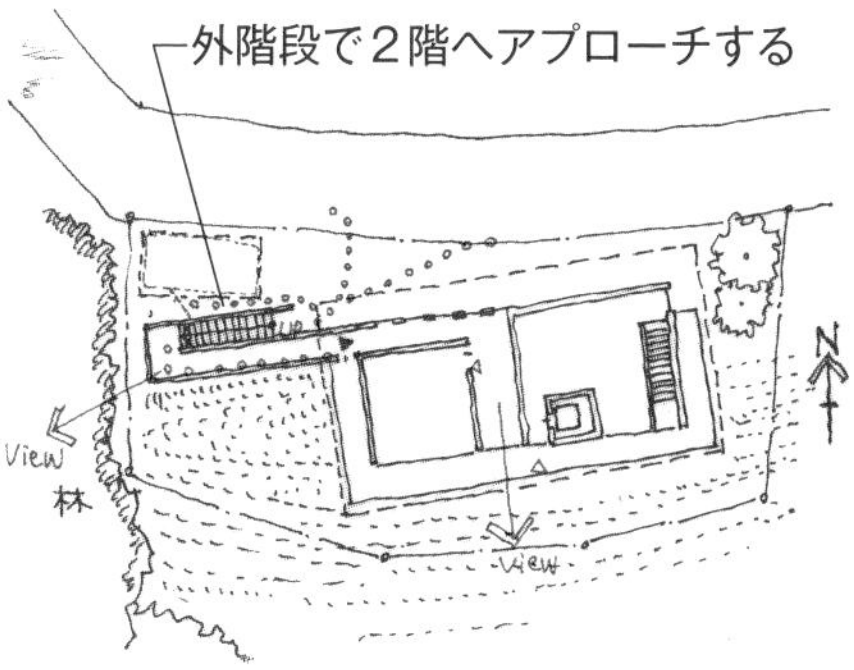

○敷地への入口と建物への入口をずらす

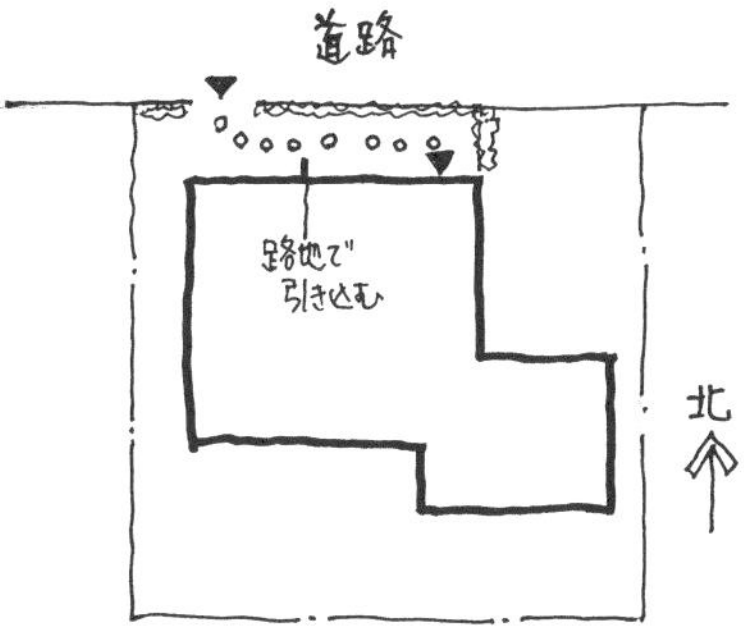

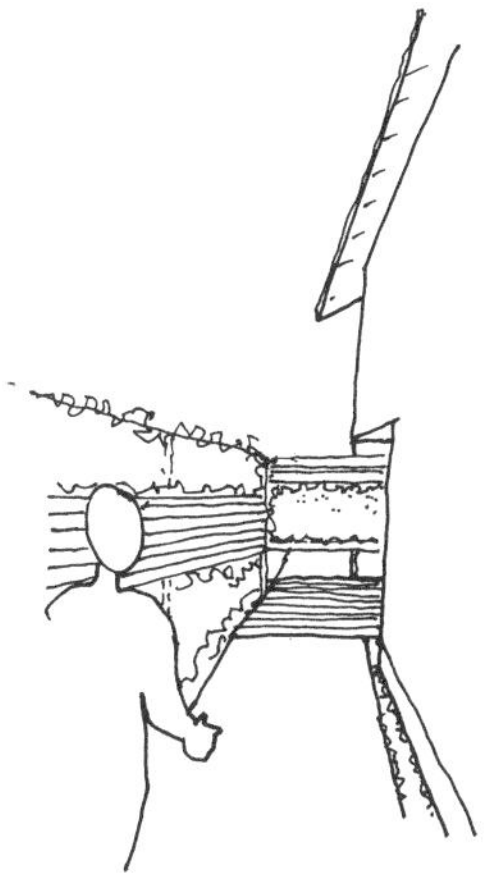

○庭からのアプローチもある

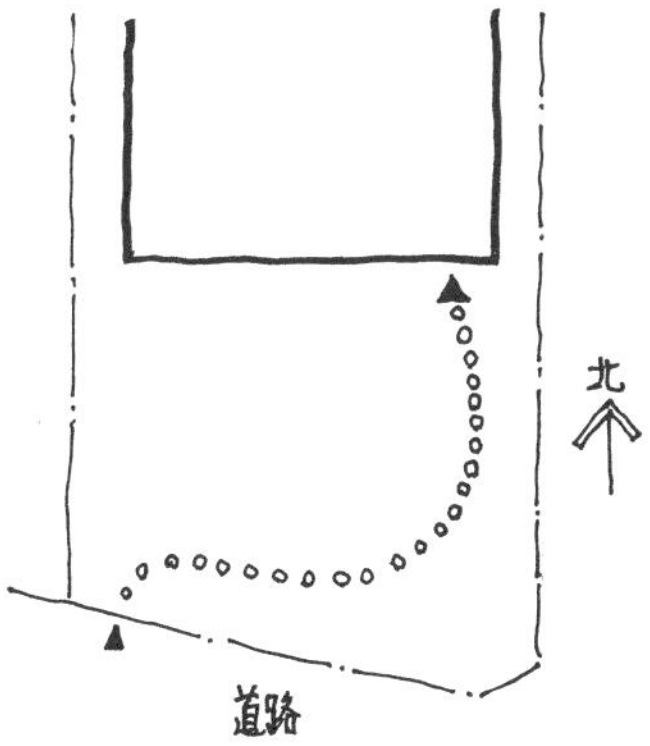

037

玄関は家の顔か単なる入口か

Point 靴や上着を着脱するだけの場と考えなければ、玄関土間の用途は広がる。

戦前まで、玄関は家の格式を示すものだったため、今でも人一倍こだわりを持っている建て主もいる。初めて訪問する家で、その家に抱く期待感は、門からアプローチを通り、玄関の扉を開けたところで、最高点に達する。だから玄関は重要だともいえるが、住宅は家族が暮らす器と割り切ってしまえば、靴や上着を着脱する場ととらえることもできる。「顔」とするか「入口」とするかは、建て主の考え方次第だ。

椅子での暮らしが定着しても、高温多湿な気候のこの国では、住宅では靴を脱ぐ習慣は変わらない。そこで靴を履き替えるための土間と傘の開閉ができるポーチを玄関前に設けることは必要だ。雨が室内に入らないように、玄関ドアは外開きにすることが多いが、本来、人を招き入れる玄関ドアは内開きとされている。内開きにする場合は、人や靴がドアの開閉に邪魔にならないように、土間の奥行きをとる必要がある。

土間から10～35㎝ほど上げた玄関ホールは、部屋として独立させることもあるが、階段や各部屋へ向かう通路を兼ねることが多い。玄関土間を上がったところがリビングという場合は、収納などで仕切れば問題ない。

私が設計したある家では「友人の来客は多いが、社会的に立場が違う来客はほとんどない」ということだったので、玄関室を設けず、リビング前のテラスを玄関にして、そこから出入りできるようにした。限られた床面積だったので、通過するだけの玄関室を設けなかったのだが、格式を求めない建て主は、気楽さが気に入っているようだ。

格式や靴の着脱に必要な空間として玄関を考えるのでなければ、用途は広がる。土間を広くとれば、靴を履いたままの応接コーナーにもなり、宅配便を受け取って一時保管するのにも重宝する。広めの土間は、履き替えラインが変わるだけで様々な使い方ができる。

■「玄関」だけで終わらせない

普段、家で過ごす時間を考えると「玄関」としてだけのスペースではなく、もっと有効に生活に取り込みたい

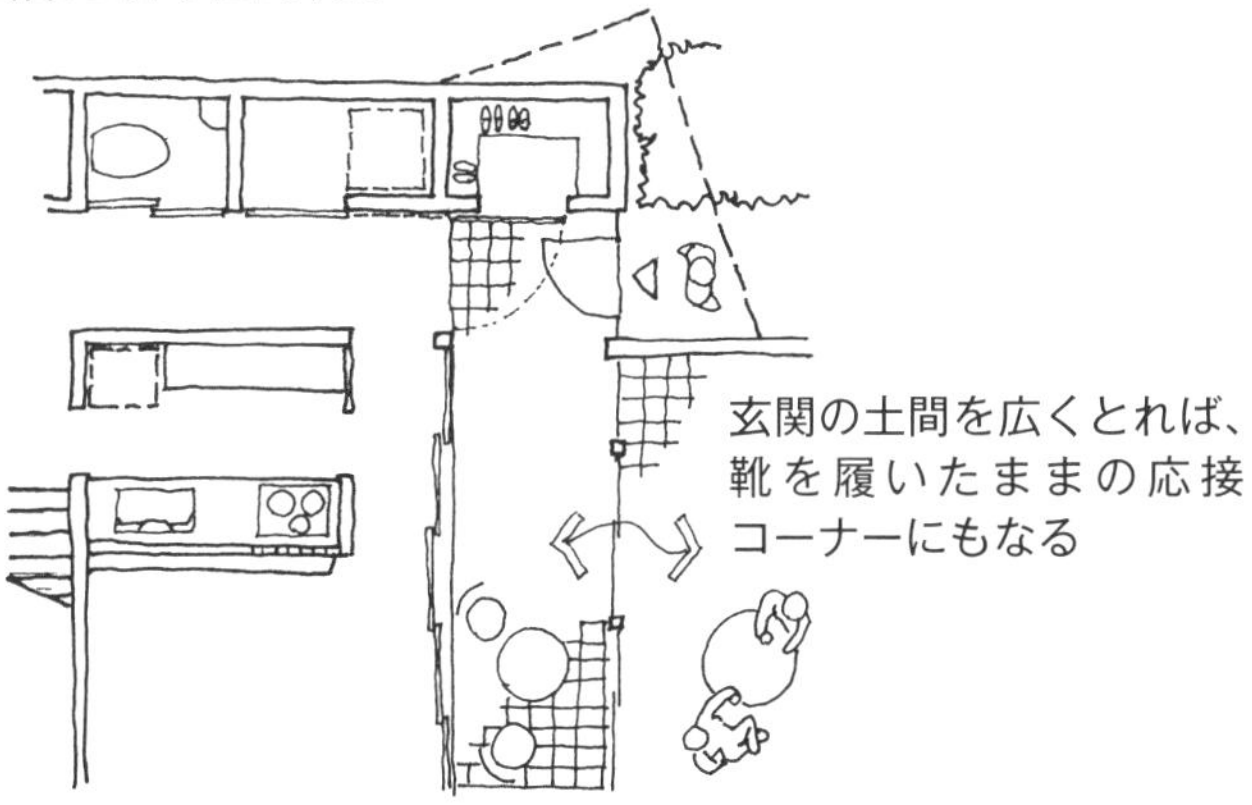

リビングに取り込む

○扉とポーチ

水切りを考えれば玄関ドアは外開きだが

庇があれば内開きでもよい

窪みでポーチをつくっても同じだ。ポーチは役に立つ

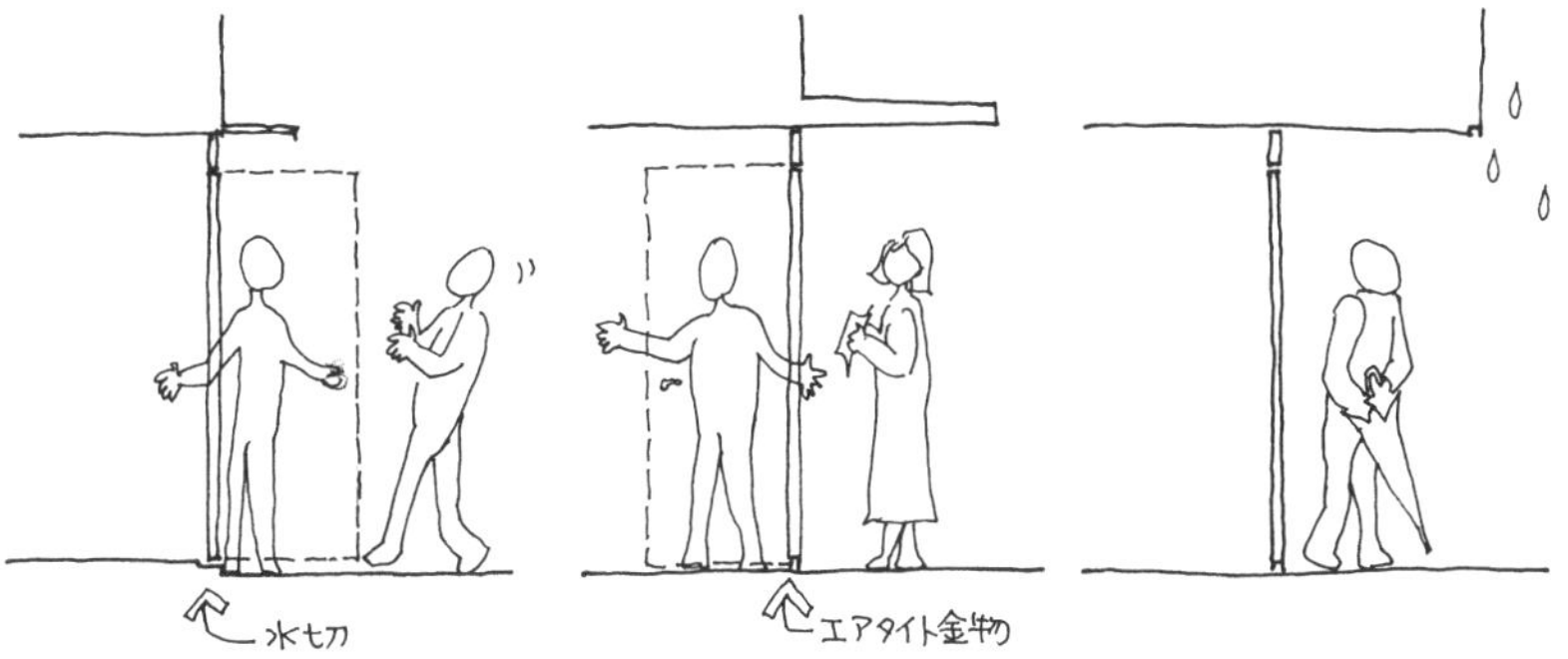

○内開き扉と履き替えライン

スペースと行動をよく考える

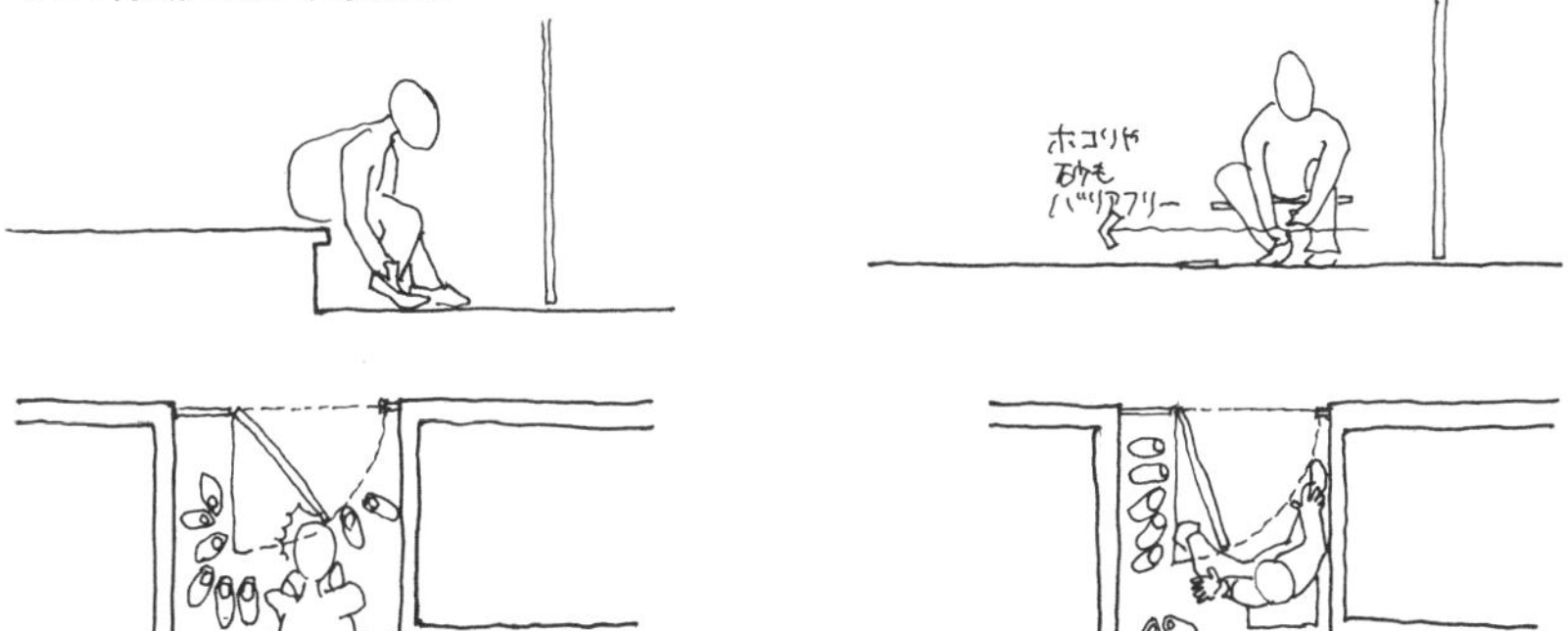

内開き扉は内部のスペースが必要。履き替えラインの位置での行為をよく考える

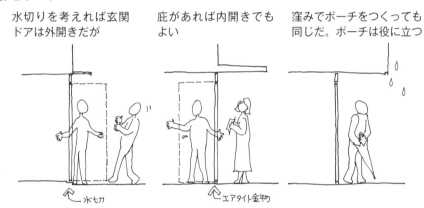

038

トイレの位置は重要

Point
トイレは来客が使えるパブリックなエリアと就寝エリアの２カ所にあったほうがよい。

昭和40年代に入り、都市部で水洗トイレが普及し始めるまで、都市圏の住宅でも多くは汲取式だったので、トイレの位置は､居室から離れたところか､庭に突き出たところにあった。水洗トイレが一般化されても、音や臭いのイメージが残っているので、いまでもトイレの位置はリビングから離れた位置に設けることが多い。

予算が許すならば、トイレは2カ所あるとよい。1つは来客が使用できるパブリックなエリアに、もう1つは就寝エリアに。こちらは寝室に隣接させる。特に高齢者のいる家では、寝室とトイレの距離は短いほうがよい。寝室に隣接することが難しい場合は、同じフロアに設けたい。子供がいる家では、朝のトイレ使用ラッシュ時に、トイレが2つあると重宝する。

手洗い付き便器もあるが、面積が許すのなら勧めない。手洗い器に埃がたまり、水のカルキなどで石灰化されてしまい、きれいに保つのが大変だからだ。手洗いカウンターにすれば、収納もとれるし、カウンターの上に本などを置くこともできる。

欧米では､寝室ごとに隣接して浴槽・洗面・トイレが一部屋に収まったバスルームが一般的だ。日本の場合、浴室には洗い場が求められること、湿度が高いことに加え、羞恥心の高い日本人の特性だろうか、トイレに個室を望む建て主は多い。

キッチンと浴室・洗面・トイレなどの水廻りを1カ所に集中させたほうが、給排水の配管工事が軽減され、工事費は安くなるのだが、生理・衛生に関する慣れや習慣は、そう合理的にはいかない。建設費に限度がある場合は、水廻りを集中させて、少し大きめのバスルームにして、別のところにトイレの配管工事をしておいて、余裕ができたら、もう1カ所のトイレをつくるという提案もある。

■トイレの位置の考え方

○トイレ１つでのエリアの重なり例

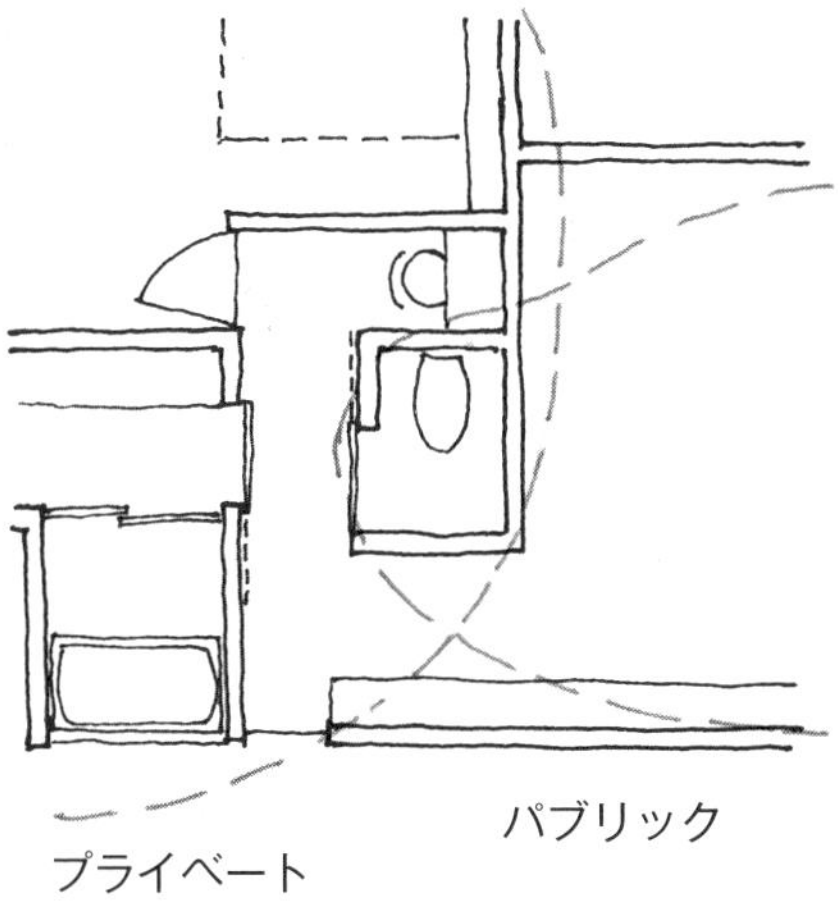

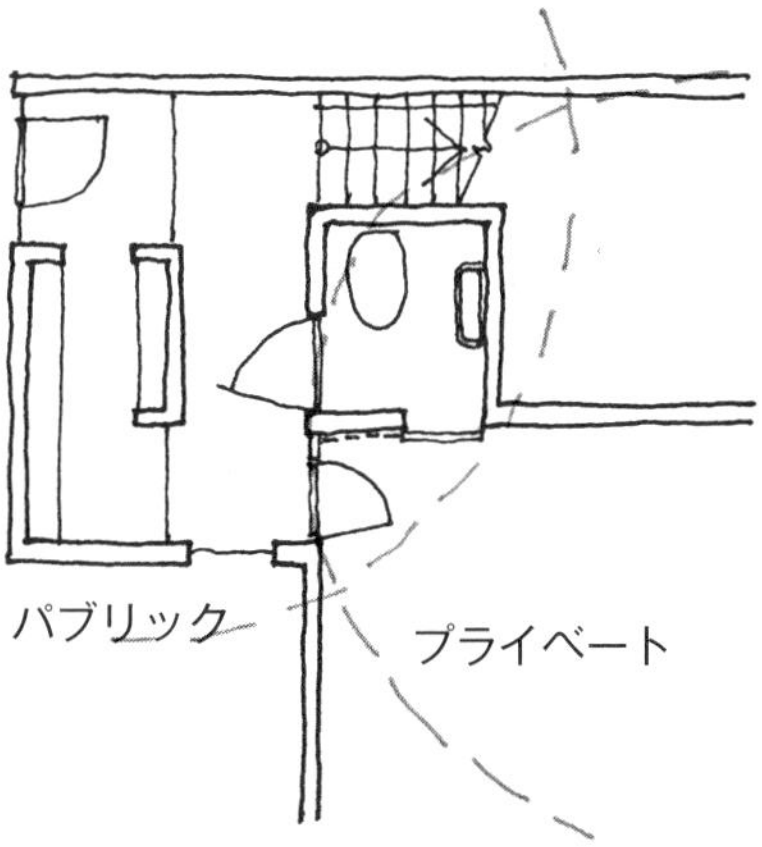

○家族用と来客用を分ける

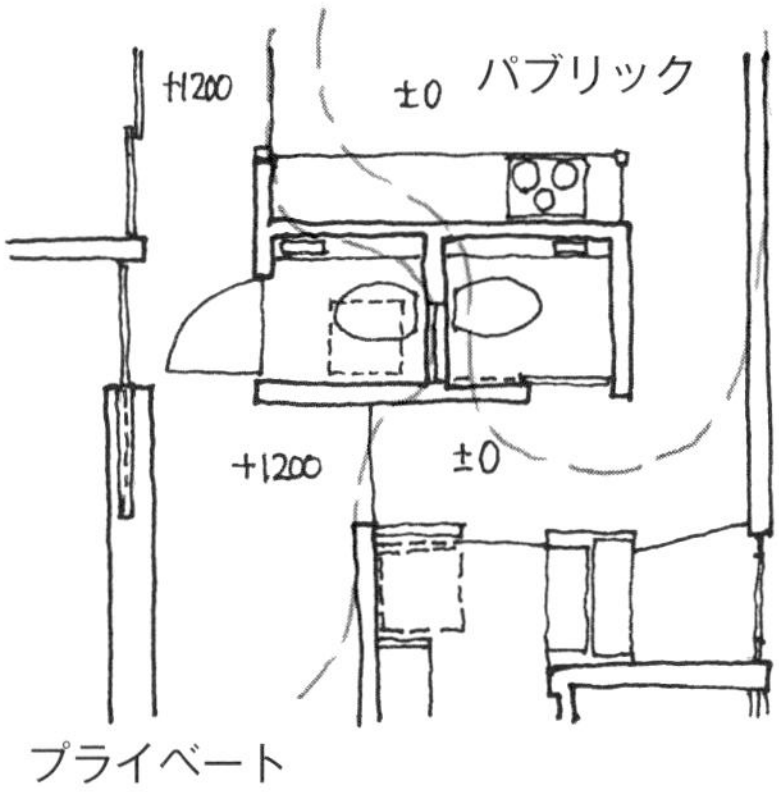

２台で異なった質のトイレ空間をつくる

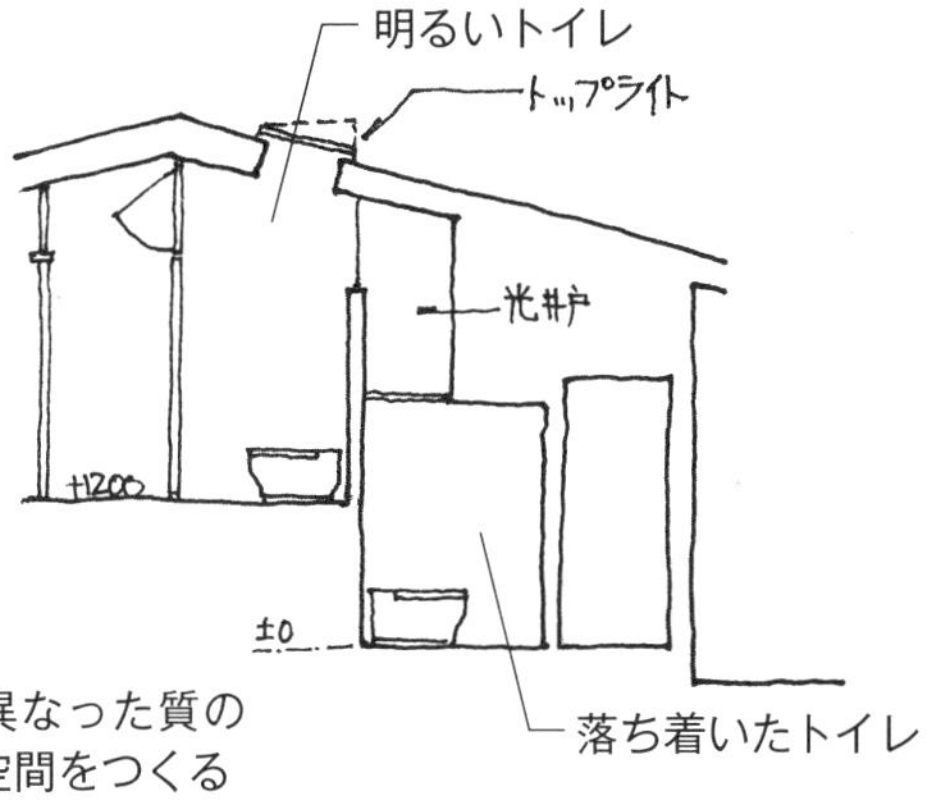

○寝室＋サニタリー形式（完全プライベート）

なかなか普及しなかったが、バリアフリー化による改修で注目され始めている

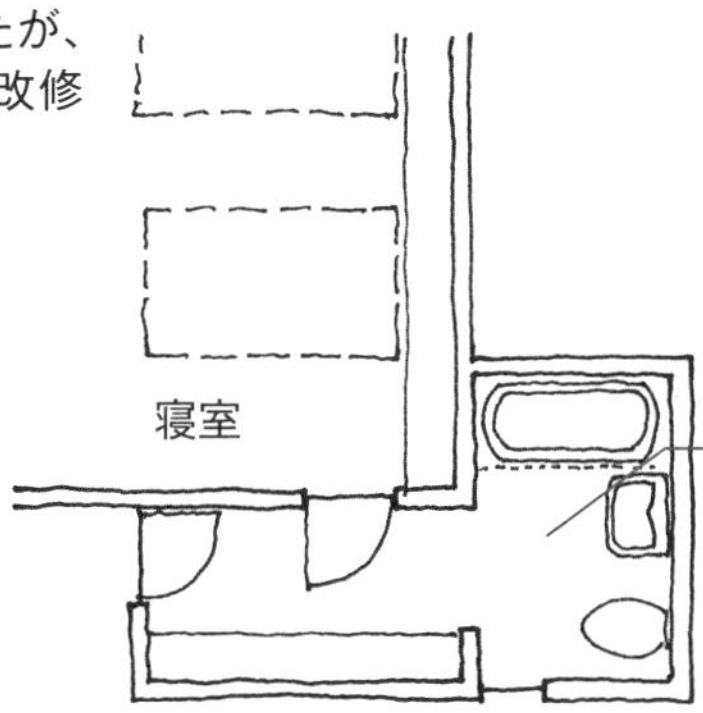

来客用のトイレがほかにある

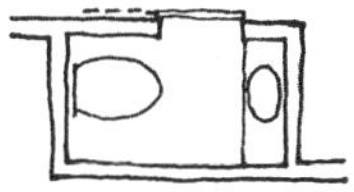

サニタリー形式はコンパクトさが求められる洋バスであり、洗い場はない。脱衣場も浴室と同一空間である。寝室に湿気が入る可能性があるが、冬場の湿気はかえってありがたい場合もある

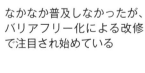

039

浴室はくつろぎの場

Point 浴槽から眺められる坪庭を配置するなど、
浴室をくつろぎの場と考えれば設置場所は広がる。

温泉や銭湯に代表される日本の風呂文化は、どれだけグローバル化が進んでも、変わることがないようだ。高温多湿という気候条件もあるが、入浴はたんに体を清潔にするという目的以外に、湯につかることで心身をリラックスさせる効果を期待しているからだ。浴槽にお湯を溜めて体を沈め、洗い場で体を洗う。こうした入浴習慣は、西欧人のように浴槽の中で体を洗うのとは異なる。行動が違えば、必要となる面積も変わる。洗い場を必要としない西欧式では、トイレ・洗面・浴槽を1室におさめる3イン1が可能なので、水廻りに要する面積配分も軽減される。この場合は、家の中にもう1カ所、洗面・トイレがあったほうがよい。

浴室の計画で、最も配慮しなくてはならないのが、換気だ。天井埋め込み式の換気・乾燥機のおかげで、浴室の配置を決める選択肢は増えたが、私は、どんなに狭い浴室であっても、外気や自然光が入ってくる窓を設けるようにしている。たとえ小さな窓でも、湿気を抜く効果が大きいこともあるが、なによりも入浴時に外気を感じるのが気持ちがよいからだ。

羞恥心は個人によって異なるので、換気用の窓は設けたとしても、密室に近いほうが落ち着いて入浴できるという建て主もいるだろう。だが入浴にくつろぎを求めるなら、視線をカットする工夫をして、浴槽から緑が眺められる坪庭を配置することができれば、家に帰る楽しみが増すはずだ。家族の間なら裸を見られるのはかまわないというのなら、使用時にはブラインドを閉めることを前提にして、リビングに隣接して設けたり、眺めのよい階上に浴室を配置することも可能だ。

浴室を「くつろぎの場」と考えられれば、配置する場所は自由に広がり、浴室を中心にして家づくりの計画を進めることもできる。

■浴室とくつろぎの開口部

外部と一体になれる浴室

外気だけでも取り入れたい

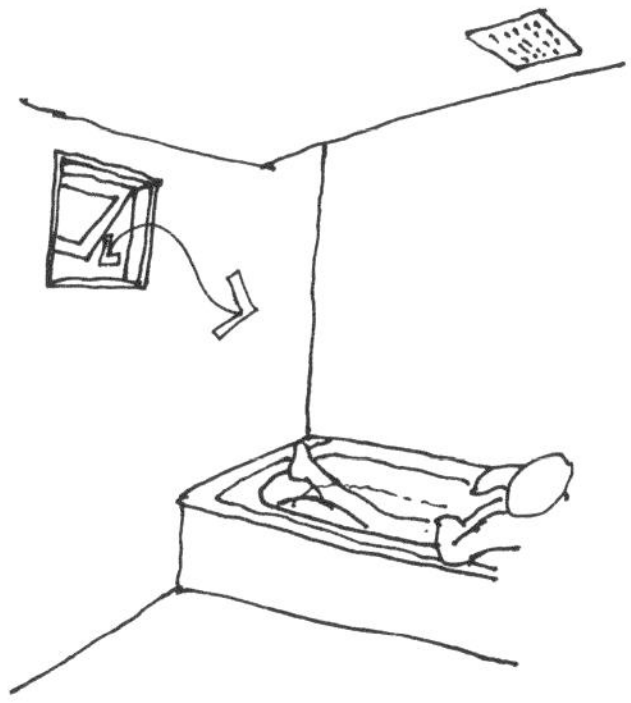

天窓から外気を感じる

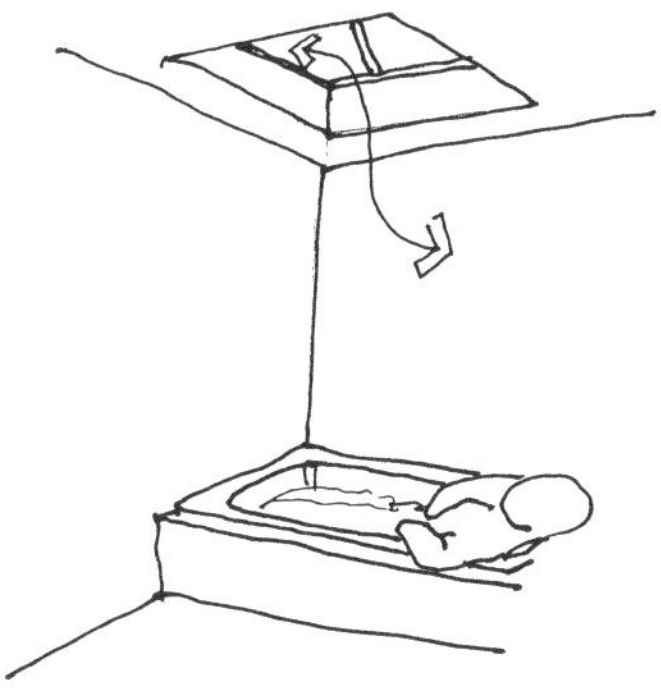

室内を通して外部を取り込む

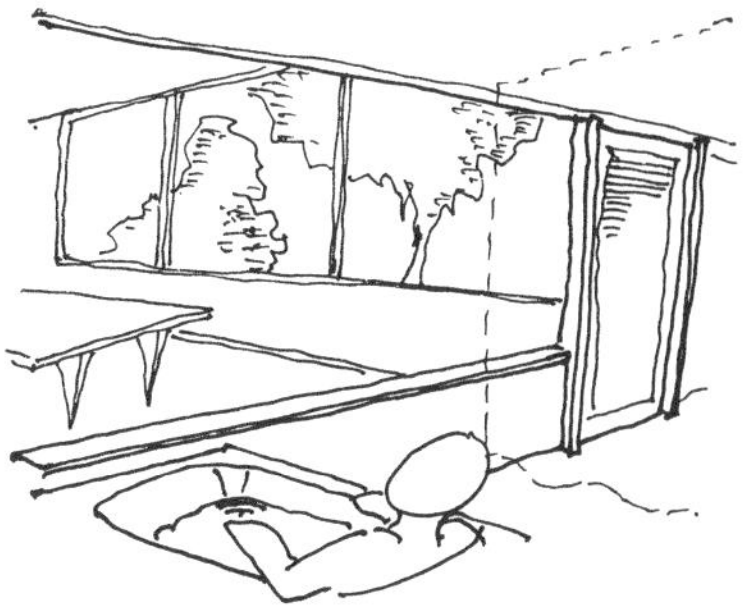

○浴室の形式

洗い場のない洋式

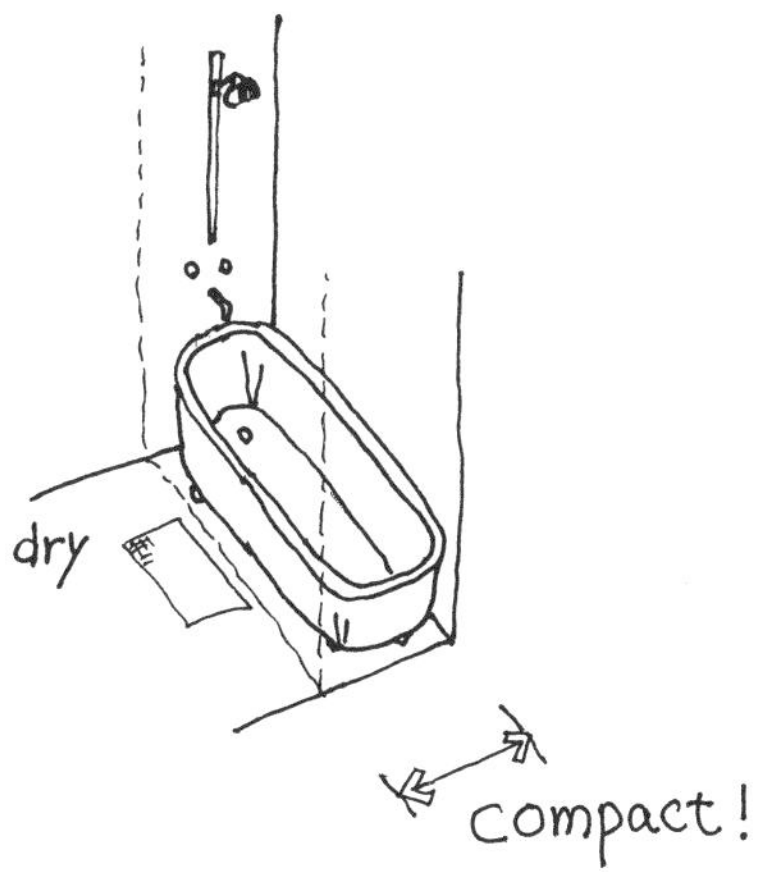

日本人にはやっぱり洗い場のあるこの形

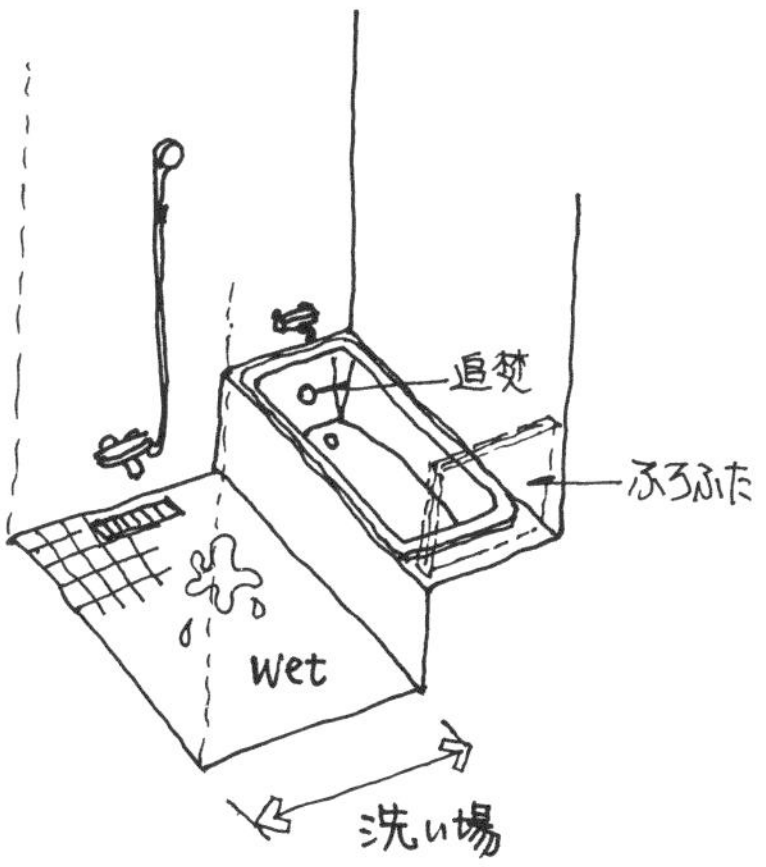

040

洗濯は干して仕舞うまでを考えて

Point 脱衣→洗濯籠に入れる→洗濯→干す→たたむ一連の流れを考えてプランニングする。

清潔好きの日本人の多くは、入浴するとき、それまで着ていた下着は洗濯籠へ入れて、入浴後に洗濯した下着に着替えるのではないだろうか。案外忘れがちなのが、脱衣するとういう行為と、汚れた衣服をどのようなルートで洗濯機に入れ、どこで干し、どこでたたむかという一連の流れだ。

ビジネスホテルの狭いユニットバスだと、脱衣した衣類は便器のふたの上におくか、タオル掛けに掛けることになる。余裕のあるバスルームだと、スツールが置いてあってそこに置く。家ではどうだろう。洗面室が脱衣室を兼ねることになり、その場合、余分に床面積がとれるなら、脱衣した衣類を入れる洗濯籠と洗濯済みの下着を収納する家具を置くか、造り付けにすると便利だ。さらに洗濯機が置ける余裕があれば、洗濯籠から洗濯機に直行できる。しかし、洗ってからの作業の方が実は多い。

最近では、ドラム式の洗濯機も多くなってきて、キッチンにカウンターを設けてその下にビルトインできる。脱衣からの距離は離れるが、滞在時間の長いキッチンで洗濯できる。その場合は、音や排気、ほこりがあることを建て主に承知してもらう必要がある。ビルトインしなくても、乾燥機を使って、洗濯物は干さないという建て主もいる。周囲の状況や花粉の季節や梅雨時もあるので、常に干せるわけではない。しかし、乾燥機は電気代がかなりかかる。お日様の匂いがする衣類は、気持ちを和ませてくれるので、私は、干せる環境にあるのなら干す場所を、自然光が難しいなら、風通しだけは確保するようにしている。洗濯物や布団が干してある風景を、汚いと見るか、生活感があってよいと見るかは人によって分かれるところだが、他人が見て見苦しくない干し場を考えるのも設計者の腕の見せ所だ。

■洗濯物の流れ

脱衣するという行為から汚れた衣服をどのようなルートで洗濯機に入れ、どこで干し、どこでたたみ、どこで仕舞うかという一連の流れを案外忘れがちである。

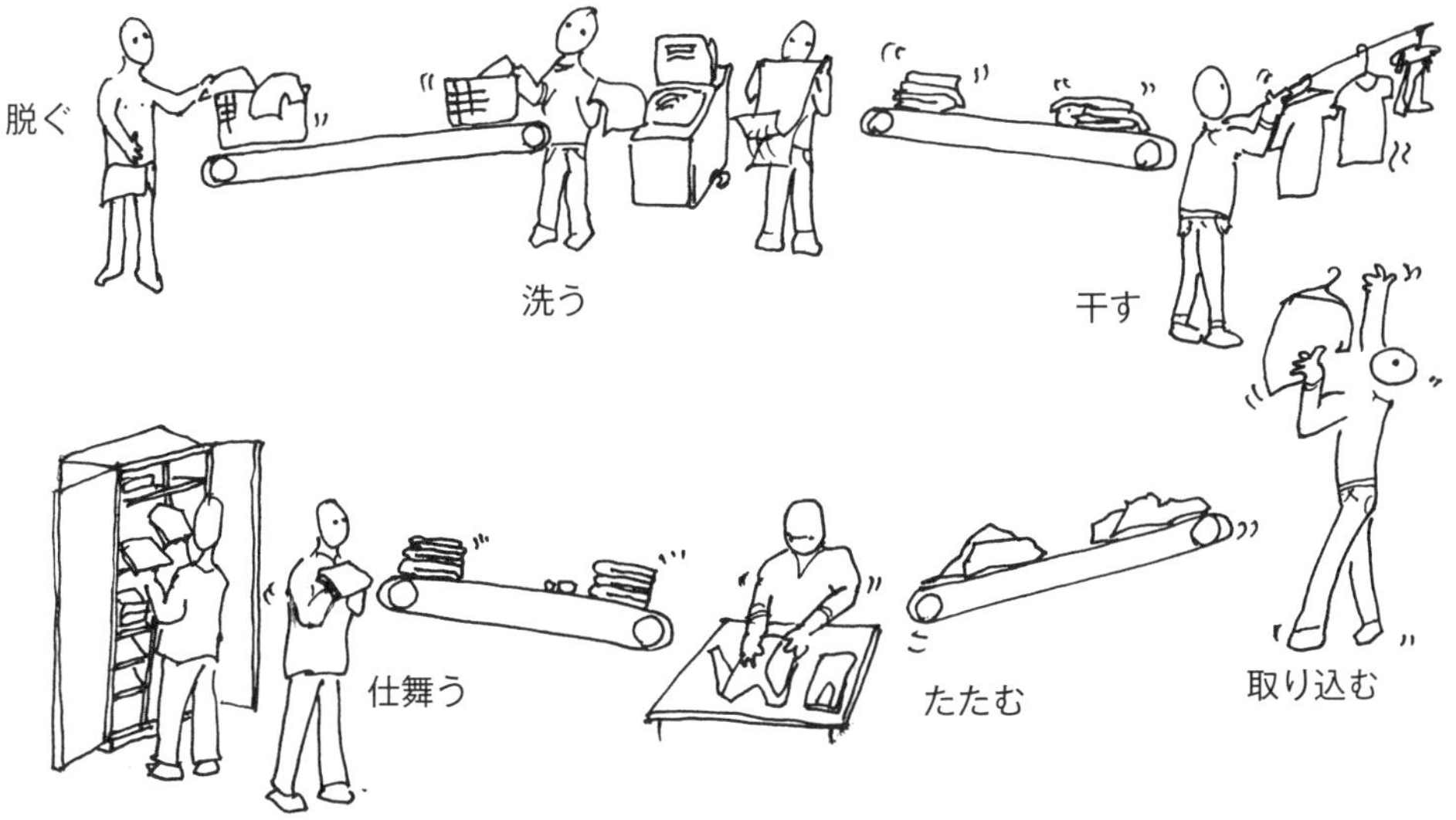

洗ってからの作業を考えると洗濯から干す場所までの距離が短いほうがよい

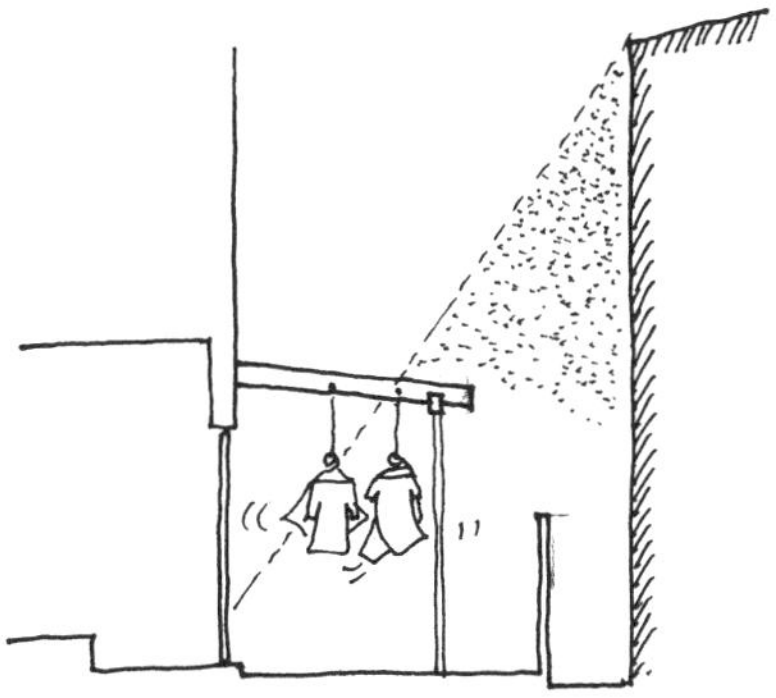

通風だけでも確保したい

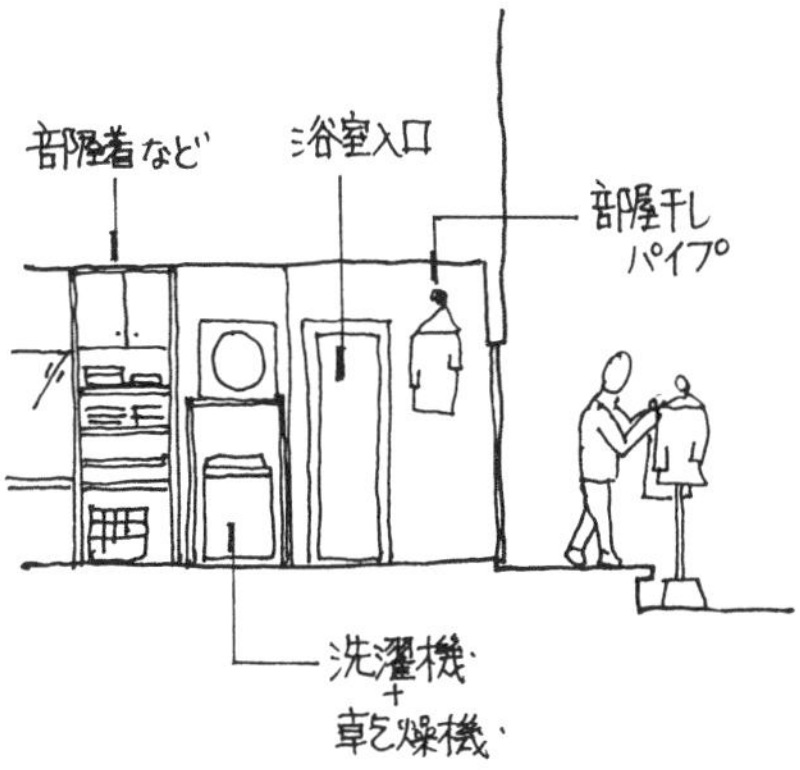

勝手口とサービスコートはあると便利

Point 表舞台をよい状態で暮らしたいのなら、内と外をつなぐ裏方の役割は重要だ。

30年くらい前までは、20坪前後の小さな家であっても、玄関のほかに勝手口は必ずあった。ご用聞きの応対、洗濯物を干すための出入り口、ゴミ出しなどは、勝手口を使っていた。勝手口の外は、ゴミ容器を置いたり、泥の付いたものを洗う外流しなどがあったりと、家事作業を下支えする場になっていた。

限られた床面積をリビングなどに振り分けたせいで、勝手口がとれなくなったのだろうか、最近は勝手口を設ける家が少なくなってきている。集合住宅なら玄関が勝手口を兼ねることもやむをえないが、戸建て住宅なら玄関以外に、外とつながる出入り口がほしい。

2階にLDKを計画した場合でも、キッチンのそばに洗濯物干し場を兼ねたバルコニーを設けることができれば、そこは2階であっても立派なサービスコートになり、ゴミ容器を置いたり、表舞台に出したくないものも一時的に置ける。敷地に余裕があれば、バルコニーに階段を付けて、外に出られるようにすると、二方向に出口があることで、災害時の安全にもつながる。ゴミ容器を置けるだけの小さなバルコニーでも、キッチンの脇に勝手口があると、通風の面でも威力を発揮する。

キッチンにつなげてユーティリティの床を土間にして、そこに勝手口を設けてもいい。庭仕事、サーフィンやサッカーなどのスポーツを日常的に行っている家族がいる家では、汚れた衣服を着たまま勝手口からユーティリティに直行できるように計画したほうがよい。このユーティリティには、下洗いできるシンク、洗濯機、さらにはシャワーブースを設けるか、隣接して洗面・脱衣室と浴室が配置されていれば、汚れたまま家の中を通り抜けないですむ。

住まいの表舞台をよい状態で暮らしていくには、勝手口やサービスコートのような裏方の役割は重要なのだ。

■勝手口とサービスコートの考え方

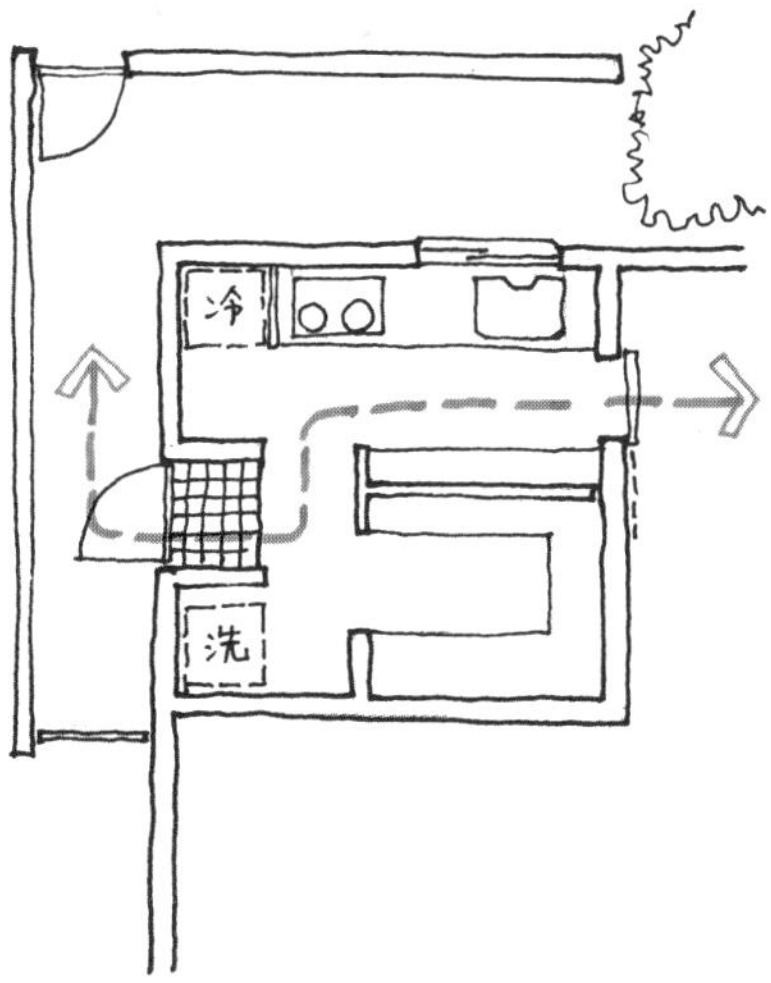

勝手口

機能的な出入口であるので宅配の受け取りやゴミ出しなど日常生活で行われる対応に便利である

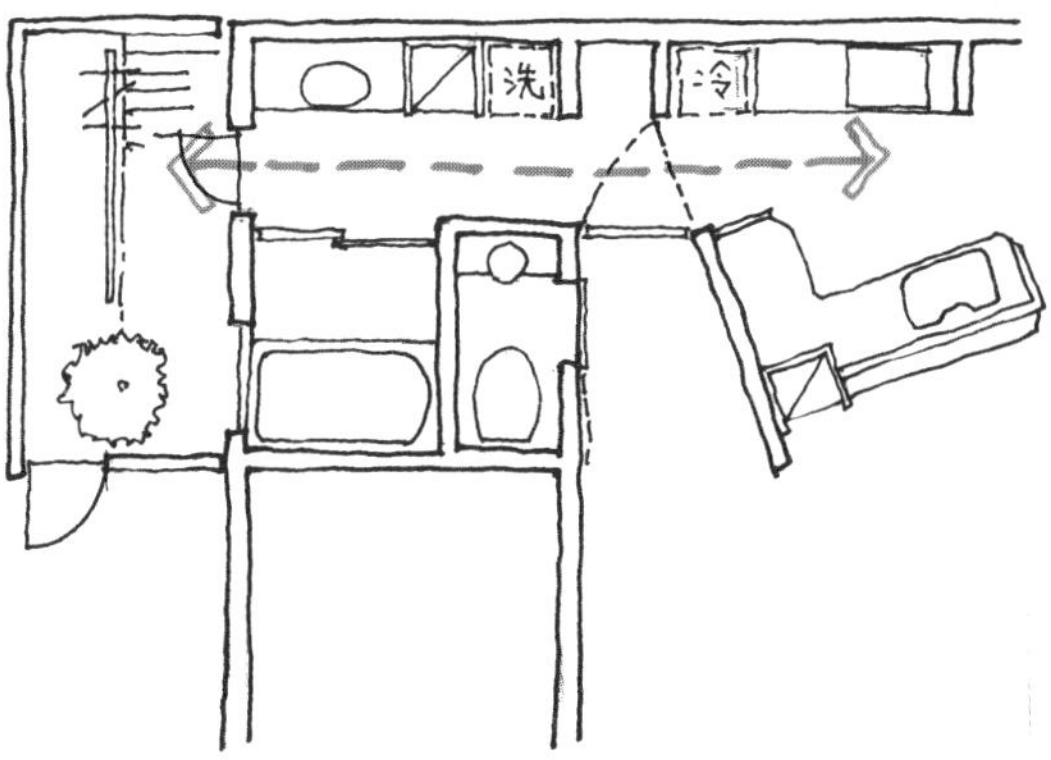

ユーティリティ経由の勝手口

一連の家事作業を効率的に行うことができる

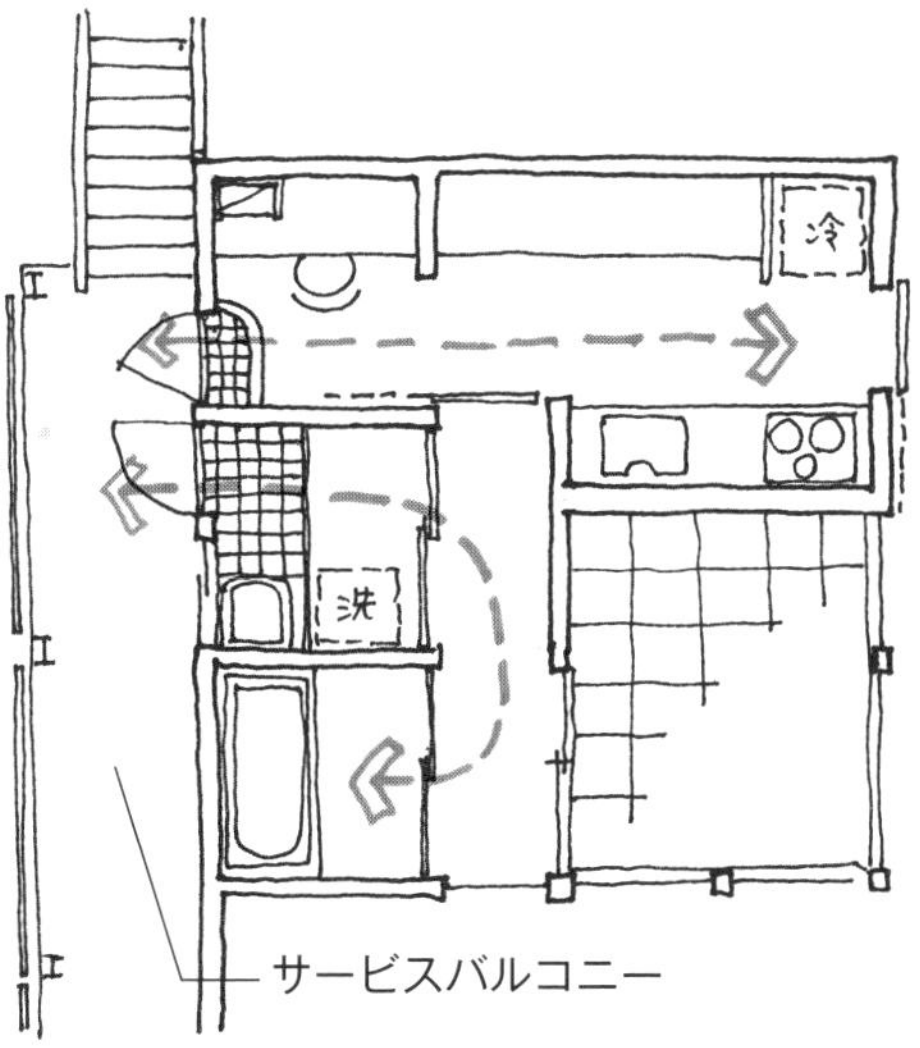

サービスバルコニー兼物干し場

２階にある物干し場は、少し広めの通路が確保できれば、サービスバルコニーの機能を果たす

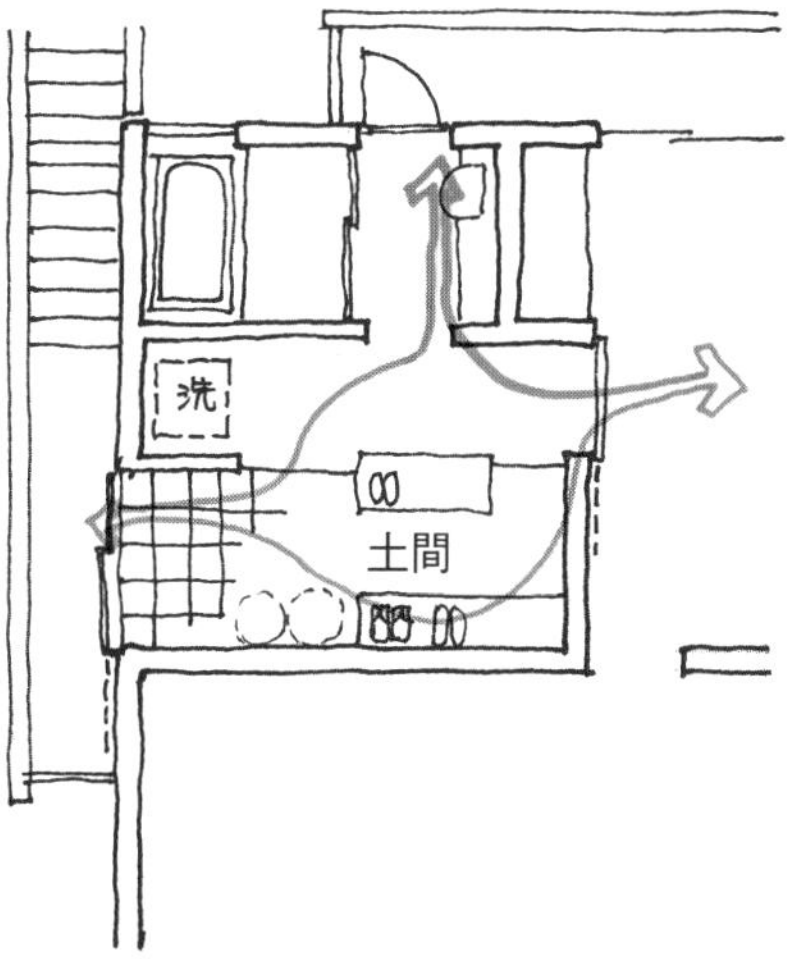

室内にサービスバルコニーを引き込む

室内に多目的に使える土間を設けることで、汚れた服や靴などの仮置き場や着脱スペースとして便利である

キッチンは住まいの司令塔

Point 住まいの中心になるオープンキッチンは、リビングから見えることを配慮して計画したい。

キッチンでは、食材を洗う、切る、加熱する、食器を取り出す、盛り付ける、食器を洗う、食器を仕舞うといった作業が、日に3回、毎日行われる。そのために給水・排水、給湯、コンロの熱源のための配管が必要だ。

シンク、コンロ、排気のためのレンジフード、冷蔵庫、食器洗い機、電気釜などの電化製品、調理器具、食器など、料理して食べることに必要な様々な設備機器や道具が、料理の手順に沿って配置されていなければならない。したがって主に料理を担当するのが誰なのか、どのような手順で行っているかなどを確かめてから、オープン型か独立型か、機器の配置、カウンターの高さ、収納棚の位置を決める。

かつてキッチンは北側の暗いところに追いやられていたが、最近は設備機器の性能向上やデザイン化により、表舞台に登場するようになった。家族の気配を感じながら、家族と会話をしながら料理ができる、幼い子供が見守れるなどの理由で、対面式やアイランド型を要望されることも多い。オープンスタイルのキッチンは住まいの中心になるので、逆にリビング側から常に見られることを考慮して計画しなくてはならない。

料理中のキッチンは雑然としてくるので、ダイニングとの間の仕切り壁を少し高くして、キッチンカウンターの上が見えないように配慮する。キッチンの床面を20〜30cm下げると、LD側からの視界も変わってくる。逆にキッチン側からは、視線が低くなるので、ダイニングを座卓にすることも可能になり、リビングで遊んでいる子供がより見守りやすくなる。

キッチンに立ったとき、家族の姿だけではなく、外の緑が視界に入ってくるように窓を設けると通風も取り入れられるので、家事労働も楽しいひとときになる。

■いろいろなタイプのキッチン

住宅のキッチンは店の厨房ではないのだから「ながら調理」を楽しみたい

独立型

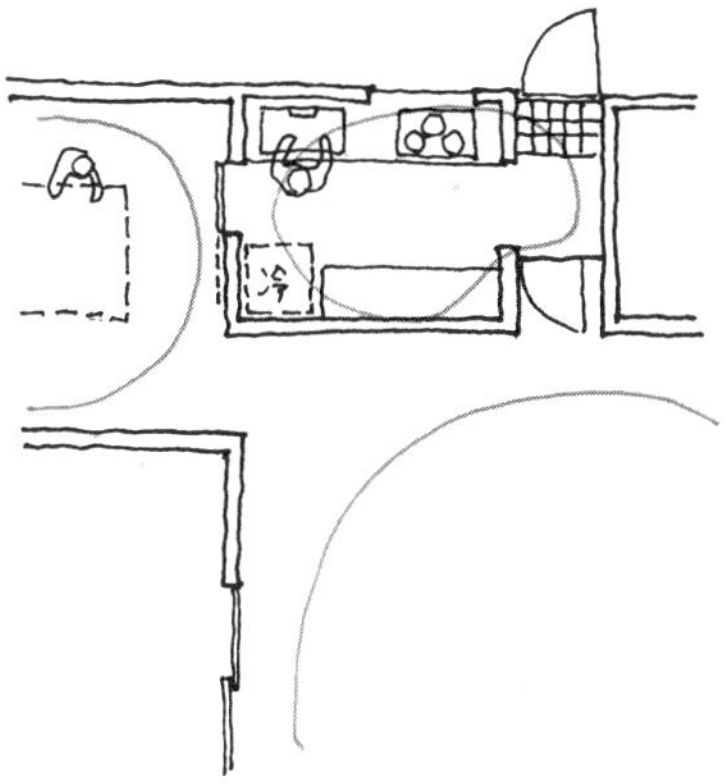

他のスペースとは仕切られた独立型。器具類を見せたくない、この形の方が調理に集中できるという建て主もいる

オープン型

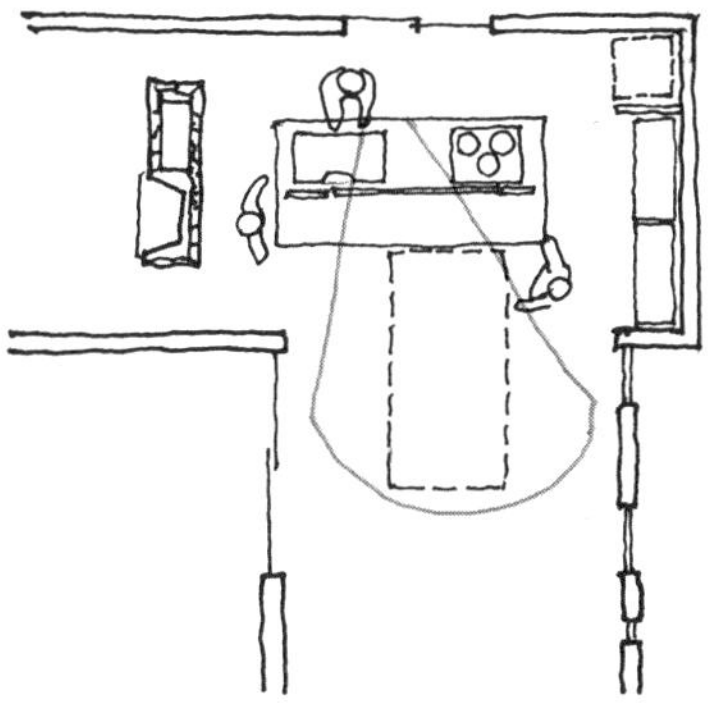

住まいの中心になるので、リビング側から見られることを考慮して計画する

対面型

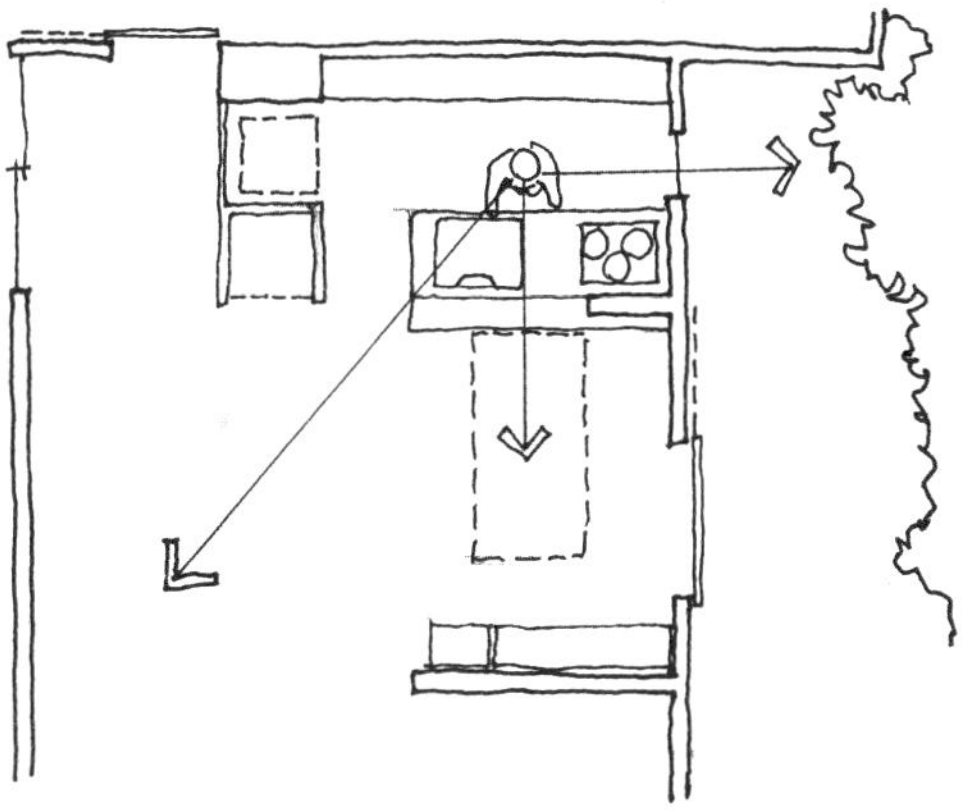

家族の気配を感じ、会話をしながら料理ができる、幼い子供が見守れるなどの利点から採用されることが多い形

キッチンにあるもの一覧

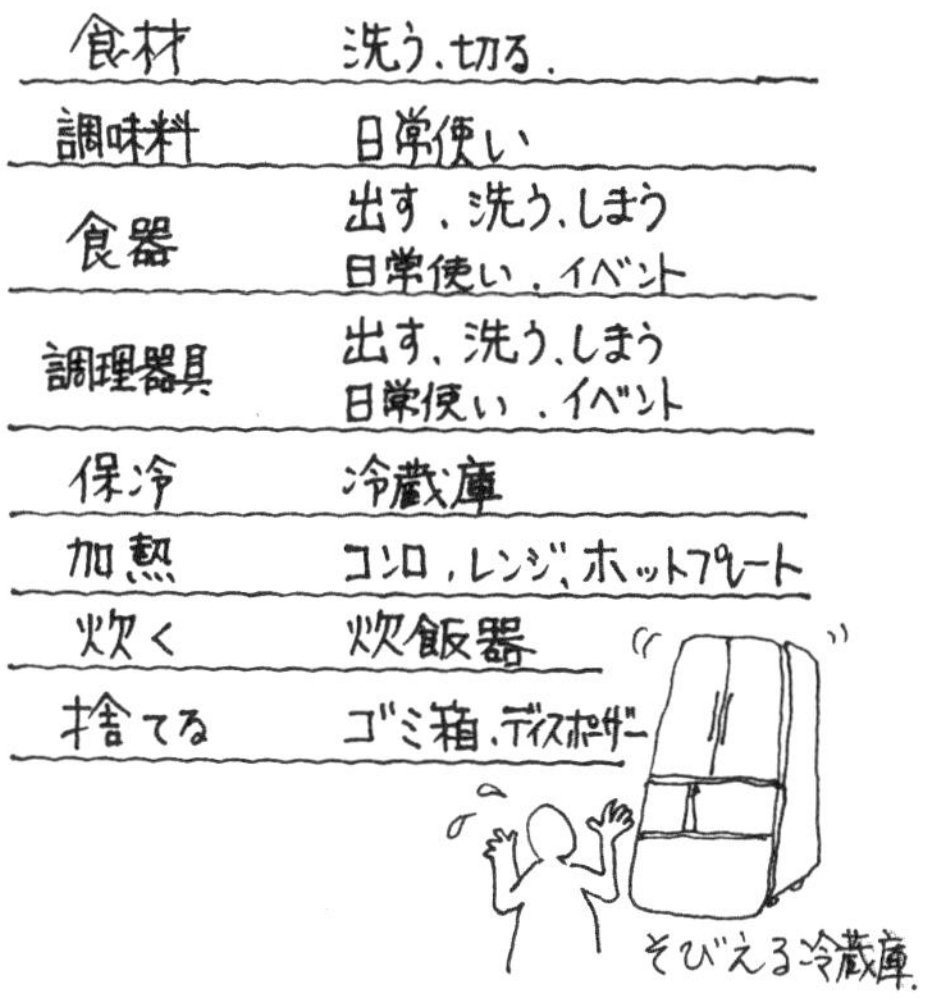

食材	洗う、切る、
調味料	日常使い
食器	出す、洗う、しまう 日常使い、イベント
調理器具	出す、洗う、しまう 日常使い、イベント
保冷	冷蔵庫
加熱	コンロ、レンジ、ホットプレート
炊く	炊飯器
捨てる	ゴミ箱、ディスポーザー

そびえる冷蔵庫.

043

ダイニングは家族が集う場

Point 食卓は大きくして、家事やパソコン、子供の宿題と、多目的に使える場にしたい。

かつて日本の家では、家の中心は茶の間だったように、家族が最も多く顔を合わせるのがダイニングだ。DKという言葉は、戦後、寝るところと食べるところを分ける過程(食寝分離)で、食べるところをキッチンと同じ空間にして、寝室を確保したからだ。経済が豊かになるにつれ、DK以外にも家族がくつろぐ場や応接できる場が求められるようになり、DKにリビングが加わり、今ではLDK+何部屋という言い方が、家の規模を伝えるときの不動産市場の常識になっている。

働き盛りの親、育ち盛りの子供がいる家では、家族全員がそろうのは朝食のときだけで、夕食は休日だけということが多い。だからこそ、家族の顔がそろうダイニングが重要になってくる。キッチンの反対側にカウンター式の食卓を造り付けて、食事はそこですます場合もあるかもしれないが、食卓を囲むことは、食事をする以上の意味があることを伝えてほしい。

「住宅設計の名手」といわれた建築家の宮脇檀は、「住宅はキッチンと食堂がうまくできていれば、他はなんとでもなる」と語っていた。宮脇が設計した住宅のダイニングの位置を見ると、朝日が入り、キッチンに隣接して庭が眺められる一等地に配置され、リビングよりも床面積を多くとっているのもある。「ダイニングルームはファミリールーム」と位置付けて、2m四方を超える大きな食卓を自宅にも置いていた。

床面積にゆとりがない場合は、リビングはテレビを見るコーナーだけを確保して、ダイニングの食卓を大きくして、食事はもとより、子供が宿題をしたり、大人が新聞を読んだり、アイロン掛けなどの家事を行えるように、多目的な場にすることを勧めている。その際、食卓の椅子は、長時間座っていても疲れないように、座面は広めで、脚は短いほうがよい。

■茶の間からダイニングへの変遷

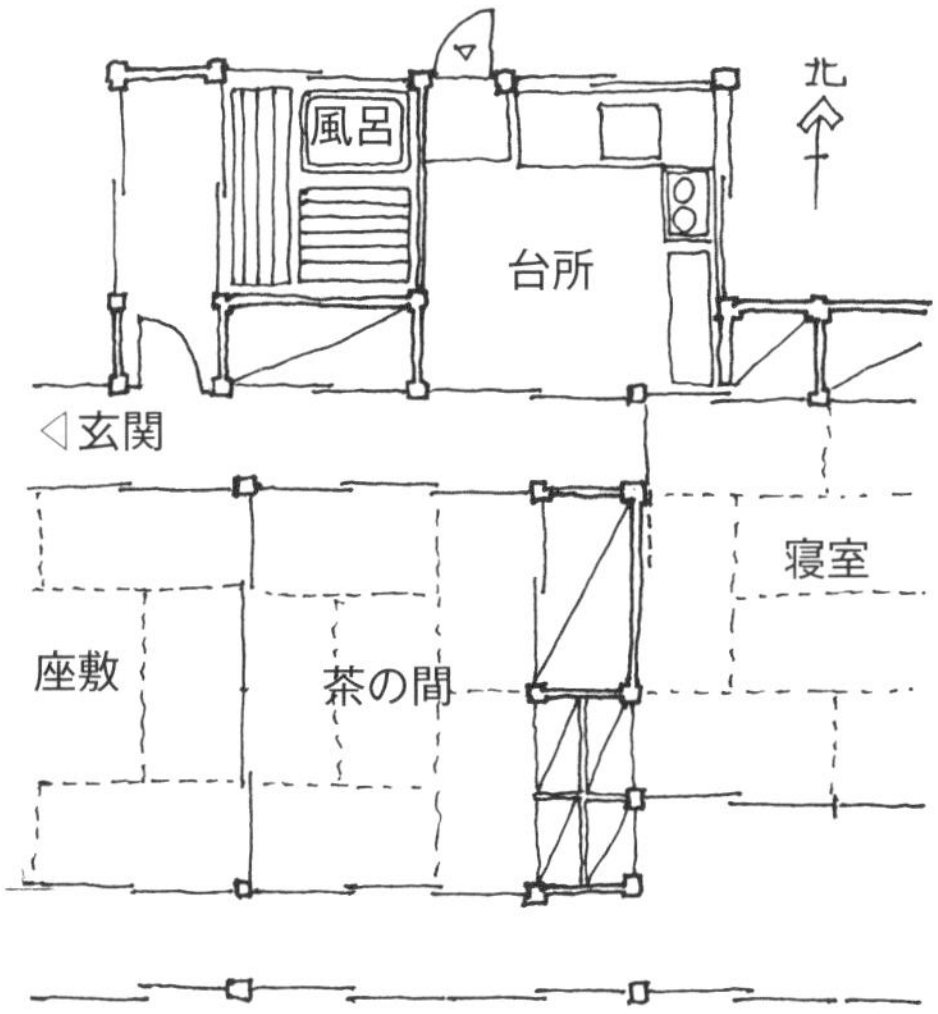

南側へ移動し、広くなった茶の間

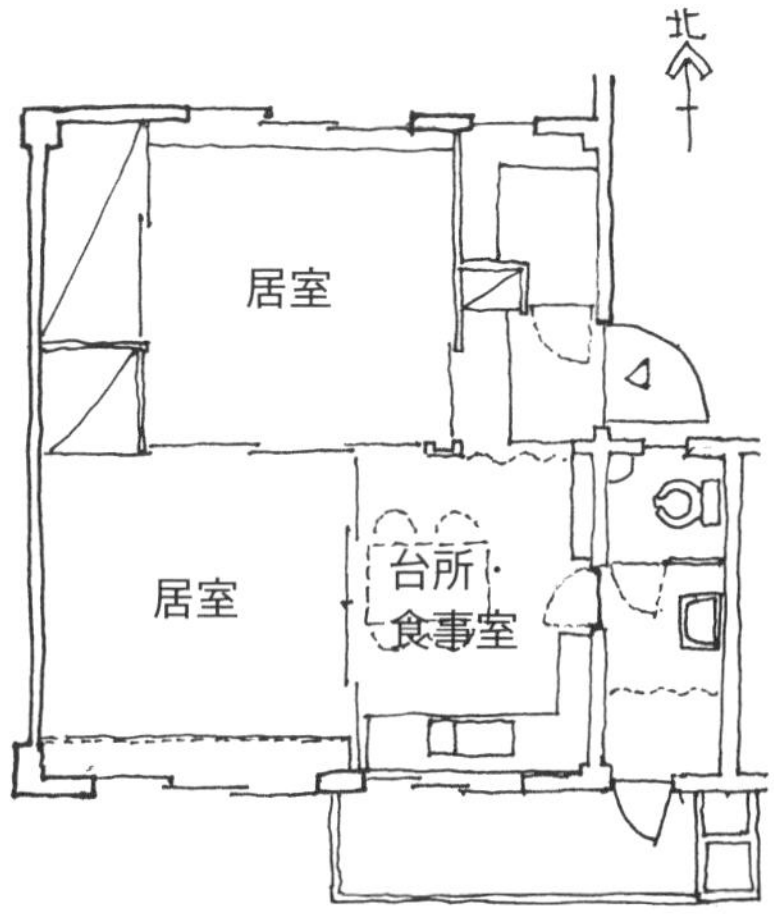

ダイニングキッチンとして登場した公営住宅「５１Ｃ」(1951年)
食事をつくるところと食べるところが一体となった

宮脇檀が設計した「ChoiBox」のファミリールーム

写真：村井修

ダイニングテーブルが日常生活の中心になって、食べることだけではなく、
茶の間が持っていた性格、家族が集う場所になってきた

044

居たくなるリビングをつくる

Point 何もしなくてもくつろいだ気分になるように、庭が眺められて風が通り抜けるような場がよい。

リビングは用途のない部屋だ。かつての茶の間がダイニングになり、リビングが客間の役割を担うようになった。格式張った来客もほぼないのだから、応接間でもない。それぞれの部屋では狭くてできないことをリビングでできるようにしたらどうだろう。家の中の「広場」と位置付けるのである。

リビングでは何もしなくてもくつろいだ気分になるのが一番だ。それには、ソファに腰掛けたり、寝転んだりすると、樹木や草花が咲いている庭が眺められたり、気持ちのよい風が通り抜けるリビングをつくることだろう。

ソファの配置によって、部屋の方向性が明確になり、安心感が生まれる。逆にソファは置かないで、多目的な広場のようにして、家族の趣味や情報を共有する場にする。

DKと一体のリビングの場合は、DKから視線をはずすために、L字にしたり、斜めにずらしたり、家具の形状・配置もひと工夫ほしい。ダイニングの天井は低く抑え、逆にリビングの上は吹き抜けにして、開放感を強調する、庭側にリビングの床と連続させてテラスを設けて、庭との連続感を出すといった家全体の間取りや断面から、より快適で自由なリビング空間をつくり出すこともできる。開放感と同時に、囲われた場もあるほうが人はくつろげる。本棚で囲った家族の図書コーナー、テレビやAV機器のあるコーナー、暖炉を設置してその周りでくつろぐコーナーなど、建て主の趣味や暮らし方に合った、籠《こも》れるコーナーもほしい。

リビングがうまく使われているかどうかで、自分たちの住みたい家になっているかどうかが推測できる。今やリビングは玄関よりも外来者がその家の印象を一番強く感じるところでもある。建て主の心の中を読み取って、人が集まりやすく、使われ方が広がるリビングをつくってほしい。

■家の中のオモテとウラの使い分けの変遷

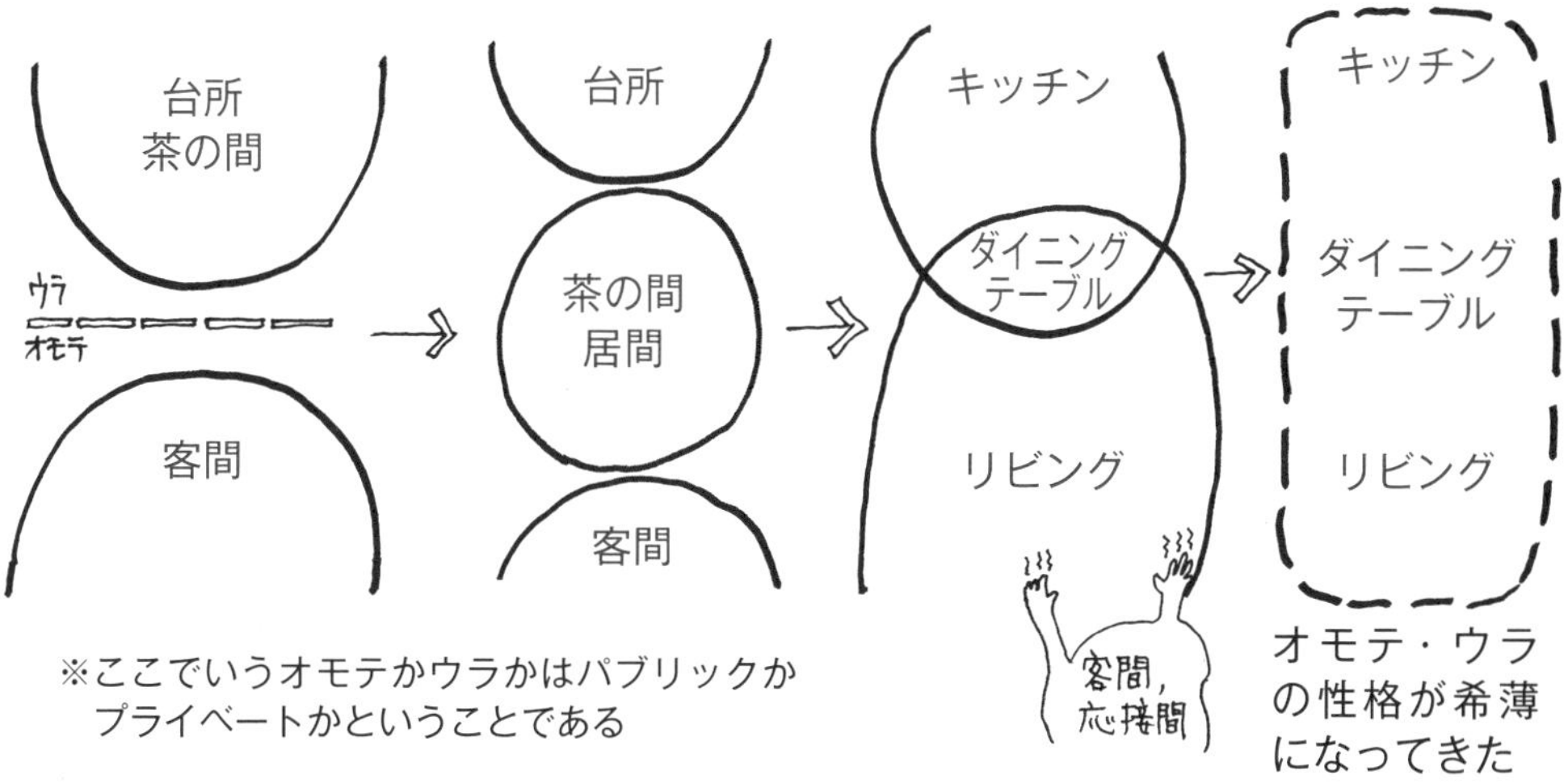

※ここでいうオモテかウラかはパブリックか
プライベートかということである

■ダイニングとの関係で気を付けること

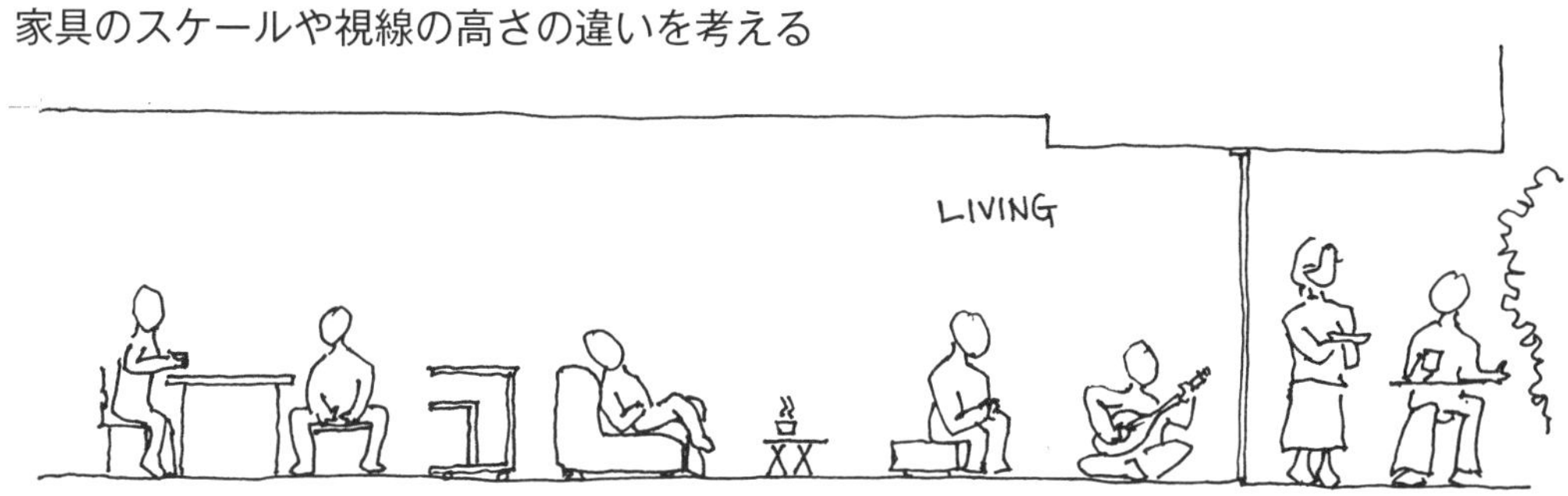

家具のスケールや視線の高さの違いを考える

自由に居場所を見つけられるスペースをつくる

家族が自由に過ごせる場所にしたい

045

接客のヒエラルキー

Point どんな来客がどの程度の頻度で訪れるかによって、家全体の計画も変わってくる。

ついこの間までは、家を建てることは、建て主にとって「一国一城の主になること」であり、庶民の家であっても、玄関や客間に主人の社会的な地位が表れていたものだ。むろん今でもそれなりに社会的地位のある人の家では、接客空間と家族空間を分けて計画することもある。だが多くの家は、家族を主役にして計画することになる。

とはいってもどの家にも家族以外の人たちは必ず訪れる。玄関での対応ですむ宅配便の配達員や新聞の勧誘や集金。親しくなればリビングまで招き入れる近所の人や友人や勤務先の同僚。親・兄弟・甥姪などの親戚なら泊まっていくこともあるだろう。来客の多い家族なのかどうかだけではなく、付き合い方の密度や頻度も建て主から引き出しておいたほうがよい。

格式張った来客は訪れないというのなら、よそゆきの玄関も応接室も、床の間や違い棚のある座敷の優先順位も下がる。ほとんどの来客は玄関ですますというのであれば、玄関を少し広めにして、接客コーナーを設けることもできる。月に1、2回は、気のおけない友人を招いて、料理を作りながらホームパーティを開くというのであれば、オープンなキッチンにして、ダイニングとリビングも一体にしたほうがよいだろう。定期的に泊まっていく親戚や友人がいるのなら、予備室としての和室かゲストルームを設けて、トイレと洗面は2カ所確保したほうがよい。

どのような来客が、どのような頻度で訪れるかによって、家全体の計画にも影響を及ぼすことになる。来客の多い家ほど、建て主は家への関心が高く、メンテナンスへの気遣いも高くなる。つまり家族以外の人たちを招き入れることで、自分たちの暮らし方を意識するようになるからだ。家族以外の人が訪れたくなる家は、住んでいる人たちにとってもよい家になる。

■どこまで来訪者を意識するか

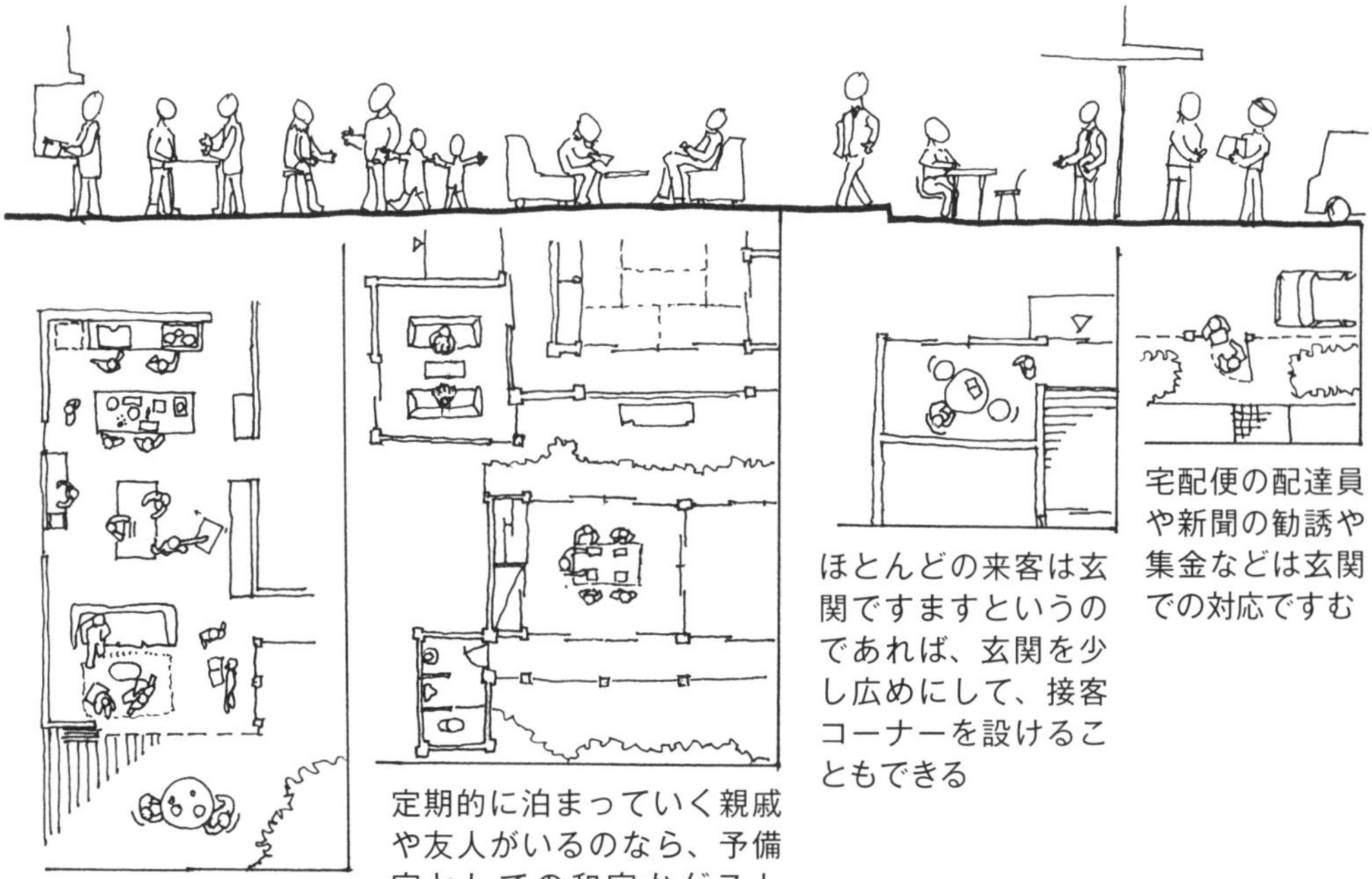

気のおけない友人を招いて、料理を作りながらホームパーティを開くというのであれば、オープンなキッチンにして、ダイニングとリビングも一体にしたほうがよい

定期的に泊まっていく親戚や友人がいるのなら、予備室としての和室かゲストルームを設けて、トイレと洗面は2カ所確保したほうがよい

ほとんどの来客は玄関ですますというのであれば、玄関を少し広めにして、接客コーナーを設けることもできる

宅配便の配達員や新聞の勧誘や集金などは玄関での対応ですむ

■建て主の来客傾向を把握する

来客想定
- 仕事上の関係者が頻繁に来るか
- 仕事上の商談などプライバシーの確保が必要か
- 親戚の行き来が頻繁で泊まりをともなうか
- 友人、知人の行き来が頻繁で、どのくらいの人数が一度に行き来するか
- 友人、知人の泊まりをともなうことが多いか

▼

- 外来者の使用を想定し、各スペースの構成を考える
- 明確な傾向がない場合はどっちつかずのスペースになる危険があるので注意する

046

予備室としての和室

Point 和室には融通無碍に使える優れた特性と、気持ちを引き締める要素が詰まっている。

畳のない部屋で生まれ育ったという世代が増えてきている。とはいえファッションや食事が西欧化しても、室内では靴を脱いでいることを考えると、床に近い暮らし方は、日本の風土にも私たちの身体感覚にも自然になじんでいる。床の間、違い棚、書院が付いた本格的な座敷はともかく、多目的に使える畳のある部屋があると便利だ。限られた床面積しかとれない家でも、いや、小さな家だからこそ畳がある部屋を確保するのもよい。

使い勝手がよいのが、リビングの一画に、床から25㎝ほど床面を上げた、小上がりの和室だ。和室では座位になるので、椅座とは異なる視線になる。1つの空間を視線の違いによっても楽しむことができる。リビングとの間は障子などで軽く仕切れるようにしておいて、昼間は、畳がリビングのベンチ代わりになり、泊まり客があれば、そこをゲストルームにする。布団をしまう押し入れを半間でも確保できると用途がさらに広がる。

和室のよさは、汎用性にある。子供が幼いうちは、畳の部屋があるとおむつを替えたり、はいはいさせたり、親子で川の字に寝られる寝室にもなる。和服の着替えもできる。実質的な面だけではなく、予算に少しゆとりがあれば、あらかじめ炉を切っておいて、茶室として使うこともできる。その場合、窓の大きさや位置は茶室の専門書などを参考にして、座ったときにどのように光が入ってくるかを考慮して決めたい。床面積にゆとりがなければ、床の間は置き床にしたり、簡易な柱だけ設けて床の間に見立てる方法もある。

日本人が長い間使い続けてきた和室には、融通無碍に使えるという優れた特性とともに、気持ちを引き締めるエッセンスが詰まっている。そうした財産を現代の暮らしに活用していくのも設計者の仕事だ。

■融通無碍な使い勝手の和室

座敷でも茶室でもない「和室」は畳仕上げの部屋として、また多目的性を持った部屋として活用できる

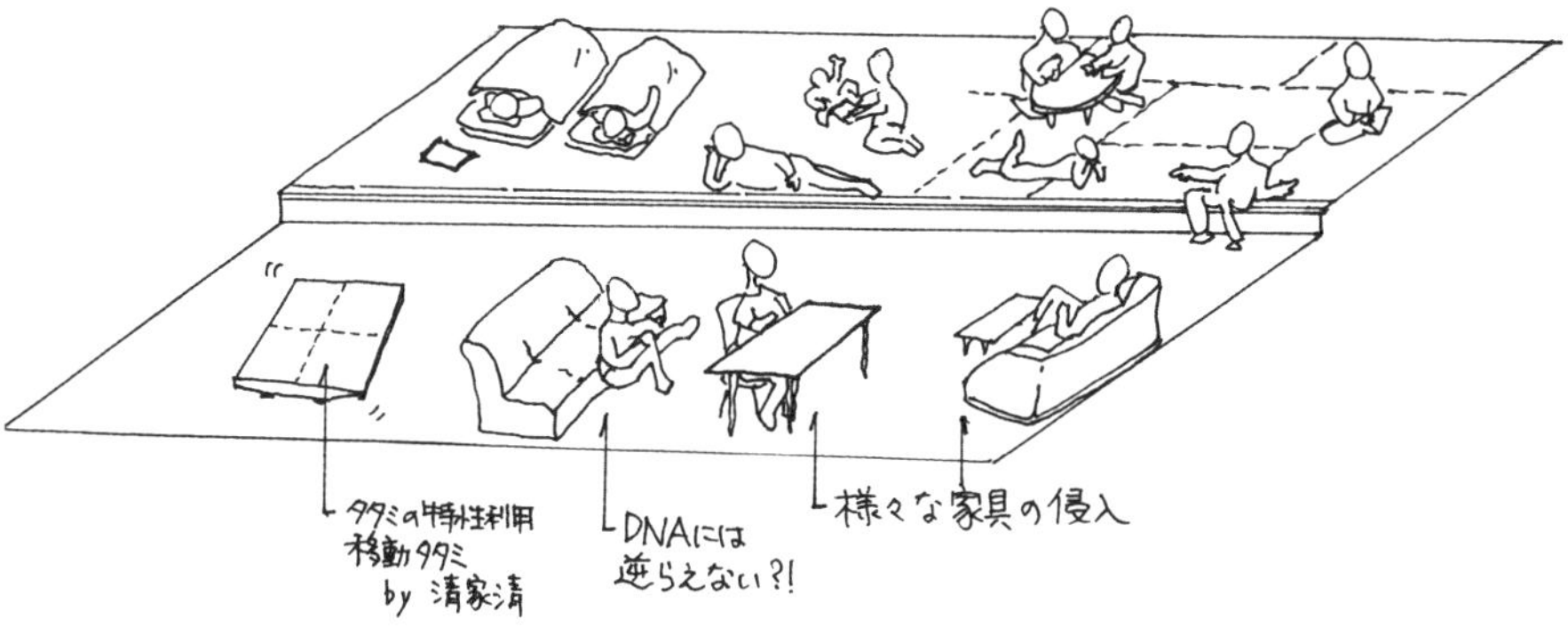

■余白としての和室

和室では座位になるので、リビングとは異なる視線になる。１つの空間を視線の違いによっても楽しむことができる。リビングとの間は障子などで軽く仕切れるようにしておいて、昼間は畳をベンチ代わりにし、泊まり客があれば、そこをゲストルームにする

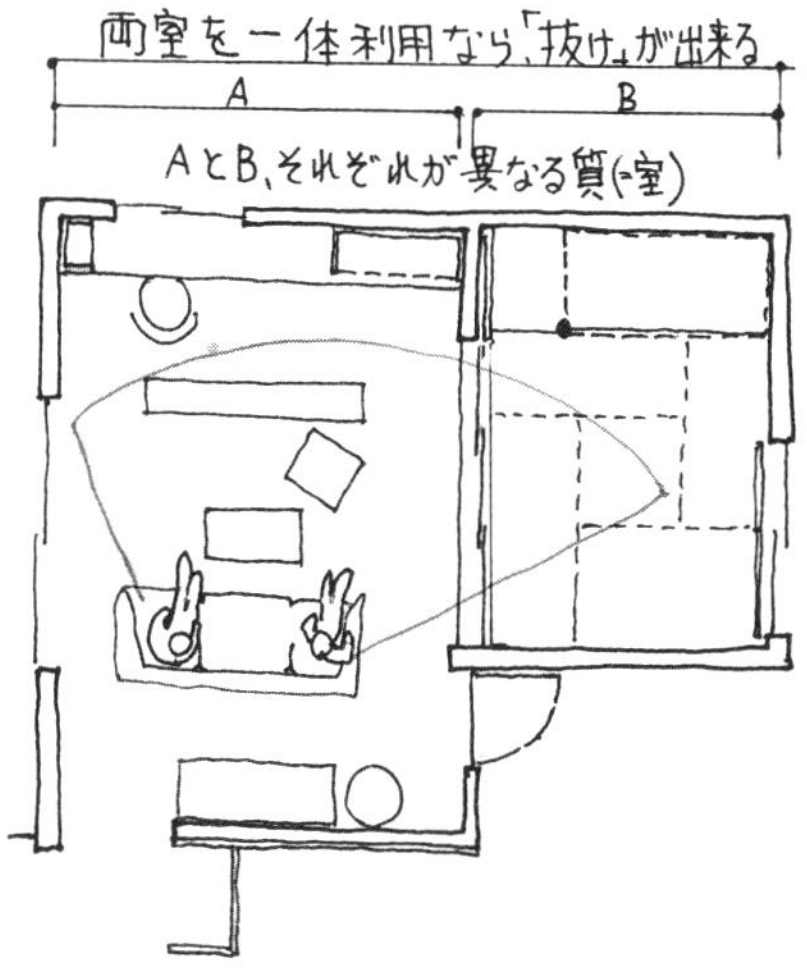

使い方次第で広がりが変わる

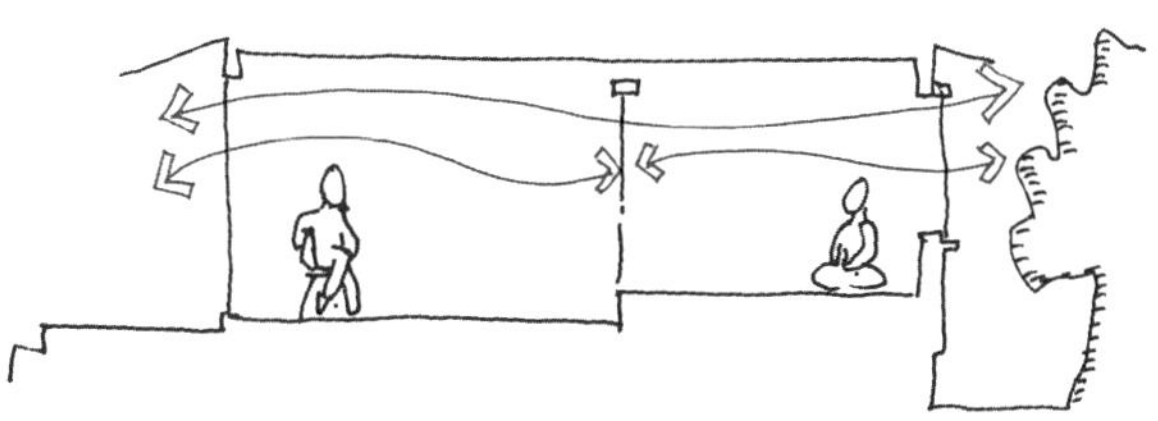

子供室を考える

Point 子供室は寝るだけにして、家族全員が使える食卓やパソコンコーナーで勉強してもよい。

「鍵のかかる子供室はつくらない」という建築家もいれば、「個室をつくれば自立心が芽生える」という建築家もいる。建て主の家族が竣工した家に住み始めるとき、子供が何歳かにもよるが、私は小学生までは壁で囲われたドアで閉め切る子供室はいらないと考えている。就学前まではキッチンやダイニングなど、親が家事をしながら見える場所で遊んでいたほうが、子供も親も気持ちがなごむし、安心だ。小学校低学年までは、勉強だって食卓で家族のそばで、疑問をぶつけてみんなで考えたほうがよい。子供室は寝るところだけにして、家族全員が使えるパソコンコーナーで勉強してもよい。

西欧では幼児のうちから一人寝をさせて、独立心を早くから育てることが多いそうだが、親子関係や居住環境の違うこの国では、就学前までは川の字で一緒に寝ているという家庭も多い。

とはいっても閉じた個室でないのなら、子供の領分はあったほうがよい。たとえば、リビングの吹き抜けを通して、子供が机に向かっている気配が下から感じるように、仕切り壁のない子供専用コーナーにしたり、兄弟の部屋を引き戸や家具で軽く仕切れるようにしておく。幼いうちは1室にして複数で使い、小学校高学年か中学生になったら、同性の場合は高さを低く抑えた本棚などで軽く仕切るだけ、異性の場合は仕切る。子供が巣立ったあとは、ふたたび1部屋に戻れるように、家族数の増減に合わせて柔軟に対応できるように計画しておいたほうがよい。

人は、「モグラの巣とツリーハウス」の両方を住まいに求めるといわれている。様々な感性が育つ子供時代こそ、住まいの中に、モグラの巣のように籠れる場所と、樹上住居のように遠くまで見渡せる場所、その両方をつくることができれば、あえて子供室と名付けた部屋はいらないのかもしれない。

■子供室のバリエーション

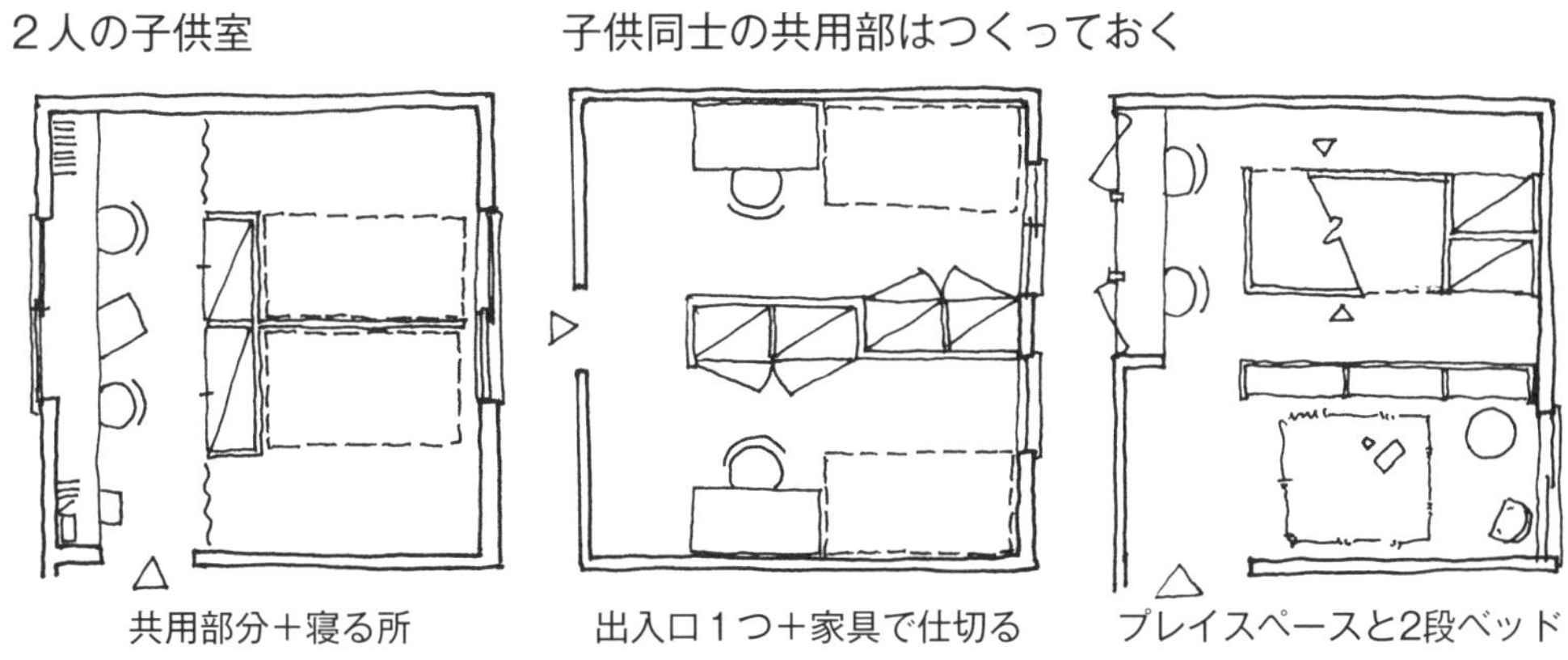

2人の子供室
子供同士の共用部はつくっておく
共用部分＋寝る所
出入口1つ＋家具で仕切る
プレイスペースと2段ベッド

子供が活き活き動く家はよい家だ

子供部屋に閉じ込めなくても子供は居場所を勝手に見つける

■ライフステージから考える子供室

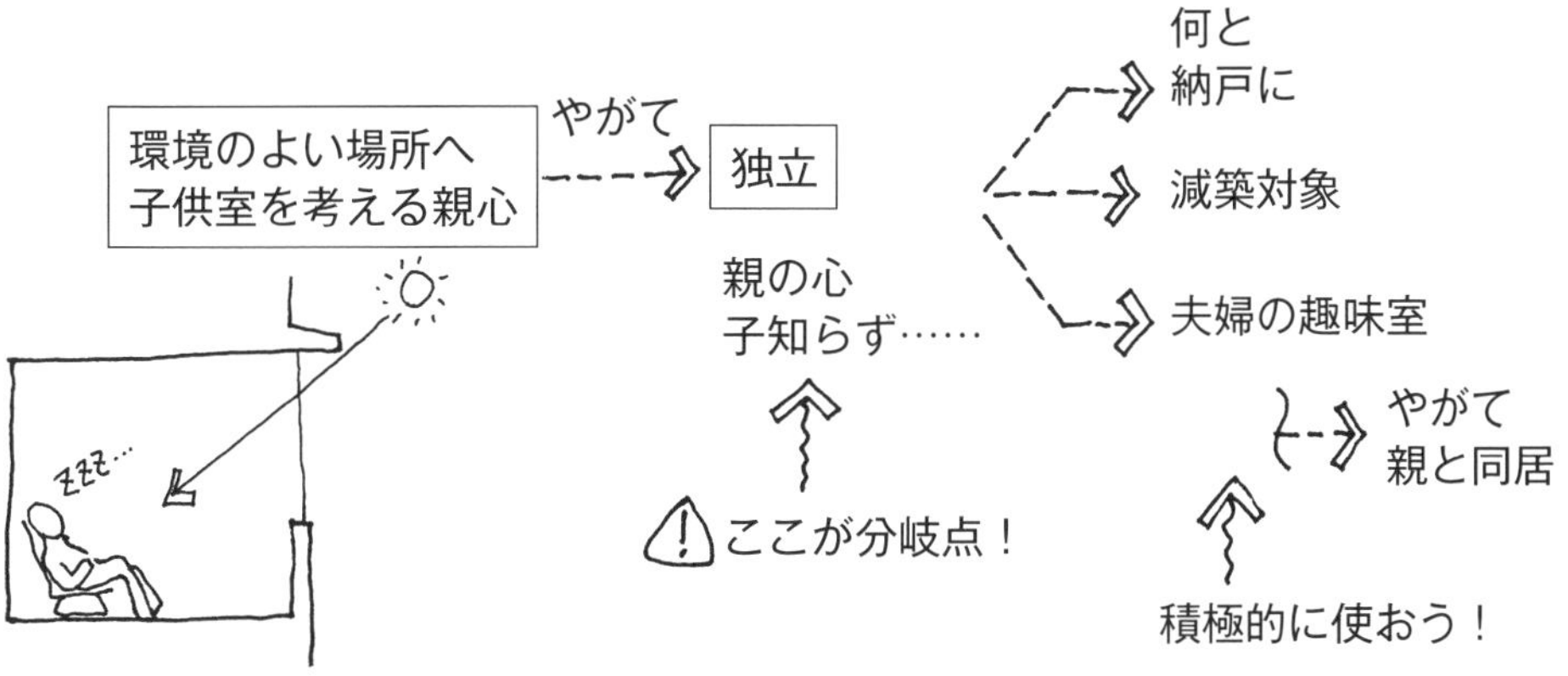

048

寝室は寝るだけの部屋か

Point ベッドを置かなければ床が開放され、寝室を多目的に使うこともできる。

睡眠をとるには寝室はなくてはならない部屋だが、ベッドだけが入った寝室は、睡眠中の時間しか使わないことを考えると、少しもったいないような気がする。かつての日本の家では、畳が敷かれていたので、昼間は客間でも、夜は寝室になり、多目的に使われていた。布団の上げ下げをしなくてもよいベッドは便利だが、使わないときは場所をとる。子供が幼いうちは川の字になって寝るという建て主も多いので、最初から夫婦の寝室はベッドと決めてかからないでもよい。

ベッドの大きさは、キング、クイーン、ダブル、シングルなどがあり、ベッドの周囲にサイドテーブルを置くスペースも必要になる。ベッドのサイズは部屋の広さに関係するので、ベッドにする場合は、最初に決めておいてもらったほうがよい。さらにベッドは頭以外の三方向は人が回れて、ベッドメーキングできる広さが必要だ。6畳の部屋にシングルベッド2台だと、ベッドだけで部屋が塞がってしまう。8畳くらいの広さは最低必要だ。

夫婦でもライフスタイルの違いやいびきなどで、寝室は別にしたいという信号を出している妻もいる。夫のいびきに耐えてきたが、もう限界。独身時代のように「個」になる時間や空間もほしい。夫の前ではなかなか言い出せない妻に、別寝室にすることを提案するのも設計者のつとめかもしれない。

50代で家を建て替えたとしても、健康ならばあと30年ある。長寿時代に入って、従来の夫婦の関係も変わらざるを得ないのだから。個室になれば、本棚やデスクのある書斎にもなり、趣味の手芸や絵画など、家族に遠慮しないで楽しむ場も確保できる。

寝室(個室)近くにほしいのが、洗面・トイレとクローゼットだ。とくに歳を重ねるほどにトイレへの移動距離は短いほうがよい。

■寝室のバリエーション

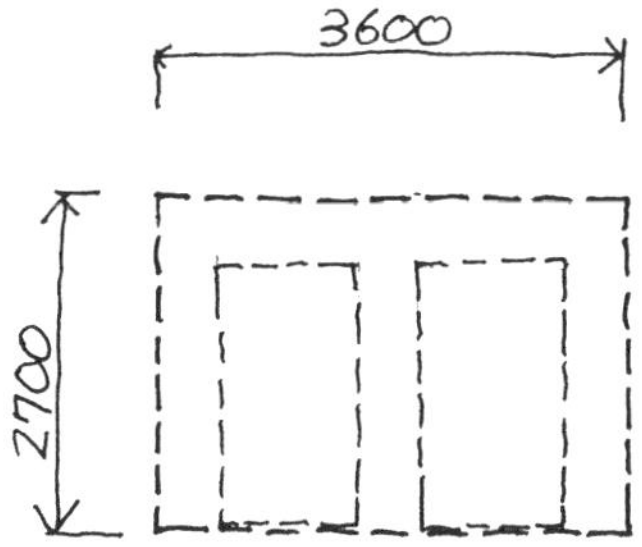

6畳

シングルベッド2つなら
その周り450〜500の
スペースを空けたい

寝室の通風は必ず確保する

6畳のままでも和室ならちょっと余裕がある

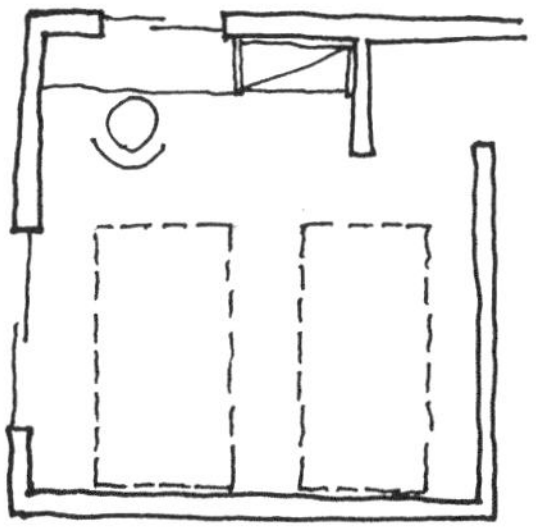

8畳なら1.5畳程度の書斎スペースが確保できる

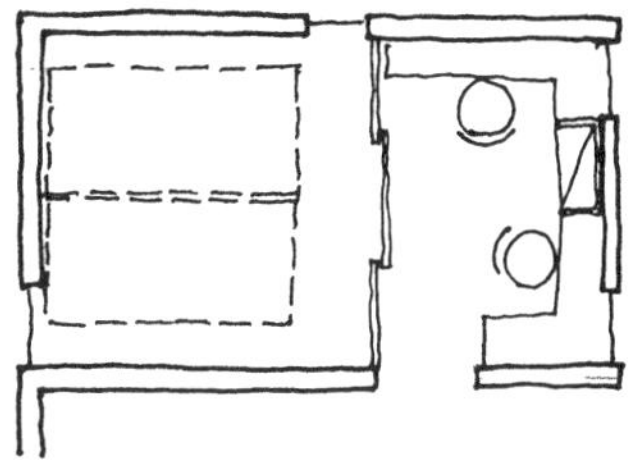

寝室は寝ころぶ部屋と考えてもよい。その分6畳でも書斎スペースができる

■ライフステージの変化から寝室を考える

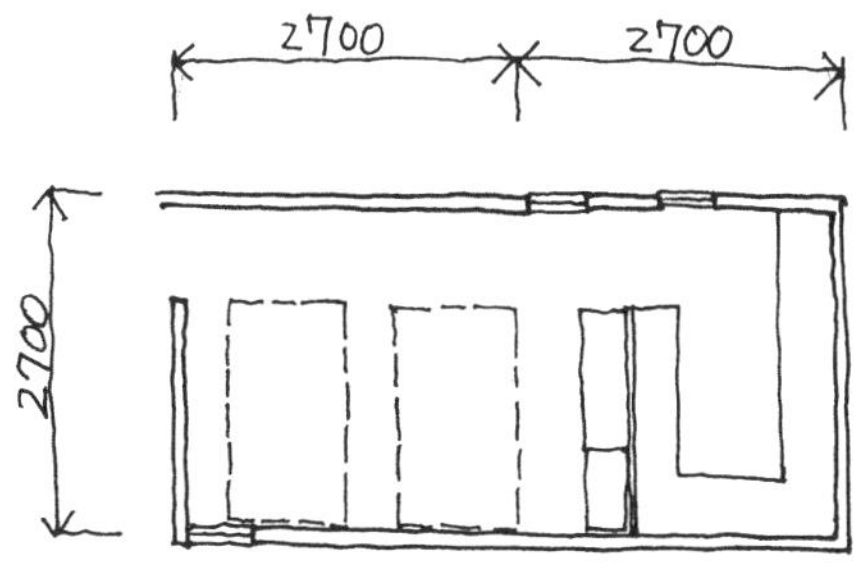

書斎か納戸

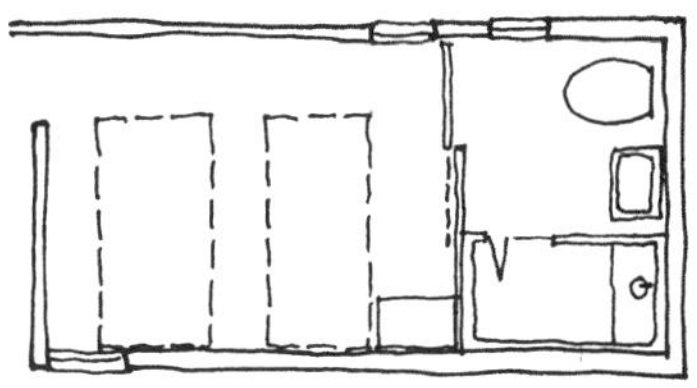

トイレ・
シャワーに

or

「子供室が空いた！」→
どちらかが子供室を利用

049

家事・書斎コーナーはあると便利

Point

家事コーナーは家事作業の動線上に、
書斎コーナーは誰でも使えるデスクに。

家事室といえば、一昔前ならば、主婦専用だったが、共働きの多い世帯が多くなってきている今日では、家事は主婦だけの作業ではない。同時に書斎といえば、「男の城、男の隠れ家」として、夫が第1に要望する部屋だったが、妻も住まいの中に「個」に戻れる書斎がほしい。

限られた床面積から家事室や書斎を捻出するのは難しいということもあるが、独立した部屋にするよりも、キッチン、ダイニング、リビング、そして洗濯室の一角に設けたほうが、かえって使いやすい。どちらも作業できる台と本や雑多なものが収納できる棚があればよいのだから。むろん、アイロンやパソコンが使えるように、電気の配線はしておく。眺めのよい窓もほしい。

家事室的な要素を強めるのなら、子供の学校からのプリントが置いてあったり、通販の箱が積んであってもよい。ダイニングやリビングに雑多なものが積もるのを助けているのだから。家事室の位置はダイニングやキッチンの脇、洗濯機・脱衣所の脇など、家事作業の動線上にあり、家族の滞在時間が多い場所に隣接していると便利だ。

書斎的な要素を強くしたいのなら、寝室の両側に小さくてもよいから夫と妻のコーナーを分けて配置するのもよい。読む本も趣味もまったく別という夫婦もいるので、そういう場合は、それぞれに本棚を設ける。書斎を夢見た夫の多くは、ほとんど活用していないという。それならば家族の誰もが使えるように、デスクを長めにして、家族全員のライブラリーにするほうがよいかもしれない。

住まいの中に、家族共用のパソコンが使えて、本が読めるコーナーがあれば、子供も集まってくるはずだ。n+LDKからの発想では出てこない、こうしたコーナーこそ、生活に潤いを与える隠し味になる。

■ちょっとした日常の雑物の避難場所

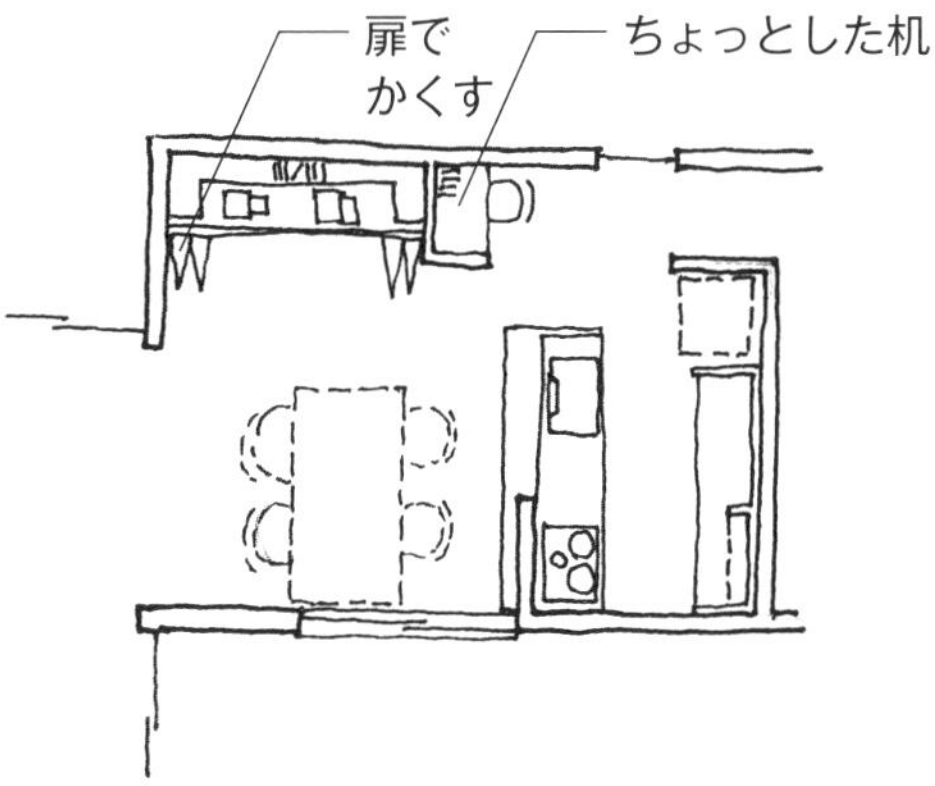

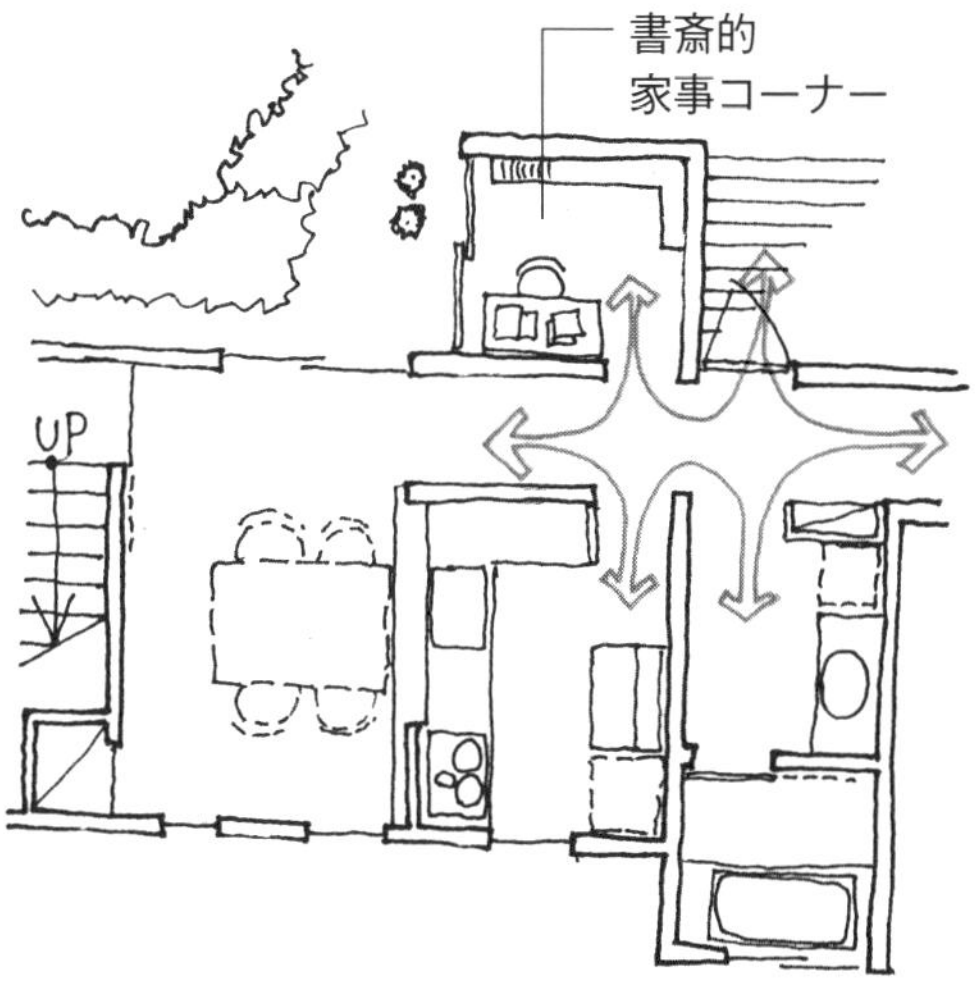

ダイニングやキッチンの脇、洗濯機・脱衣所の脇など、家事作業の動線上にあり、かつ家族の滞在時間が多い場所に隣接していると便利だ

■廊下だって書斎だ

限られたところに書斎スペースを確保するには廊下を利用するのも一案である

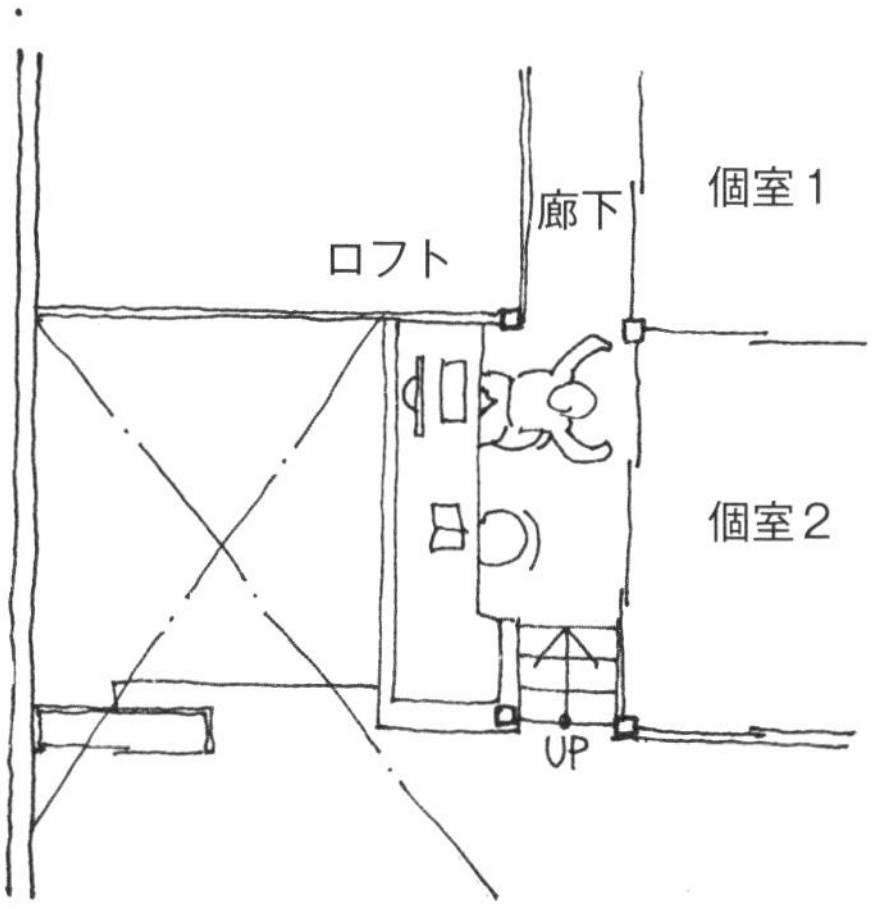

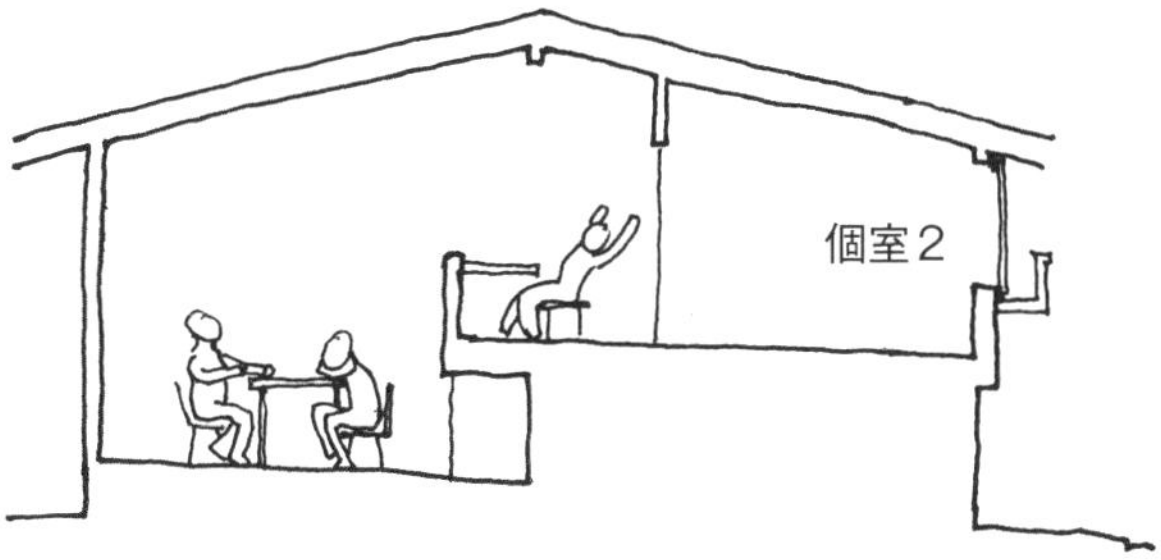

家族の誰もが使えるように、家族全員のライブラリーにするほうがよい。いつでもパソコンが使えて、本が読めるコーナーがあれば、子供も集まってくる

050

家事動線を考える

Point

効率的な家事動線と楽しめる動線、
どちらも頭に入れながら計画していきたい。

共働きの家庭が増えてきて、妻だけが家事をするとは限らなくなっている。とはいえ、料理、後片付け、掃除、洗濯といった家事労働は今も昔も同じだ。働きながら子供も育て、家事をするのは確かに大変なので、効率性を考えがちだが、お金をもらう仕事よりもクリエイティブで楽しいと思えば、それぞれの空間の発想も豊かになる。だが短時間に、時には同時にこなさなければならないことも多い。効率的な動線と、楽しめる動線のどちらも頭に入れながら計画していきたい。

対面式キッチンを要望する建て主が多くなってきたのも、効率性と楽しみの両面からではないだろうか。料理や後片付けをしながら、ダイニングやリビングで遊んでいる幼い子供を見守ることができるからだ。だから休日は夫婦で夕食をつくることも想定して、2人が同時に料理をしても動けるような広さも確保しておきたい。

洗濯は後片付けをしながらという場合は、キッチンにつなげて洗濯機置き場を確保する。庭で野菜を育てたり、泥付き野菜の洗い場がほしいというのなら、庭に直結するように勝手口を計画しなければならない。ごみの保管場所も家事動線を考えるうえで重要だ。料理しながら生ごみ、可燃ごみ、不燃ごみを瞬時に分けることができるように容器の置き場を決め、短い動線で集積所まで運べるようにしたい。

洗濯機のある場所と物干し場の動線も考えておきたい。理想をいえば洗ってすぐ干せるようにしたいが、日当りも関係するので、衣類が入った洗濯籠を運んで長い動線を移動することになりがちだ。できることなら洗濯機のそばに物干し場を設け、たたんだりアイロン掛けができるように、家事室が隣接しているとよい。家事を担う人に、どのような手順で行うかを確かめてから、動線を考慮して計画してほしい。

■池辺陽による住宅構成の提唱（1950年代）

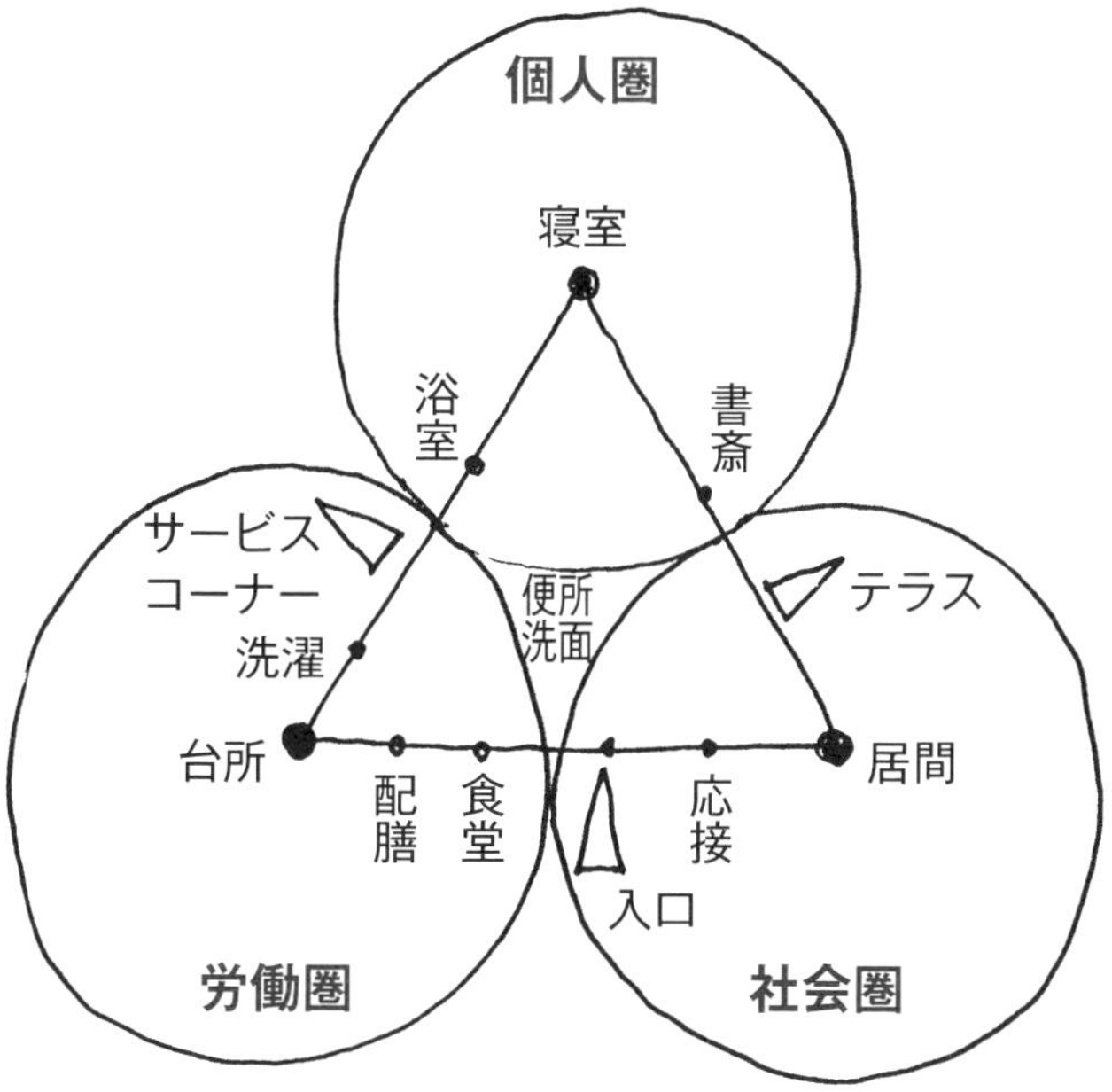

1950年代、建築家池辺陽は住まいを「社会圏」「個人圏」「労働圏」と分けて計画することを提唱した。図は各圏域にコアとなる用途を配置し、住宅のそれぞれの用途との関連性を示したものである。住宅の各用途、動線の関連性は現代にもあてはまる。しかし、現代では各用途のヒエラルキーは薄れてきている

■現代における家事動線

家事を労働と考えるかは別として、現代においても池辺陽が提唱した1950年代の作業と変わらない

収納場所は適材適所

Point
整理上手な人なら見せる収納もよいが、
苦手な人なら隠す収納を多くするほうがよい。

建て主が住んでいる家を訪問して、新築する家で使うものと使わないもののリストを作成してもらったら、それをもとに玄関、キッチン、LD、洗面室、寝室、子供室、和室など、各部屋に分類して、おおよその収納量をつかんでおく。生活に必要なモノは大きく分類すると、身につける靴や衣類、調理道具や食器、寝具、本や資料、ゴルフバックや運動用具、三輪車や自転車、趣味の収集物、そして季節によって出し入れする道具などがある。

持っているモノの量は、各人異なるので、4人家族ならこれくらいと計れない。また捨てることができない性格の人もいる。建て主が要望するモノが多いからといって、収納場所に床面積を多くとられると、居室が狭くなる。生涯、人が使うモノは限られているので、新築を機に5年使わなかったモノは処分してもらう提案も必要だ。

建て主が住んでいる普段の状態の家を見せてもらうと、持っているモノの量とともに、収納面積のバランスもわかる。整理上手な人ならば、見せる収納を計画してもよいが、反対の場合は、できるだけ隠す収納にする。常に本を活用している場合は、本の大きさに合わせて、背文字が見える本棚を直射日光が当たらない位置に設ける。

収納の鉄則は、必要なモノがすぐ取り出せることだ。玄関には、靴、雨具、コートの収納。余裕があればゴルフバックや運動用具などが収納できる物置も近くにあると便利だ。キッチンやリビング、ダイニングには細々したものが入る収納がほしい。寝室や子供室の近くには、寝具や古タンスや季節によって出し入れする道具などが収納できる、広めの収納があると、雑多なモノも片付く。

裏庭に余裕があるなら、大きめのモノや庭の道具などがしまえる物置の設置場所も考えておきたい。

■各スペースの「もの」を考える

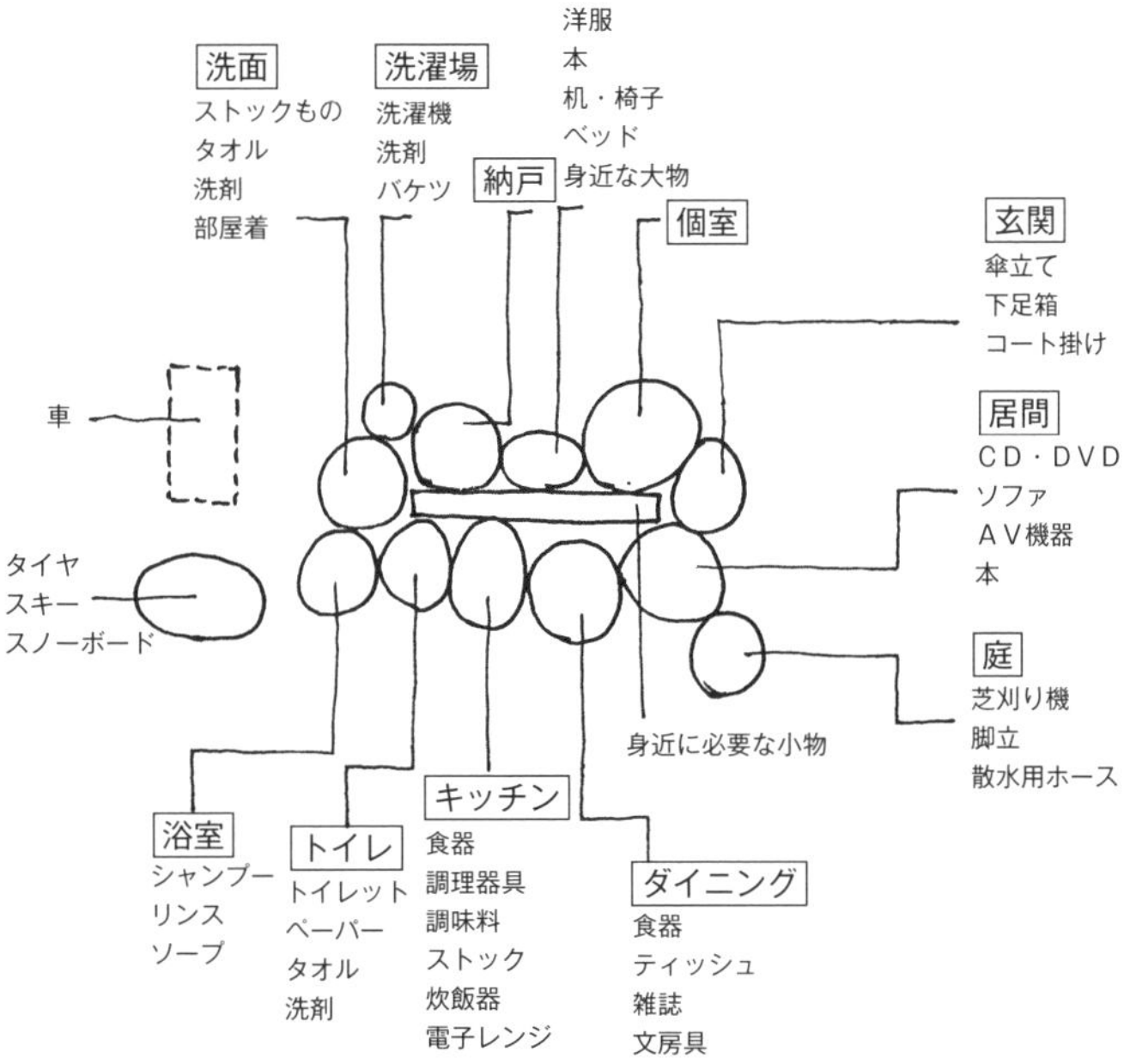

■収納の2つのタイプ

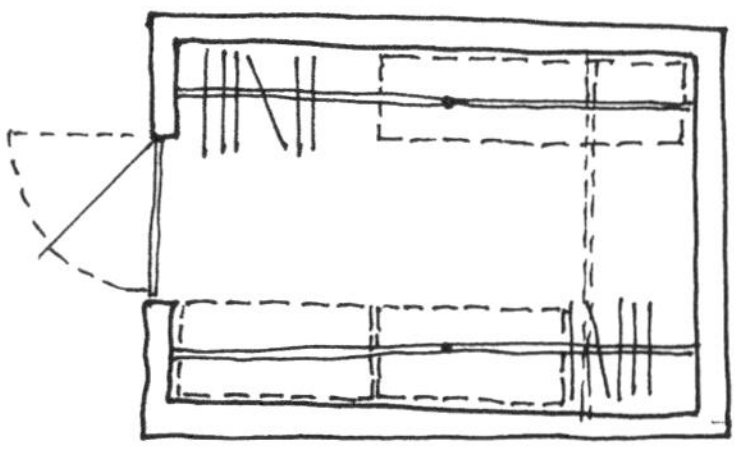

蔵タイプ……ウォークインクローゼット、納戸

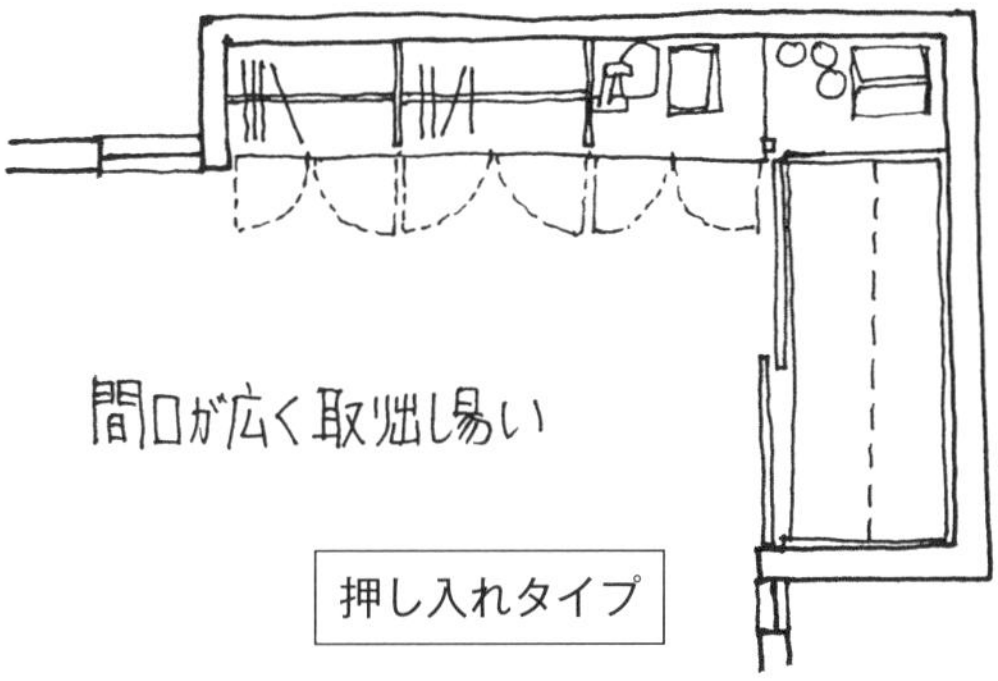

押し入れタイプ

■いろいろな収納場所

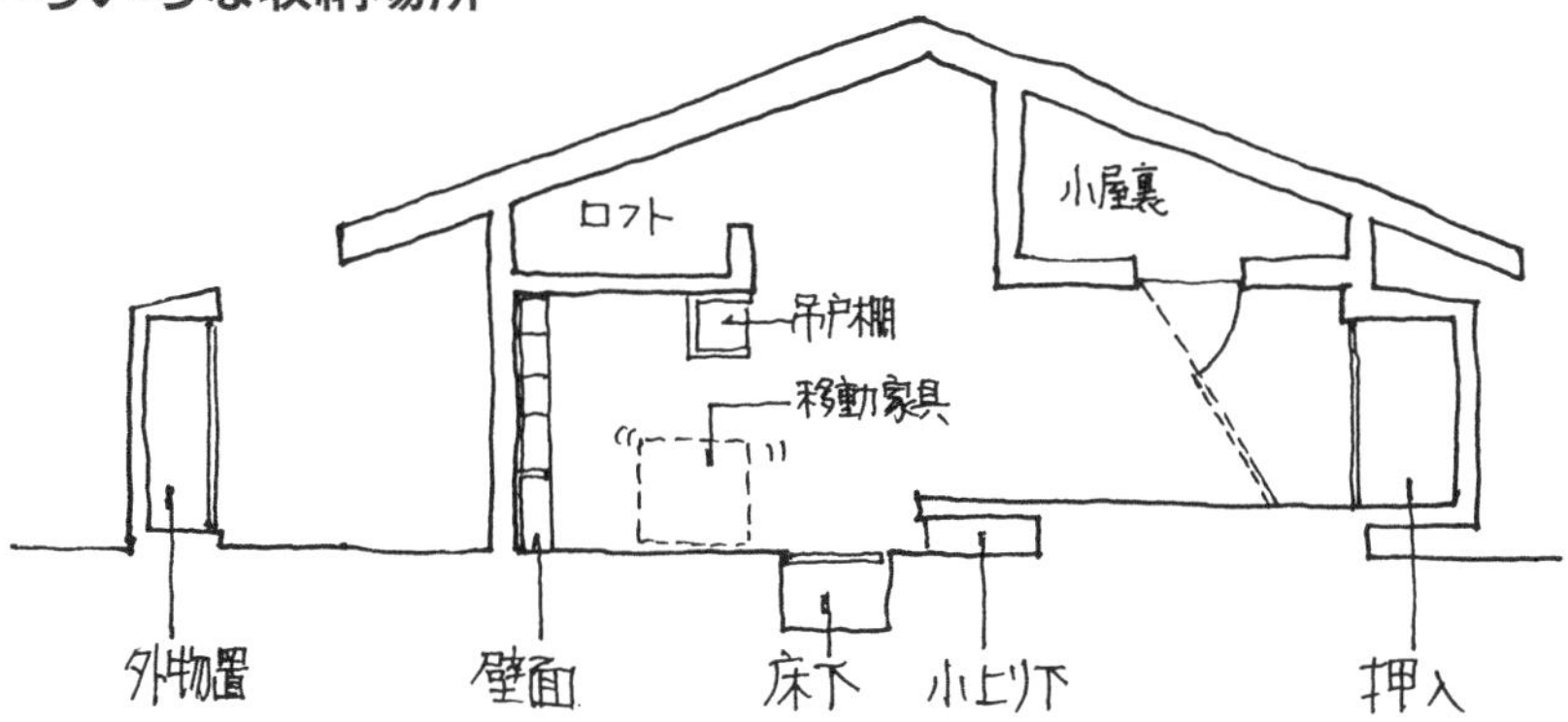

縁側的空間の復権

Point 内部と外部の天井や床を連続させることで、デッキやテラスが縁側のような空間になる。

日本家屋の優れた特徴の1つに縁側、または縁がある。縁側は畳敷きの部屋の外部に面した側に設ける板敷きの部分で、屋根で覆われ、外部に面して障子やガラス戸などの建具が入っている。元来、縁側と縁は同じように使われていたが、現在では、縁は濡れ縁式のもので、軒や庇の下にあっても外部に面して建具がないものを指す。

いずれにしても、内部と外部の間に設けた半屋外空間で、夏の日差しを遮り、冬の日だまりを取り入れ、内と外を緩やかにつなぐ緩衝地帯として、雨の多い日本の気候にはなくてはならない空間だった。ところが住宅を建てる敷地が狭くなったことやアルミサッシの普及にともなって、一般の住宅から姿を消していった。

こうした縁側の優れた効用を、現代の住宅に取り入れたいものだ。屋根や建具の入った縁側をつくるのは難しいとしても、縁側的なデッキやテラスは可能だ。内部の天井からそのまま外部の軒まで連続させ、内部と外部の床面の段差をできるだけ小さく抑え、外部に面する建具を壁側に引き込むことで、内部と外部の一体感が生まれる。内部がリビングなら、建具を全開することで、外部にまでリビング空間が広がる。狭い敷地の場合、庭側に軒を出すことが難しいのであれば、建物の一部に窪みをつくって、囲まれた半屋外空間をつくることもできる。狭い敷地だからこそ、半屋外の空間を建物と一体化させて取り込むことで、内部空間にゆとりを与えたい。

かつて縁側は、収穫した梅や大根を干すといった作業場にもなり、お年寄りや猫が昼寝をする憩いの場でもあり、近所の人が庭先から気軽に訪れる出入口としても使われていた。現代の住宅でも、自然光や風が直接感じられる縁側的な空間があれば、暮らしの幅も広がってくるはずだ。

■縁側的空間

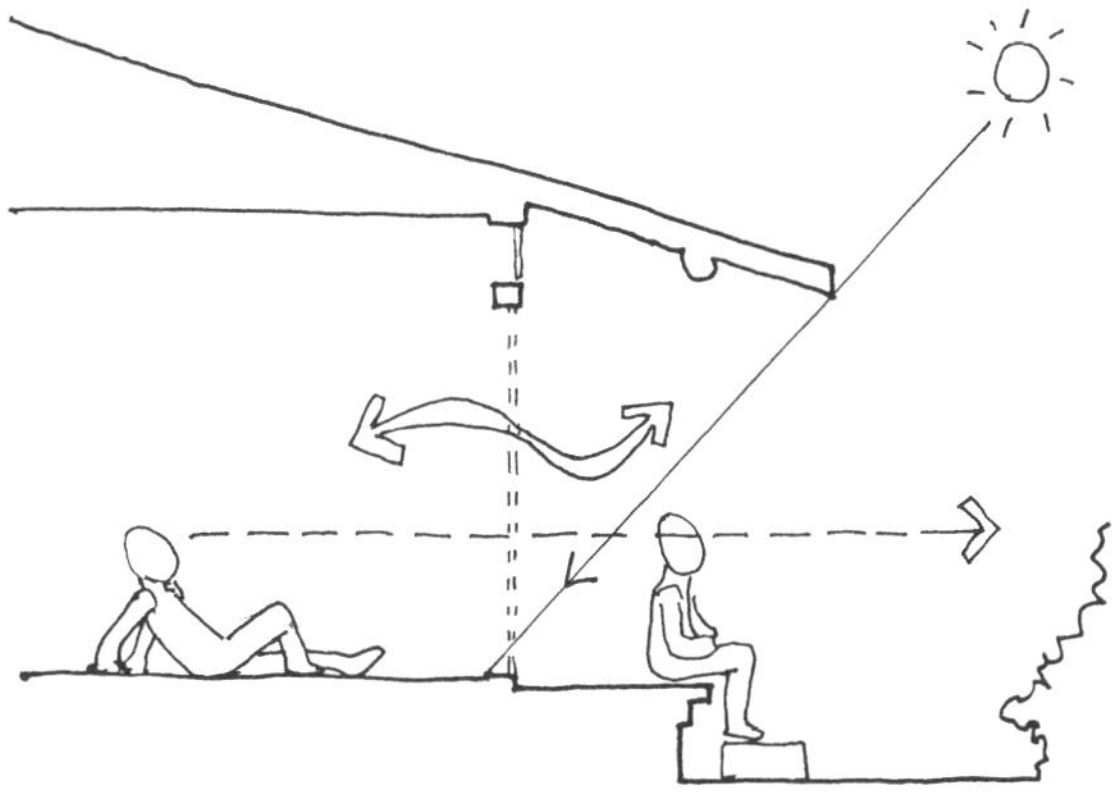

内外部の一体感
内と外の間の中間領域

内部がリビングなら、建具を全開することで、外部にまでリビング空間が広がる

地域の気候から生まれた縁側的空間
秋田県角館地区にある青柳家の土縁
写真：安藤邦廣

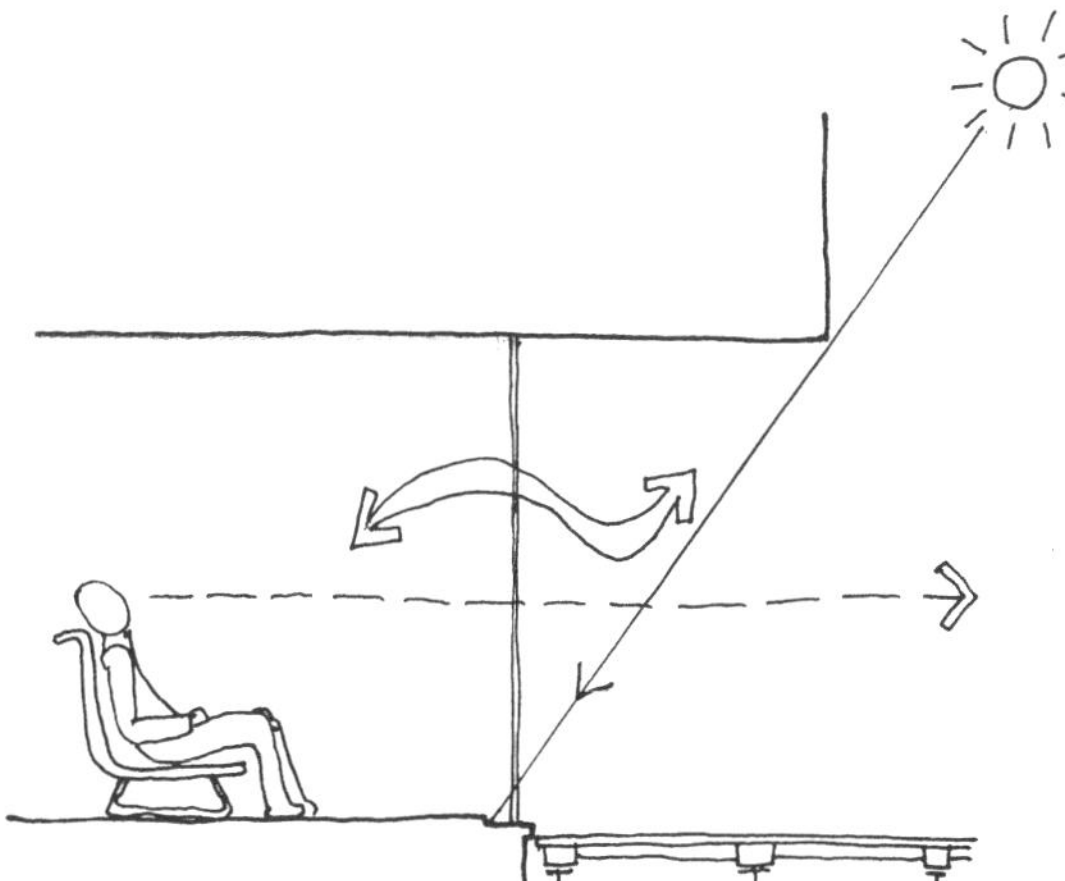

建物の一部を窪ませて縁側的空間をつくる

半屋外の空間を建物と一体化させて取り込むことで、内部空間にゆとりを与えることができる

内部天井と軒裏を同一材として連続性を意識した縁側空間

053

階段の楽しみ

Point 階段は位置をどこにするかによって、家全体の構成が決まる特別な場所。

都市圏では2階建て、3階建ての家が多くなっている。そのぶん階段の重要性は高くなっている。最低限の安全性を確保するため、建築基準法では、幅、踏み板、蹴上げ、踊り場などの規定数値は決められているが、直行、折れ曲がり、螺旋など形態は自由だ。

階段は垂直移動という運動を起こさせる。そこに、風景や光の変化を取り入れることによって、ダイナミックな空間をつくることができる。床、壁が垂直に構成されている中で、階段は斜めの構成要素だ。段板、手摺の形状を工夫して斜めの構成要素を強調するのか、消し去るのか、デザイン力が問われるところだ。手摺の存在も大きい。パイプを曲げた螺旋階段でも、独立した階段でも、手摺のデザインは、階段が設置される空間の雰囲気をつくるといっても過言ではない。

階段の位置をどこにするかによって、家全体の構成が決まってくる。玄関ホールやリビングの中にオープンに取り込むのか、廊下の奥に独立して設けるのかによっても、間取りは影響を受ける。さらに2階にどのような部屋を持っていくかによって、オープンか独立かも考慮しなくてはならない。

1階をLDKにするなら、2階は寝室や子供室になるので、独立した階段という選択もあるが、子供室がLDKから気配を感じられるようにするなら、オープンな階段にしたほうがよい。限られた床面積だと、立体的に部屋を重ねることになるので、一室空間にして上下移動する階段が、空間の質を決める重要なデザイン要素になる。

オープンな階段は、上り下りすることで、視界が変化する楽しみを持つが、温熱環境や音と相反することになる。建て主には、階段をオープンにする空間的な魅力を伝えるとともに、温熱環境や音の面で弱点があることを十分に説明しておいたほうがよい。

■階段という空間をどうとらえるか

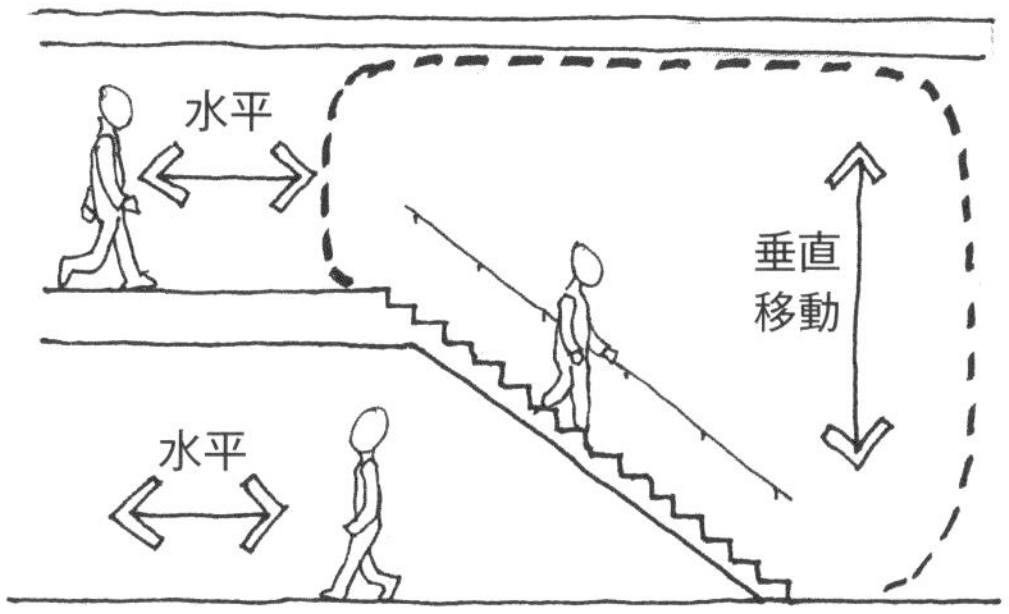

住宅の中で垂直方向に関わる部分

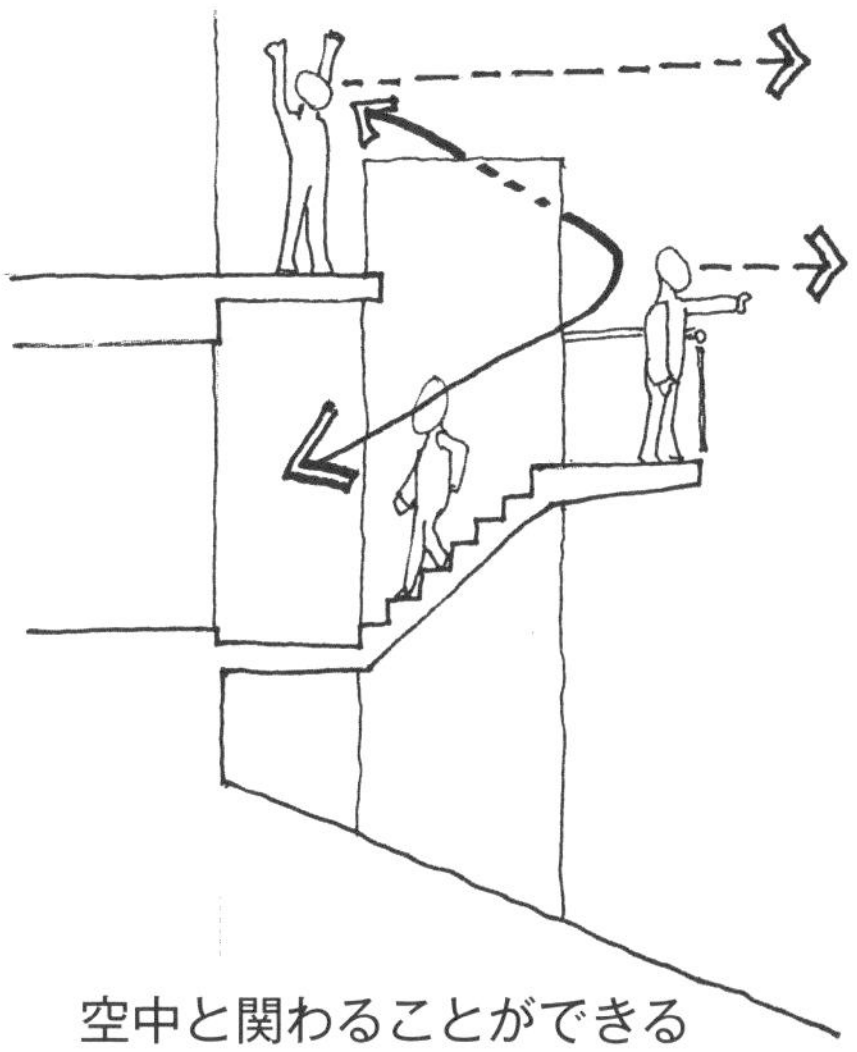

空中と関わることができる
空間体験

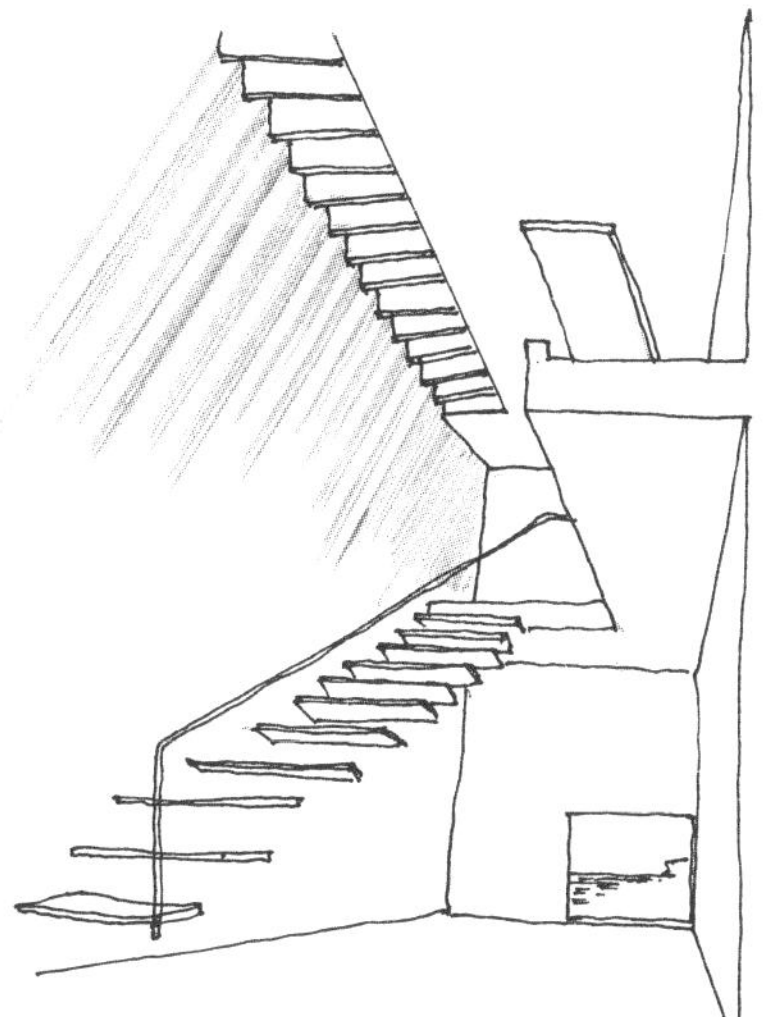

単なる昇降手段ではない空間体験

風景や光の変化を取り入れることによって、ダイナミックな空間をつくることができる

階段がスペースを分ける

立体的に部屋を重ねることになるので、一室空間にして上下移動する階段が、空間の質を決める重要なデザイン要素になる

開き扉か引き戸か

Point 家族の気配を感じていたいという建て主なら、部屋同士は引き戸で仕切るほうがよい。

外部と内部を仕切ったり、部屋と部屋を仕切るには、建具が必要だ。日本では外部に面する窓は、引き違いが一般的だが、片引き、突き出し、滑り出し、上げ下げ、はめ殺しなど、窓の種類は多様だ。部屋の用途、外部との関係、外観デザインなどを考慮して、開口部の機能を考えてほしい。木、スチール、アルミの枠など、最近は既製品の種類も多くなっているが、独自の建具にこだわる場合は、図面を引いて業者に発注することになる。

部屋と部屋を仕切る建具は、片開き扉と引き戸に大別される。片開き扉の場合、開く方向には90度以上の戸が開くスペースが必要になってくる。引き戸は戸の前後のスペースを有効に使うことができるが、戸と枠の間に3～5㎜確保するため、気密性では片開き扉より劣る。だが、戸を開け放すことができるので、隣り合う部屋を自在につなぐことができる。引き戸は、敷居と鴨居に溝を設けて戸を入れ込む方法と、ハンガーレールといって、戸の上部を吊ることで、床面に溝を設けない方法がある。後者は敷居を設けないですむので、床面に段差がなくなる。

片開き扉にするか、引き戸にするかは、部屋の用途によって決めればよい。

気密性の高い片開き扉は、音、臭い、空気の流れを遮断する点では、引き戸より優れているので、玄関、水廻り、個室に適している。リビングの一角に設けた和室や子供室を2部屋に仕切る場合や、収納なども、引き戸のほうが戸の開閉面積をとらないので使いやすい。

田の字型平面の日本の伝統的な家では、4つの部屋は引き戸で仕切り、上部に欄間を設けることで、空気の通り道をつくっていた。家族の気配が感じられたほうがよいというのであれば、伝統的な家にならって、部屋同士は引き戸で仕切るのがよいのかもしれない。

■開き扉

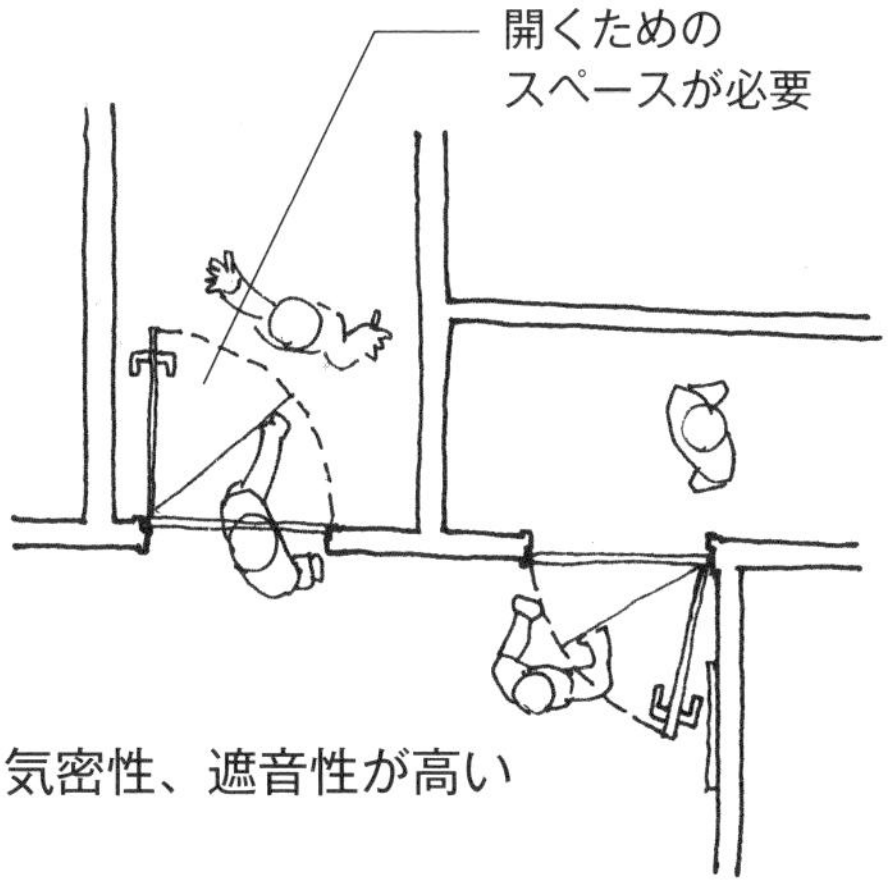

気密性、遮音性が高い

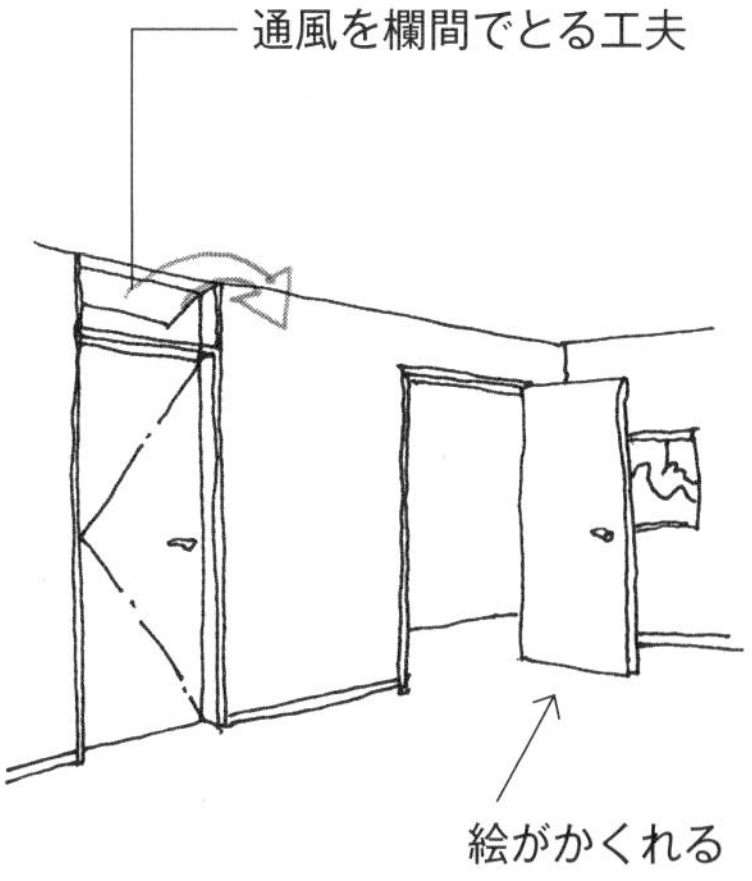

■引き戸

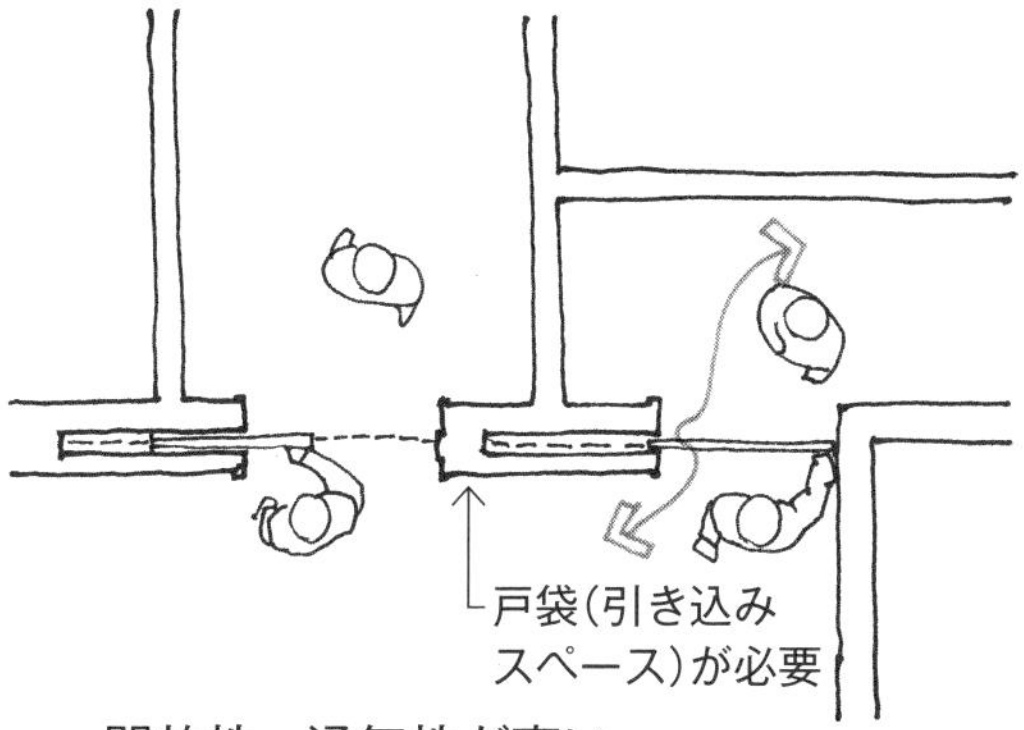

開放性、通気性が高い

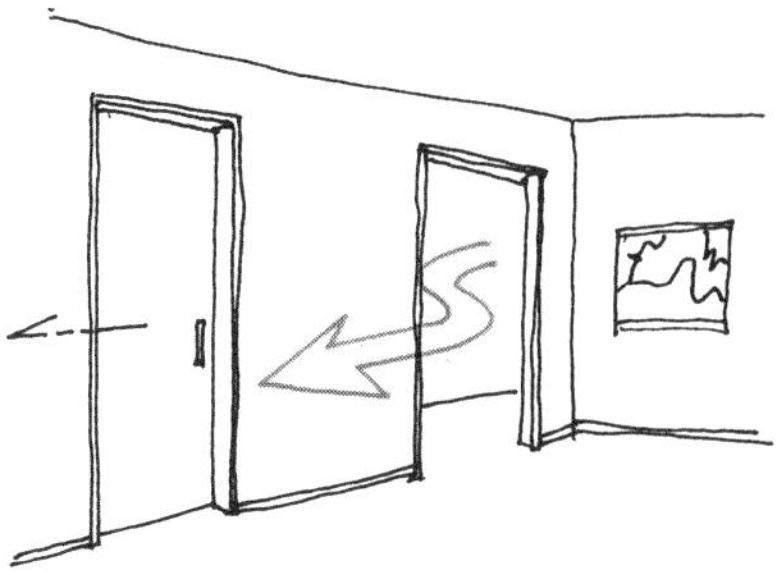

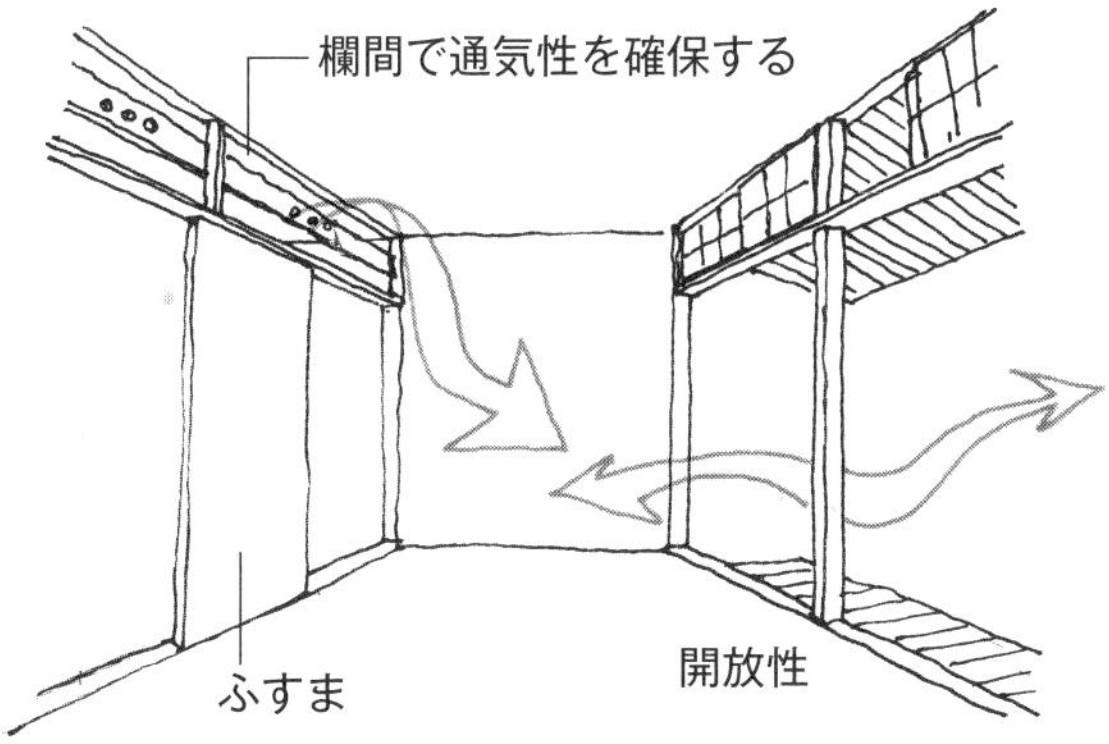

引き戸は両手が塞がっている
ときに便利である

055

地下室の効用

Point 地下室や半地下室を設けると、レベルの選択肢が増えて空間が有効に使える。

狭い敷地を有効に活用したり、日影規制などによって建物を低くしなくてはならない場合、地階を設けることは有効だ。地階にしなくても、半地下階にすることで、断面計画上のレベル設定に選択肢が増え、内部のヴォリュームを有効に使うことができる。

地階の魅力は、地熱による安定した温熱環境にある。ドライエリアを通した光は、落ち着いた内部環境をつくることができる。周囲の土により防音性に優れているため、オーディオルームやピアノ室などの音が発生する部屋に利用することができる。同時に遮音性も優れているので、寝室や書斎など強い光を嫌う、落ち着いた部屋としても利用できる。さらに、基礎の直上にあることにより、書庫などの重量物を収納するのに適している。

半地下にした場合は、上半分に採光を設けることが可能であり、道路に接している場合でも、視線を遮ることができる。庭に面する半地下の場合、視線レベルは、猫や虫の目線になり、庭の草花を生き生きと実感できる。

建築基準法では、地階と判断されるのは、天井面が地盤から1m以下で、天井の高さの1/3以上が地盤面以下であることとなっている。地階に居室を設けるには、空調換気設備やドライエリア(空堀)の大きさについて規定があるので注意したい。ドライエリアを積極的に活用すれば、温熱や換気について機械に頼らずに、快適な居住環境をつくり出すことができる。

地階でも半地下階でも、内部空間が地盤面以下に築造されるので、地下水には注意が必要だ。対策としては、土に接する部分への外防水を行い、そのうえで、壁や床から染み出てくる地下水を排水する方策が必要になる。外部においては、ドライエリアに降った雨が、溢れないように、十分な容量を持つ排水ピットが必要だ。

■地下室の考え方

○地階とされる場合

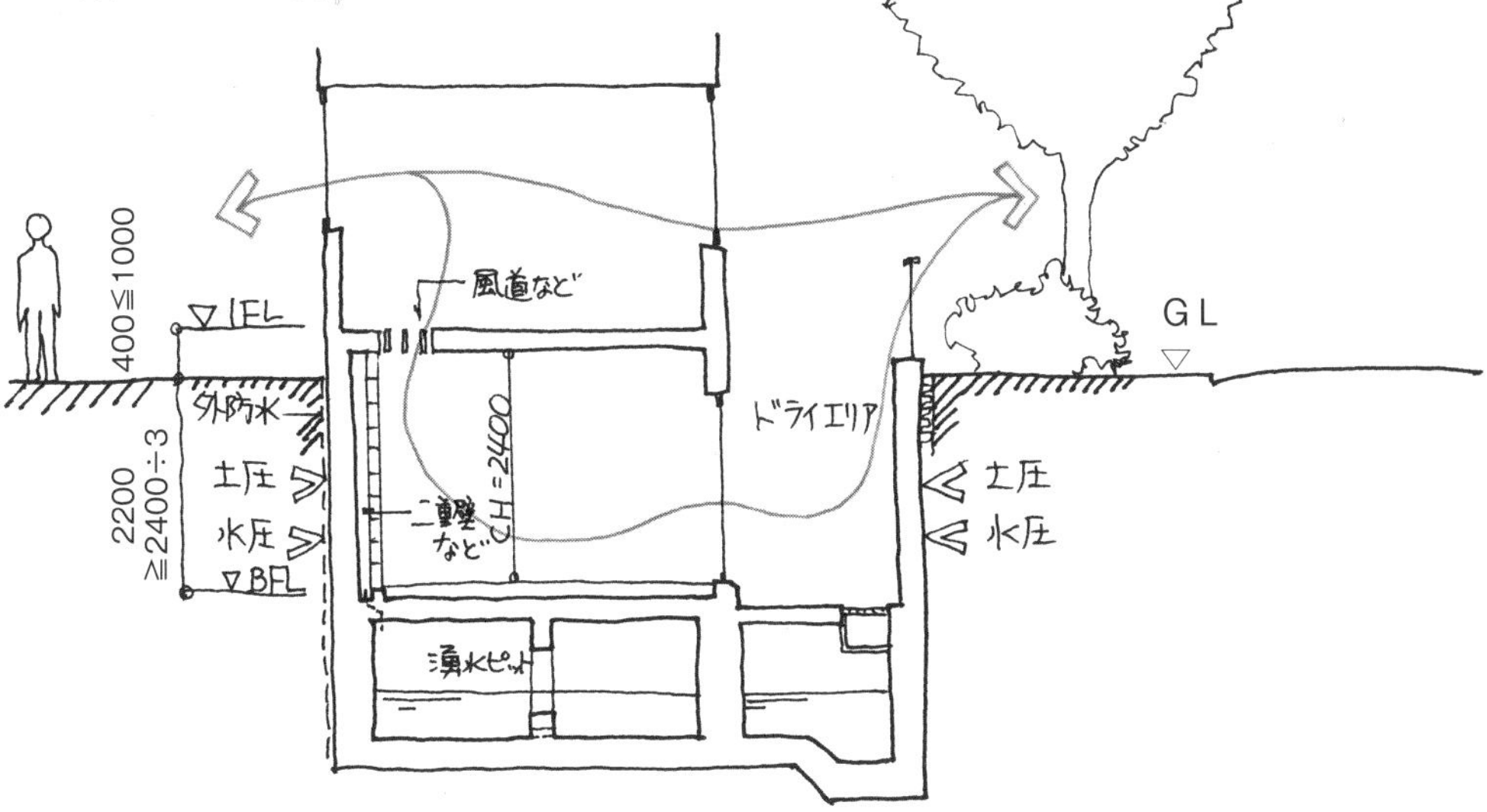

天井の高さの1/3以上が地盤面以下である。地階に居室を設けるには、空調換気設備やドライエリア(空堀)の大きさについて建築基準法上の規定がある

○地階とならない場合

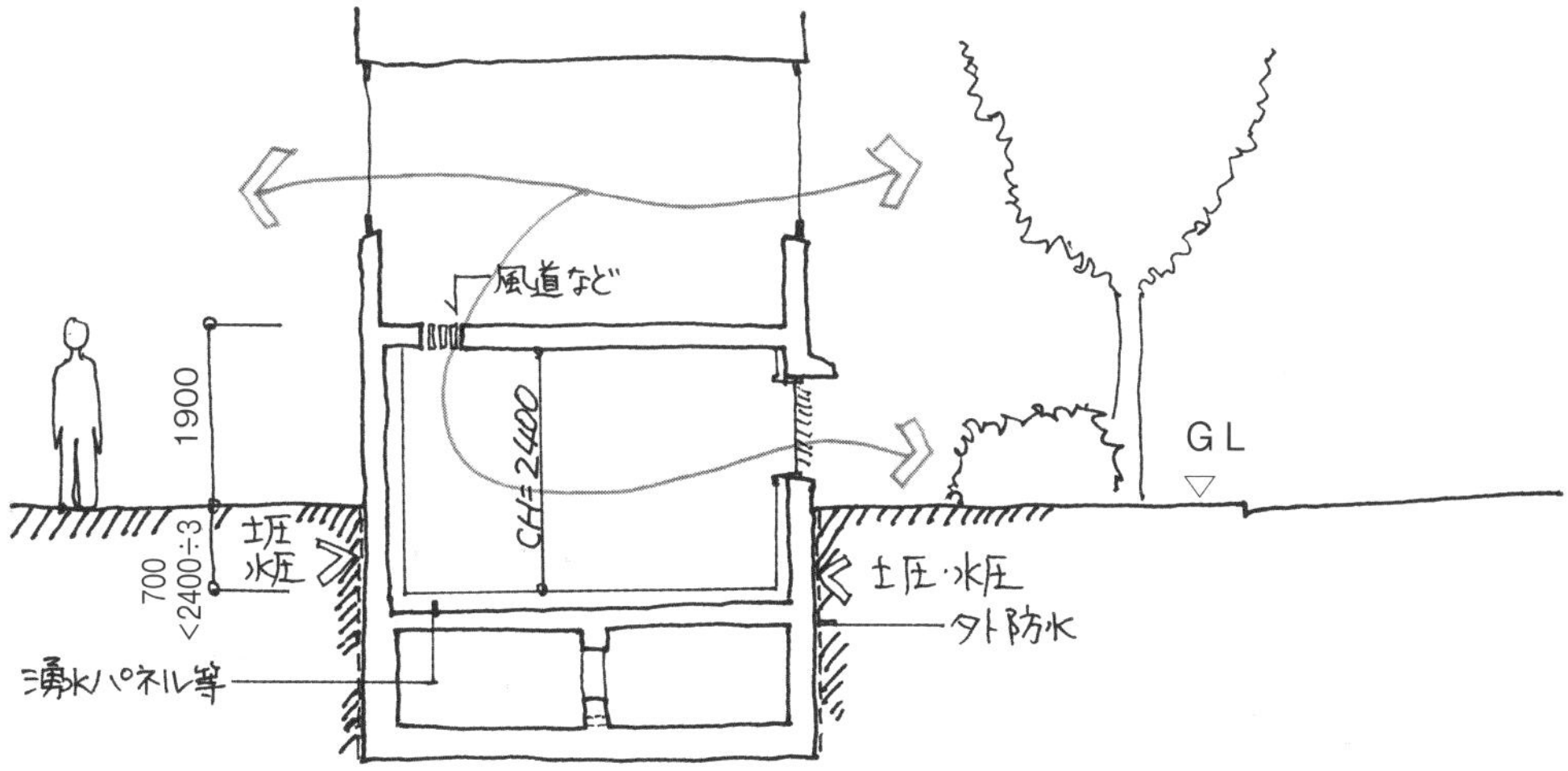

半地下にした場合は、上半分に採光を設けることが可能であり、道路に接している場合でも、視線を遮ることができる。ただし、法的には1階の扱いとなる

地階、半地下のいずれの場合でも土に接する部分の湧水対策は十分に行う必要がある。また工事に際しては近隣住宅への影響や山留工事の可否など調査が必要である

056

屋上を上手に利用するには

Point 物見台、洗濯物干し場、屋上菜園、昇降しやすくすれば、屋上利用の幅は広がる。

起伏のある土地で、屋根の色彩や材料が同じような住宅群を見下ろすと、平地で見る住宅群とはまた違った景観を醸し出していることに気づく。京都府伊根町の舟屋の屋根群などは、明らかに屋根によって景観をかたちづくっている。そのため屋根面は、第5の立面といわれるほど、設計するうえで重要な意味を持つのである。

地階同様、限られた敷地の有効利用として、屋根の上あるいは屋上の利用がある。切妻や片流れなど勾配のある屋根の利用は、陸屋根とは違った感覚を楽しむことができる。さながら大きなリクライニングシートである。鉄板や瓦屋根は直射日光により熱せられるが、スノコなどの板を敷くことが法的にできれば、心地よい空間になる。あるいは急勾配の屋根に鳥の巣のように取り付けた物見台なら、屋根の下の生活とは別世界の感覚をもたらすはずだ。

陸屋根の屋上利用は、平で広いがゆえに、ありがたみを忘れて、長年暮らしていると利用しなくなりがちだ。屋上への階段の昇降のしやすさや、屋上と下階とのつながりなど、十分に検討して、生活に密接につながる屋上利用ができるようにしたい。

屋上の使い方としては、物見台を兼ねた屋上テラスであれば、遠くの山を眺めたり、夏は近くで花火が上がれば特等席になる。物干し場にする場合は、洗濯物の移動動線まで念頭に入れながら計画したい。建物が敷地一杯に建てられた場合や地上に庭が取れない場合、屋上を土に触れ、植物を育てる庭にすることもできる。菜園など盛り土の厚さが必要な場合は、重量などに考慮して、構造的な検証が必要であることを忘れないようにしたい。

屋根面・屋上面は、雨と太陽の影響を強く受けるところなので、防水性、断熱性がもっとも求められるところだが、積極的に活用したい。

■屋上の利用方法

○屋根上の非日常性

勾配のある屋根の利用は、陸屋根とは違った感覚を楽しむことができる

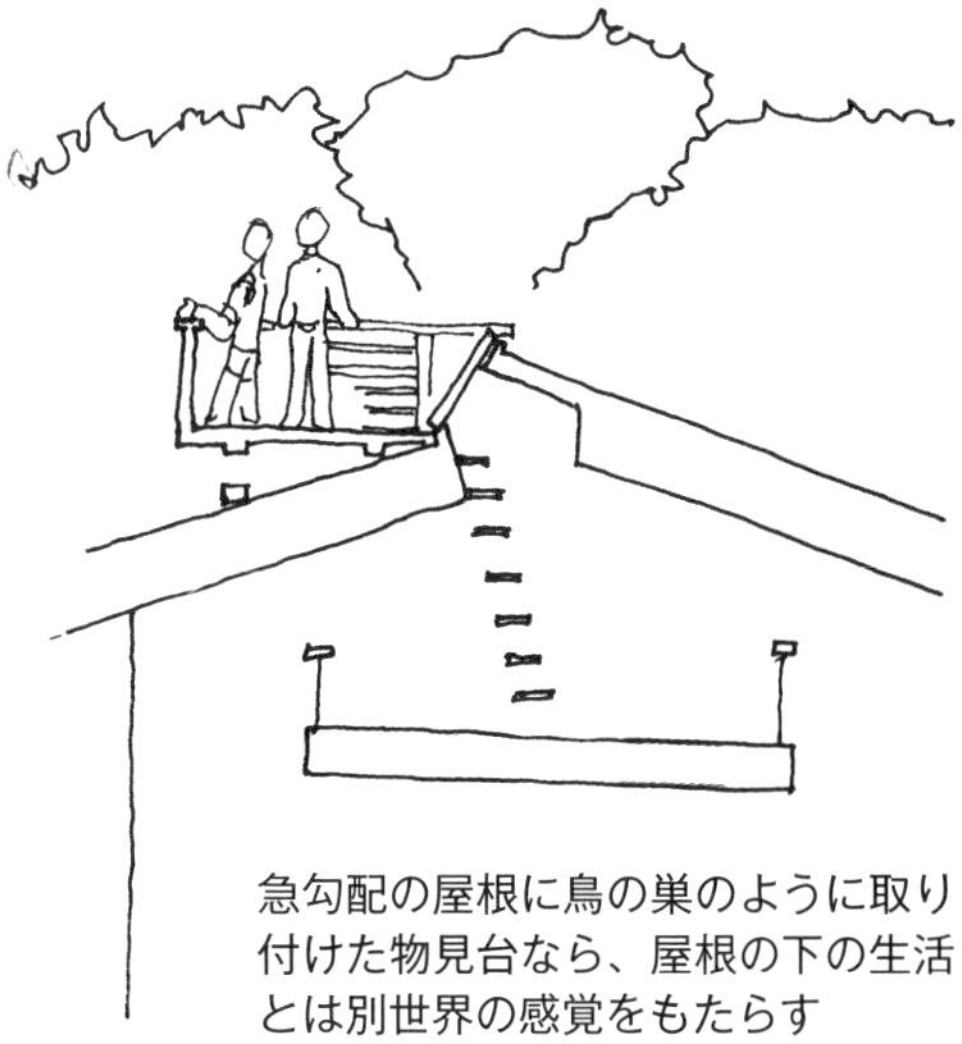

急勾配の屋根に鳥の巣のように取り付けた物見台なら、屋根の下の生活とは別世界の感覚をもたらす

○屋上の魅力を考える
少しでも見下ろすようにすれば、地面への接地感覚が出てくる

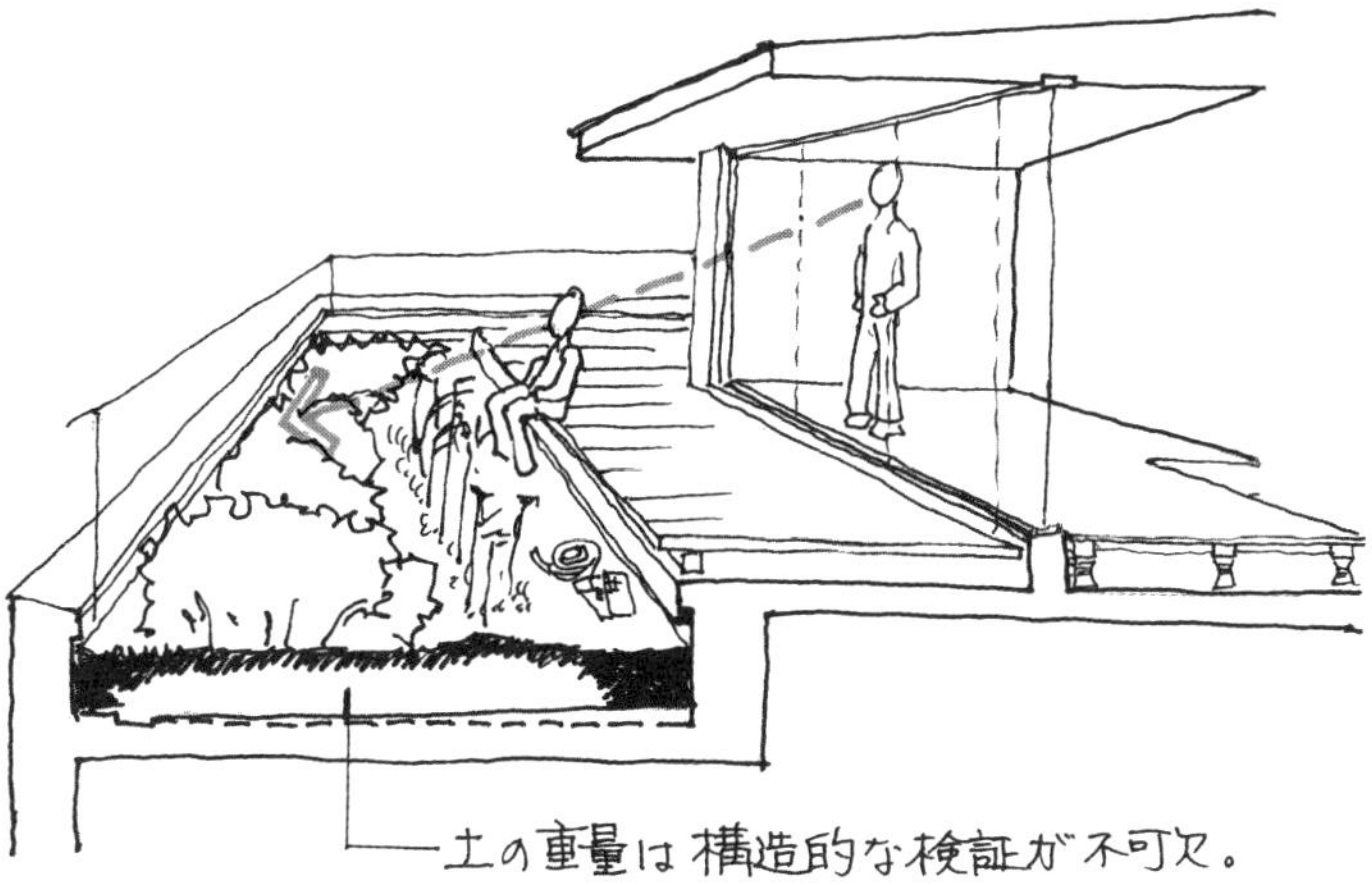

菜園など盛り土の厚さが必要な場合は、重量などに考慮して、構造的な検証が必要である

057

通風は住まいの要

Point

地窓と高窓を組み合わせると高低差によって、室内全体に風が通り心地よく感じられる。

「職場の風通しはよい」といったたとえにも使われるように、家を長持ちさせるにも、風通しのよい家にすることが大事だ。通風は、室内の汚れた空気を入れ換えてくれるので、人間にとっても欠かせないが、木造でもRC造でも、建物の構造を支える材料の寿命にも関わってくる。特に床下の換気が悪いと、土台がシロアリの被害を受けたり、湿気で材料が腐り、老朽化を早めることにもなりかねない。

風の流れは、地域によって、敷地の周辺環境によって、さらには季節によっても違ってくる。敷地に立って、風がどの方向からやってきて、どちらに流れるかをまず感じてほしい。一般的に、関東では南からの風、関西では西南西からの風に開口部を設けて、反対側に風が抜ける開口部を設けるとよい。しかし、敷地や周辺状況によっては少しずらしたほうがよい場合もある。

周辺に臭気や埃を出す施設がないかどうかも確認しておきたい。緑の風を運んでくれるのなら歓迎だが、近くに工場や畑や土の校庭がある場合は、悪臭や煤煙や土埃などが室内に入ってくることを覚悟しなければならない。

大きな開口部を設けることだけが、風通しのよさではない。伝統的な和室に使われる床に接して設けた地窓は小さい開口部であっても効果は大きい。地窓と高窓を組み合わせると、同じ開口面積の窓と通風量は同じでも、高低差があることによって室内全体に風が流れ、心地よく感じられるからだ。さらに気密性、断熱性を高めた住宅では、地窓を開けることでエアコンの利用を少しでも抑えることができる。通風に配慮した家は、省エネにもなる。

地窓を設けるときに注意しておきたいのが、防犯への配慮だ。地面に近い高さなので、外から入りやすい。人が入りにくい寸法にしたり、外側に格子を設けるなどして対処したい。

■通風の考え方

○様々な通風を確保する

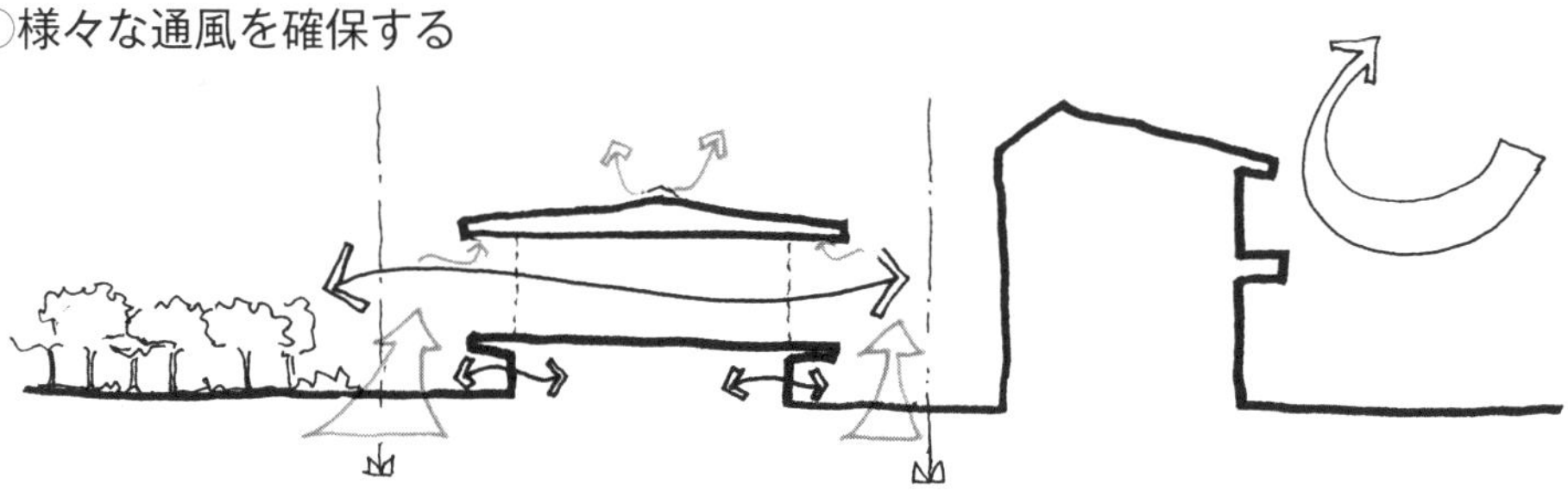

通風は人にも建物にもよいものだ

○換気扇も空気を動かすことはできるが、自然通風にはかなわない

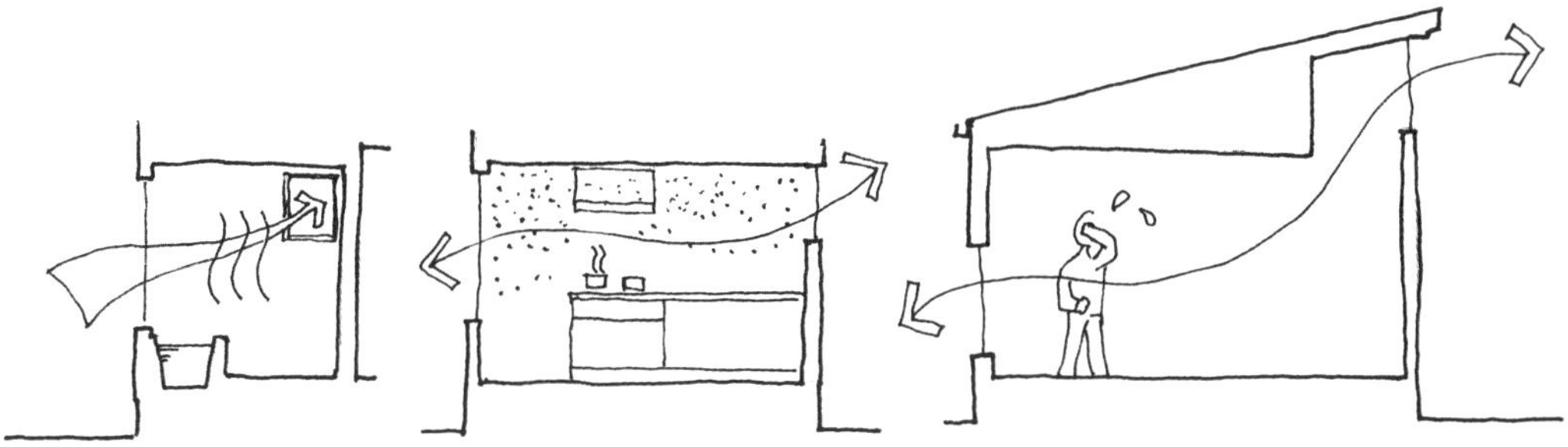

自然通風は「音」もなく空気を入れ換える

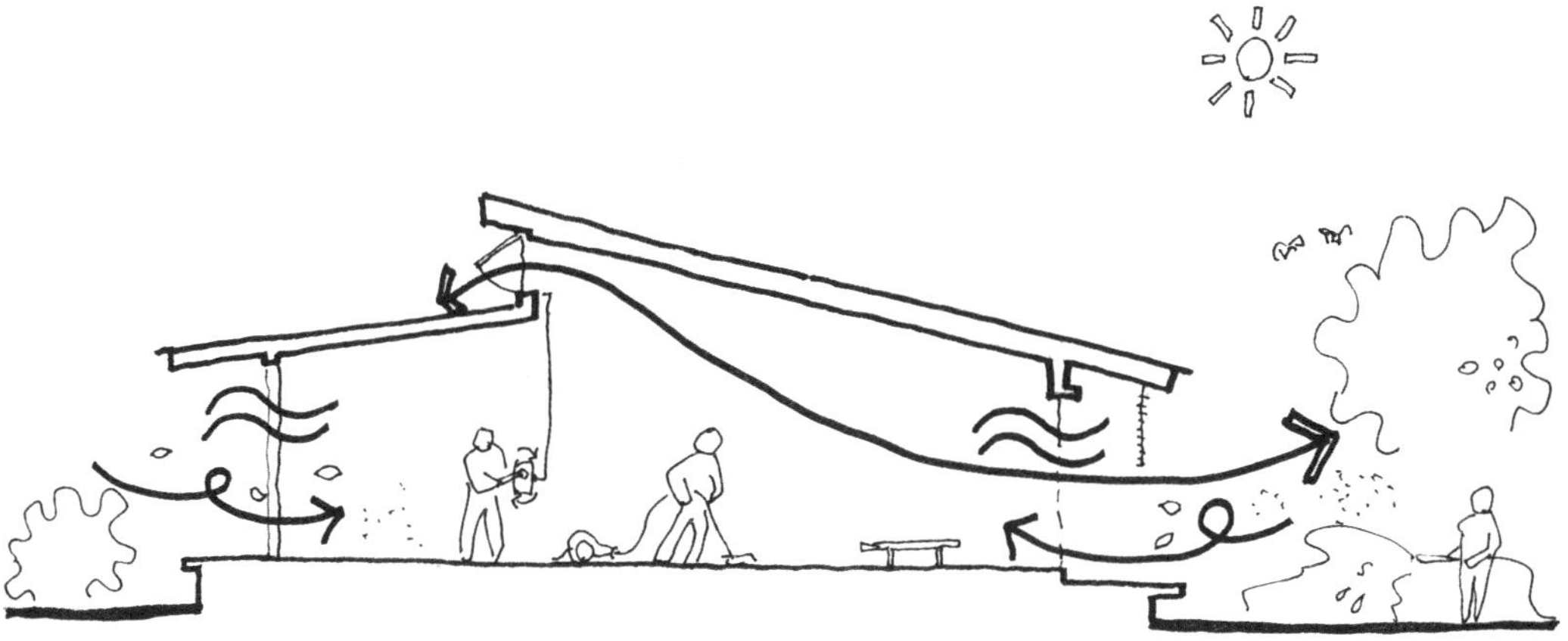

気持ちのよい風が吹く日には風を感じ、匂いを感じる。風は砂ぼこりや臭いも運んでくるが、外の気候を感じることは本来気持ちがよいことなので、そのことを実感してほしい

058

自然光の取り入れ方で空間の質は変わる

Point 闇があるから光が意識できる。採光が限定された空間も住まいには必要だ。

多くの建て主が「南側に窓のある明るい家」を要望する。明るい家にすることは、基本的に正しいが、その家に住む家族の年齢や暮らし方によっては、明るさを抑えた場所があったほうが落ち着く場合もある。むろん建築基準法には、最低限の光をとるための採光面積が決められているが、光量を確保するだけではなく、光の質も考慮したい。

隣接する建物の高さと窓の位置を調べ、季節や時間による太陽高度の変化によって、どういう角度、どういう光量、どういう質の光が入ってくるかを把握して、部屋の用途に合わせて開口部の位置と大きさを決める。

冬の南面から入る光は、暖房なしでも部屋を温めてくれるが、夏は軒や庇などで日差しを遮らないと、冷房効果にも影響する。大きなガラス面は、室内に光を運んでくれるが、断熱効果にも影響することも念頭に置いておきたい。採光が多く望めるのが南面だが、朝の光を望むなら東面、安定した光を望むなら北面、西面しか開けられない場合は、西日を遮る工夫をする。

周囲に建物が建て込んでいて、側面からの採光が望めない場合は、2階まで吹き抜けにしてトップライトにしたり、高窓や地窓から間接光を取る方法もある。トップライトは、側面から入る光量も多く、室温も上がる。冬は結露しないように、夏はまぶしすぎないように遮光・断熱対策が必要だ。高窓や地窓は、目線をずらすことによって、光や風は取り入れるが、見たくないものは遮蔽できるので、密集地の狭小敷地に建てる場合は有効だ。

光は闇があるから意識できる。大きな壁面に小さな窓を開けると、光のシルエットが移動することで、季節や時間を知ることができる。住まいには光があふれる空間も必要だが、自分の内面と向き合うための、採光が限定された空間も必要だ。

■自然光の取り入れ方

○どう過ごすかを考えて光を取り込みたい

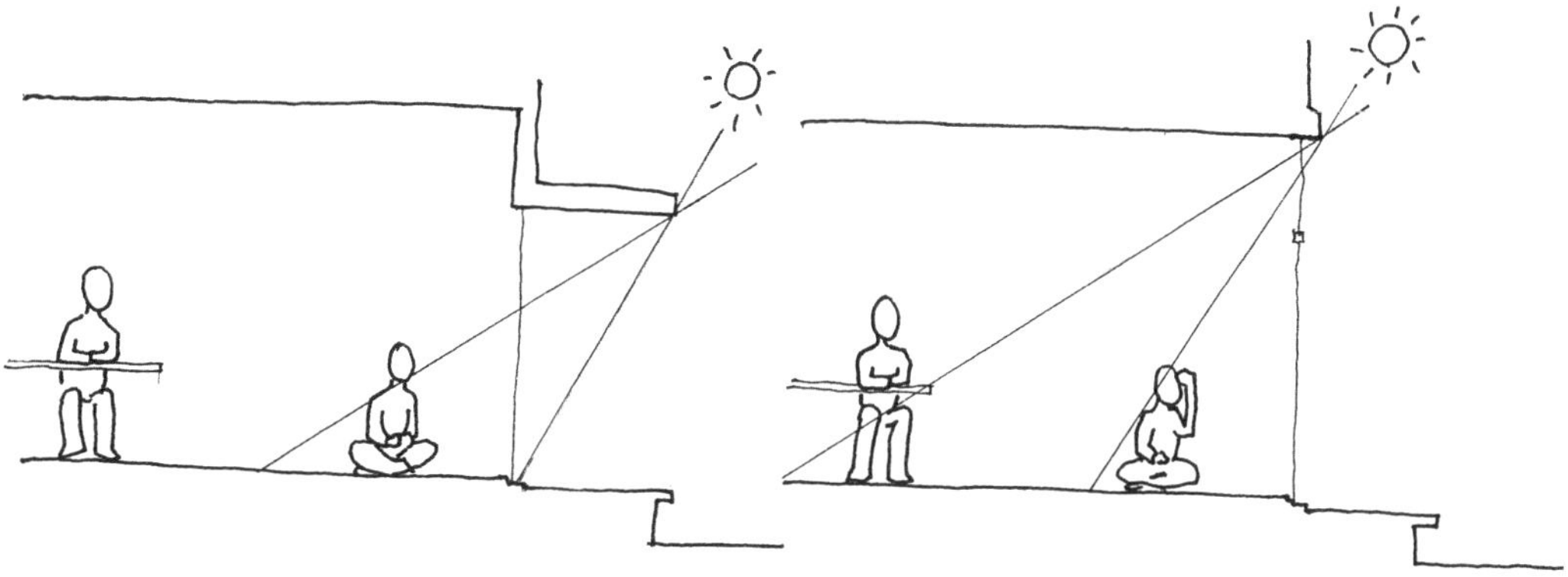

○同じ部屋でも光によって質は変わる

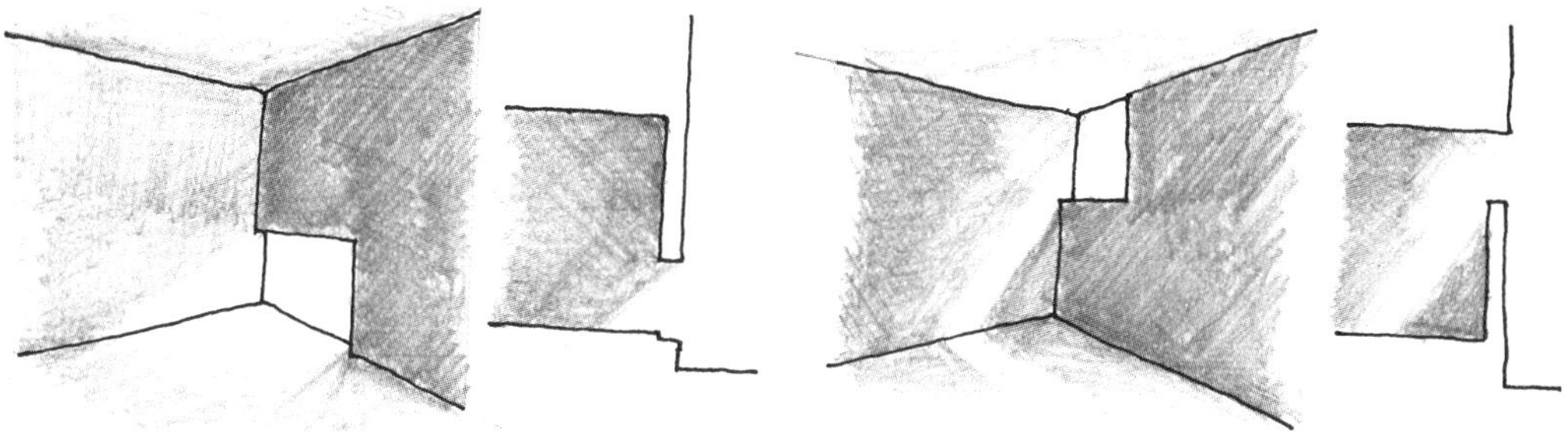

○光によって、より空間の意図を強くする

徳雲寺納骨堂（菊竹請訓／1965年）

○絵画のように自然の光を楽しむ

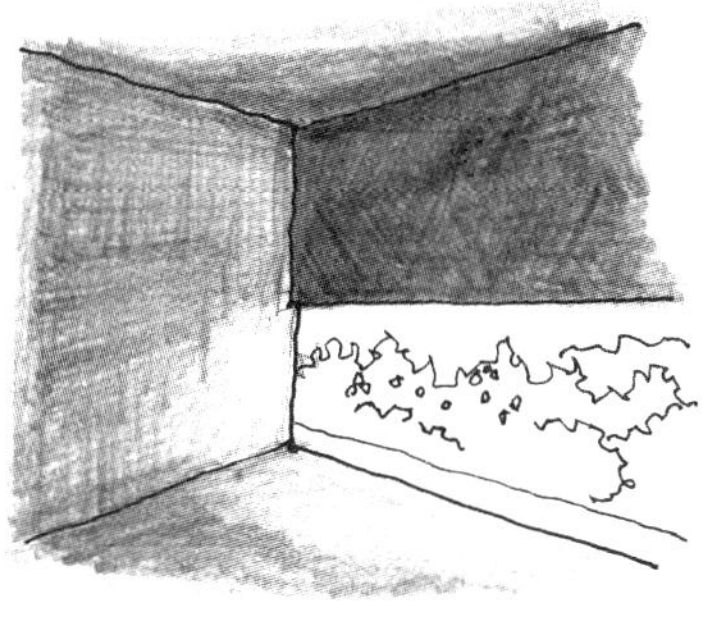

北庭の落ち着いた光と太陽に
照らされた木々の様子

059

上からの光の取り込み方

Point 夏の直射日光、冬の結露を制御することが、トップライトには求められる。

周囲に高い建物が建て込んでいたり、平面計画上、外部に面することができない室内で採光が必要な場合、トップライトで光を取り入れることになる。人通りの多い道路に面している場合も、プライバシーを確保しながら、空という自然を室内に取り込むことができる。

トップライトは屋根面に設置する窓なので、雨仕舞いを第一に考えなければならない。さらに屋根と同じように直射日光を受け、垂直面の窓よりも強い光が入ってくることを考慮して、室内のどの位置に持っていくかを検討してほしい。

トップライトには採光や空を望めるという利点はあるが、夏の直射光、冬の結露など、熱線反射ガラスやブラインドを取り付けるといった、光や熱をコントロールする対策も同時に求められる。さらに開閉装置が取り付けられれば、室内にたまった暖気を、効率よく抜くことができる。

屋根面にポツ窓としてトップライトを設けるほかに、隣家がせまっている北側のキッチンや浴室、観葉植物を育てるサンルームなどを、ガラス屋根のトップライトにする方法もある。

温熱環境を考えると、大きなトップライトが居室には設けられない場合、階段や廊下など、移動空間に大きなトップライトを設けると、空間の質が変わり、壁や床に描かれる光のシルエットが内部空間を豊かにする効果がある。

天井のすぐ下に設けるハイサイドライト(高窓)も、目の高さに見たくないものがある場合に有効だ。上からの光は、水平窓とは違った光の効果が期待できる。トップライトもハイサイドライトも、高いところに取り付けるため、ガラス拭きなどのメンテナンスも念頭に置いて、開閉装置やガラスの種類を選んでほしい。

■上からの光の取り込み方

○ポツ窓のトップライト

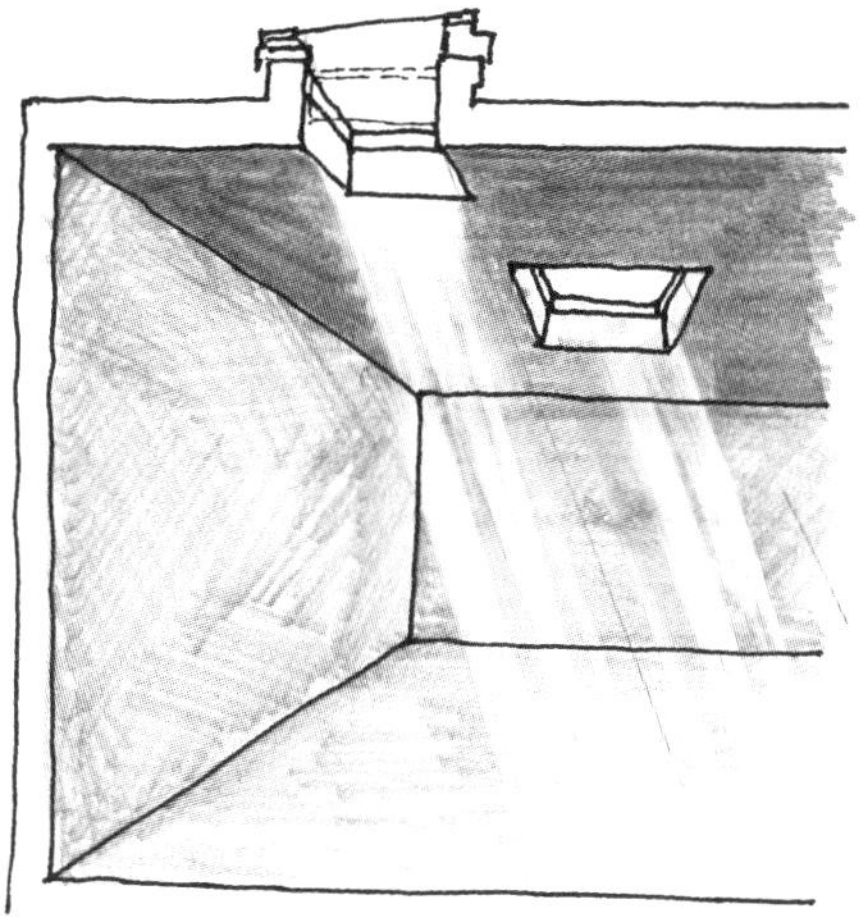

直接的な光となる

○ハイサイドライト

直接的な光＋間接的な光

○ガラス屋根

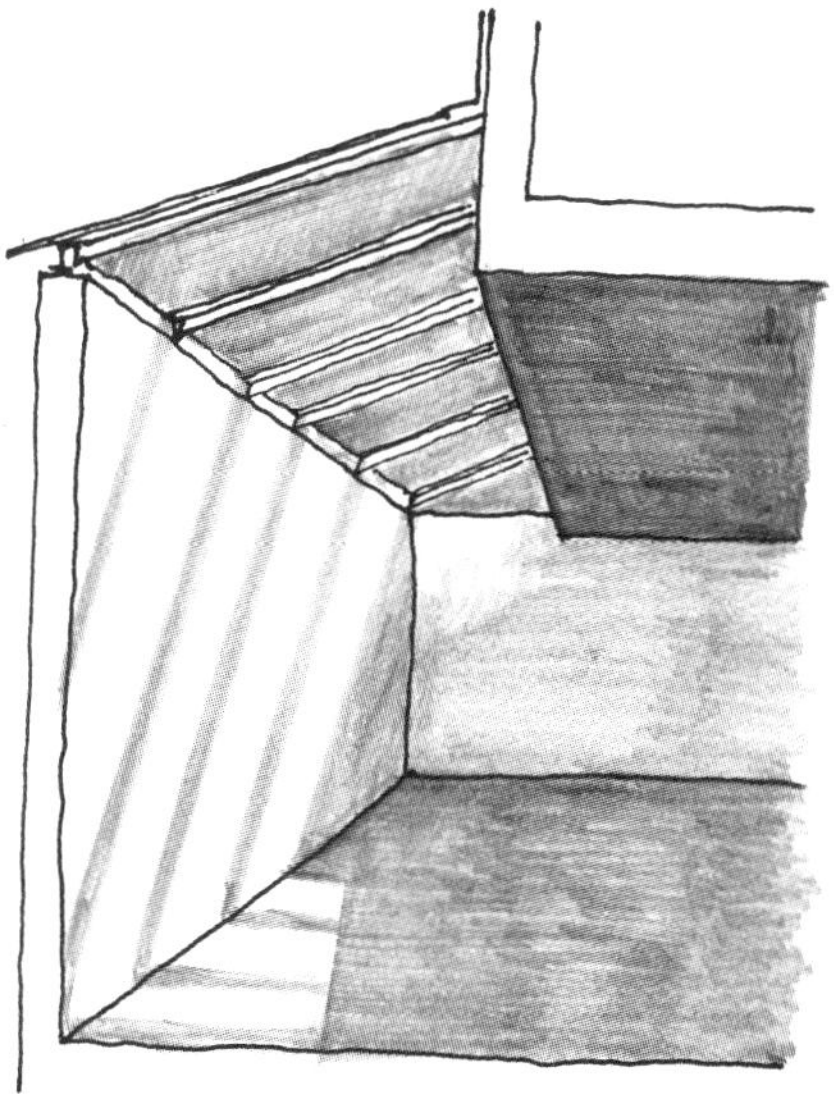

直接的な光となる
方位には気を付ける

写真：山本明

1階の床がスノコになっており、スノコから地階に落ちる光を演出している

060

照明は適度に明るく、適度に暗く

Point

照明計画は器具を選ぶことだけではない。
部屋の用途に合わせて光の質や量を選ぶことだ。

ホテルの照明は、暗い印象を受けるという人もいる。だが、デスク、ソファ、ベッドのサイドボードには照明器具が配されていて、収納扉を開けるとそこだけ点灯する。ホテルは家ではないが、照明とは本来、必要なところだけを明るくすればよい。そうしたほうが空間をより豊かに意識できることを、ホテルに泊まると再認識する人も多いのではないだろうか。

戦争中の灯火管制を体験した世代なら、家中明るくすることで豊かさを実感しているのは理解できるが、戦後60年以上経ち、欧米の情報があふれるほど入ってきているのに、未だにどの部屋も天井からの1灯照明で明るくしたいという建て主が多いのはなぜだろう。部分照明は室内に明暗を与えることで、空間が豊かになることを、まず建て主に実感してもらうことだ。そもそもあかりに対する感覚は、一種の馴れなのではないかと思う。心地よいあかりを数多く体感してもらうとよい。

むろん、キッチンや洗面室など、機能上、明るくしたほうが使いやすい場所もある。食卓は天井から照明器具を吊り下げて、料理がおいしく見えるように自然光に近い光源のほうがよい。リビングは光源が見えないように天井や壁に光をバウンドさせる。ソファの近くにフロアスタンドを置く。壁面はスポットライトにするなど、広さや天井の高さによってさまざまな手法がある。LED、ハロゲンなどの光源の違いとともに、異なる光空間がつくれることを知っておかなければならない。また、光の量がコントロールできる調光装置を付けておくと、同じ空間でも多様なシーンを楽しむことができる。

照明計画というと器具を選ぶことだと思う建て主も多いかもしれないが、むしろ光の質や量を部屋の用途に合わせて決めることだということを理解してもらうことも大切だ。

■照度と明るさ感（JIS照度基準より）

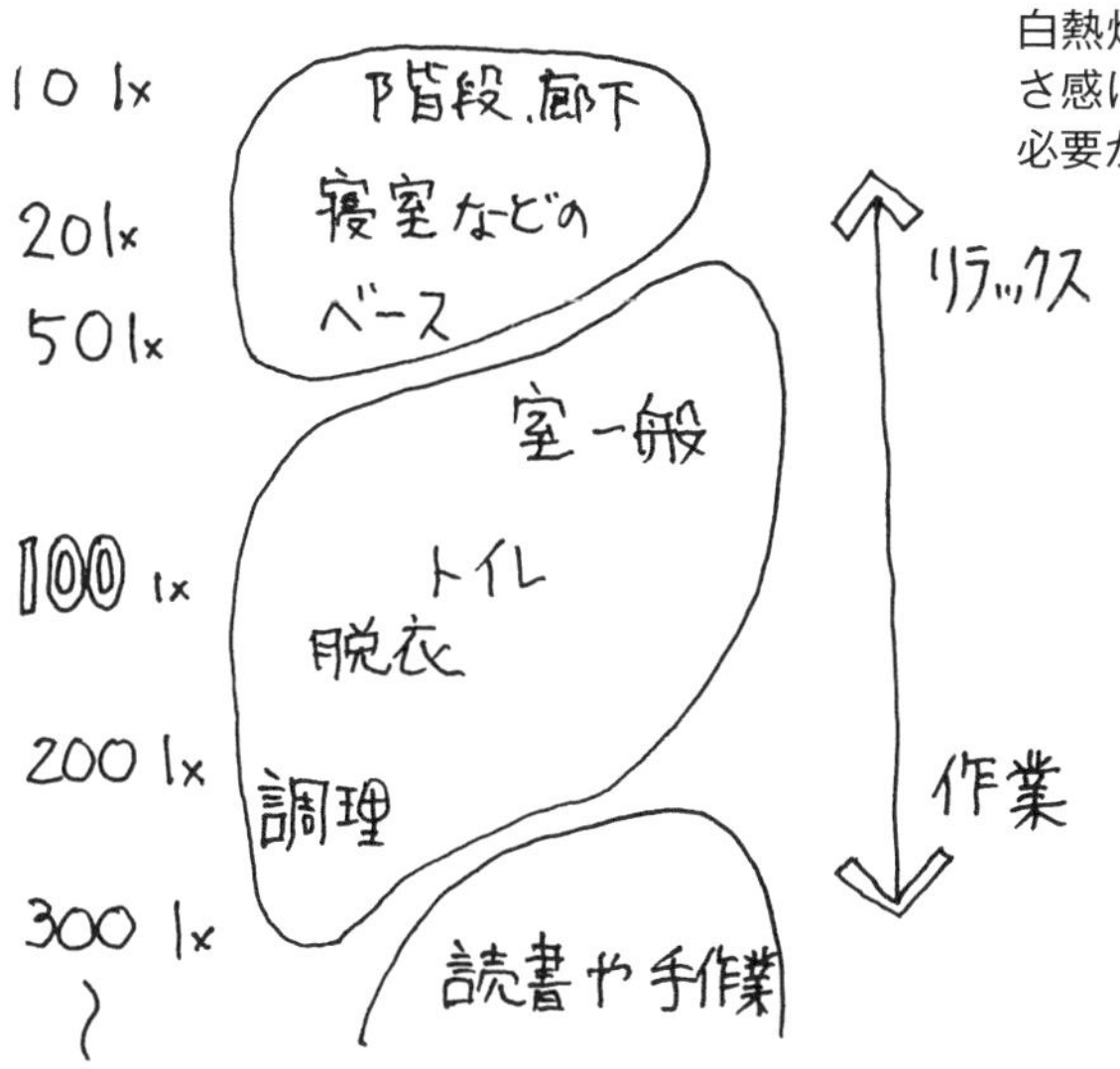

白熱灯、蛍光灯、LEDなど、それぞれの明るさ感は違うので、使う場所によって検討する必要がある

日頃から照度計で測ってみて、感覚と照度計の数値を実感しておくようにする

■照明の明るさの考え方

○初めは暗く感じるほうがよい

調光スイッチを利用しよう

○コンビニのような明るさに慣れてしまっていないだろうか

061

高齢者や幼い子供への配慮

Point 高齢者や幼い子供に配慮して設計すると、体調が悪いときも無理なく暮らせる。

誰もが怪我をしたり病気になったりする。体調がよいときも、悪いときも、無理なく暮らせる家にしたいものだ。高齢者や幼い子供への配慮を念頭に置いて設計すると、加齢や体調の不具合をカバーしてくれる。とはいっても、すべての床面を平らにして、通路や階段に手摺を付け、出入り口はすべて引き戸にして車いす対応の大きなハンガー扉を付けて、通路や室内に腰壁を張るといったバリアフリーにする必要はない。配慮したいのは、ちょっとした段差や鋭角的な角、そして階段だ。

日本の伝統的な家屋には、敷居など、床の段差をとることで境界を重んじる歴史がある。施工上の「チリ」は「もの」の論理と、「使う人」の論理が矛盾しているところだが、5～20㎜くらいのちょっとした段差は危険だ。若い人でも足を引っかける。むしろ大きな段差のほうが、意識しやすい。頻度が高い部屋と部屋の間は引き戸にして、できるだけ段差をなくすようにしたい。段差を設ける場合は、しっかり確認できるように、前後に必ずスペースを設ける。片開き扉を開けると床が下がっていたというのでは、非常に危険なので、せめて引き戸にして、確認できる時間を持ちたい。

手摺やテーブルや戸棚の角など、手足が直接触れるところの角は面取りをしておく。特に幼い子供は瞬発的に行動するので、ぶつかっても最小限の怪我ですむようにしておきたい。

階段は危険度の高いところだ。緩やかな勾配にして、蹴上げは低く、踏み面は大きく、滑り止めとともに段鼻をはっきり意識できるような工夫が必要だ。さらに手摺はつかみやすくして、足元灯を付けるようにしたい。空間のつながりを出すためには、透け透けの階段にすることが多いが、高齢者や幼い子供がいる場合は、ネットなどを張って、安全を確保しておいたほうがよい。

■高齢者、幼児にどのような配慮が必要か

○開き扉のレベル差

開いたらレベル差が！

引いて、見て、閉めてのスペースは必要である

○敷居のチリ

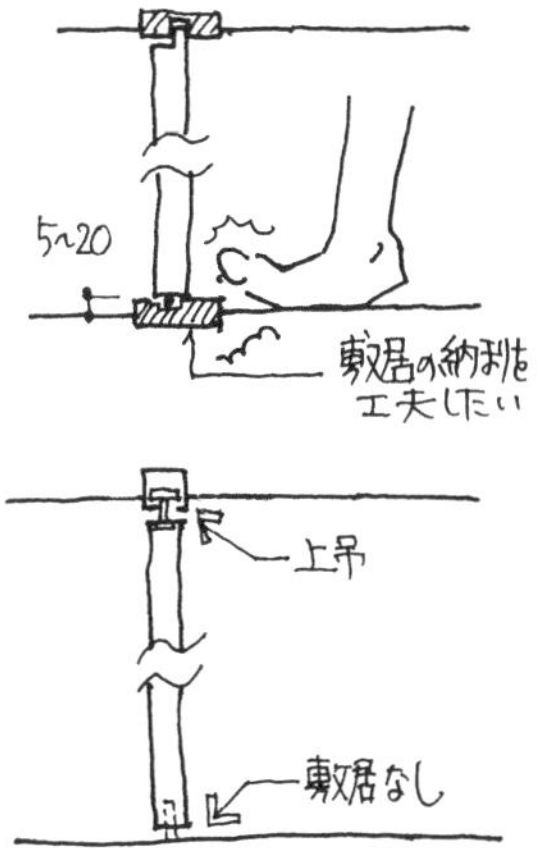

○階段

子供の目線に注意！

子供の動きは想定外！

段差には手摺を！

空間のつながりを出すために開放的な階段にすることが多いが、高齢者や幼い子供がいる場合は、ネットなどを張って、安全を確保しておいたほうがよい

法的には必要でなくても階段には手摺を設けたい。高齢者ばかりでなく、誰でも怪我をしたり、体調が悪いときがあるものである

062

ぐるぐるまわれる家

Point 家全体を回遊性のあるプランにしておくと、人の動きも空気の流れもよくなる。

たとえば玄関から入って、廊下を介してリビング、ダイニング、キッチン、和室の前を通り、ふたたび玄関に戻るといった、行き止まりのない、回遊性のある平面にしておくと、家族のそれぞれの動きや時間差に対応しやすくなる。人の動きだけではなく、空気も動くので、通風もよい。

回遊性を持たせるには、目的のスペースへ2方向からたどり着けるように、廊下や部屋のつながりを考える。平面的な回遊性をもたらす1つの例が、中庭を中心にした平面計画である。中庭を眺めながら中庭の周囲に設けた回廊から各部屋へとつながる計画である。もう1つは水廻りや収納などの機能的なスペースを中心に設けて、その周りに部屋を配置するといったコアのある平面計画である。さらに部屋同士の出入り口を2カ所設けることで、各部屋が相互に出入り可能にし、回遊性を持たせることもできる。

たどり着き方が2方向選べるということは、パブリックな動線とプライベートな動線の使い分けも可能にするため、来客の多い家では便利だ。

2階建ての家では、立体的にも回遊できるようにしたい。それにはメインとサービスの2種類の階段を設ける。ゆったりした階段を2つ確保するのは難しいが、サービス階段であれば、多少、蹴上げと踏面が上がりにくくても、設けることで動線がスムーズになり、視覚的にも連続感が出てくる。狭小な敷地では、立体的な回遊性はとても重要だ。諸室と階段室を分離させずに、スキップフロアのように、踊り場がスペースになるように床をずらして積層させるのだ。それによって、立体的な回遊性が生まれる。

回遊性のある家は、行き止まりのない家であり、各スペースが孤立化しないので、家全体を実際の床面積よりも広く体感することができる。

■回遊性をもたらすための手法

○2方向からたどり着けるようにする

ぐるぐるまわることができる

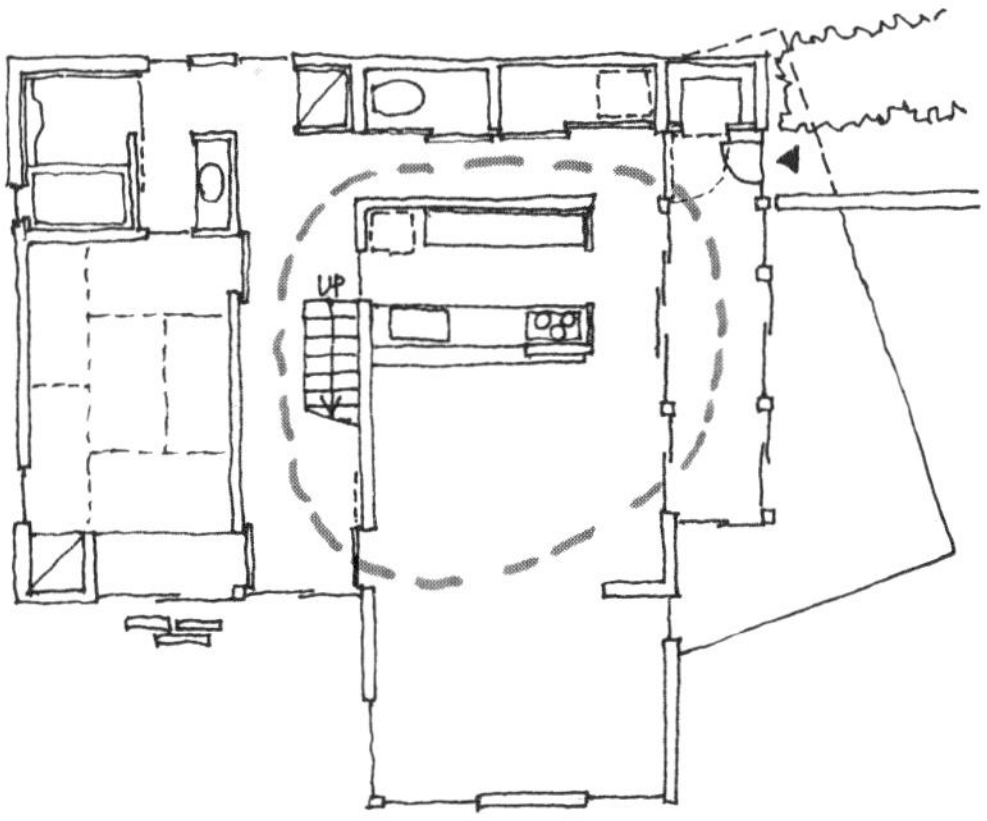

○平面的回遊性

水廻りや収納などの機能的なスペースを中心に設けて、その周りに部屋を配置する、コアのある平面計画である

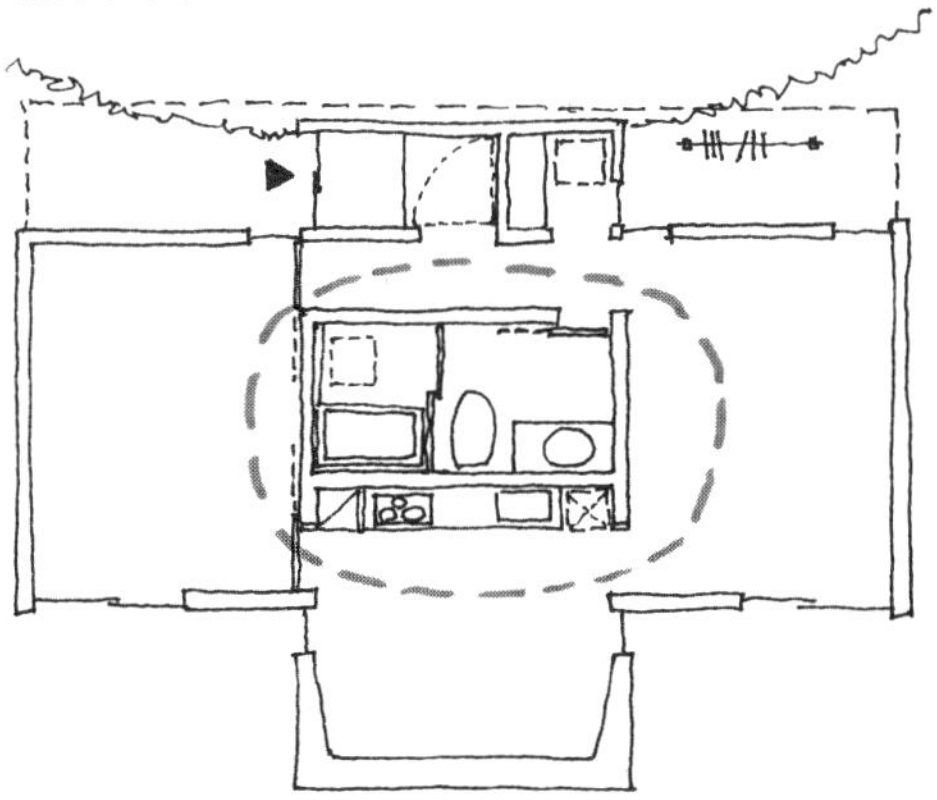

○メインの階段とサブ階段

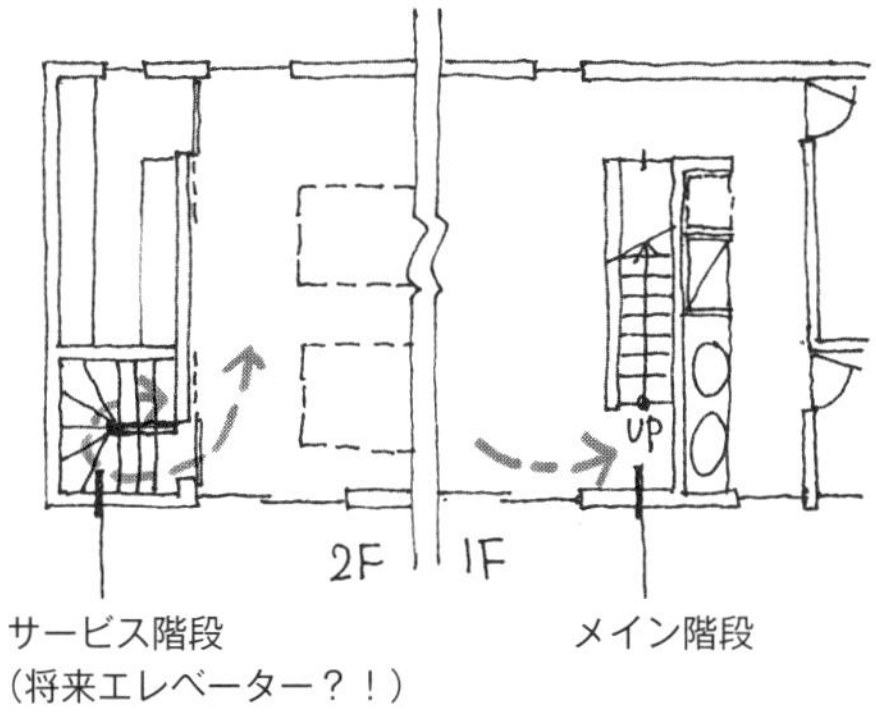

立体的にも回遊できるようにするためにメインとサービスの2種類の階段を設ける。ゆったりした階段を２つ確保するのは難しいが、サービス階段であれば、多少、蹴上げと踏面が上がりにくくても、動線がスムーズになり、視覚的にも連続感が出てくる

○階段の立体的回遊性

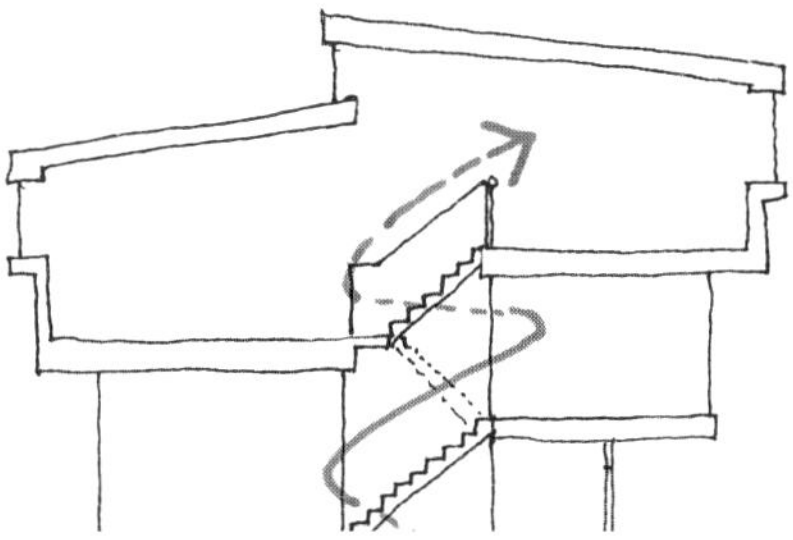

諸室と階段室を分離させずに、スキップフロアのように、踊り場がスペースになるように床をずらして積層させることによって、立体的な回遊性が生まれる

広さについて考える

Point 最低限必要かどうかを考えながら計画すると、ゆとりが生まれて居心地よい家になる。

住むために必要な広さは、最低どのくらいあったらよいのだろう。トイレ、浴室、洗濯、調理の水廻りは欠かせない。平屋でないのなら、家の大小に関わらず階段スペースは確保しなければならない。食事して就寝するには、食寝分離にこだわらなければ、1室でまかなえる。1つの空間の中で、時間帯によって使い分ければよいのだから。しかし、収納も居住面積に合わせて小さくならざるをえないであろう。

贅肉をそぎ落とすように、最低限必要な面積を確保して、それから選択肢を見直すことは、広さについて考えるキッカケになる。まずは「必要」最小限住宅を目指すのである。

建物規模は、初期投資である建設時のコストに影響するのみならず、その後の光熱費や固定資産税にも関わってくる。「必要」最小限住宅を考えることは、時間による家の使い方を見直すキッカケにもなる。

単純な正方形平面を考えると、1層5.4×5.4m（3間角）＝29.16㎡（約9坪）。この面積を、2層あるいは3層に分けることによって、60㎡（約18坪）であれば、夫婦＋子供が小学校低学年までは十分に暮らすことができる。夫婦であれば、45㎡（約13.6坪）あれば食寝分離は可能である。実際には、階段や廊下の配置の影響や収納のために15㎡（約4.5坪）くらいはプラスされたり、2人目の子供の性差がある場合は、将来的には子供の寝る部屋がそれぞれ必要になるであろう。60㎡＋15㎡以下をどのように考えるかは、建て主のライフスタイルや価値観にもよるが、必要な広さを考える目安にはなる。

容積率や部屋数にとらわれないで、生活していくのに最低限必要かどうかを常に念頭に置きながら計画を進めていくと、思わぬところで、ゆとりのスペースが生まれて、結果的に居心地のよい家になる。

■「必要」最小限住宅を目指す

家族の間であっても、同じスペースに居続けることは、時に窮屈になる

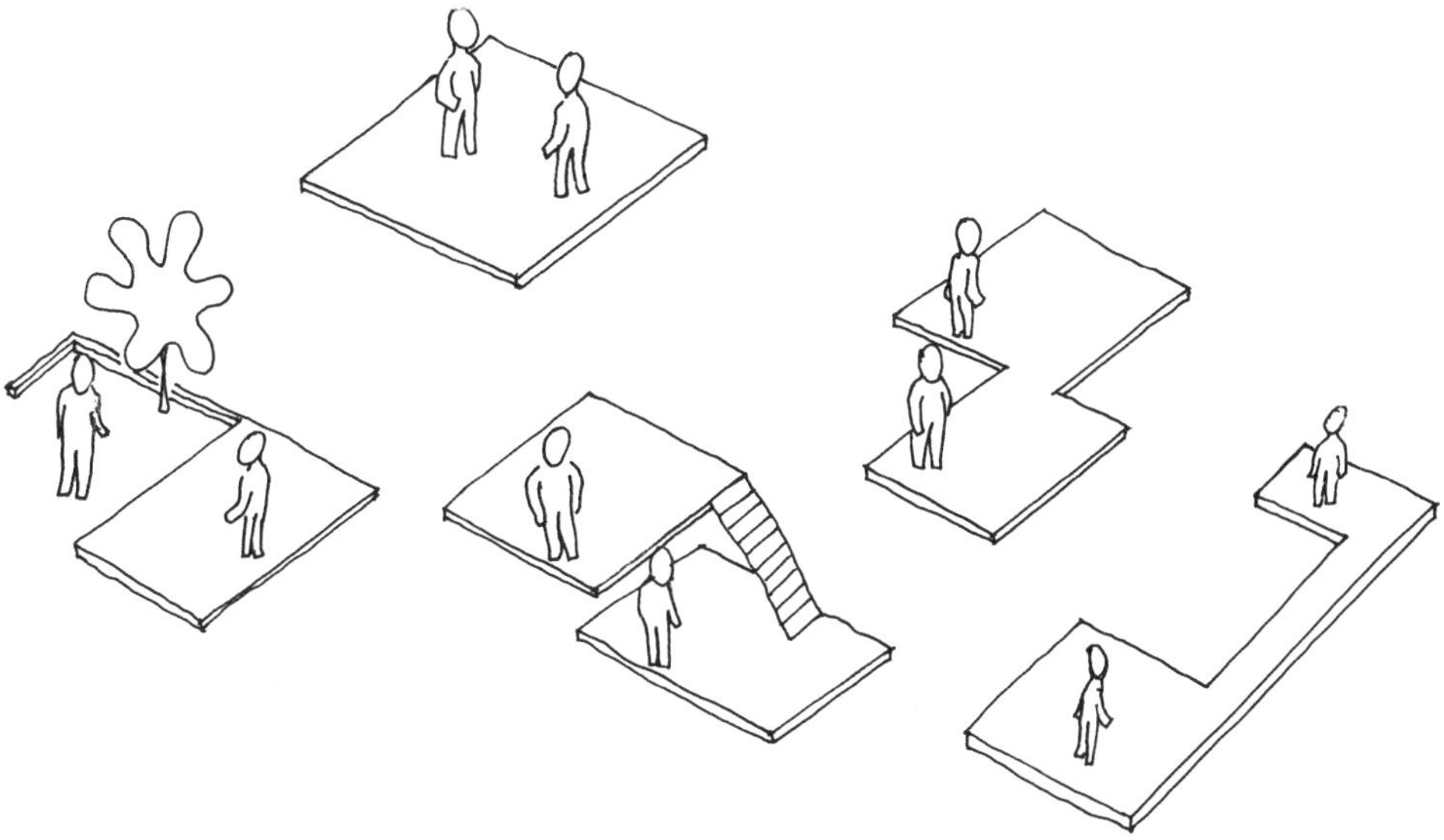

小さいながらも、質の違うスペースを設けると、気分をかえる居場所が見つかる

■生活をイメージする

意外に「セカンドハウス、別荘」と考えたほうが本当に大切にしたいことが思い付いたりする

庭を配置する

Point 敷地全体を見て、日当り、風通し、眺望と異なる役割を持った庭をつくることも可能だ。

「庭付き一戸建て」を強く印象付けるのは、建物の南側や東側にある庭だ。建物内への日当りや通風を確保し、庭に植えた樹木や草花に日の光が十分にゆきわたるように建物を配置することから生まれる庭は、「戸建て住宅」に住むことの充足感を与えてくれる。

だが周辺状況によっては、隣家の窓の位置や、道路を通る人の視線など、南側に庭をつくることがよいとは限らない場合もある。特に建物を建てたら「猫の額」ほどの庭しか残らないのが当たり前になってしまった都市圏では、南側に豊かな庭を設けることが難しくなっている。

周辺環境をよく観察して、方位に関わらず、隣家とのわずかな隙間を活用して庭を配し、風通しを確保したり、建物内部からの庭の見え方を工夫することになる。あるいはコートハウスのように、敷地全体を建築化して、建物の各所に小さな庭を配することで、内部とのつながりを持った庭をつくり出すこともできる。

南側や東側だけが庭ではないと思えば、敷地全体から日当り、風通し、眺望の違う、それぞれの役割を持った庭をつくることも可能だ。北側に庭を確保すると南北に風が通り、強い日差しは望めないが、一日中安定した光が望める。西側の庭は、夏の西日を遮るために、つる性植物などをはわせたパーゴラを設けることで眺望が楽しめる。キッチンやダイニングから東側の庭を眺めることができれば、朝の気分もよくなる。それぞれの方位に庭があると、一日や四季の移ろいが室内に居ながら感じることができる。また日差しの量や角度に適した植物を植えることになるので、多様な植物が楽しめる。

庭は東南に設けるものという既成概念を捨てると、建物と一体で外部空間を考えることができるので、より豊かな住宅になるはずだ。

■同じ建築面積でも庭の配置はいろいろ

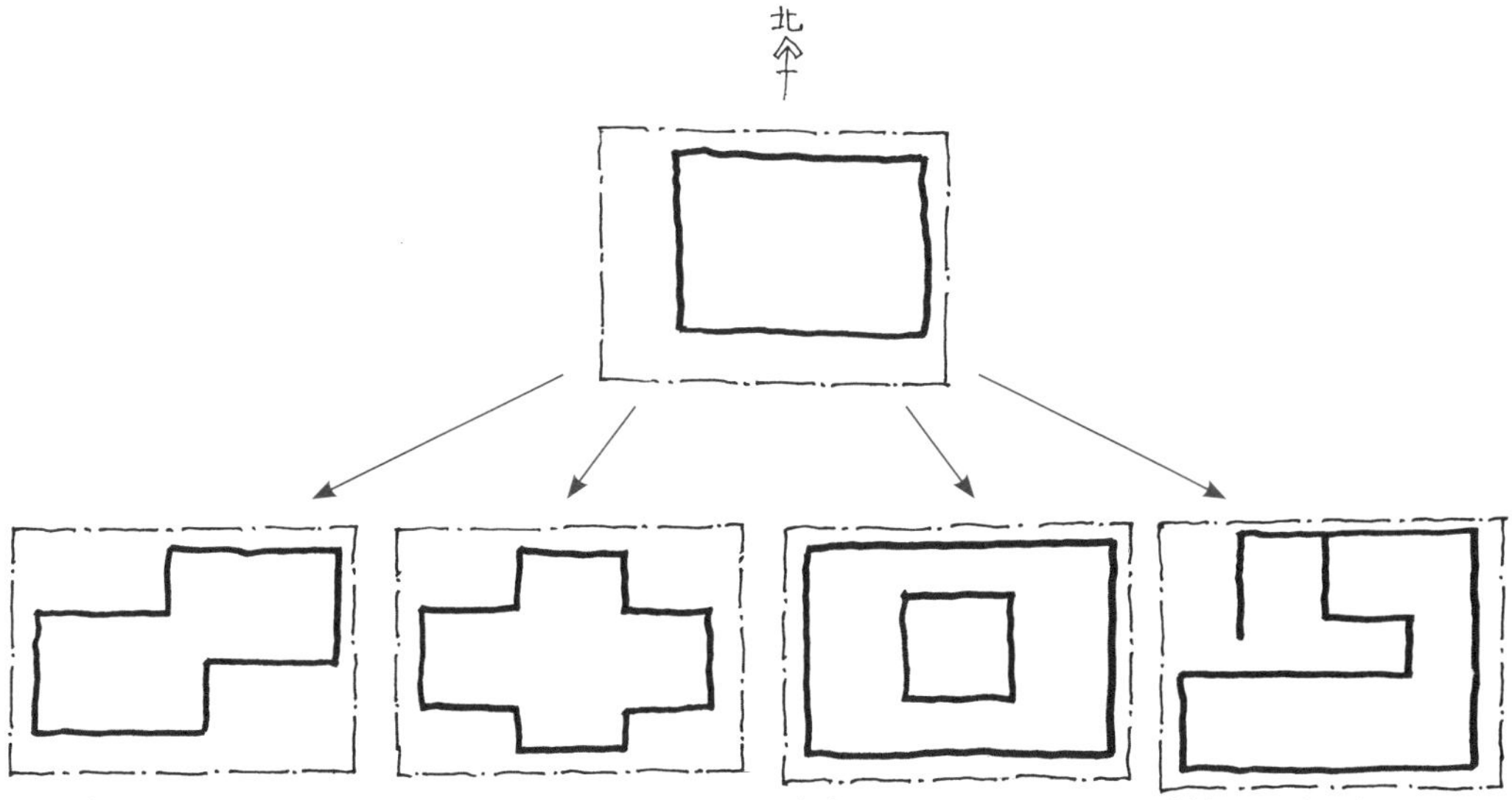

2カ所に分ける　四隅に設ける　中庭　建築に取り込む

■庭のいろいろ

活動的な庭

見る庭

感じる庭

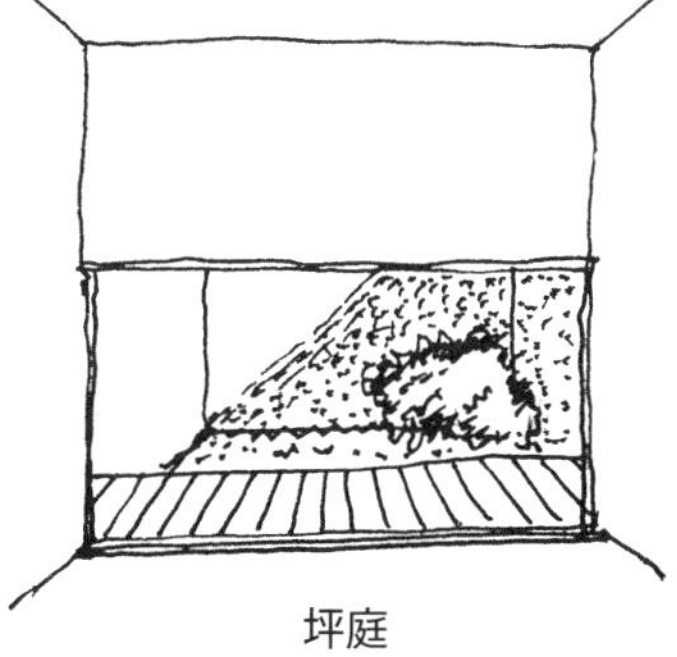

坪庭

小さな庭であっても光と風を運ぶ

065

カーポートは建物と一体で考える

Point カーポートは材料やデザインを引き継いで、建物と一体的に計画したほうがよい。

限られた敷地だからこそ、カーポートをどの位置に、どのようなデザインのものにするかを、当初から考えておかなくてはならない。建物のことだけで、カーポートまで予算も考えも及ばず、でき上がった建物にふさわしくないカーポートがあとから取り付けられ、外観が台無しになることもある。特に、敷地が小さい場合や、敷地間口が狭い場合は、建物の形へも大きく影響するので、配置図の段階で、どのようなカーポートにするのかを、建て主と話し合っておいたほうがよい。カーポートは建物との関係から、大きく3つに分けられる。

建物外付け型／建物に付属的に設ける。建物に接することで、カーポートに屋根を付ければ、雨に濡れずに室内に入ることができる。

建物内包型／車好きの建て主なら、カーポートを建物内部に取り入れて、室内から愛車を眺められるようにする。反対に普段の生活では車は見たくない建て主でも、敷地の間口の狭さから、建物の一部に組み込まざるを得ない場合がある。前者は、カーポートと部屋の間をガラス窓にしたり、照明を明るくするなど、視覚的な対処が求められる。後者は、車の高さと室内の床のレベルを工夫して、車が視界に入りにくくする。

離れ型／敷地にゆとりがある場合は、建物と離して独立させる。建物へのアプローチの方法とともに配置やデザインを考える。

カーポートは、将来の工事として扱う場合もあるが、工事の時期が違っても、建物の材料・意匠を引き継いで一体的に計画しておいたほうがよい。建物外付け型や離れ型の場合、駐車していないときのことも考慮して、カーポートの周囲に樹木を植えたり、床面のレンガやブロックの間に、芝生を植えるといった配慮もしておきたい。

■カーポートのバリエーション

○建物外付け型　　建築面積に注意

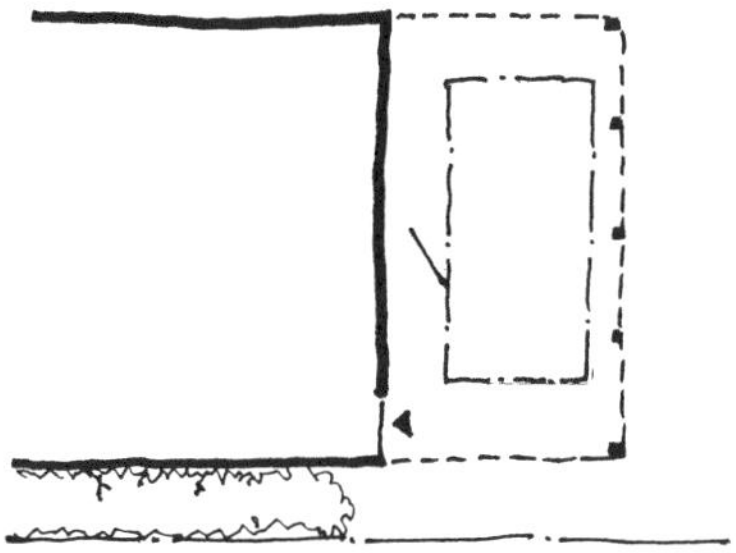

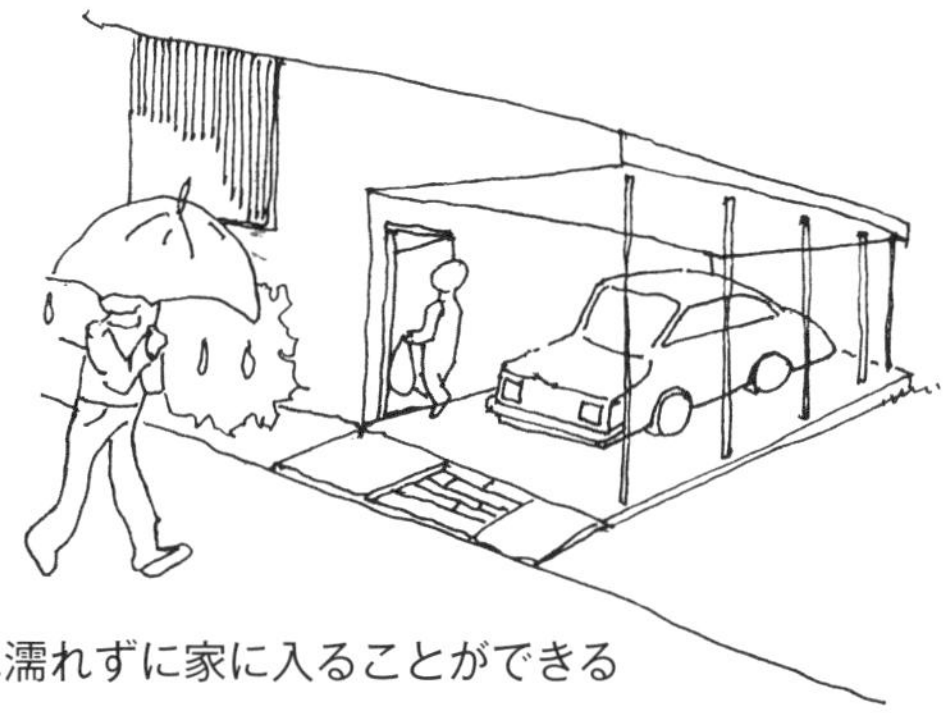

雨に濡れずに家に入ることができる

○建物内包型　　排気に注意

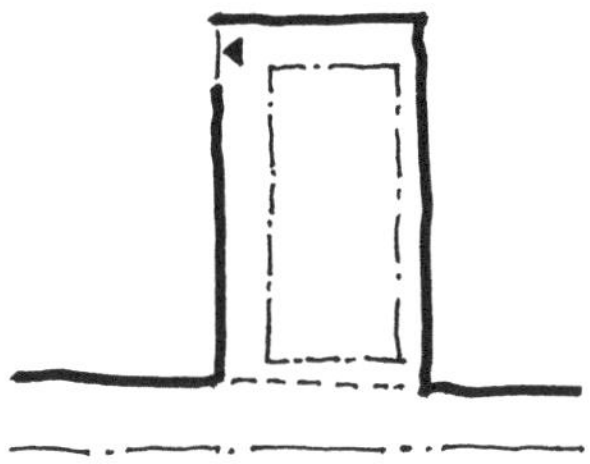

愛車を身近に置ける

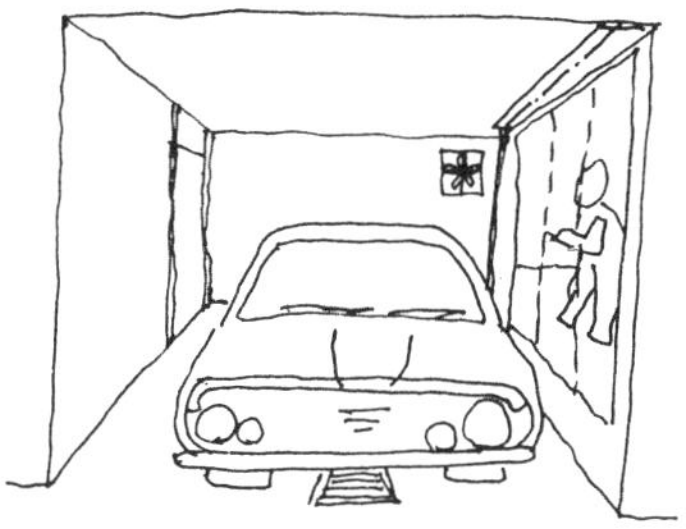

○離れ型　　盗難に注意

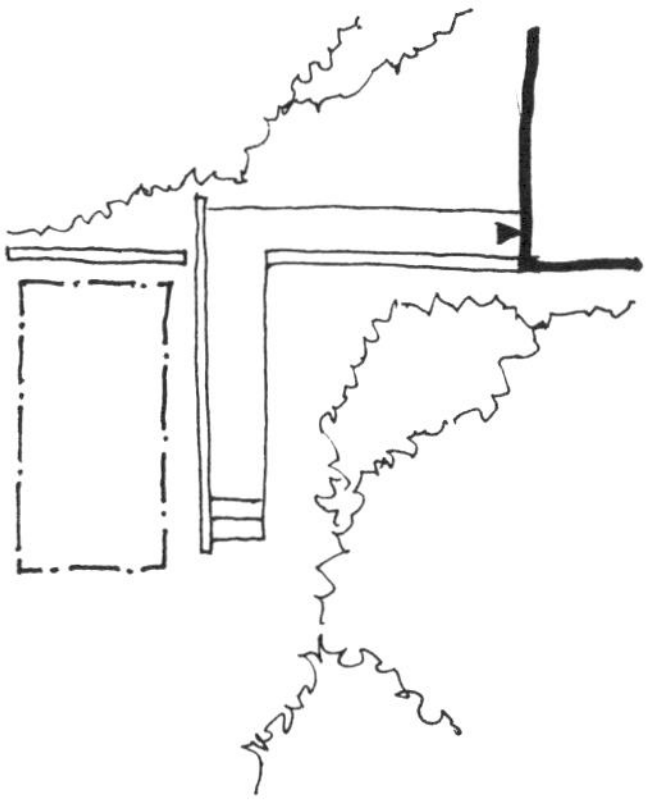

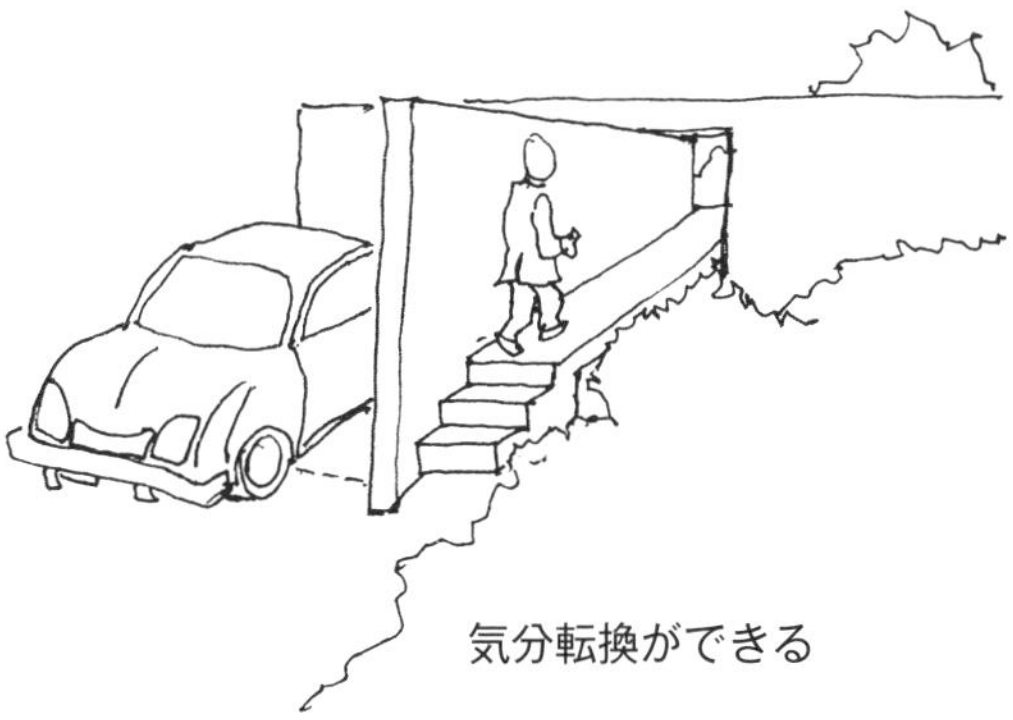

気分転換ができる

樹木は家とともに育つ

Point

木を１本植えることで自然に近隣とつながり、心地よい街並みができてくる。

敷地が狭くなり、庭と呼べる空間がとれなくなっているが、樹木を1本でも植える余地だけは残しておきたい。とはいっても樹木を植えたがらない人が増えているのも事実だ。

理由は、維持費がかかり、虫を嫌う人が多いこと、そして落ち葉の掃除が大変だからだ。確かに剪定や管理に、年1、2回は庭師の手を借りなければならないが、形を見せる樹木でないのなら、自分で暇をみつけて剪定を行うのでも十分である。また虫の付きにくい樹木を選定すればよい。落ち葉を集めて焚き火して、芋など焼いていたら、すぐに警察に通報される。市街地では住居が密集しており、その粉塵や煙は近所迷惑になる。だが落葉樹の配置に配慮すれば、落ち葉はよい腐葉土になる。樹木を育てることから、都市生活の断面が見えてくる。

樹木を植えるメリットは、常緑樹であれ落葉樹であれ、1本の木によって、風景に「みずみずしさ」を運んでくれることだ。その効果は、非常に大きい。周囲の空気が変わるからだ。葉は、風を視覚化してくれるし、潤いを運んでくれる。さらに落葉樹は夏の間、日陰をつくり、冬になれば、日差しを届けてくれる。また広葉樹には、防火に役立つ樹種もある。

樹木を植えたがらない建て主であっても、私は1本でも植えることを勧める。高級な樹木でなくてよい。樹高が低いものや、苗木であればそれほど高価ではない。

子供の成長を見守るように、苗木から育てる楽しみもある。毎年春に花をつける樹木であれば、日々の記憶とつながり、時間が実感できる。樹木の生長は、5年、10年単位の時間を、住み手に教えてくれる。そしてなによりも素晴らしいのは、木を1本植えることで近隣とつながり、心地よい街並みができてくることだ。

■樹木は建物の周辺環境を変える

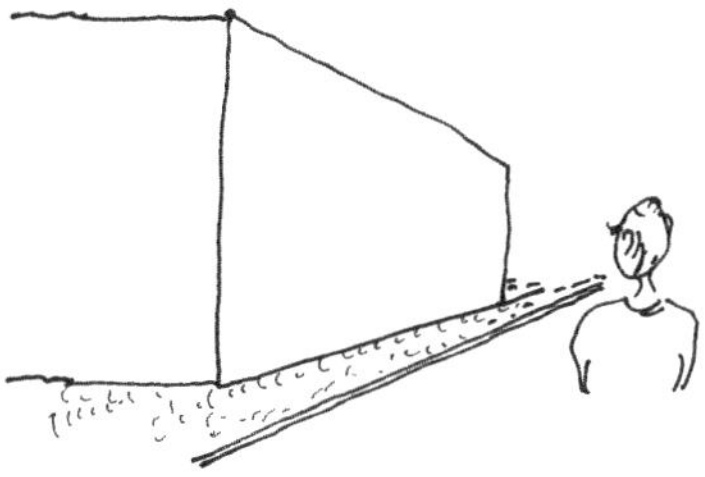

木々のないドライな風景

木々は風を視覚化させる。周囲にみずみずしさを与え、建物の、ヴォリューム感を低減させる

■樹木の効用

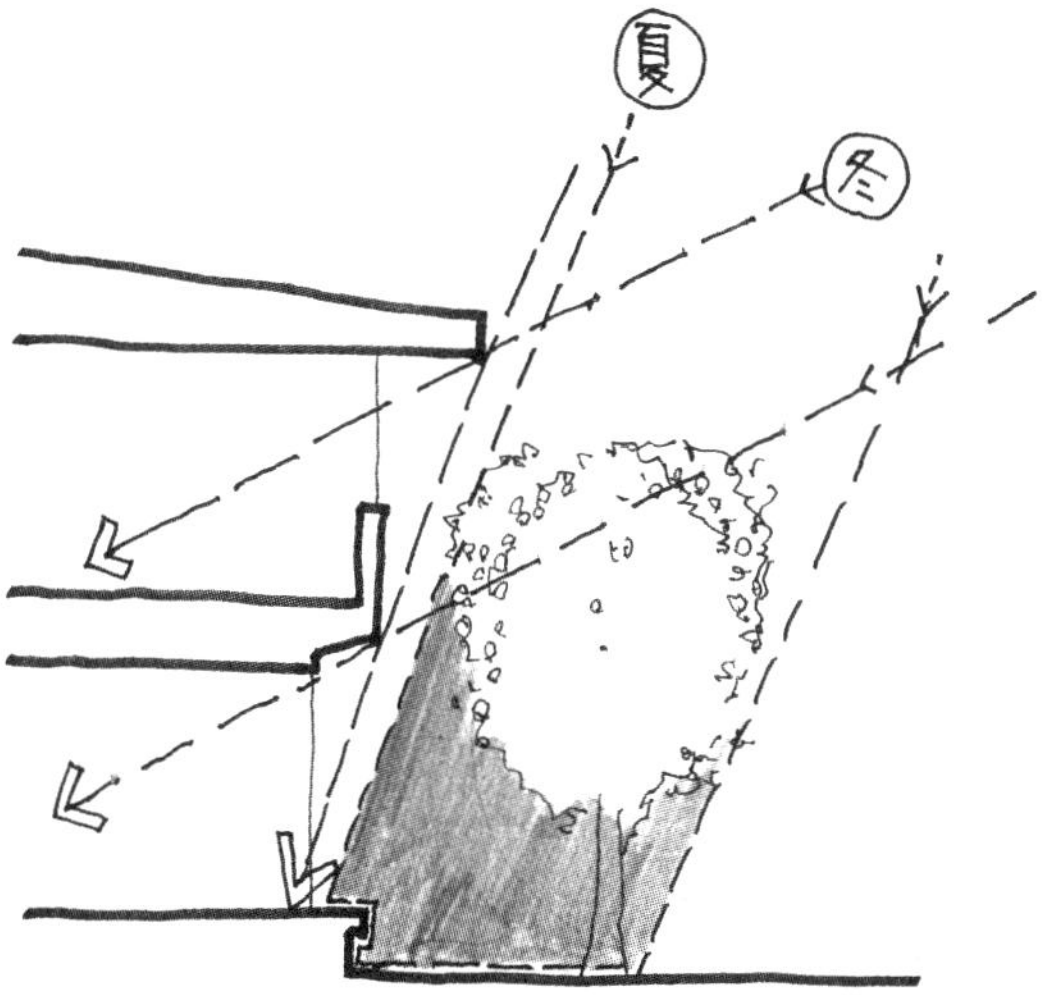

落葉樹は自然のルーバーである。夏の間、日陰をつくり、冬になれば、日差しを届けてくれる

シンボルツリーというほど大げさなものでなくとも、家との関係を考え1本でも木を植えたい

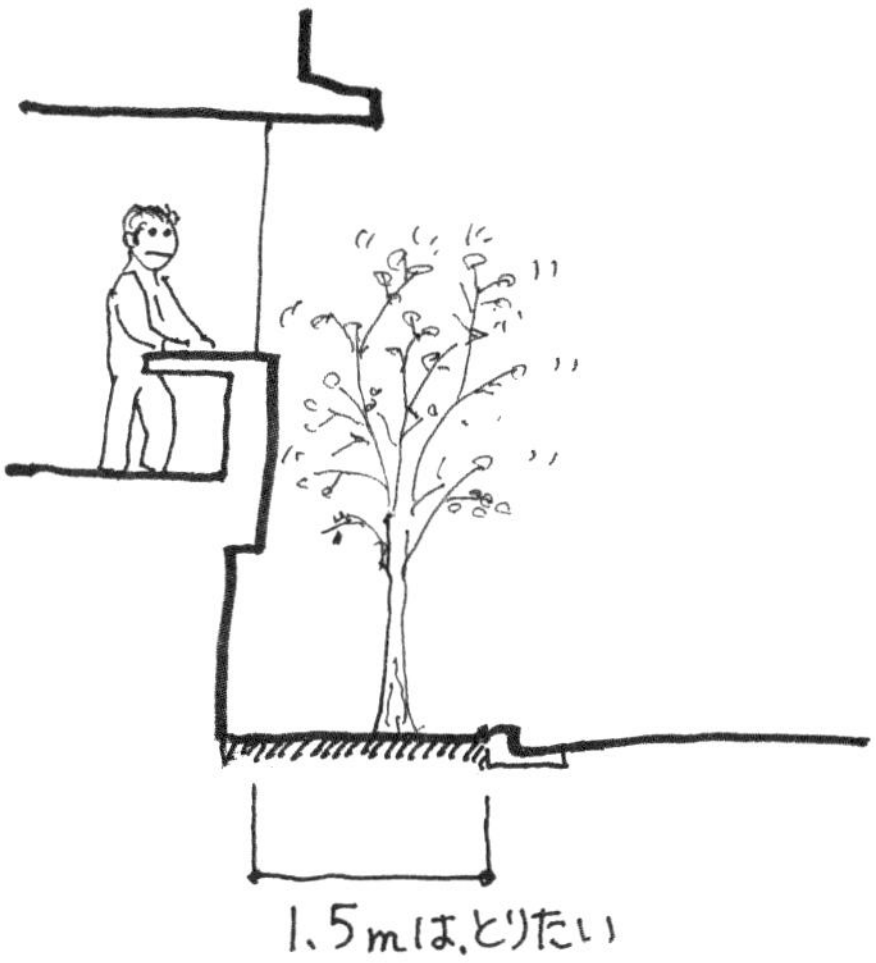

■樹木のカタチ

人の手により刈り取られたカタチ

剪定は必要だが肩肘張らない自然なカタチ

私の家　1954年／清家 清

写真：新建築写真部

仕切りのない一室空間の自由

戦後、日本人が暮らす住宅のひとつの模範をつくった清家清の自邸。敷地は広いが、戦後間もない頃、建設費もなく、10m×5mのRC造の小住宅にせざるを得なかった。そこから生まれたのが一室空間だ。水廻りだけ囲む壁があるが、トイレにはドアがない。リビングと寝室・書斎は床から浮かせた収納棚とカーテンで仕切っているだけ。

石を乱張りにした床は、庭側の開口部を開けると同じ石を乱張りしたテラスにそのままつながる。最小限の床面積だが、建物を戸外と結びつけて、大気の中に生活を溶け込ませているのである。そのための装置として、清家は可動式の半畳4枚のタタミ台を考案した。タタミ台は収納棚の下を通って書斎や寝室にも行き来する。書斎の窓は、下の壁にストンと落とされる。すると書斎も外なのか内なのか境目がなくなる。仕切りがないので、生活の音も匂いも筒抜けだが、外部にも開いているので滞留することはなさそうだ。

とりあえずのシェルターとして建てられた家だが、間仕切り壁を持たない自由さ、内部と外部の融合など、今でも数多くの示唆を与えてくれる。

第5章

基本計画を立てる

エスキースを描く

Point 繰り返し何度もエスキースすることは、設計案をステップアップさせるには欠かせない。

エスキース(フランス語で下絵の意味)は、「構想を下書きする。アイディアを発見し、検証する」段階である。実務では「スタディを繰り返す」という言い方のほうが多いかもしれない。いずれにせよ、繰り返し何度もエスキースを描くことは、設計案をよりよいものにする過程である。学校の授業では、エスキース→作図→プレゼンテーションという順序になっているが、本来は設計という作業自体が、エスキースの繰り返しであり、締め切りがあるので、繰り返しが止まるだけのことだ。

設計者は、自らに課した設計方針に沿って、アイディアの中から取捨選択し、整理していく。エスキース初期段階で、設計方針にそぐわないと判断するアイディアも出てくるだろう。だが盛り込むことができなかったアイディアを忘れないようにしておきたい。なぜなら設計作業を進めるうちに、別の形で生かされる場合もあるからだ。それは設計方針に対して別の視点を加える場合や、後から出てくる要望を解決するときに役立つことになる。

エスキースでは、自分の問題意識を明確にすることや、まとまらない部分を把握しておくことが大切だ。構想段階では、様々な風景や気になる建物の写真を切り抜いておいてイメージをふくらませるなどの方法がある。

エスキースを進めていくうちに、1つの案にあれもこれも盛り込みたくなり、何を優先すべきか迷ってしまい設計の主旨がわからなくなってしまうことがある。そのような場合は、文章化してみるのも1つの方法だ。エスキース案と同時に、言葉からの発想を与えてみることも有効なのだが、文章は自分を拘束してしまうことがある。頭の中を整理するための文章化がその後の発想を妨げてしまうのである。常に、イメージを持った文章化とエスキースをセットで模索するようにしたい。

■エスキースを描く流れ

いきなりエスキースと言われても……
描く流れを例として見てみると……

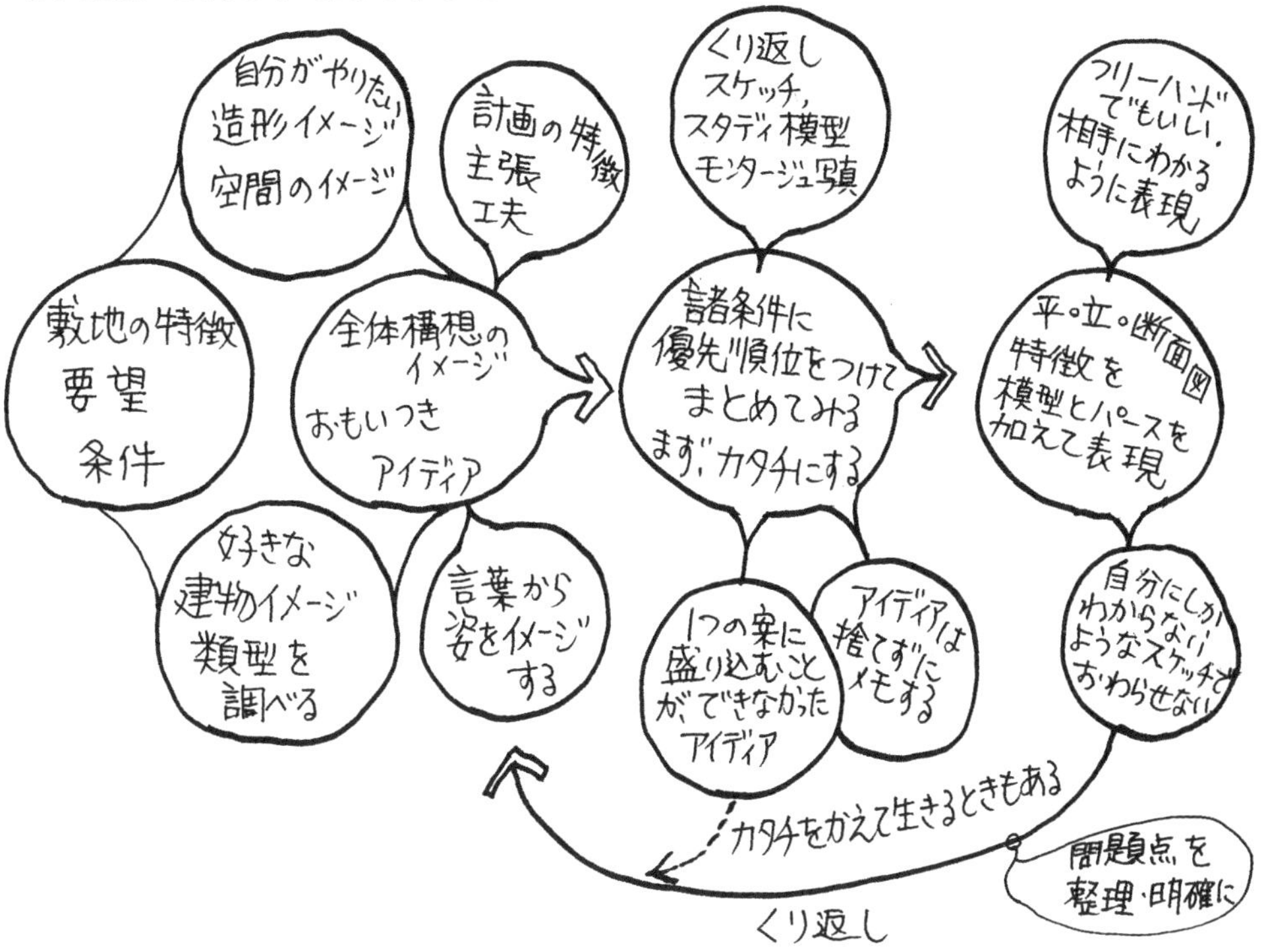

■計画案を相談（エスキースチェック）

計画案の方向性を見つけるために、上司や仲間や指導教官に相談し、エスキースのチェックを受ける。このようにして意見を吸い上げてエスキースを進める

068

住宅のタイトルを考えよう

Point 設計する住宅にタイトルを付けることで、設計方針を明確にすることができる。

様々な条件や要望を整理して、間取りを考えるのが精一杯かもしれないが、それだけでは、計画は成り立たない。設計案にタイトルを付けることを意識することも大切だ。

タイトルを付けようとすると、自分が計画した住宅の特徴を意識せざるを得ない。コンセプトというよりも、計画のテーマを見つけることを心がけてみよう。平面計画上のテーマ、造形的なテーマ、構造システム上のテーマなど、様々なテーマがあるはずだ。あるいは敷地周辺の特徴から導きだされるテーマもあるかもしれない。

「ひと筆書きの家」、「小さな森の家」、「三つの床」といった先人の例を知り、テーマによる計画の特徴を、タイトルにすることで、設計方針を明確にすることができる。同時に建て主に説明する際の「特徴」を一言で表すこともできる。タイトルは、計画上のキーワードであり、設計を進めるうえでも優先順位を明確にすることができる。

テーマは敷地の現場調査や、法的な制限、建て主の要望を考慮したうえで、それらの諸条件を解決できそうなカタチを探す中で発見されることもある。また設計者が思い描くカタチのイメージと建て主のライフスタイルが合致して、具体化可能なカタチに置き換えることができると実感したときに発見されることもある。そのためにも、建て主の嗜好や敷地周辺の状況など、どんな些細なことでも記録しておく必要がある。敷地の状況から何を感じ、制約や条件をどのように解釈するかで、設計者の価値観や観察眼が試される。

もし同じ条件で複数の設計者が設計を行ったとしたら、当然、タイトルも違ってくる。それは、同じ要望事項や制約であっても、テーマの設定、計画の特徴は設計者によってまったく異なるからである。そのためにもタイトルを考えよう。

■住宅にタイトルを付けよう

タイトルを付けることで設計方針を明確にすることができる。建て主に説明する際の「売り」を一言で表すこともできる。タイトルは計画上のキーワードであり、設計を進めるうえで優先順位を明確にすることができる

『小さな森の家』
吉村順三

○タイトルの種類

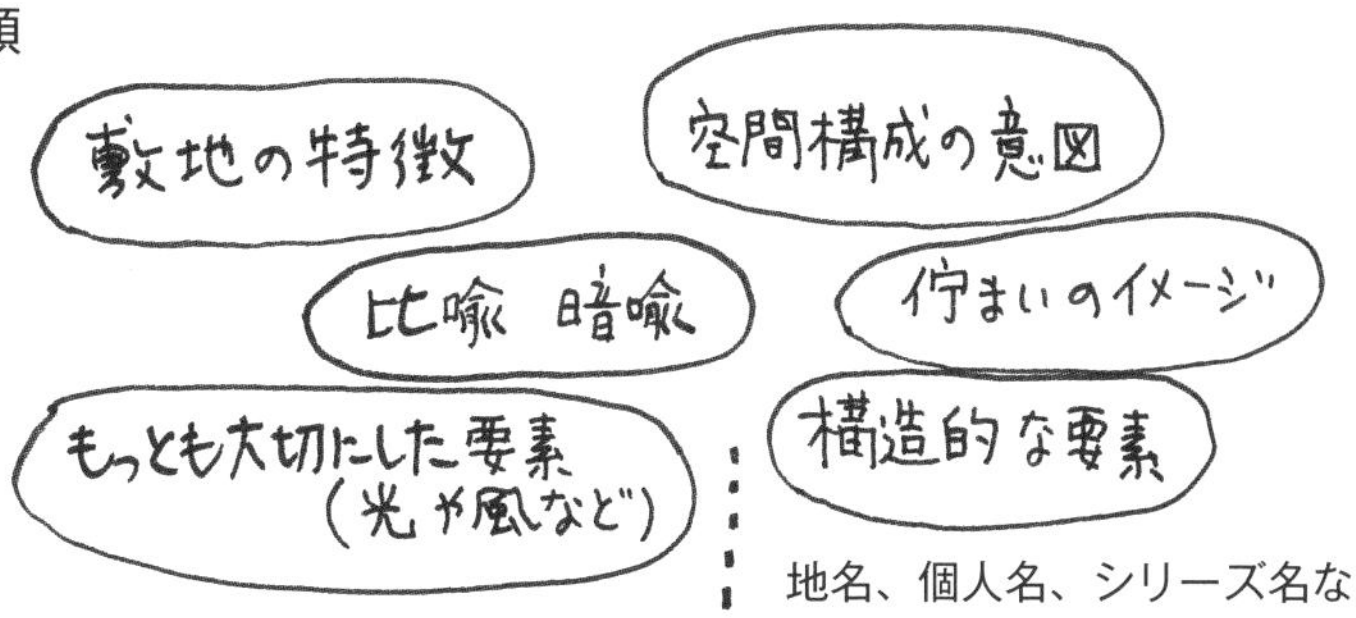

地名、個人名、シリーズ名など

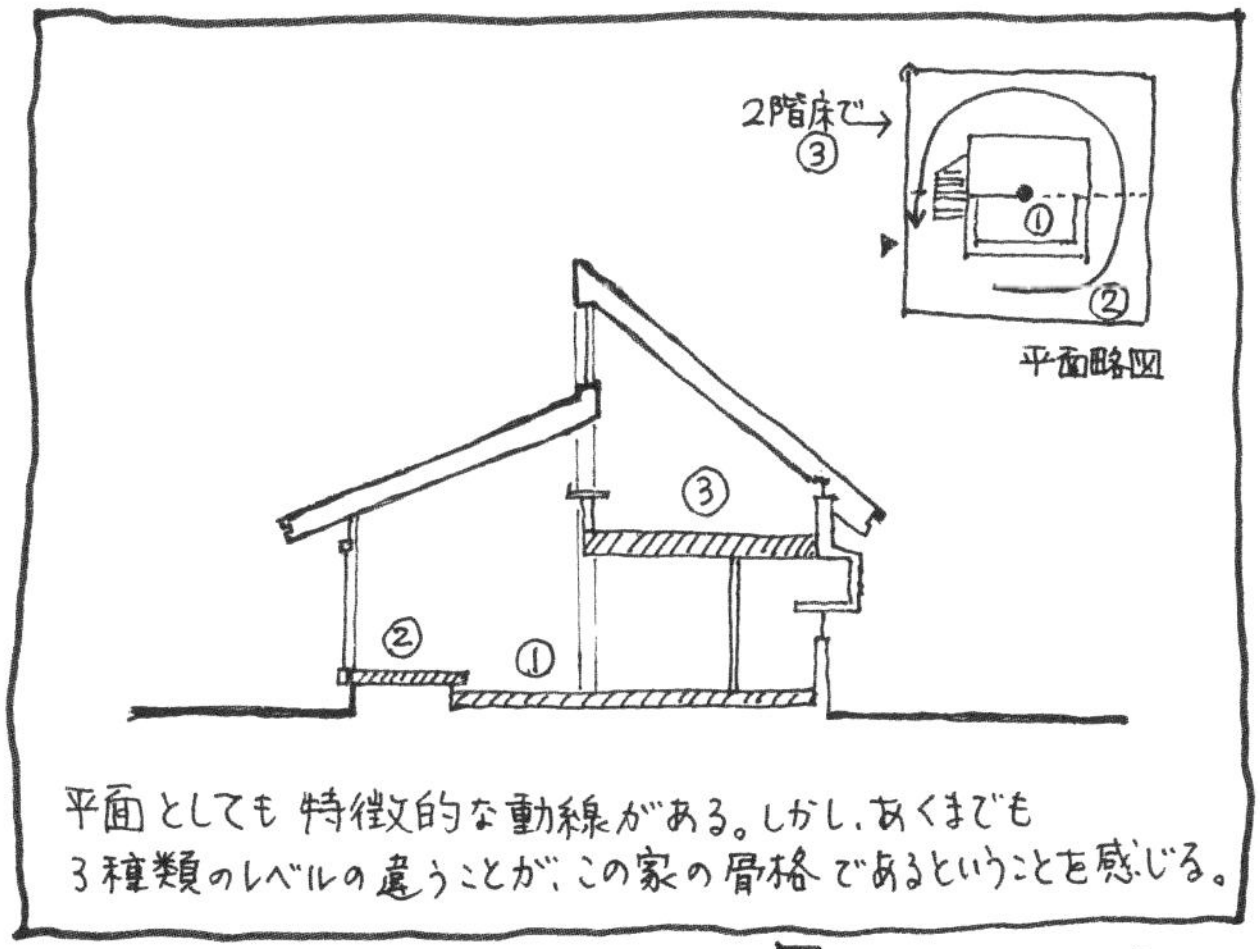

『三つの床』
林雅子

住宅の諸機能を図式化する

Point

生活行為を機能で分類するゾーニングを行って、ゾーン同士や各部屋のつながりを検討する。

住宅は配管や機器が固定されたキッチンや浴室といった水廻りと、食べる・憩う・寝るといった行為を受け止める場によって構成されている。求められる機能を分類すること、つまりゾーニングを行って、ゾーン同士の合理的な関係を探ることになる。各ゾーンの平面的なつながりや、階にまたがる立体的なゾーンもある。

ゾーンは、外来者を受け入れるゾーン、家族が共有するゾーン、寝室などのプライバシーの高いゾーン、家事ゾーン、そして生理衛生ゾーンに分けることができる。多くの場合、水廻りの位置付けが重要になるが、各ゾーン同士、そしてゾーン内の部屋同士のつながりも考えながら検討する。外来者を受け入れるゾーン（応接間やＳＯＨＯのような事務所など）がある場合は、外来者との関わりを想定して、他のゾーンとのつながりを考えるようにする。

各ゾーンを結ぶには、機能的な動線と空間体験をともなう動線がある。家事ゾーンでは、機能的な動線が求められるが、それ以外は、移動しながら空間体験ができるようなストーリーのある動線が望ましい。外来者ゾーンが入る場合は、パブリックとプライベートの２種類の動線が発生する。

また各室の規模によっては、ゾーンや部屋を垂直方向に分ける必要が出てくるかもしれない。振り分けられたゾーンを接続するのは、垂直方向の動線である。階段、スロープ、エレベーターが必要になってくる。建物の規模によっては、大きな面積になる場合もあるので、それらの設置については、十分に検討したい。

各ゾーンのつながりと動線を併せて考えるには、ダイアグラムを用いるのがよい。各室の規模や階数を考慮したダイアグラムとゾーニングの２つを往復することで、計画案を調整したり変形させていくようにする。

■ゾーンの生成

生理衛生部分と
過ごす部分

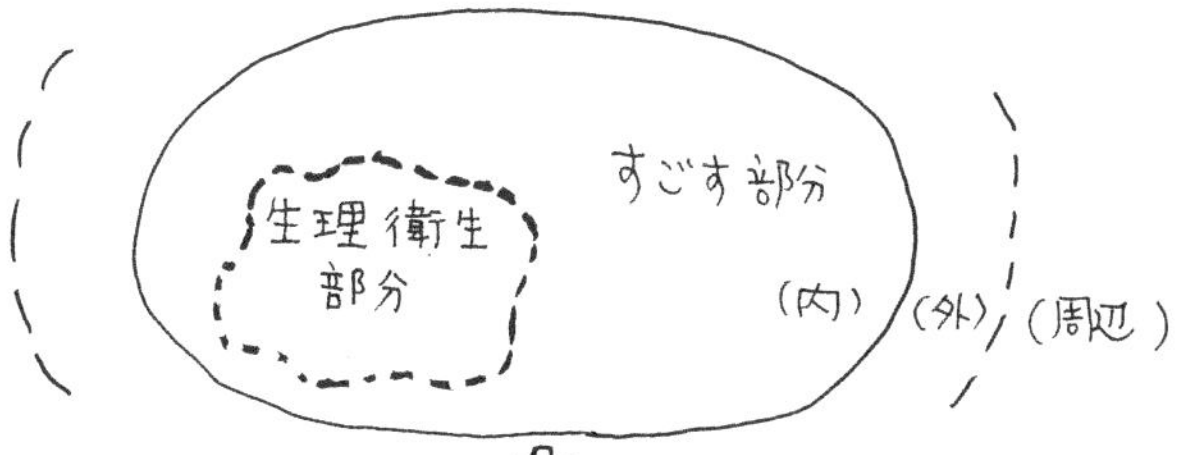

要求・条件から
各スペースを考える

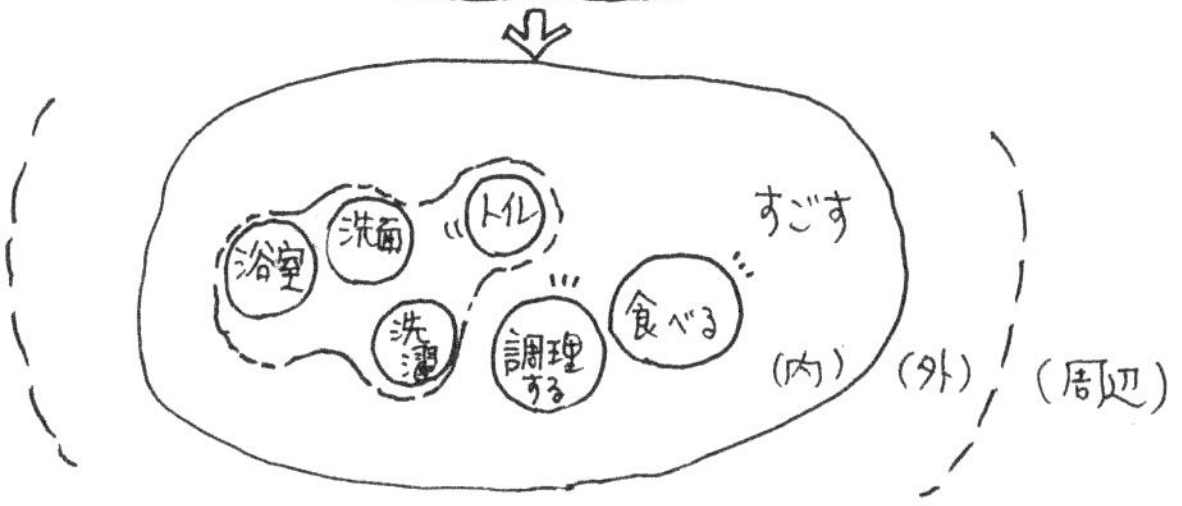

外部、周辺環境との関係と
各スペースの関係を考える

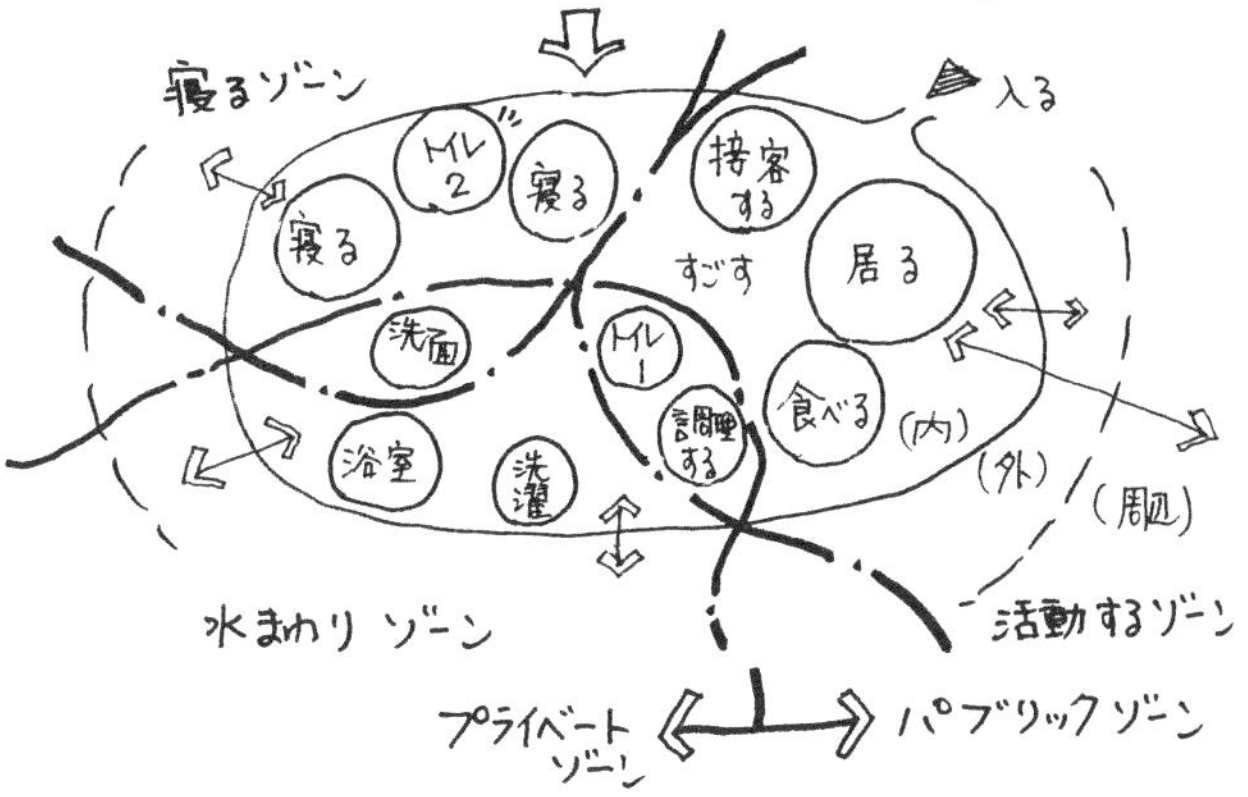

■ダイアグラム

各ゾーンのつながりと動線の関係を視覚的にとらえるためにダイアグラムを作成する

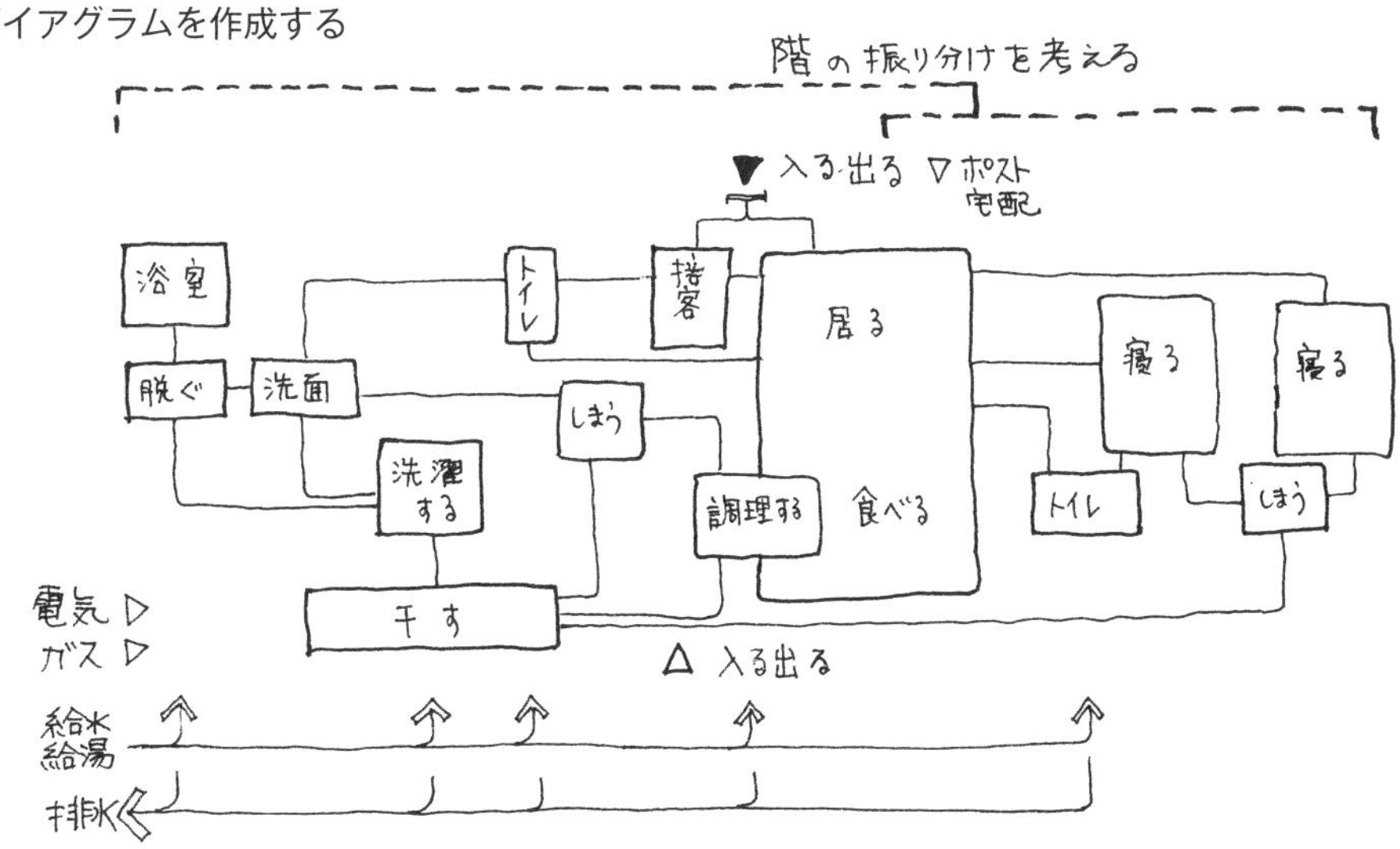

070

生活行為から カタチを考える

Point 空間を構想する際には人の行為を考えて、室名にとらわれないようにする。

敷地状況や建て主のライフスタイルから計画の「きっかけ」を発見することは、建て主の潜在的要求を引き出すと同時に、実際のカタチ＝「もの」を発想する契機になる。

建て主の「きっかけ」を探すには、建て主が言葉にできない、言語化しにくい潜在的要求に対して常にアンテナを張っておく。建築的な工夫に結びつく「きっかけ」になるように、あらゆる可能性を検証して、問題意識を高める準備を怠ってはならない。検討する内容の臨界点を高めることで、建て主との言葉にならない皮膚感覚の共有感が生まれてくる。

「きっかけ」を得るための準備の1つの方法として、「こと」から「もの」を考えるようにする。建て主の「こと」とは、「生活行為」である。「こと」と「もの」をつなぐのは、「人」である。具体的な空間を構想する際には、「こと」を考え、室名にとらわれないようにしたい。室名にとらわれると、人それぞれの生活という生き生きしたニュアンスがあるにも関わらず、知らず知らずのうちに室名に引っ張られて、自由な空間づくりを妨げてしまうからだ。

むろん共通言語として「リビング」、「ダイニング」、「キッチン」、「寝室」という言葉は必要だが、ライフスタイルは人それぞれであることを再認識したい。人の行為は予測できるものではなく、同じ行為が同じ部屋で継続するものでもない。したがって「リビング」、「ダイニング」、「寝室」と室名を決めて、初めから空間の使い方を限定する必要はない。「座の間」、「宙の間」、「空の間」、「食の間」、「暗い場」、「明るい場」などの部屋名でもよい。

「こと」から「もの」を考えるようにすると、空間のあり方を建て主とともにつくり上げることができる。そしてライフスタイルを柔軟に受け止めることができる「もの」になるはずだ。

■計画の「きっかけ」を見つける手法

言語化しにくい潜在的要求に対して常にアンテナを張っておく

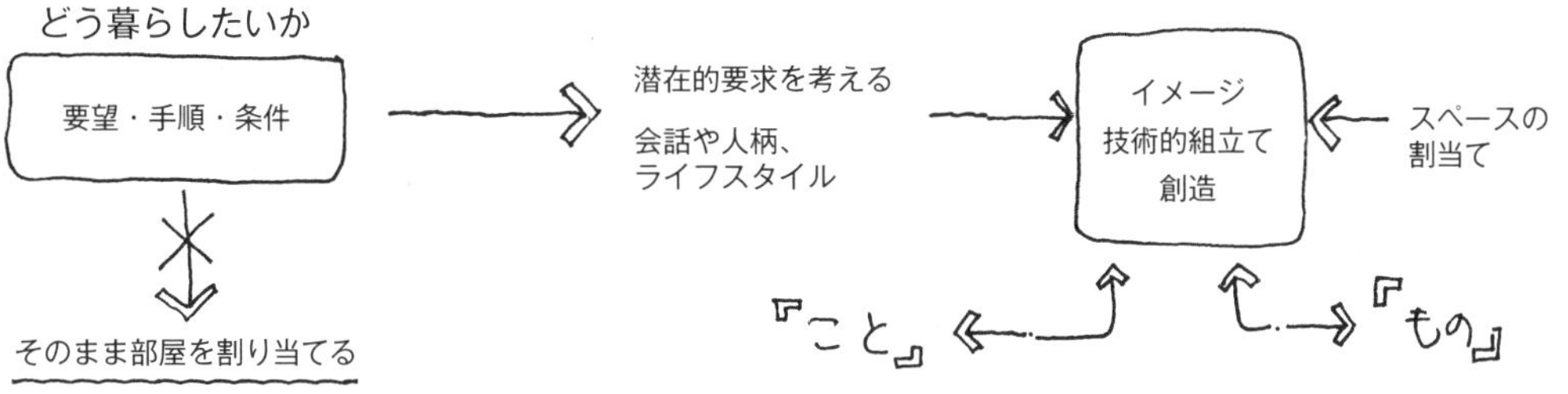

どう暮らしたいか
要望・手順・条件
そのまま部屋を割り当てる
潜在的要求を考える
会話や人柄、
ライフスタイル
イメージ
技術的組立て
創造
スペースの
割当て
『こと』
『もの』

ある会話

建て主

「会社の上司を家に招待することはまずないな。取引先の人を招待することもないよ。でも、友人の家族を大勢招待することはある。3家族以上が来ることも割と多い。だから、そんな状況を許容するような家でありたいな」

設計者

「そうなんですか。多いですねえ。」といいながら、頭の中で考える。

『敷地形状から考えると、建物の北東に玄関があれば、廊下を介さずに効率的に各部屋にいけそうだ。でも、いくら家相など気にしないといわれていても、鬼門といわれているところに玄関を設けるのも気が引けるな。面積も限られているから、普段、人が滞在しないような廊下とか、玄関ホールは要らないんじゃないかな。それに、友人の訪問が多いのなら、気軽な縁側みたいなアプローチがいいかな』

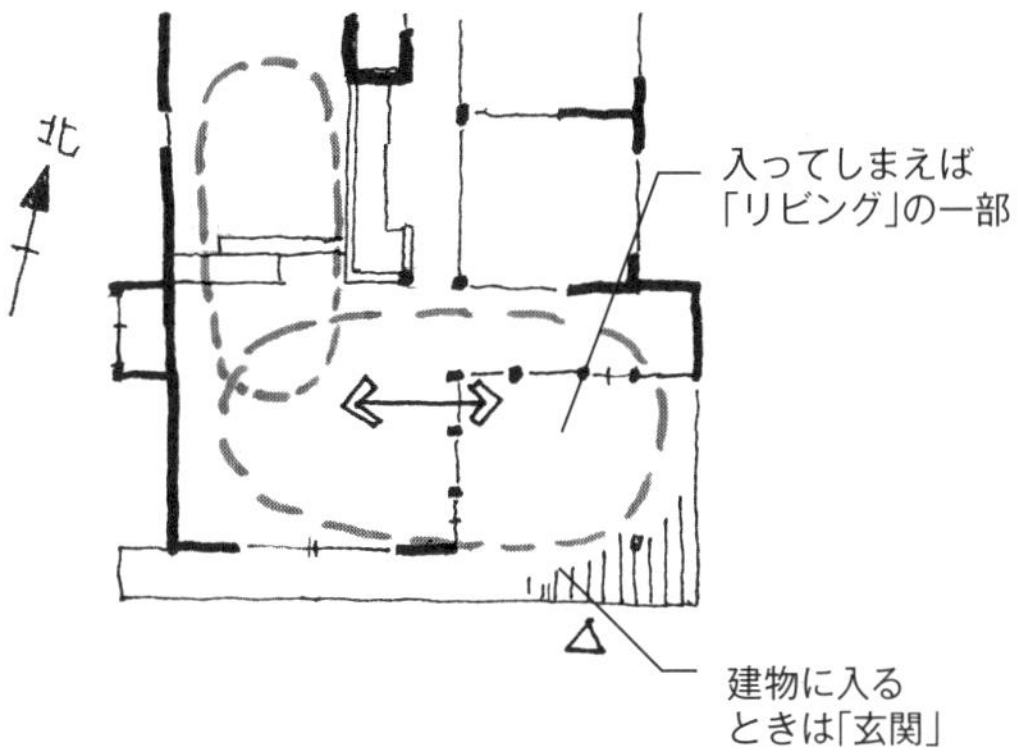

北
入ってしまえば
「リビング」の一部
建物に入る
ときは「玄関」

■共通言語(リビング、ダイニング、キッチンなど)から独自の「こと」のスペースへ

リビング、ダイニング、キッチンなどの共通言語は必要だが、それにこだわらず建て主のライフスタイルを柔軟に受け止める

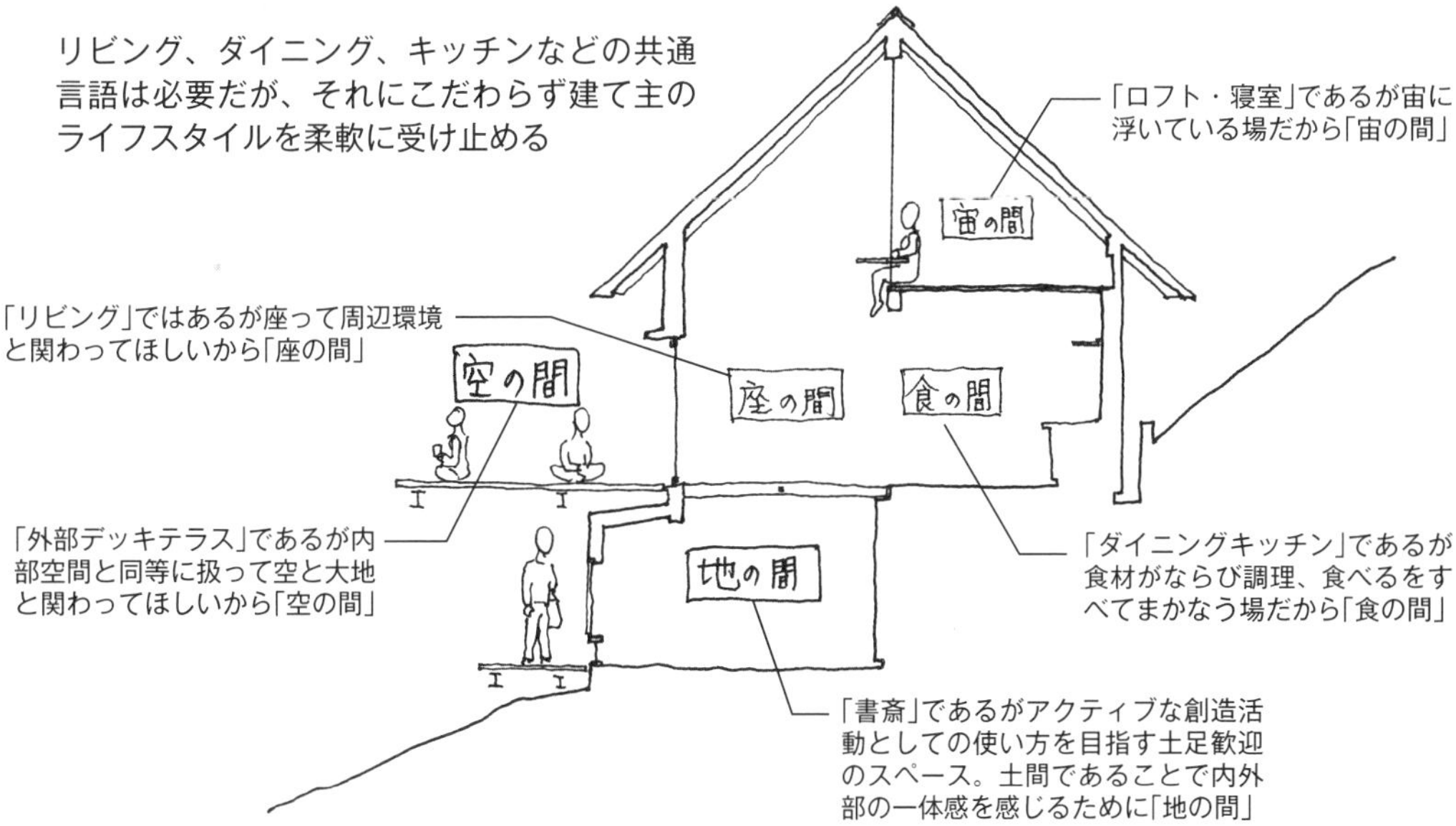

「ロフト・寝室」であるが宙に浮いている場だから「宙の間」
宙の間
「リビング」ではあるが座って周辺環境と関わってほしいから「座の間」
空の間
座の間
食の間
「外部デッキテラス」であるが内部空間と同等に扱って空と大地と関わってほしいから「空の間」
地の間
「ダイニングキッチン」であるが食材がならび調理、食べるをすべてまかなう場だから「食の間」
「書斎」であるがアクティブな創造活動としての使い方を目指す土足歓迎のスペース。土間であることで内外部の一体感を感じるために「地の間」

071

周辺環境と敷地の模型をつくる

Point 建物に影響を及ぼすことが予測される敷地と周辺状況を、模型でしっかり把握する。

設計作業に入ったらまず、設計する住宅の敷地とその周辺環境を把握するために模型をつくる。周辺の土地の起伏だけではなく、設計する住宅の採光・通風・眺望などに影響を及ぼす隣接する公園や隣家、周辺の川や道路や高い建物なども模型にする。特に隣地の建物の大きさや配置、窓の位置などは、正確に模型をつくり、つくりながら建物の配置や大きさをイメージする。

模型の材料は、手に入りやすいダンボール、スチレンボード、スタイロフォームなどで十分である。周辺建物と設計する建物を、違う材料でつくるとわかりやすい。何をどのように表すかは、建築専門誌などに掲載されている模型を参考にするのもよい。

模型は、建て主も理解しやすいように、敷地の状況と周辺環境の特徴がわかる範囲を抑える。周辺模型と敷地模型を一緒にする場合の縮尺は、1／100ぐらいがよいだろう。周辺に森や海などの特徴的な環境があり、計画に影響を及ぼすことが予想される場合は、別に周辺環境の模型を1／200～1／300でつくることもある。

模型は敷地状況の特徴をとらえて、正確に表現したほうがよい。特に建て主が気にしている隣地の建物の高さや窓の位置などが表現されていなければならない。また工作上のささいな表現の違いが出てくる場合でも、建て主にとっては、大きな気がかりになることもあるので、誤解を受けないようなつくり方をしなければならない。

設計する建物に影響を及ぼすことが予想される周辺状況をしっかり模型で押さえ、丁寧につくることが必要だ。たとえば南側に高い建物があったので、あえて南側を閉じた設計を考えた場合や、周辺環境によって設計方針を決定付けた場合など、設計方針の具体的な「きっかけ」を与えた状況を模型に表すことが必要だ。

■敷地模型をつくる

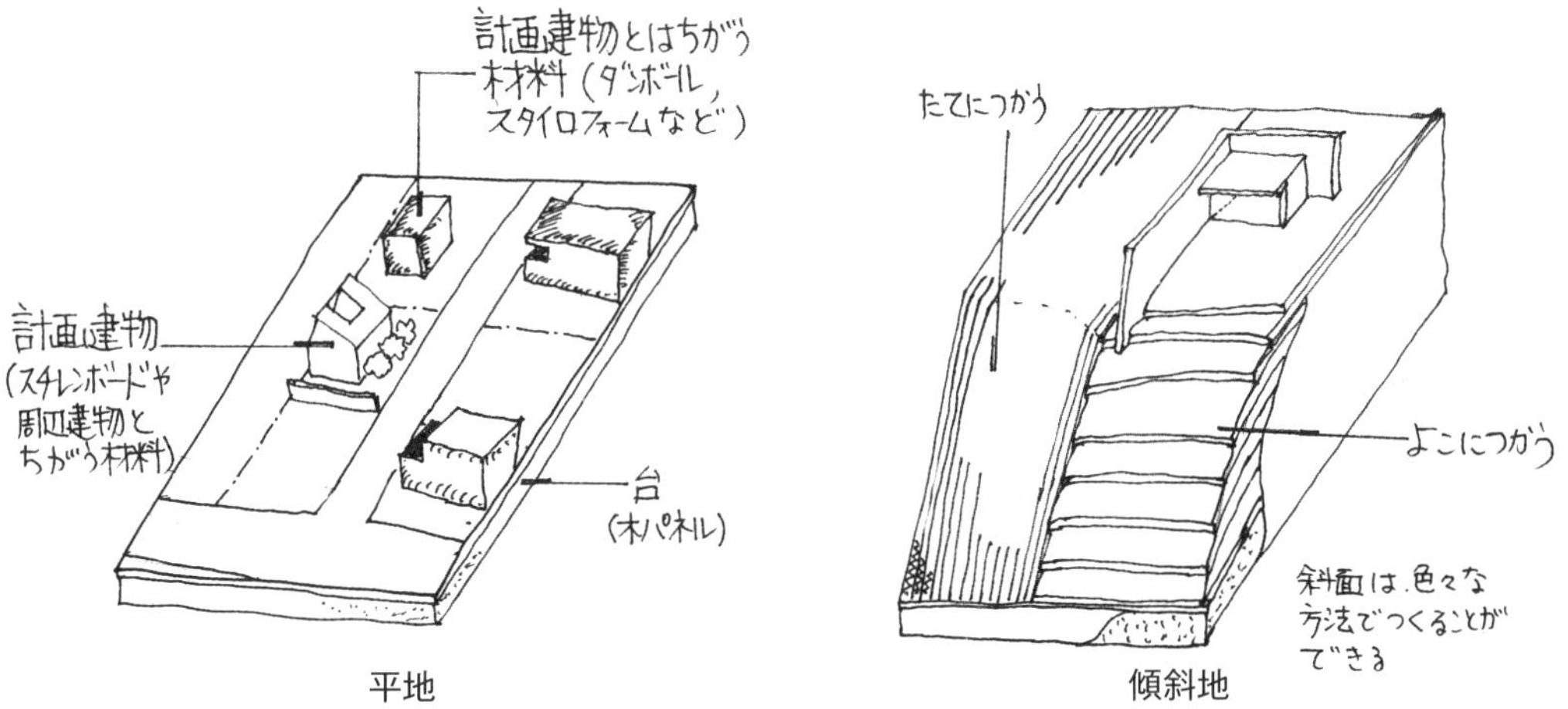

平地　　傾斜地

■敷地模型の縮尺（A3サイズでつくる際の取り込める周辺環境の違い）

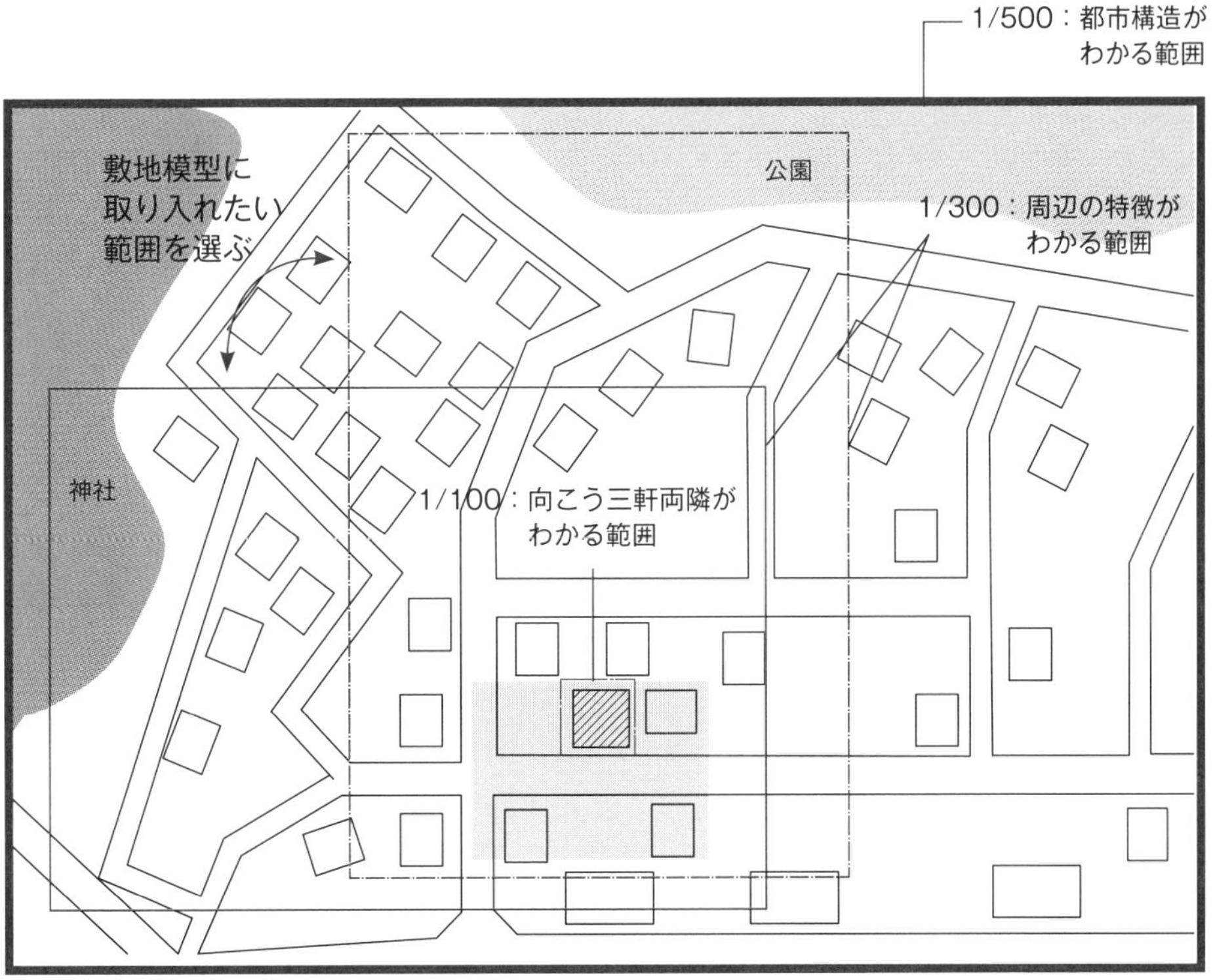

072

ヴォリュームを敷地模型に置く

Point 敷地模型にいくつかの案を交互に置くことで、設計案の違いを比較検討できる。

非常に大まかにではあるが、法律で許される規模をイメージしながら、建物のヴォリュームを算出する。床面積の敷地に対する割合(容積率)と、建て主の要望から算出された床面積を照合して、延床面積を概算してみる。

容積率と同時に、建物形状を決定付けるのは建ぺい率である。大まかにいうと、敷地に対して建物が覆うことができる建築面積(水平投影面積)である。建築面積によって敷地に占める最大の面積がわかり、その建築面積を1層目の床面積と考えて、容積率から算出される最大床面積で、何層になるかが把握できる。建ぺい率が40%以下となる風致地区などでは、建築面積が通常よりも小さくなるので、注意が必要である。

おおよそのヴォリュームを把握したら、建物のヴォリュームを単純な立方体や直方体に仮定して、敷地模型の上に置いてみよう。これは求められる規模に対して、どのような立体が敷地に入り込めるかを実感するために行う作業である。

敷地形状は整形された矩形ばかりではない。間口が狭く奥行きの長い敷地、蛇行している敷地、星型に似た敷地など、様々だ。敷地形状が特異だと、建物のヴォリュームにも影響してくる。内部の部屋のつながりが、建築面積との折り合いが難しくなって、各階のヴォリュームのバランスを検討しなければならなくなる。敷地模型にヴォリュームを置いて、変形させながら検討していくうちに、様々な条件によって、単純な立体が変形していく。いくつかの案のヴォリュームを敷地模型に置くことで、設計案の特徴の違いを比較検討できるのだ。

建物の置かれている状況を、一目で確認できるという意味で、敷地模型に必要なヴォリュームを置く作業は、欠かすことができない。

■ヴォリュームを敷地模型に置いてみる

求められる規模に対して、どのような立体が敷地に入り込めるかを実感するために行う

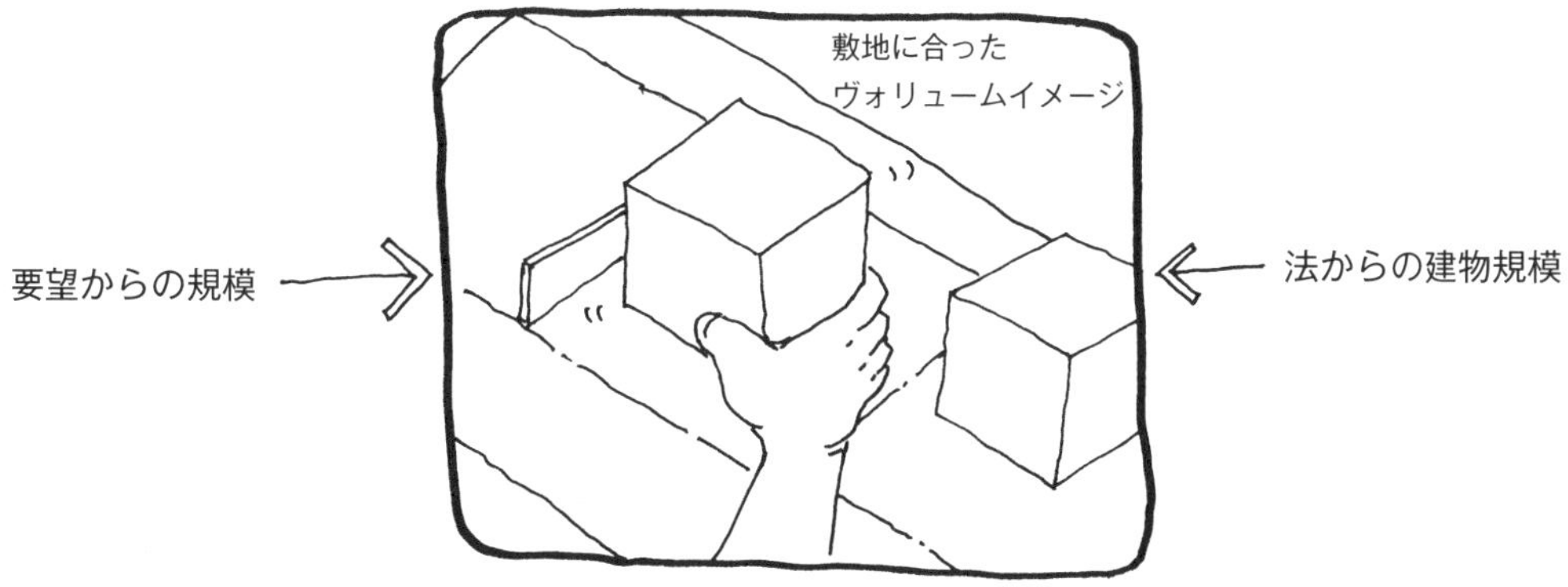

■おおよそのヴォリュームを考える

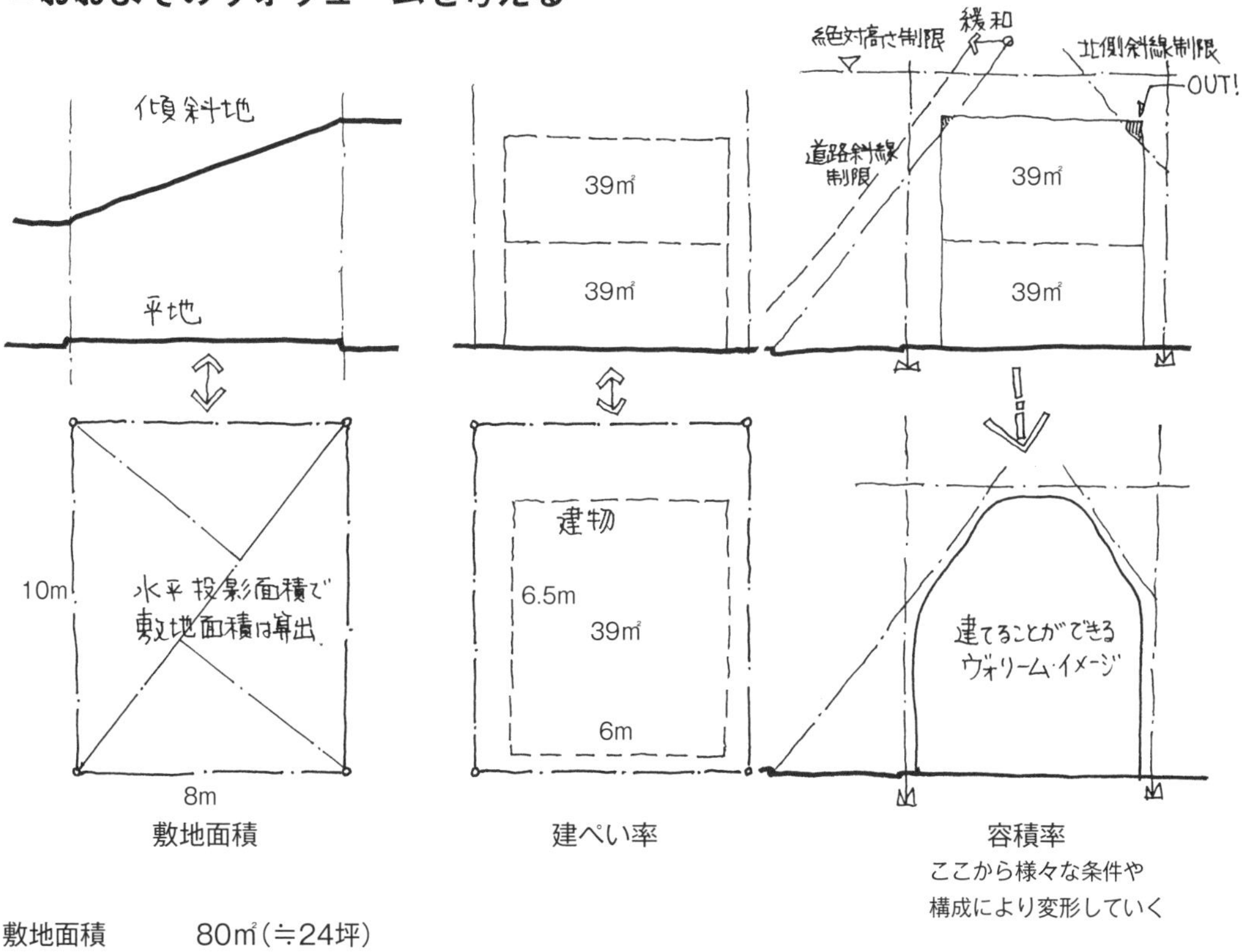

敷地面積	80㎡(≒24坪)	
建ぺい率50%	80㎡×0.5=40㎡	→6×6.5=39㎡　48.75%<50%
容積率100%	80㎡×1.0=80㎡	→2階建てとして
		39×2=78㎡　97.5%<100%

※実際には面積の取り扱い方は様々なルールがある

073

カタチの組み合わせ

Point 単純な立体を組み合わせることから、建物の様々な構成を考えることができる。

構造システムや構造解析技術の発展によるところが大きいが、建物のカタチは、自由自在につくれるといっても過言ではない。自由にカタチがつくれるからこそ、構造的な根拠や施工の方法まで考えて設計することが、設計者に問われている。建物は人がつくり、人が住むものであることを念頭に置いてカタチを考えてほしい。

そこで単純な立体を組み合わせることからカタチを考えてみよう。単純なカタチこそ基本である。立方体、直方体、円柱形などを使って立体の関係をつくり出すことから、様々な建物の構成を考えることができる。

まずは、立方体や直方体だけで、建物が構成できるかを考える。次に立方体と直方体、立方体と円柱形など、2つの立体を組み合わせる。するとそれぞれの立体の位置関係によってスペースが発生する。いくつかの立体を組み合わせてできるカタチの関係は、①並べる、②足す、③引く(削り取る)が考えられる。

①は並べ方によって余白部分に、様々なスペースが生まれる。②は貫入させたり、取り付けたり、上に載せたり、1つの立体の中に入れ子にすることで、様々な関係が生まれる。③は立体の一部をくりぬいたり、削ったりしてカタチをつくることができる。そのうえで、立体の内部ヴォリュームを考えて、部屋の機能を割り当て、スペースの違いによって、内部ヴォリューム同士の関係を考えるのである。

一方で閉じた立体を、壁、床、天井に分解して考えることや、フレームという線材に分解して考えることも、外観や内部のカタチを考えることにつながる。立体の組み合わせから各構成要素が分解され、囲むカタチや覆うカタチが出現する。単純な立体や分解された面、フレームといった要素を通して、カタチを考えることが必要だ。

■単純な立体の組み合わせと展開

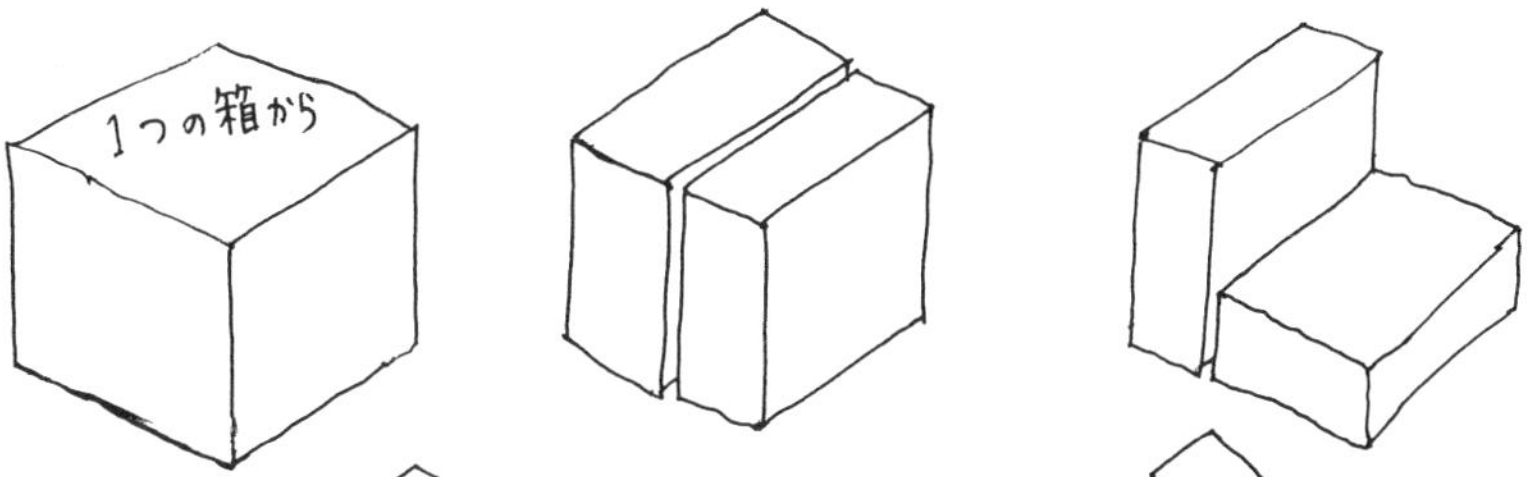

並べる
並べ方によって余白部分に様々なスペースが生まれる

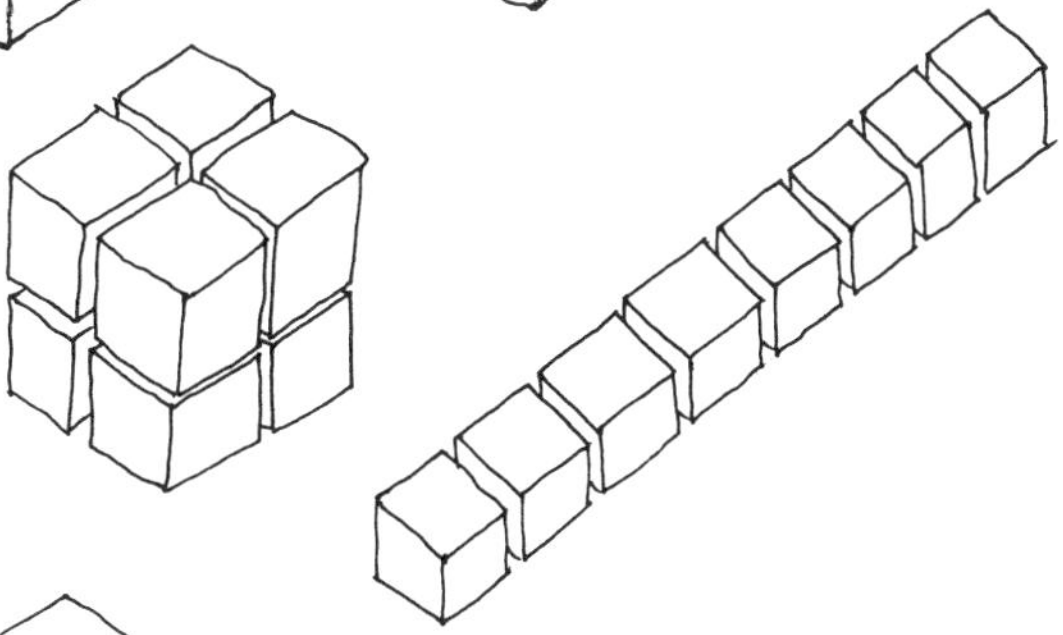

足す
貫入させたり、取り付けたり、上に載せたり、１つの立体の中に入れ子にすることで様々な関係が生まれる

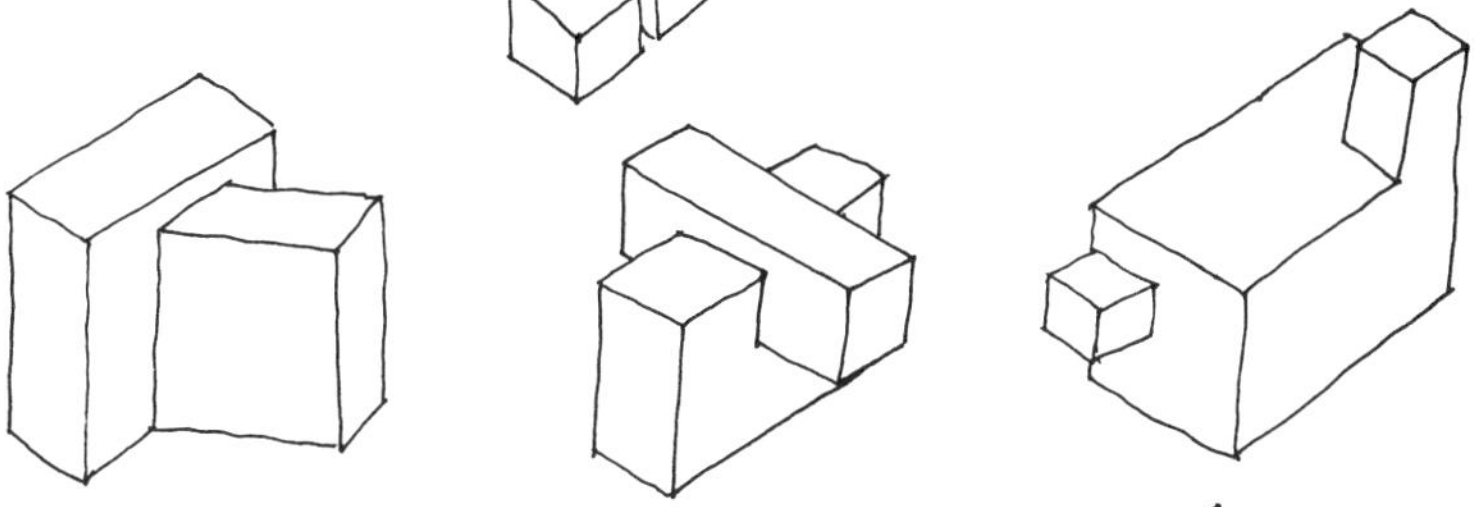

引く
立体の一部をくりぬいたり、削ったりしてカタチをつくることができる

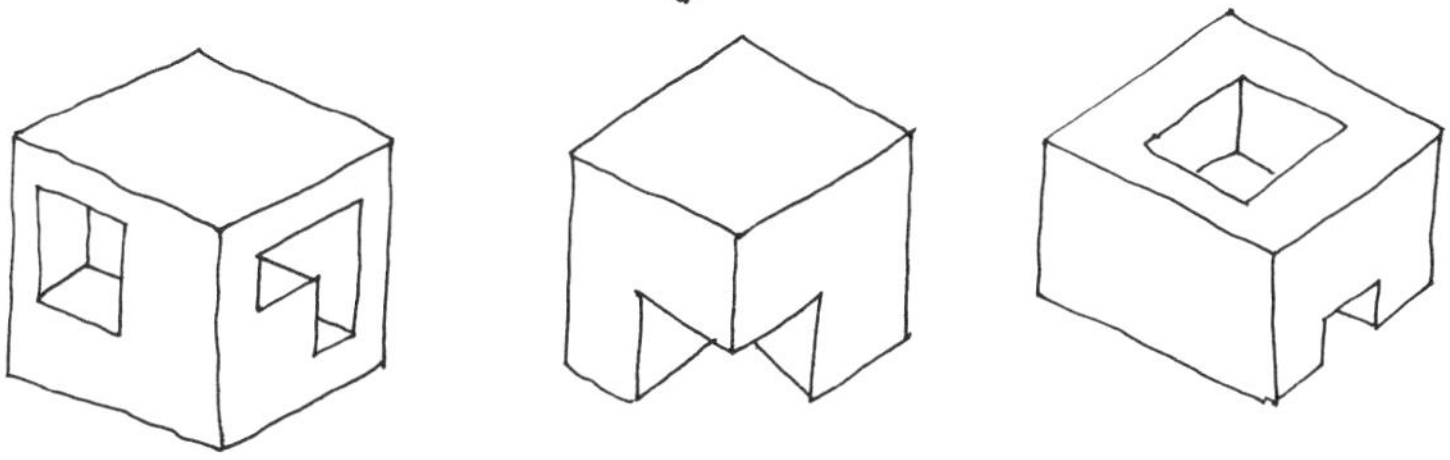

○箱を面に分解して考える

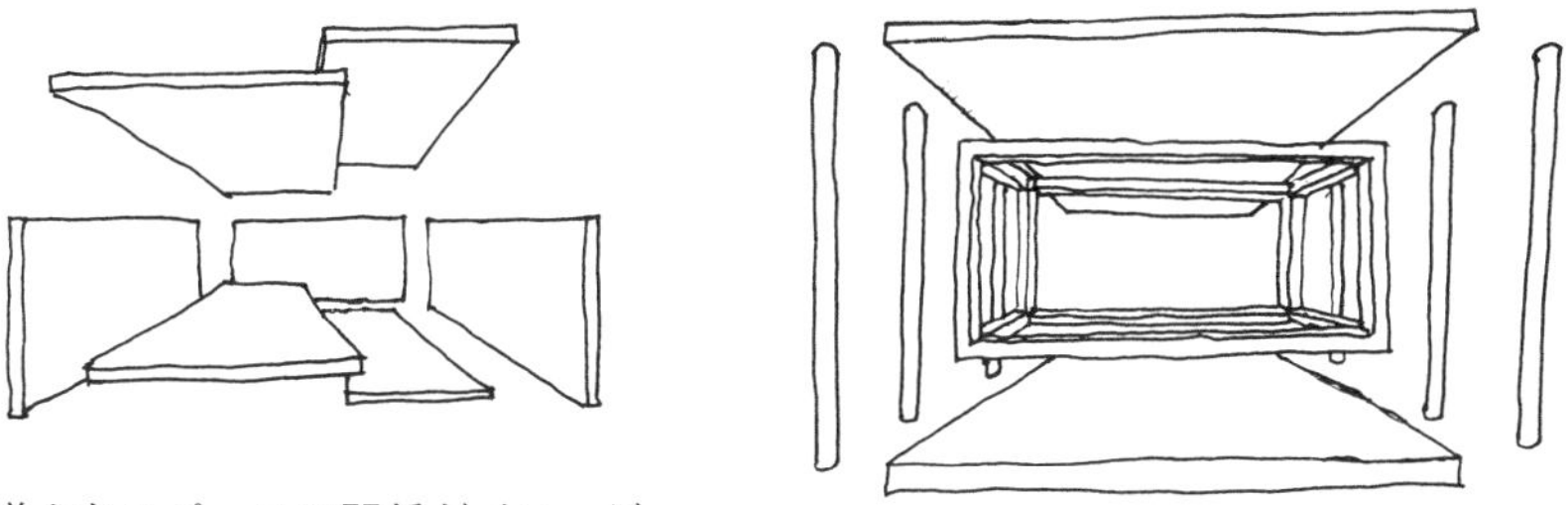

様々なスペースの関係がイメージされてくる

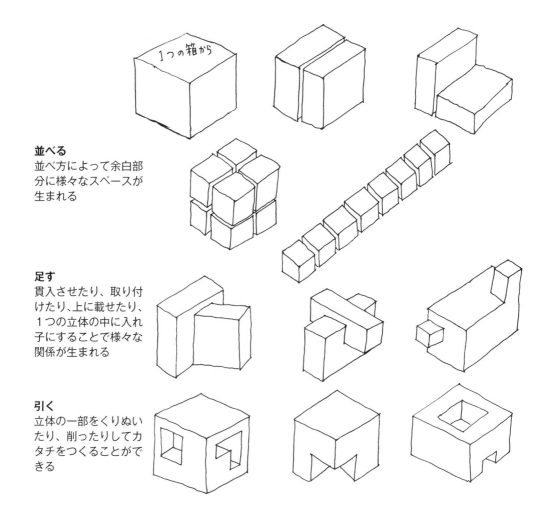

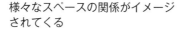

074

平面で部屋のつながりを考える

Point 部屋同士のつながり方を工夫することで、空間の一体感や広がり感が生まれる。

平面計画では、各部屋の全体に占める面積の割り振りと配置、各部屋のプロポーション、各部屋を結ぶ動線計画などを同時に考えなければならない。壁で仕切られた部屋をつくって、単純につなぎ合わせるだけでは「設計」にはならない。それぞれの部屋の役割や機能を念頭に置いて、配置することが求められる。その際、各部屋のつながり方がポイントになってくる。部屋の用途が限定されていても、つながり方を工夫することで、空間的には一体感や広がり感が生まれたりする。

たとえばキッチン、ダイニング、リビングはどのようなつながりが求められているのだろうか。建て主の求めるダイニングとリビングでの過ごし方はどのようなものなのかによって、それぞれのスペースをずらして配置するのか、または大きなスペースを1つだけ用意するのかを考える。

一方、空間的なつながりについては、部屋の広がりを感じさせる方法として、視線を長く取ることが考えられる。部屋への出入り口の位置が対角線上に配置されていれば、部屋に入ったときに長い視線を確保できる。またはリビングでくつろぐ位置から、隣り合う部屋との壁を天井まで設けないで、床のレベル差だけにしたり、1.5mくらいまで壁をつくり、その上を開放して、視線を長く取れるような工夫をすることで、それぞれの部屋とのつながりを感じさせることもできる。視線の「抜け」をつくるといってもよい。実際の床面積では測れない視線の広がりが、各部屋のつながりを生むのである。

逆に各部屋間を結ぶ動線空間を長く取ったり、明るい部屋と暗い部屋など空間の質の違いを付けることで、様々な場面をつなぐこともできる。一つひとつは小さな部屋かもしれないが、空間体験の多様さによって、つながり方も多様になる。

■平面で部屋のつながりのバリエーションを考える

○分けながらもつながる

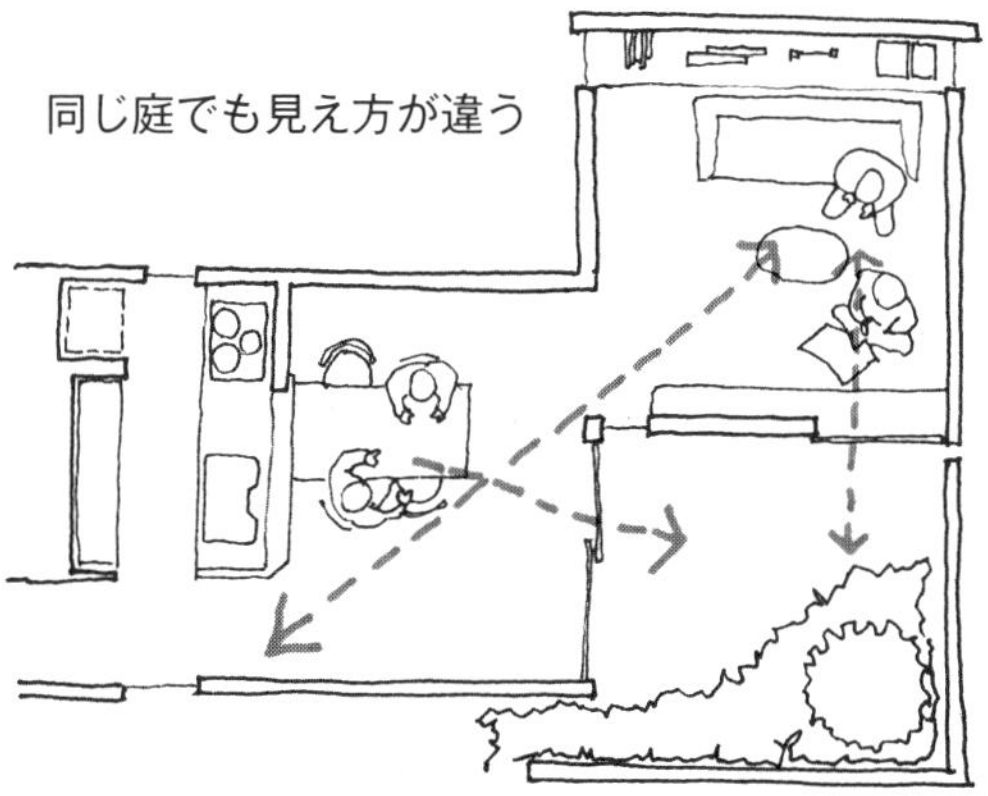

過ごし方にあったスペースを確保しながら、分けすぎない一体空間としている。庭の使い方も、見え方も変えバリエーションが増える

○広めの一室空間

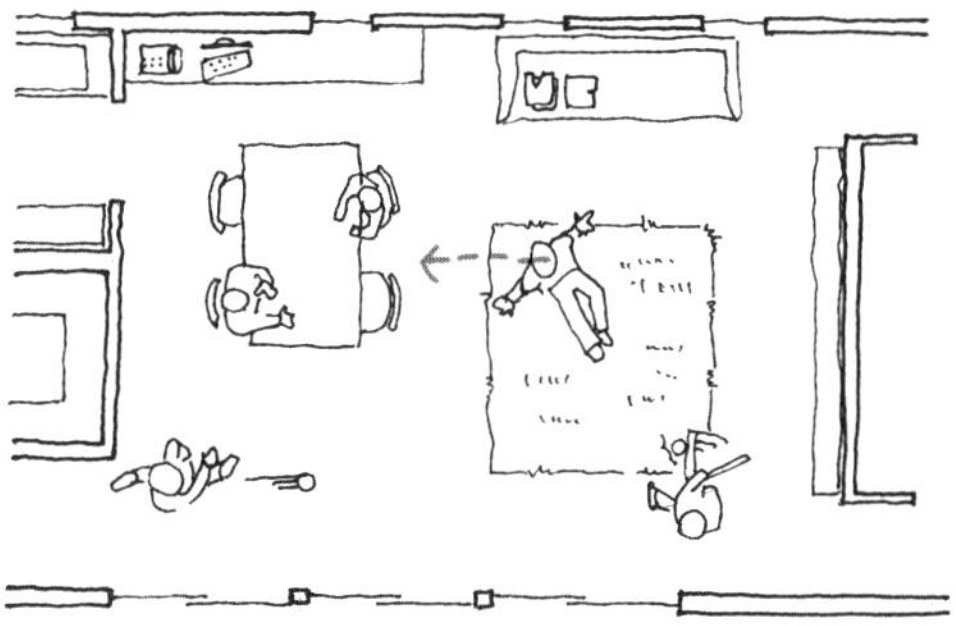

大きい室内空間は魅力的であるが、椅座・床座を混在させると、家具からの圧迫感を受けやすいので工夫が必要である

○気分転換しながらつながる

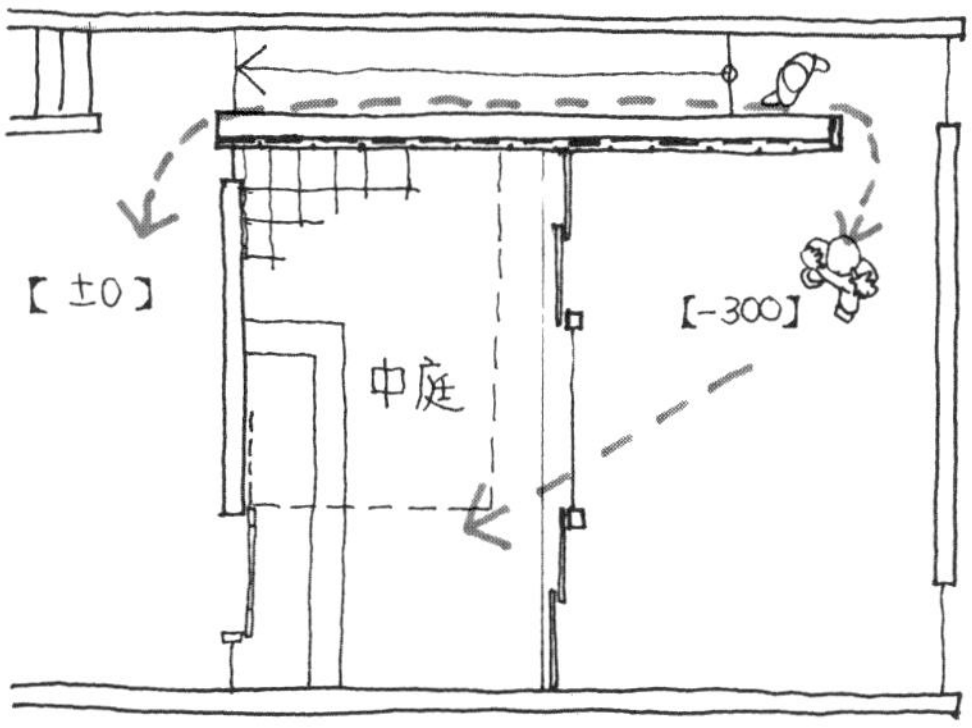

レベル差のあるスペースを配置し、各室の移動空間を挟んで、スペースの質の違いを強調する

○視線を少し切りながらも空気がつながる

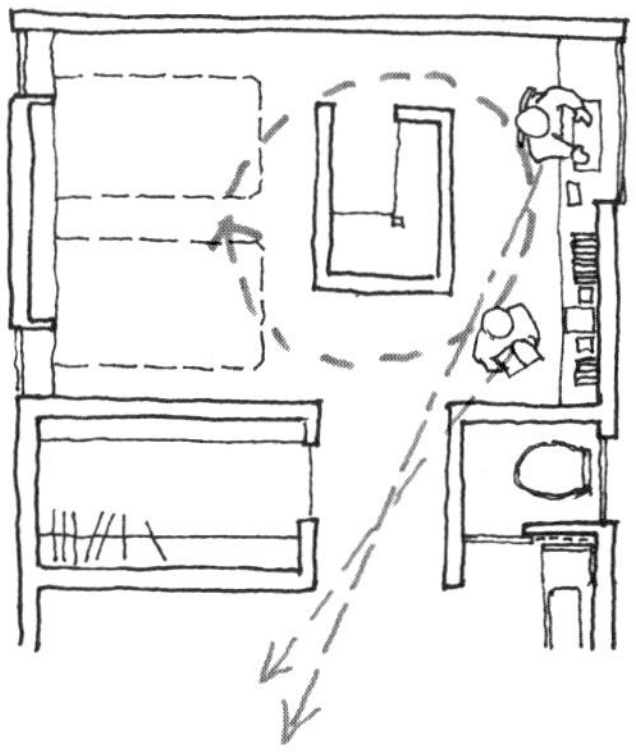

納戸やトイレなど目的が決まっている小部屋を分散配置し、各スペースをつなげている

075

断面で部屋のつながりを考える

Point

一律に天井高をそろえるのではなく、
部屋の用途によって天井の高さを考える。

断面計画では、各部屋の立体的な構成を考える。平面的な部屋のプロポーションに対して、断面は、平面で検討した各部屋に高さを与えることになる。一律に天井高をそろえるのではなく、部屋の用途によって天井の高さを考えながら断面計画を行う。

部屋に高さを与えることで、空気の容積（ヴォリューム）としてのプロポーションを強く意識してほしい。各部屋を「空気の容積」と考えて、そのプロポーションが、どのようなかたちで、隣接する部屋とどのような関係になっているのかを観察する。

天井の高さは、部屋の用途によって異なる。たとえば、リビングの天井の高さをどう考えるか。人が集まり、立っている状態だと、２３００㎜でも狭く感じるが、座って長い時間を過ごそうとすると、もう少し低いほうが落ち着くかもしれない。広めのスペースが確保できるのであれば、天井の高さを部分的に変えることも有効だ。

トイレは多くの場合、小部屋になっているため、天井高を２３００㎜にすると、逆に狭さを感じる。私はトイレの天井高は、換気を考えても１９５０㎜で十分だと考えている。浴室の天井高は、開放感とメンテナンスを考えると、２１００㎜は必要だろう。

建築面積の関係で、各階に振り分けられた部屋同士であっても、平面的につながっていたほうがよい場合は、一部に吹き抜けを設ければ、立体的につなげることができる。しかし吹き抜けによって生まれる部屋のプロポーションは、慎重に検討する必要がある。平面の広さにもよるが、私は天井高が5mを超える2層吹き抜けは、高すぎると考えている。温熱環境を効果的にするためにも、1.5層程度がよいのではないか。2層吹き抜けを一部分にするだけでも、部屋同士のつながり感を出すことは可能だ。

■断面で部屋のつながりのバリエーションを考える

○視覚的に一体とするか、空気が一体になるか

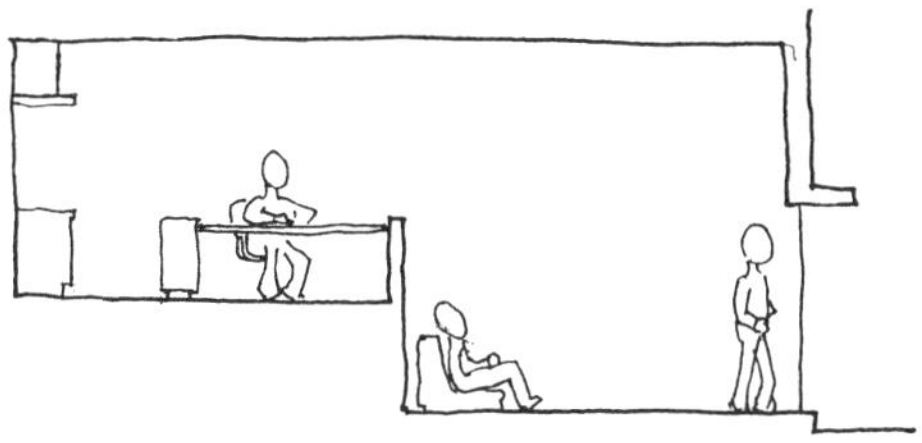

○天井高は姿勢や行動によって違ってもよい

トイレは小部屋になっているため天井高を2300㎜にすると、逆に狭さを感じる。換気を考えても1950㎜で十分である。浴室の天井高は、開放感とメンテナンスを考えると、2100㎜は必要である

天井高が5mを超える2層吹き抜けは高すぎる。効果的な温熱環境のためにも、1.5層程度がいいのではないか。2層吹き抜けを一部分にするだけで部屋同士のつながり感を出すことは可能である

076

移動をシミュレーションする

Point シークエンスを魅力的につくるには、移動しながら一連の流れをつくり出すことだ。

各部屋のつながりや配置を検討したら、次は自分自身が設計案の中に入り、様々な状況を考えて、移動してみることが大切だ。ただ単に、部屋から部屋へ「行くことができる」だけではなく、扉の開き勝手を含めて、移動しやすさも考える必要がある。そこに暮らすことを精一杯イメージすることが必要だ。人の動き以外にも住宅には、様々な物品の移動もある。宅配便や新聞を受け取るのも物品の移動である。ピアノがある場合は、搬入ルートを確保できているかなども確認する必要がある。

階段や廊下といった移動スペースは、住宅の骨格を形成する大きな要素である。小規模な住宅なら、階段や廊下などの独立した移動スペースは、最小限にしたい。たとえばリビングに入り、その周縁部に配置された部屋に移動するのに、独立した移動スペースがなくても可能だ。しかしリビングに隣接する部屋で発生する音や臭い、あるいはプライバシーの程度については、十分に検討しなければならない。またリビングに階段が内包されている場合は、一人がくつろいでいるときに他の人が移動するときなど、移動によってくつろぎを阻害することもある。このように様々な状況をイメージしながら、移動をシミュレーションしてほしい。

移動するということは、機能的な面だけではなく、様々な空間を体験するという側面もある。移動による場面の変化のつながりを「シークエンス」という。シークエンスを魅力的につくることは、部屋から部屋へ移動し、移動するたびに部屋の質の変化、あるいは外部空間を体験しながら、一連の流れをつくり出すことである。また吹き抜けのある部屋に階段をつくることで、空間と立体的に関わることもできる。トップライトから降り注ぐ光の中を歩く廊下など、移動スペースそのものに、空間体験を与えることも大切だ。

■ 各スペースの移動バリエーション

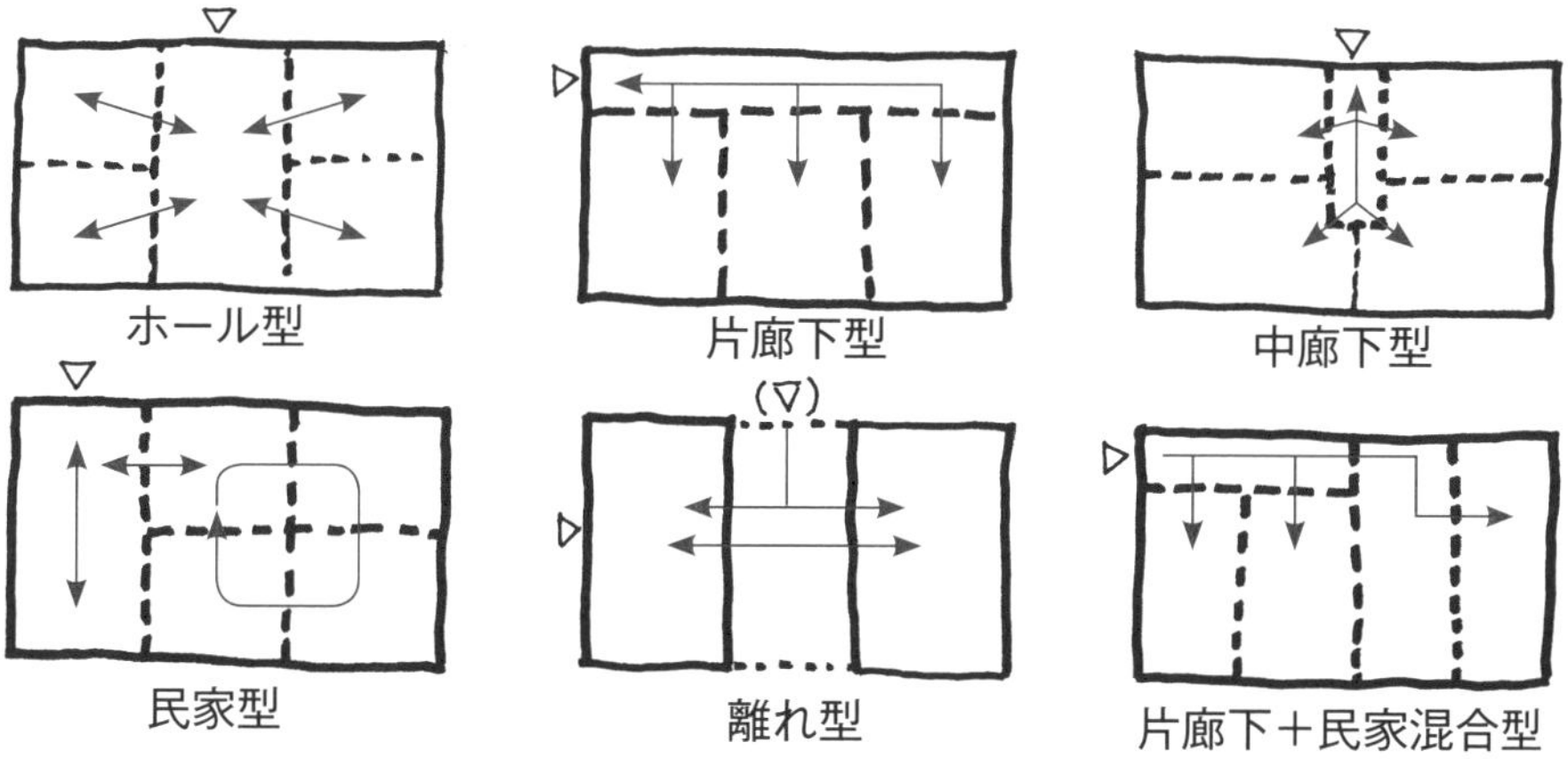

■ 移動によるストーリー（空間体験）はアプローチから始まっている

移動するということは、様々な空間を体験するという側面もある。そのような体験はアプローチに立ったところから始まっている

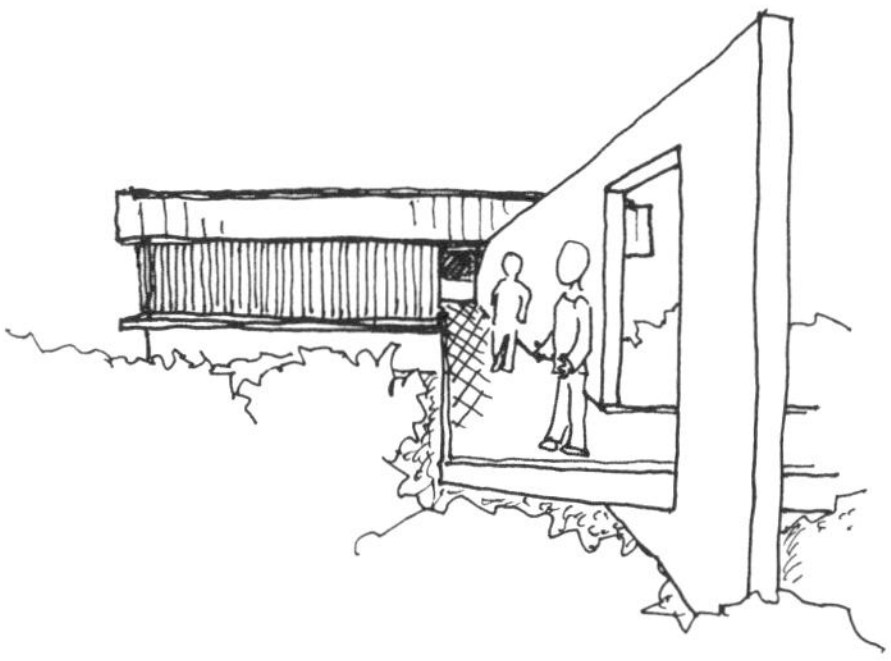

■ 様々なシーンと出会う家がよい

部屋から部屋へ移動、あるいは外部空間を体験しながらの移動、あるいは吹き抜けのある部屋の階段によって空間と立体的に関わることができること、またトップライトから降り注ぐ光の中を歩く廊下など、様々なシーンがその家のよさを演出する

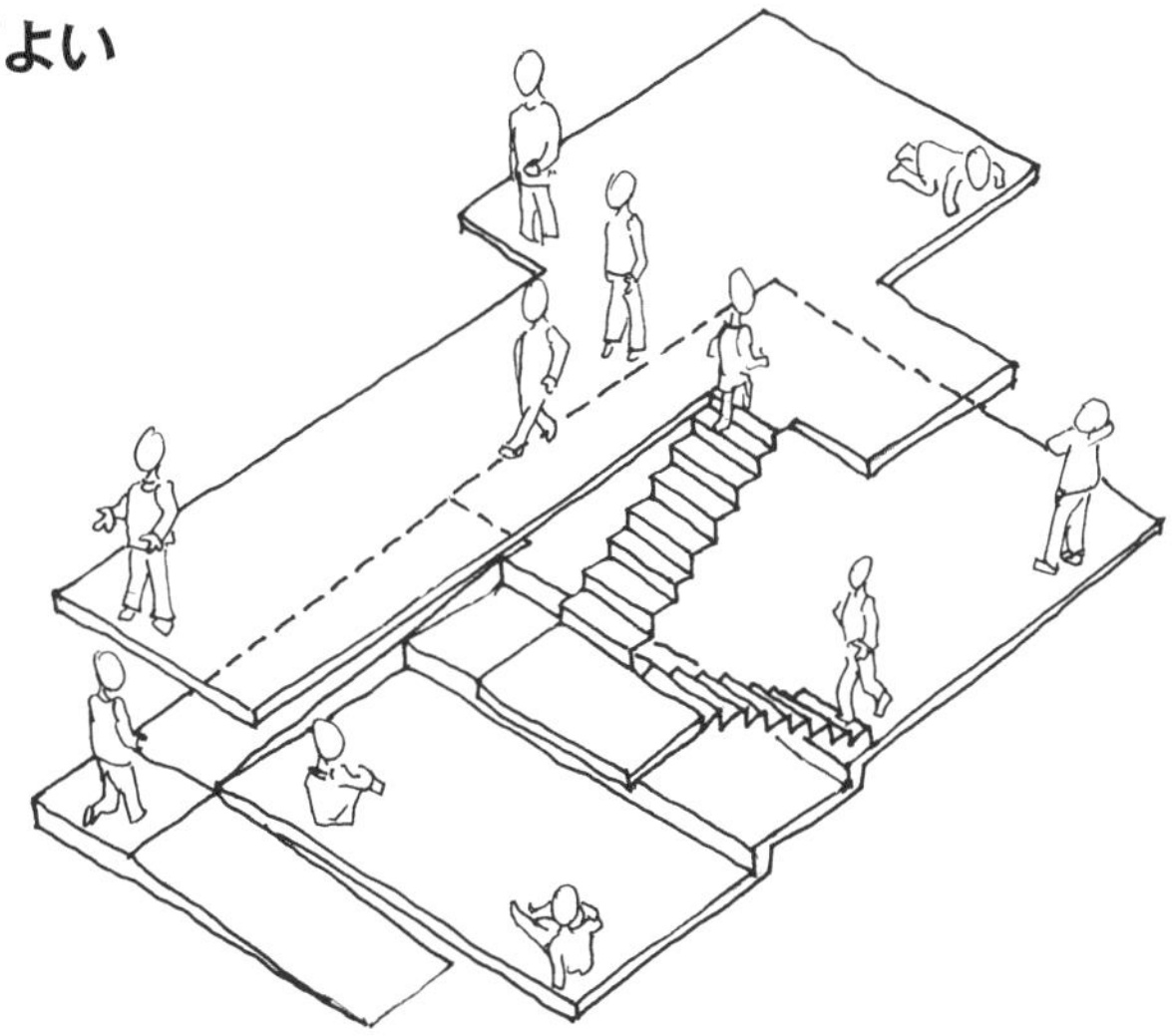

077

全体構成を調整するための方法

Point 図面上の検討と相互に影響し合う模型づくりで、新たなアイディアを発見する。

平面と断面でそれぞれ切断面を検討しながら、同時に全体の構成を立体的に把握することは難しい。なぜならば、各切断面の中で解決したと思った場合でも、全体を見渡すと、いくつかの調整が必要になってくるからだ。そこで非常に大切な役割を担うのが、模型である。

模型には、エスキース用のラフ模型、設計内容を伝えるためのプレゼンテーション模型などがあり、各段階で役割がある。

模型の縮尺によっても検討内容が変化する。周辺環境がわかる模型(1／200)もあれば、建物の全体がわかる敷地模型(1／50～1／100)、個々の部屋の光の関係や階段の意匠などは、1／20や1／30の模型が適している。

いずれの場合も、立体的な構成が、ひと目で現れることが模型のよいところだ。パースなど2次元の伝達も有効であるが、パースは描こうとする対象によって視点が固定される。だが模型は、視点を様々に変えることができる。建築の訓練を受けていない人でも、非常にわかりやすい。

平面と断面の検討を同時に立体的に把握するには、模型をつくることが大切である。設計案を決めた後に、模型をつくるといった一方通行ではなく、図面上の検討と相互に影響し合うような模型づくりを行いたい。模型という立体が持つ力は大きい。検討段階での模型づくりは、新たなアイディアを発見する機会でもあるのだ。

模型を横や縦に押して力の伝わり方を体験してみることも、構造的な感覚を養ってくれる。検討段階での捨てずに置いておいたいくつかの模型の断片をもとに、再度、別の案としてまとめてみることも可能である。建築家のアトリエで大量のスタディ模型が生み出されている場面を、雑誌などで見た人も多いであろう。

■全体構成を調整する方法

○平面図、断面図は一断面でしかない

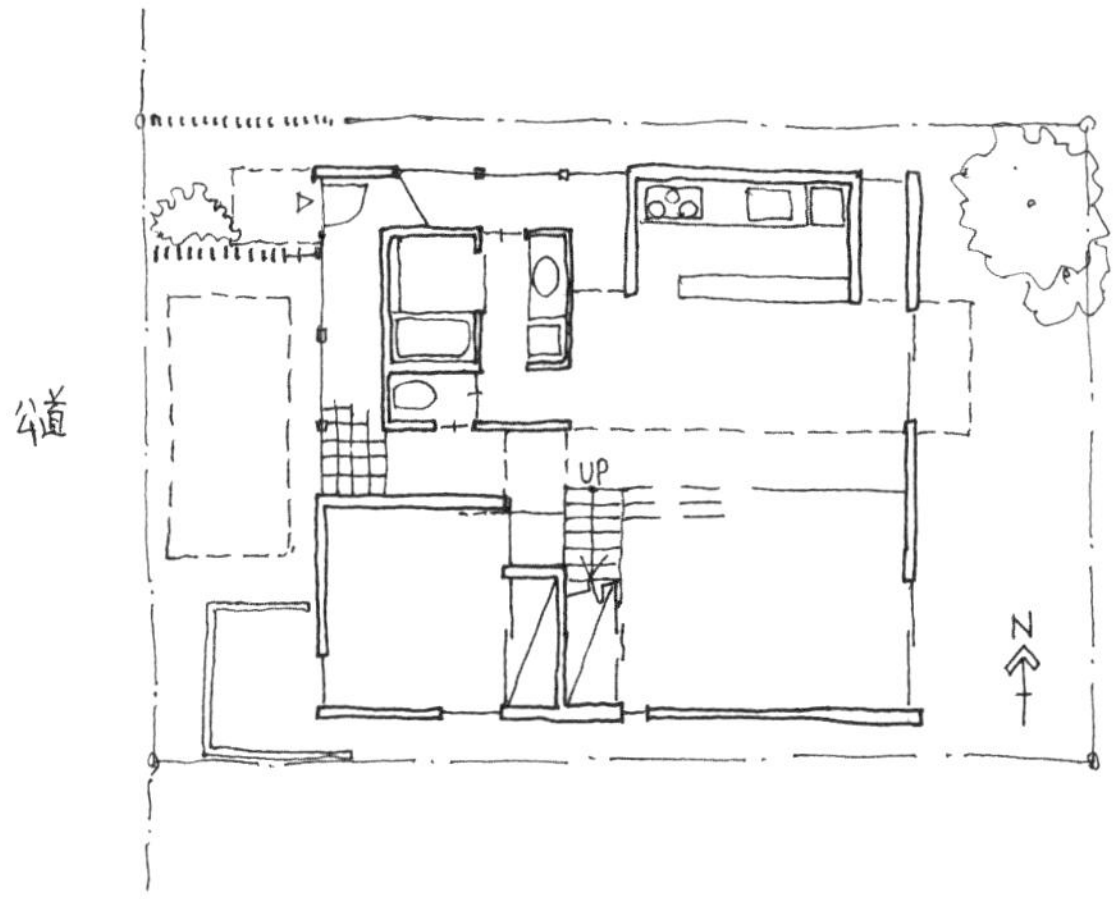

切断面を検討しながら、同時に全体の構成を立体的に把握することは難しい。各切断面の中で解決したと思っても、全体を見渡すと調整が必要になってくることがあるからだ

間取りは分かっても空間構成まではなかなか分からない

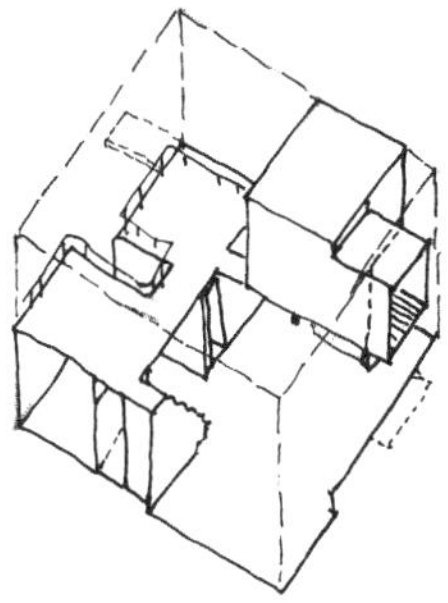

模型をつくって目で確かめる

○パースはアングルが固定される

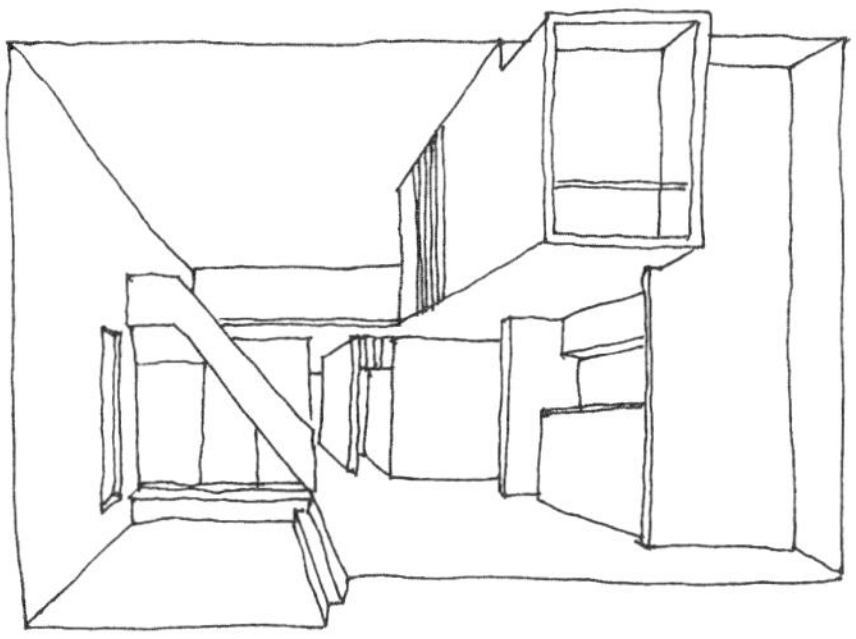

模型のアングルは自由である

全体構成の関係を一目で把握できる

078

開口部の配置の仕方

Point

「見る」、「風を通す」、「採光する」など
開口部の役割を考えて、大きさや位置を決める。

開口部をどのような大きさで、どのように配置するかによって、外観デザインや室内への採光や通風にも影響する。開口部には「見る」、「風を通す」、「採光する」などの役割があるので、まず、どのような目的を持った開口部なのかを考える。

「見る」は、庭や周囲の自然環境を借景にして、室内から見ることができる開口部である。トップライトから、空を見る開口部もある。

「風を通す」は、室内に効果的に風を通すように計画されていて、開閉できる開口部である。高窓と地窓を対角線状に配置するなど、風の通り道を考慮する。1階にある開口部は防犯性も考えて設けたい。トップライトは開閉できると、夏の暑い時期に天井際にたまった暖気を取り払ってくれる。

「採光する」は、どのような光を室内に取り入れるかを考慮した開口部である。もちろん建築基準法において、居室には床面積の1/7以上の採光面積が求められているが、これは主に、衛生・生活環境上の最低限の採光面積を規定しているにすぎない。

開口部の3つの役割を念頭に置いて、構造とのバランスを取りながら、どのように配置するかを考えていく。立面・断面計画上での開口部の配置は、壁に対して、あるいは床と天井の関係をみながら、配置を考える。

地窓や高窓は、外部からの視線を遮断できるとともに、風の通り道としても有効に働く。天井から床までの細長いスリット状の開口部は、限られた光を取り入れたり、見たいものだけを室内に取り込むことができるので、空間を豊かにするには効果的だ。壁面と壁面の間の連続水平窓や、天井と壁の間を垂直に連続して配置し、壁のように扱う開口部なども、外観に与える印象が大きく変わるので、3つの役割を調整しながら計画してほしい。

■開口部の配置バリエーション

開口部の配置で決まるもの→開放感、圧迫感、包容感、ヴォリューム感

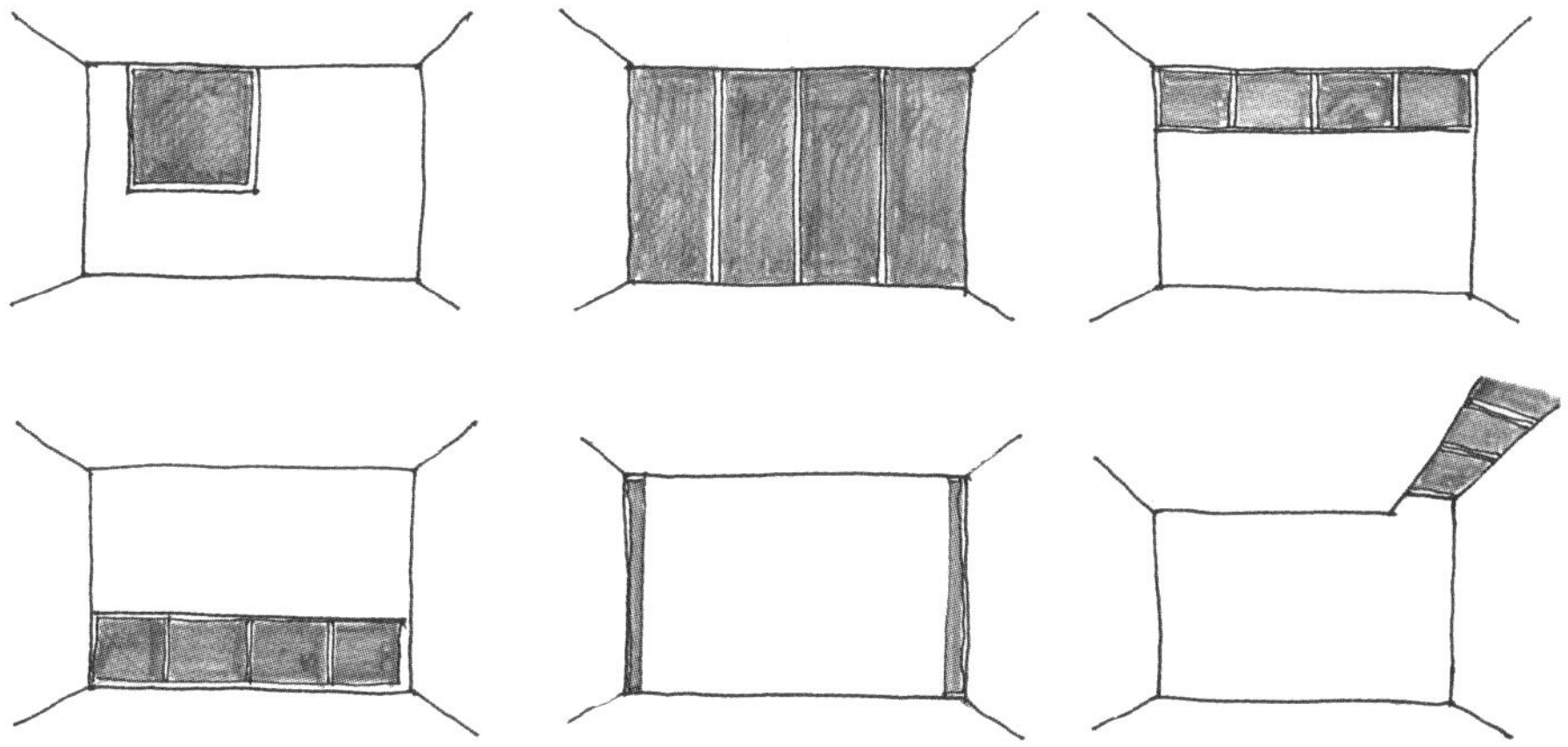

■開口部の役割

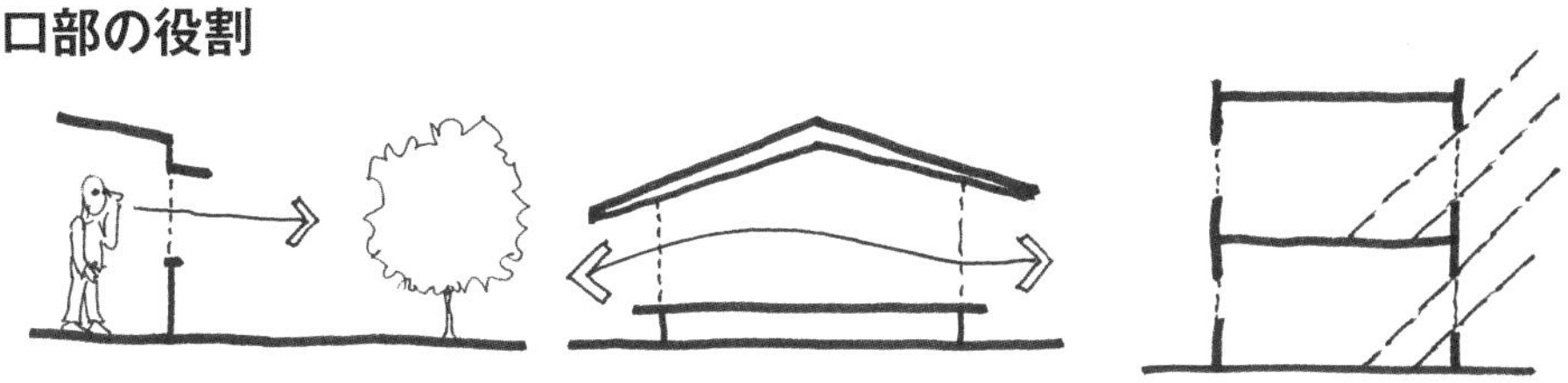

見る
庭や周囲の自然環境を借景にして、室内から見ることができる開口部である。トップライトから、空を見る開口部もある

通風
室内に効果的に風を通す、開閉できる開口部である。高窓と地窓を対角線状に配置することで効果的に風の通り道を考慮できる。開閉式のトップライトは天井際にたまった暖気を取り払ってくれる

採光
どのような光を室内に取り入れるかを考慮した開口部である。建築基準法では居室の採光面積は床面積の1/7以上の開口部として求められているが、これは最低限の採光面積を規定しているにすぎない

写真はガラスのない開口部を採用した別荘。光と風、匂いを直接運んでくれる

写真：相原功

079

内部仕上げ材を決める

Point どのような仕上げ材を用いるかによって、空間の表情は決まってくる。

床・壁・屋根(天井)に光が当たると、仕上げ材が光を受け止めて、光と影のシルエットが描き出され、太陽高度の変化にともなって、刻々とその表情を変えていく。内部にどのような仕上げ材を用いるかによって、空間の表情は決まってくる。そこで材料の選択は、空間に求める性格や質を十分に検討して、決定したい。

一方で、構造材と仕上げ材を別々に考えるより、構造材が仕上げ材になっている方が理想ではないかとも思っている。ただ、構造材の持つ力強さや荒々しさは、材料として強く主張してくる面があり、住み手の考える好みや皮膚感覚と合わないこともある。その表情によっては、居心地をそこねる可能性があることを知っておかなければならない。

床の材料は、面積の大きさから空間の印象を決定付ける。足触り、柔らかさ、暖かさも求められ、同時に、床暖房の熱への耐用性や掃除のしやすいメンテナンス性などが求められる。汚れにくい処理がされた材料は、一方で光の反射が大きい。反射を抑えれば、汚れが付着しやすく、一長一短の中で検討していくことになる。

壁の材料は、手触りを第1に考える。やわらかく光を受け止める左官材料などは心地よい。寝室のベッド脇の壁など、ざらざらしていると、寝ている間に手をぶつけ、手の甲などに擦り傷ができてしまうこともある。

天井の材料は、狭い空間であれば壁の材料と分けないほうが広がりを感じる。天井が高い場合は、床の材料と似た材料であればスケール感が圧縮された印象を持つだろう。

材料の選択は適材適所を第1に建て主の優先順位によって選択していく。材料が展示されているショールームに行ったりサンプルを取り寄せて、建て主に材料を実感してもらい決定したい。

■内部仕上げ材決定の注意点

どんな雰囲気にするか

材料が空間の質を決める要因として

（仕上げ）材料の持つ表情

空間のプロポーション
材料のもつ力
開口部の配置、光の質

仕上げに何を求めるか
空間の用途
手触り、足触り
メンテナンス性
光の反射性、吸収性

○高さや広さで見え方は変わる

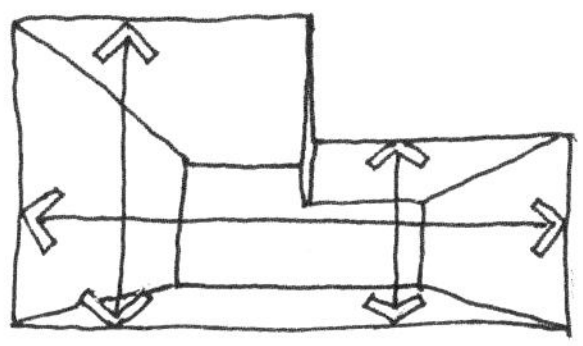

○部屋の用途から仕上げを考える

○「やさしい」と思っている「木」でも空間を考えなければ「木」だけが主張する

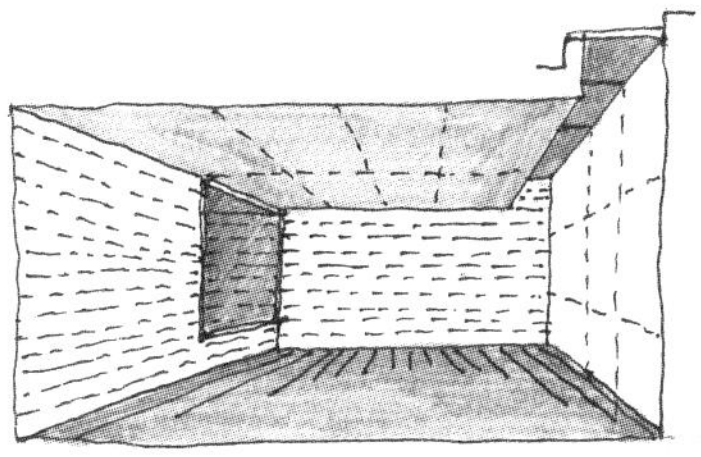

○メンテナンス性のよいものは反射光が大きくなる傾向がある

○サンプルを手にして建て主と材料を実感する

設計者は小さなサンプルをもとにしながらも、部屋のプロポーション、場所、隣り合う材料や部分との兼ね合いを考える

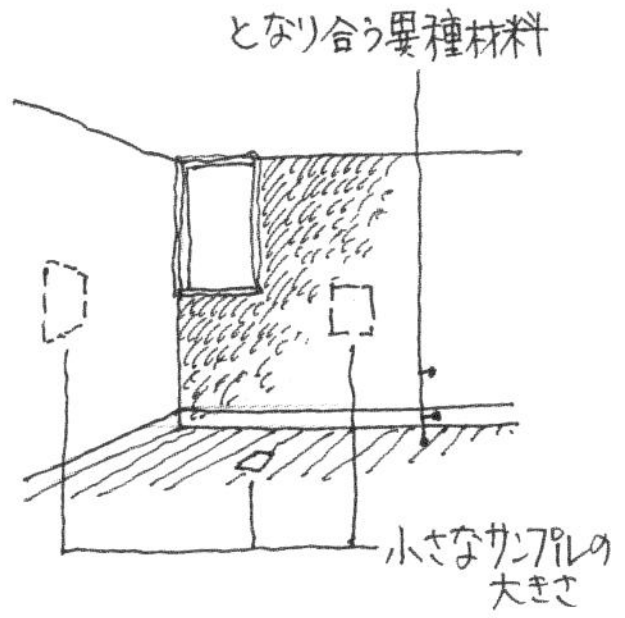

5 基本計画を立てる

外部仕上げ材を決める

Point 外部に用いる仕上げ材の色や質感は、住宅の佇まいに大きく影響する。

外部仕上げ材は耐用性とともに、建物の佇まいを決定付ける重要な要素だ。耐用性については、紫外線による経年劣化、地震や温度差による材料の収縮を考慮する必要がある。

屋根は直射日光に耐え、防水性が求められる。陸屋根の場合は、屋根材の選択より、防水仕様に注意しなければならない。屋根を架ける場合によく使われるのが、塗装した金属系のガルバリウム鋼板だ。私の場合、濃いグレー系や濃い赤茶の色を選ぶことが多い。濃い色は屋根面の印象を引き締める効果があるからだ。その他、瓦や天然スレートも耐用性に優れている。

外壁には、サイディングなどのパネル状の外壁材、板張り、左官系の材料、ガルバリウム鋼板などがある。サイディング材は、木目調やレンガ調など様々な種類があるが、擬似的なものよりも、プレーンなものを選択するようにしたい。板張りは経年変化を楽しめる材料ではあるが、防火指定がある地域では、不燃処理された特殊な木材を使わなくてはならない。

左官系の材料は土壁、漆喰、モルタルを筆頭に様々な材料がある。左官職人の仕上げ方によっても表情が異なってくる魅力的な材料である。鏝《こて》むらや押さえ方によって、工業製品にはない豊かな表情をつくり出してくれる。

ガルバリウム鋼板は、屋根と一体で扱われることが多く、メンテナンス性を求められる場合には適している。濃い色で屋根と壁を一体で張ると、家全体が引き締まって見える。

外部に用いる仕上げ材の色や質感は、住宅の佇まいに大きく影響する。同じ外形を持つ住宅であっても、材料の色や質感や仕上げ方で大きさも違って見える。周囲に樹木があれば、樹木がはえるような仕上げ材にすると、建物が主張せずに、穏やかな佇まいを見せてくれるだろう。

■外部仕上げ材決定の注意点

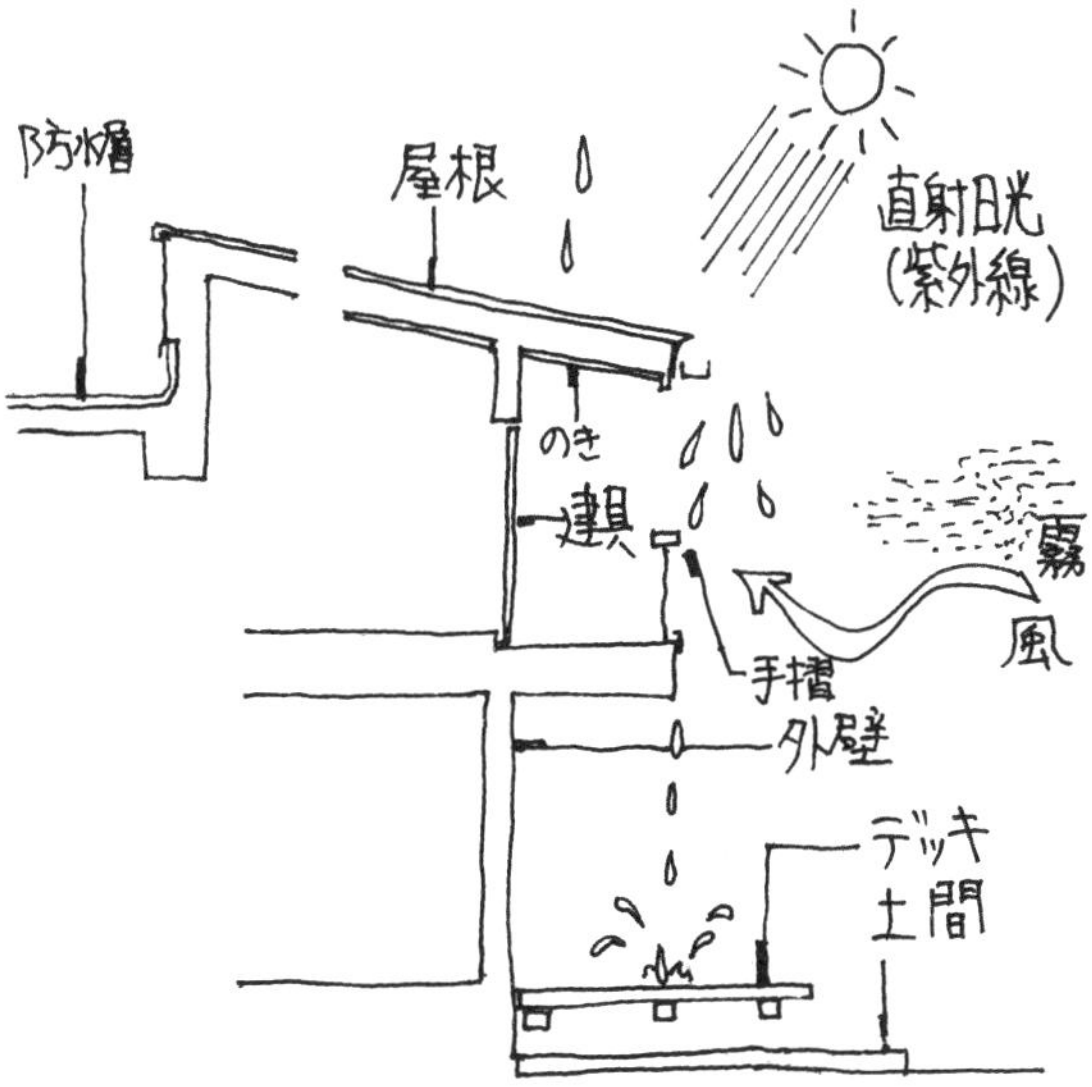

○内部空間との違い

- 屋根、壁と仕上げ面積が大きい
- 自然環境条件による材料の伸縮、変形、色あせ
- 防水性を確保

↓

外部仕上げ材は厳しい環境に置かれていることを忘れない

○仕上げ材に配慮すること

金属	光の反射、雨音
瓦	重量(金属より重い)
防水材	躯体の動き、人が歩く場所かどうか
木	湿気のこもり、乾燥収縮
左官	躯体の動き
サイディング	窓との取り合い
コンクリート	表面保護
鉄	錆(特に塩害地域)
アルミ	材料収縮、音

○外部仕上げの材料や質感は住宅の佇まいを決める

コンクリートに映る木々の影は美しい

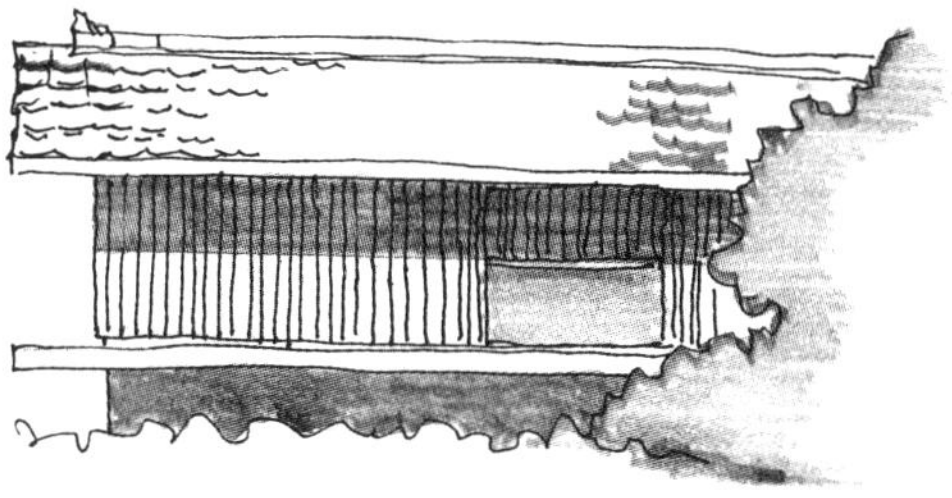

波打つ瓦と美しく時間を刻む木の外壁

構造の考え方／木造

Point 設計するうえで自由度が高く増改築しやすい在来軸組構法は、施工者にも馴染み深い。

木造には様々な構法がある。大きくは、①在来軸組構法、②集成材構法、③伝統的構法、④枠組壁工法（ツーバイフォー工法）、⑤パネル化工法などである。

①の在来軸組構法は、私たちがもっとも親しんでいる構法だ。柱・梁＋耐力壁で構成するので、設計するうえでも自由度が高い。柱・梁構造なので、増改築しやすい。また施工する側にとっても、馴染み深い構法である。使用する金物などの開発もあって汎用性も大きく、金物を使わない伝統構法で用いられる太い柱や梁でなくても、経済的な木材寸法で対応できる。

②は木材の強度などのばらつきを少なくした集成材で骨組を構成し組み上げる構法である。すべてを集成材で組み上げなくても、一部の部材に力がかかりそうな場合、構造的な力のバランスをみたうえで、部分的に集成材を用いることもある。この場合は①の範疇に入る。

③の伝統的構法は、部材と部材の仕口に基本的に金物を使わないで接合する構法。今後、実物大実験などのデータをもとに工学的な検証が進み、法整備も進めば、古い建物の増改築も一気に進み、新築でも選択を希望する建て主が増えてくるだろう。

④はツーバイ材と構造用合板を用いて壁・床全体で支える工法。

⑤は施工性の効率アップや工期短縮などを目的に、工場製作部品としてパネル化して現場で組み立てる構法。

私の場合は、軸組というフレームを持ち、増改築に自由度が大きい在来軸組工法を選択することが多い。また木構造を採用する理由の1つに、木の持つ風合いもあるが、コンクリートなど他の材料に比べて、自重が軽いため、基礎への負担を軽くすることができるので、基礎工事費が軽減できるからでもある。

■（在来）軸組構法

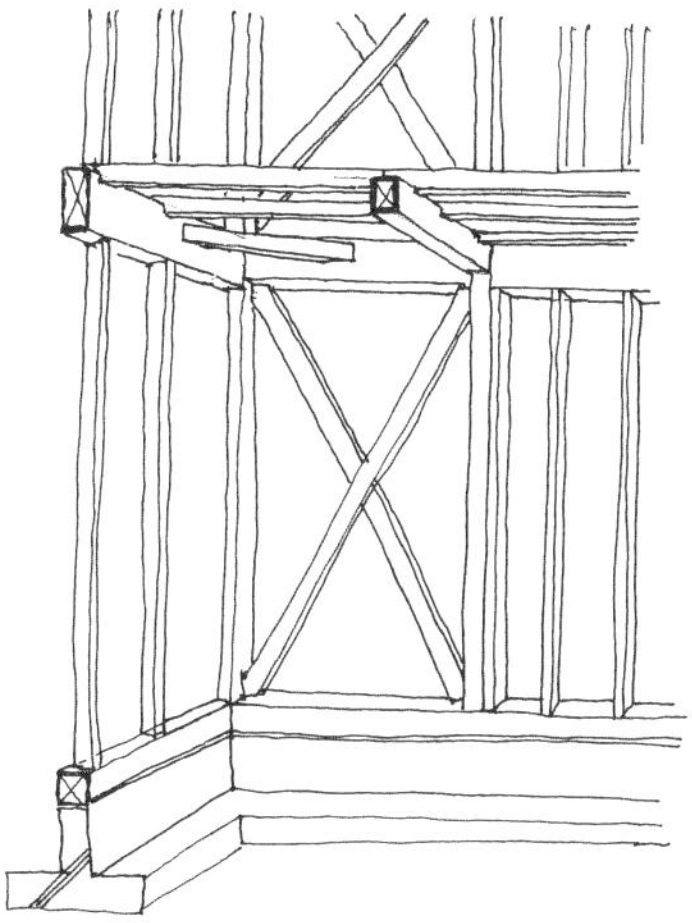

柱・梁＋耐力壁で構成するので、設計するうえでも自由度が高い。柱･梁構造なので増改築もしやすい。施工する側にとっては馴染み深い構法である

基礎	鉄筋コンクリート
土台	基礎に緊結
軸組	柱、梁、桁などの横架材
耐力壁	水平力に対して安全であるように設ける

↓

筋かいなどを入れた壁

筋かいのほかに構造用合板を決められた釘で決められたピッチで施工する壁などがある

■集成材構法

木材強度などのばらつきを少なくした集成材を金物でジョイントして組み上げる構法である

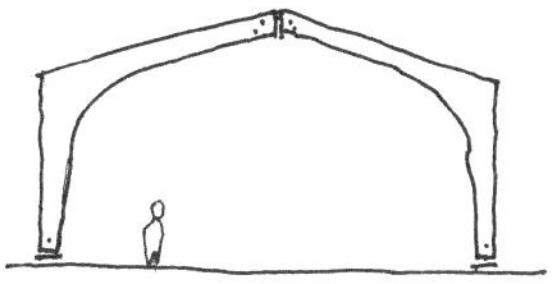

大断面集成材を利用する例

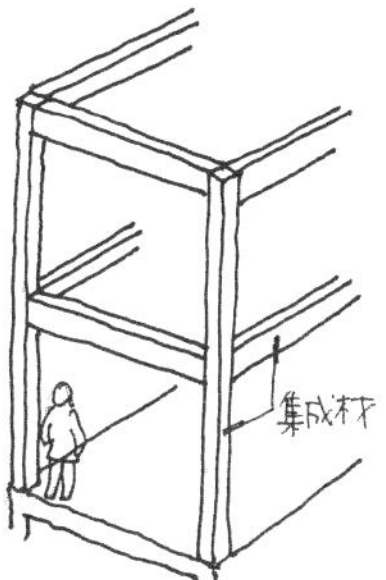

木質ラーメン構法

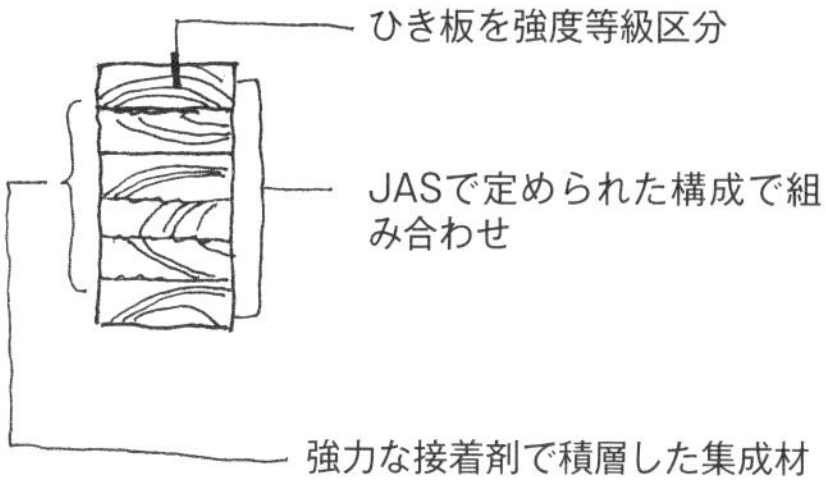

集成材の断面

■伝統的構法

部材と部材を仕口で接合する構法。現在の構造計算基準が限られているため、普及しにくい。構造計算基準の見直しが進められている

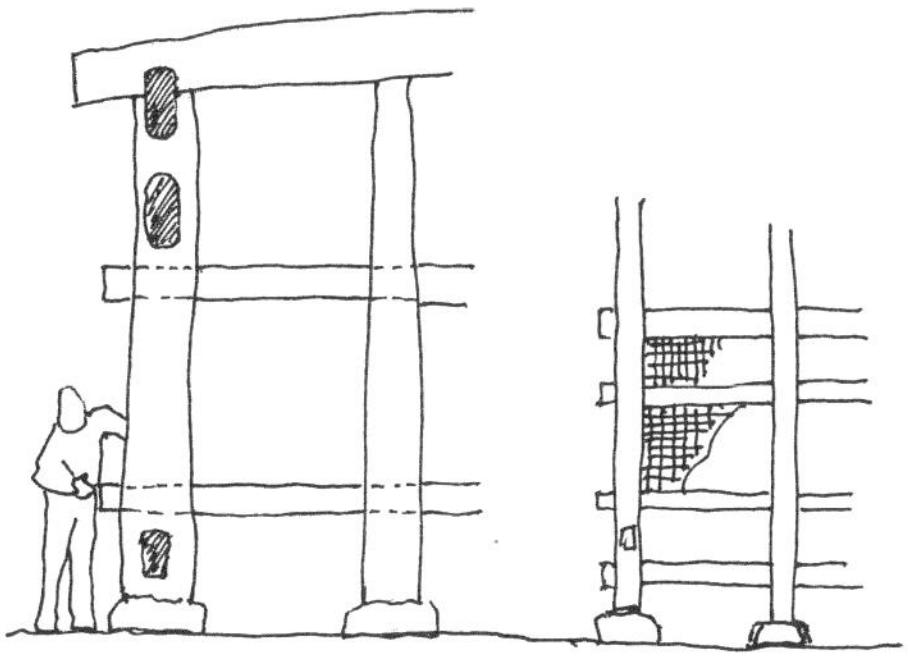

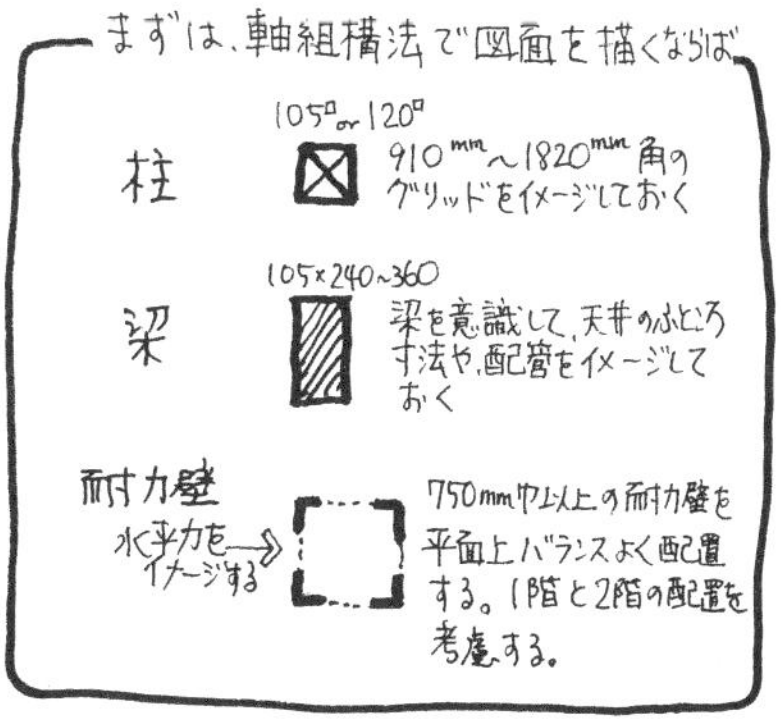

構造の考え方／RC造・鉄骨造

Point 堅牢なイメージのRC造、大空間が可能な鉄骨造、将来を見据えて選択。

RC（鉄筋コンクリート）造は、コンクリートと鉄筋を組み合わせた構造である。コンクリートは圧縮力に抵抗し、鉄筋は引張り力を負うという相互に補完し合うという特徴を持ち、堅牢なイメージがある。

RC造は、大きく壁式構造とラーメン構造がある。壁式構造は、壁自体が構造体のため、階高が3m以下という決まりがあるが、柱型が部屋の隅に出てこないメリットがある。しかし壁に孔を空けようとすると、構造体に影響するので、構造的な検証が必要になる。増改築の自由度がないため、設計時の考え方が将来まで大きく影響する。床面積に対する耐力壁の長さの規定もある。壁式構造の印象は硬く、塊のような構造といえる。

一方、柱・梁というフレームで構成されるラーメン構造は、柱型が部屋の中に出てくるデメリットはあるが、耐力壁以外の構造から自由になる壁に孔を開けたり、開口を設けることもできる。また梁をあらかじめ将来用梁端部としてつくっておけば、増改築に対応しやすく、壁式構造より可変性がある。ただし、柱・梁で構成されているといっても、耐力壁は必要である。

鉄骨造のよさは、RCの柱・梁に比べて、断面が小さい部材でフレームを組むことができることである。一般に、柱間スパンと梁せいの寸法関係をみると、RC壁構造の壁梁は450㎜以上、ラーメン構造では5400㎜（3間）スパンであれば、600㎜程度（スパンの1／10程度）、鉄骨造は3間スパンであれば250㎜程度である。このように部材断面が小さくても長いスパンを飛ばすことができるので、開放的な架構が可能になる。体育館や駅など、開放的な架構が求められる場だけではなく、住宅でも大きなフレームをつくることで、将来的な内部の可変性を確保することができる構造形式である。

■鉄筋コンクリート造(RC造)

○壁式構造

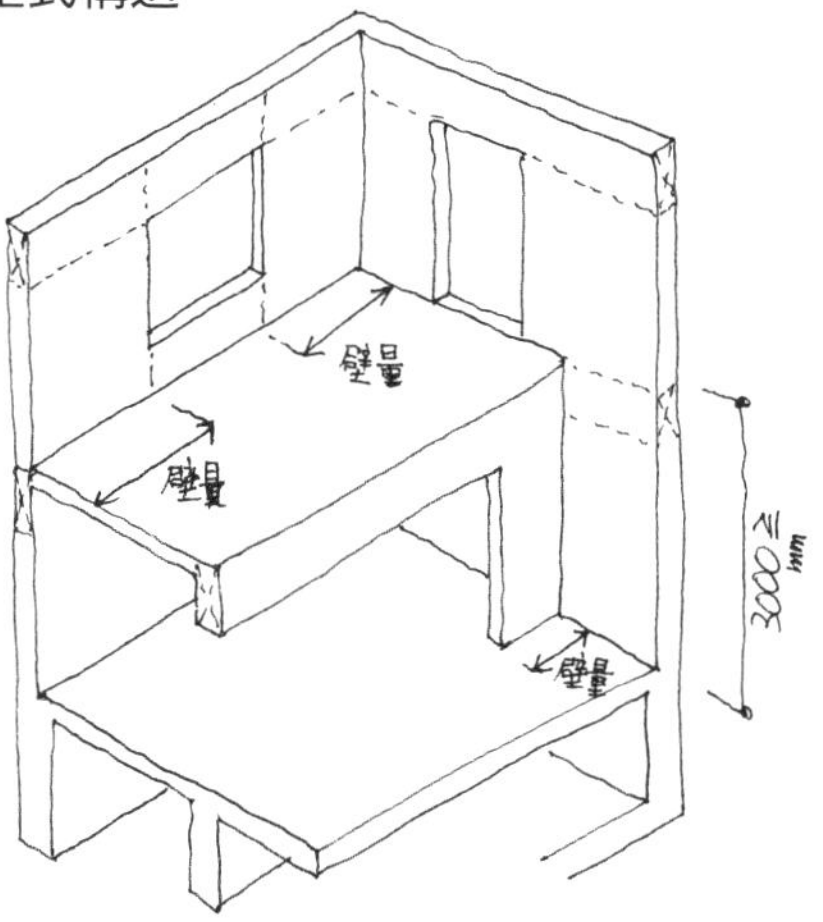

・壁自体が構造体のため階高が3m以下となる
・柱型が部屋の隅に出てこない
・壁に孔を空けると構造体に影響する
・増改築の自由度が低い

○ラーメン構造

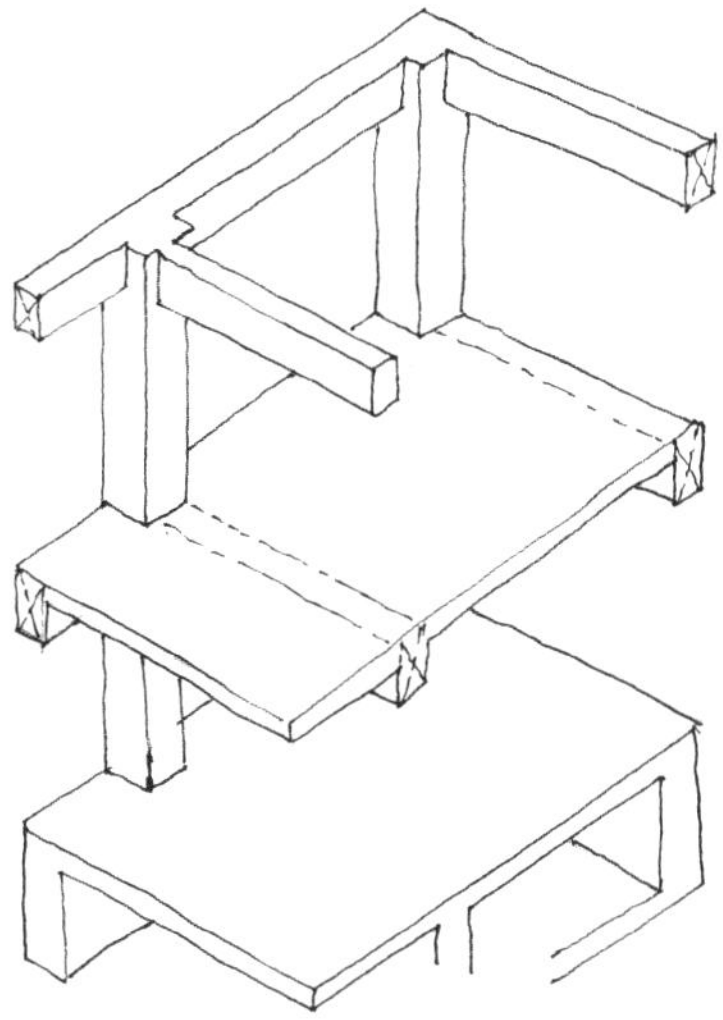

・柱・梁というフレームで構成される
・柱型が部屋の中に出てくる
・耐力壁以外の壁に孔を開けたり、開口を設けたりすることができる
・梁端部をつくっておけば増改築に対応しやすい

■鉄骨造

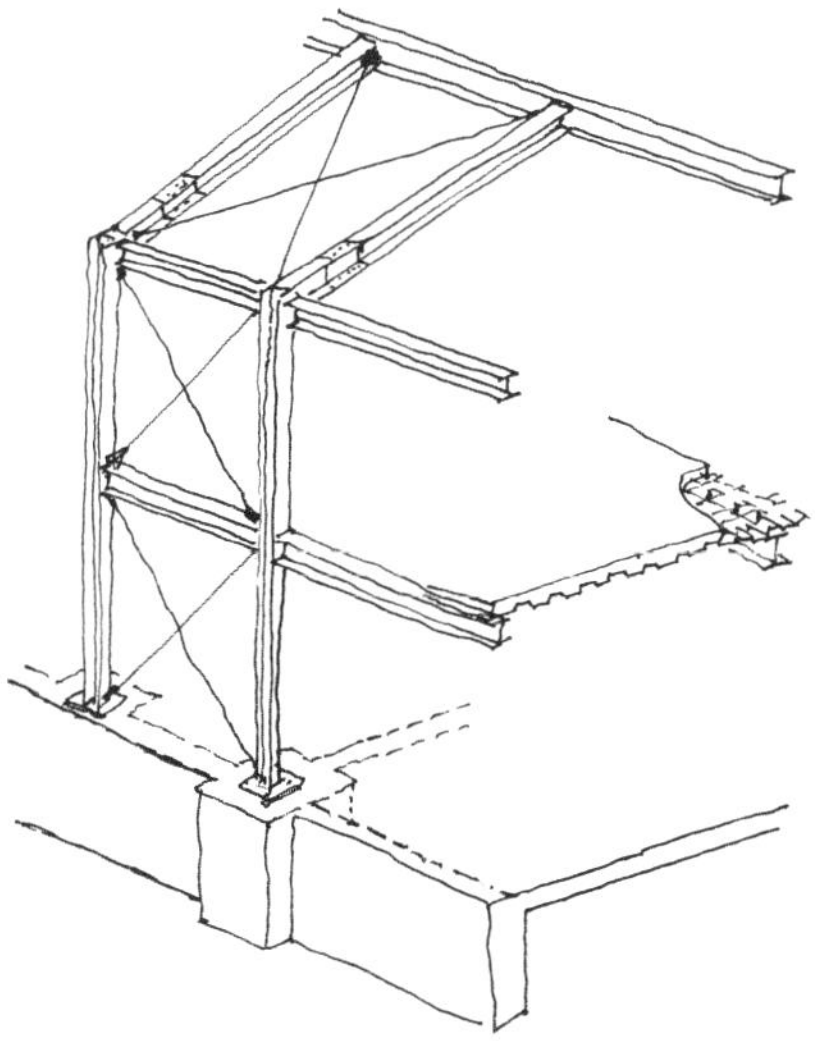

・RC造に比べて断面が小さい部材でフレームを組むことができる
・部材断面が小さくても長いスパンを飛ばすことができる
・開放的な架構が可能になる

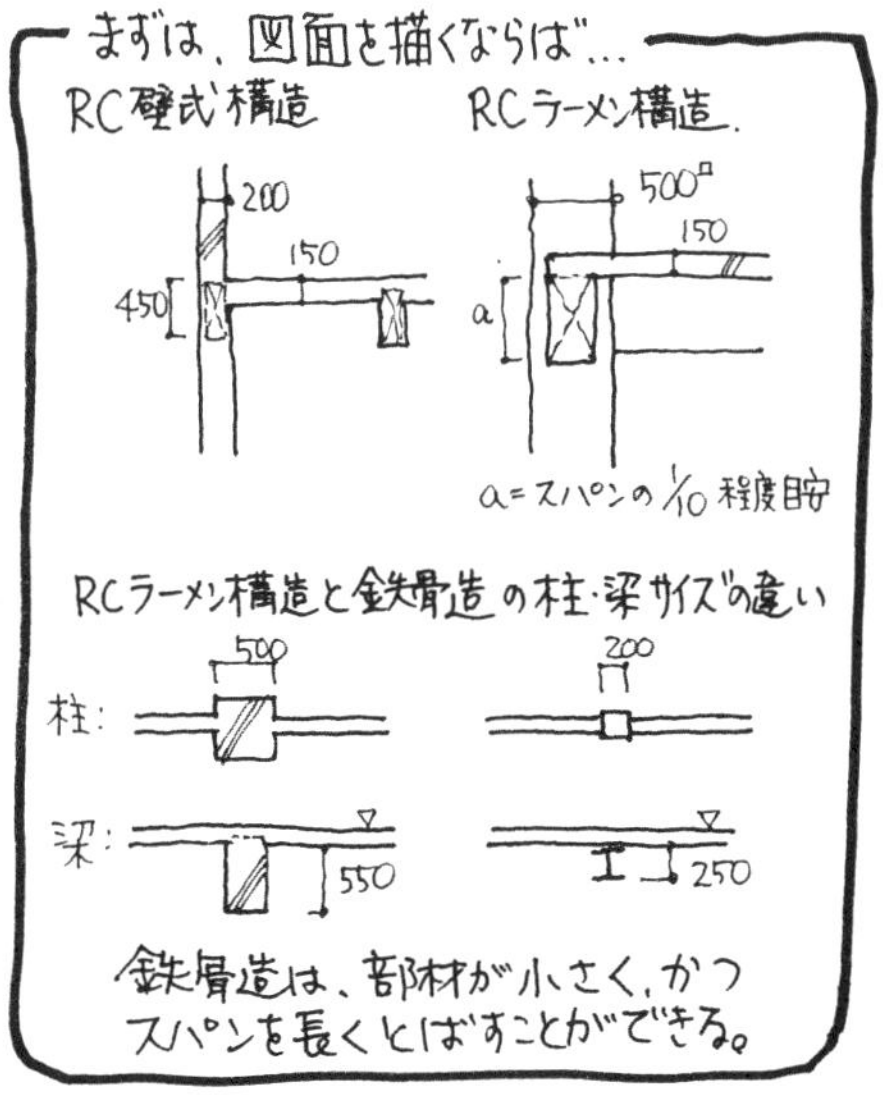

083

設備の考え方

Point ショールームで実物に触れることは大事だが、建て主に家をショールームにさせないように。

設備はエンジニアリングの世界であるが、人の皮膚感覚に非常に密接である。空調が効く、効かない、照明が明るい、暗いなど、設備に求められる効力が数値化できても、人の感覚で左右されるので非常に難しいといえる。

住宅の場合、どんな設備を考えておけばよいのだろう。それを一覧表にまとめてみた。それを元に建て主が毎日、直接触れることになる水栓、便器、浴槽、システムキッチンなどは、ショールームに建て主と訪れ、具体的に検討できる。ショールームでは、機器だけではなく、機器が置かれるスペースの大きさや使い勝手なども検討できるので、会話やカタログではわからないことも実物で確認できる。

水廻りの機器以外にも、様々な電化製品のためのコンセントや照明などの電気設備、テレビ、電話、インターネットなどの通信設備がある。ドライヤーや電子レンジ、冷蔵庫など専用回線が必要なコンセント類もあるため、年々、分電盤の回路数が増大する傾向にあるため、あらかじめ調査しておく必要がある。

法的なシックハウス対策による24時間換気は、守らなければならないが、空調設備や換気設備など、機械に頼ることだけが選択肢ではない。断熱や通風、そして人体に安全な仕上げ材を使うことを第1に考えて、快適に過ごすことができる計画にしておきたい。

給湯や冷暖房の熱源を何にするかも決めなくてはならない。光熱費にも大きく影響する項目である。熱源は電気やガスが主である。経費節約や省エネにもなる単一の熱源を利用した様々な設備システムの情報を、建て主と共有しておいたほうがよい。停電やガス配管の不具合などによる不慮の事態も考慮しておく必要がある。単一の熱源を選択する際には、十分に検討してほしい。

■設備の設置基準

住宅の設備は、何が必要か、もう一度確かめてみる

設備諸元表　○設置場所

階	室名	照明		コンセント		電話	ドアホン	IT	テレビ	冷暖房	床暖房	換気	給水	給湯	ガス
1階	玄関　外	○	人	○	WP		○						○		
	玄関　内	○		○											
	リビング	○	調	○				○	○	○	○				
	ダイニング	○	調	○		○　親		○	○	○	○	○			
	キッチン	○		○★				○		冷房のみ		○	○	○	●
	洗面所	○		○★	E						○				
	洗濯場	○		○★	E							○	○	○	
	浴室	○		○						乾燥扇	○	○	○	○	●
	トイレ1	○		○★	E							○	○	○	
	主寝室	○	調	○		子			○	○	○				
	デスクコーナー	○		○				○			○				
	庭	○		○									○		
	サービスコート	○	人	○	WP								○		
	車庫	○	人	○	WP								○		
2階	個室1	○		○		子		○	○	○	○				
	個室2	○		○				○		（将来）					
	トイレ2	○		○★	E							○	○		
	ロフト			○											

人：人感センサー　E：アース付
調：調光装置　　　WP：防水
○★　専用回線注意：キッチン…電子レンジ、炊飯器、電気ポット、食器洗浄器、浄水器、冷蔵庫
洗面所、洗濯場…ドライヤー、ヘアアイロン、洗濯機、乾燥機
トイレ…暖房・洗浄器付便座

・専用回線が必要になる器具が増えている。
使い勝手をイメージして取捨選択する

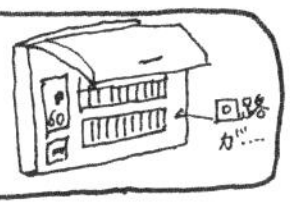

いろいろな機器、器具を建て主とともに確認し、決める

【住宅設備】

トイレ	便器、暖房・洗浄器付便座
	トイレ手洗い器、水栓
	タオルバー、紙巻器、手摺、鏡
洗面	洗面器、水栓
	タオルバー、手摺、鏡
洗濯	洗濯機パン、水栓
浴室	浴槽、浴槽水栓の有無、
	シャワー水栓、手摺、タオルバー、鏡
	乾燥扇の有無
キッチン	水栓、シンク、コンロ、レンジフード
	食器洗浄器

【電灯】

照明器具	ランプと器具

【通信】

ドアホン	カメラ付、内線、電話兼用、親子タイプ
IT	光、CATV、ADSL…
テレビ	UHF アンテナ、CATV、光…

◎熱源に関係のある器具→省エネに影響する　>>電気か、ガスか？あるいは石油か？
○空調機、エアコン、空調方式
○床暖房…電気かガスか？
○給湯方式…給湯器

ショールームで実物を見て回ることは建て主には楽しいもの。しかし、家をショールームにさせないように気を付ける

084

設備もカタチに影響する

Point 配線・配管スペースはかならず確保して、構造体との取り合いを確認する。

設備の基本的な納まりをイメージすることは、外観上も、室内空間をつくるうえでも重要だ。

まず外観上気になるのは、電柱・電線から住宅敷地内への引き込み方だ。外壁に配線が取り付くと、外壁は電線の揺れを受け止めなければならないので、電柱が倒れた場合は建物に損傷を与える。可能であるならば、引き込み柱を敷地内に建て、クモの巣状態の電線と縁を切って、外壁への負担を避けるようにしたい。

電気設備の配線や通信設備のための配管の量は多く、特に分電盤回りは集中してくるので、配線・配管スペースを必ず確保して、構造体との取り合いを確認する。浴室、トイレ、キッチンという水廻りの給排水衛生設備では、給・排水管のルートと勾配を考えなければならない。特に2階に水廻りがある場合は、給・排水管のルートを正しく確保することが重要である。

給・排水管の納まりは、床梁との干渉がおこりやすい。下階から上階への垂直方向に立ち上(下)げるために、パイプシャフト(PS)という配管のためのスペースを確保して、構造体との干渉を避けると同時に、メンテナンスへの配慮を考えたい。また2階からの排水管が1階の天井裏で横引きされるなら、配管勾配(1/100)から生じる高低差を把握して、天井の懐の高さを考えなければならない。懐の高さは、建物の階高や、室内の天井高とも関係してくる。またガスコンロに取り付けられるレンジフードからのダクトは太く、天井と梁の高さ関係に注意が必要だ。さらに2階に空調機が必要な場合には、1階に室外機が置かれる場合の冷媒管の長さや高低差限度など、各機器の性能を把握しておく必要がある。

設備配管の基本的な納まりを念頭に置きながら、構造体との関係とともに、カタチを考えたい。

■建物につながれている設備

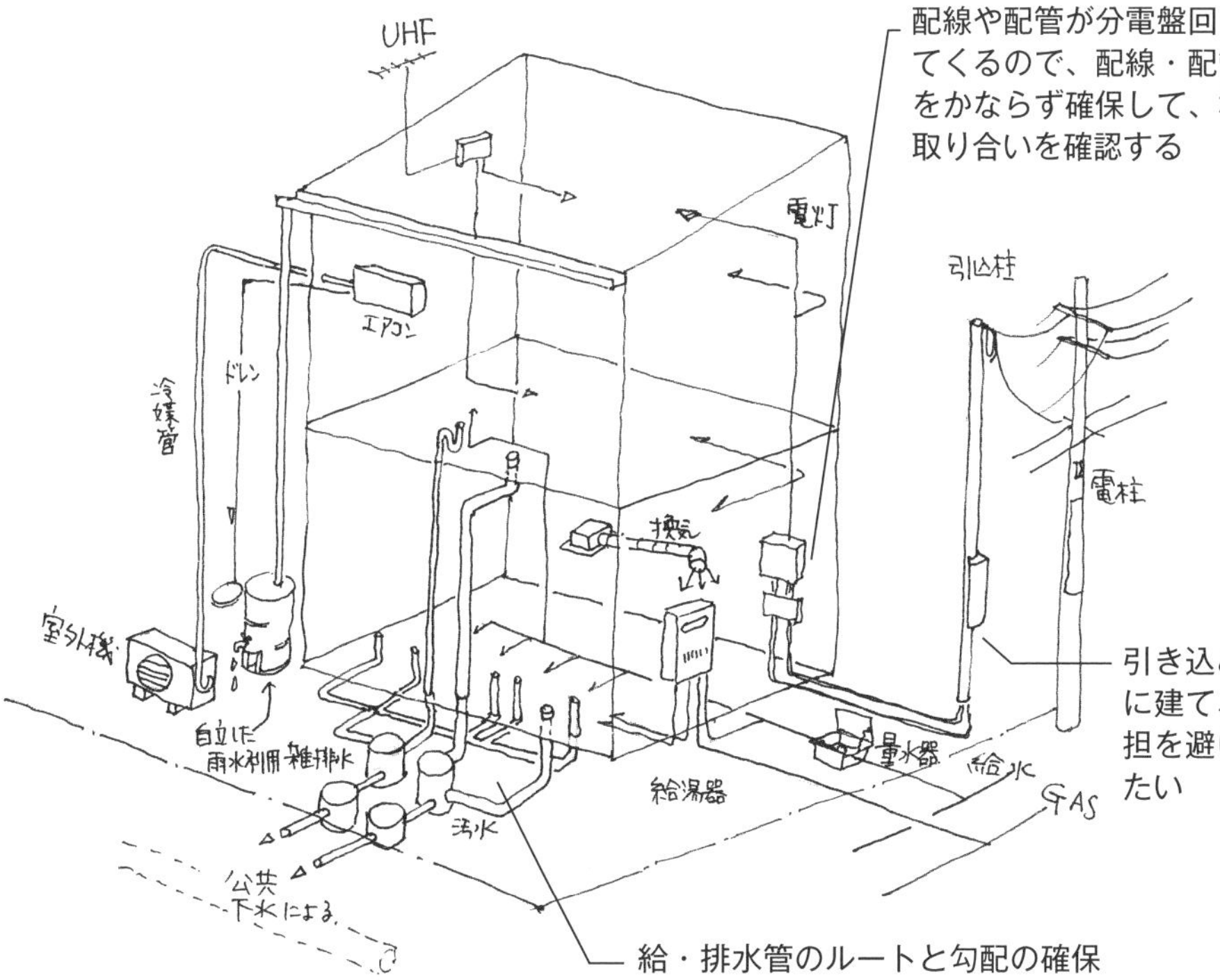

配線や配管が分電盤回りは集中してくるので、配線・配管スペースをかならず確保して、構造体との取り合いを確認する

引き込み柱を敷地内に建て、外壁への負担を避けるようにしたい

給・排水管のルートと勾配の確保を十分に検討する。特に2階水廻りは給・排水管のルートと勾配を正しく確保する

○建物と設備の寿命は違う

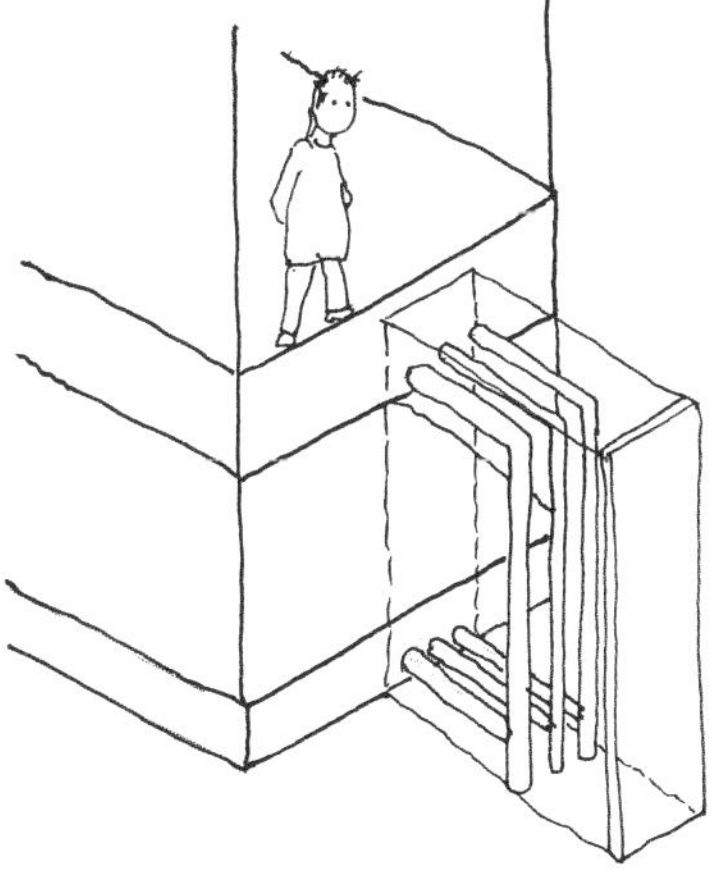

交換可能な設備ルートを考える

○設備は点検が必要

空調機は点検交換ができるように、サブの部屋側の壁を取り外せるようにした例

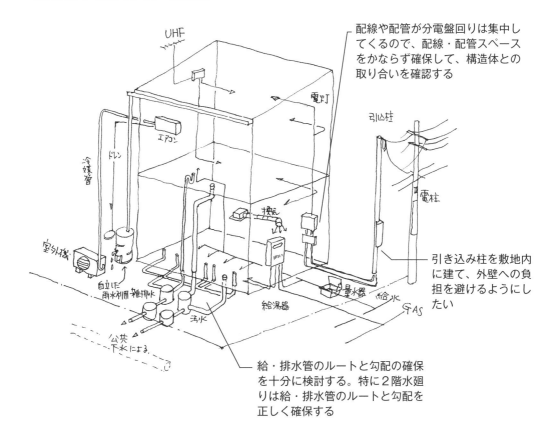

085

住宅の基本性能からカタチを考える

Point 住宅に不可欠な性能を高めることから、理にかなったカタチが生まれることもある。

住宅に必要不可欠な性能を確保することから、建物のカタチを考えることもできる。耐久性を確保するには、材料の選定、結露対策、部材が湿潤状態になるのを避けるような工夫、風雨に耐えるように屋根・外壁・開口部の性能をよくすることなどが考えられる。また建物の耐久性（寿命）を上げるには、定期的に点検して、補修や塗り替えを行うことも大事だ。

さらに快適な室内環境を確保するには、採光や通風を上手に活用することも大切だ。夏の日射を制御するために架けた軒の出の深い屋根や庇、開口部の外に設けたルーバーなどで、建物のカタチは変化する。あるいは、建物より寿命の短い設備配管を、すべて外部にシャフトとして取り付けて、そのシャフトのカタチによって建物に強い印象を与えるといった方法もある。

耐震性能や防火性能を確保して、建物の耐久性を高めるためには、周辺からの火災に対する外部の仕上げ材、内部の仕上げ材、設備機器などの選定も大事になってくる。耐震・防火以外にも、ベランダや階段からの落下防止や、緊急時の避難ルートの確保など、安全性からの発想も、建物のカタチに影響してくる。

落下防止を考えるならば、子供の足がかりにならないように手摺子の横桟形状は避けるべきだし、転落を最小限に抑えるなら、踊り場のある階段のカタチが出てくるだろう。その際、踊り場を利用した書斎が登場してくるかもしれない。

このように住宅に求められる基本性能を確保することから、独自のカタチにたどり着くこともできるのだ。単に造形的なイメージばかり追いかけるのではなく、住宅に不可欠な性能を可能な限り高めるように計画をすることから、独創的で理にかなったカタチが生まれることも忘れないでほしい。

■住宅のカタチを変える基本性能

住宅に求められる基本性能の確保から、カタチにたどり着くこともできる。単に造形的なイメージばかり追いかけるのではなく、住宅に不可欠な性能を可能な限り高めるように計画をする

○方位によるルーバーの変化

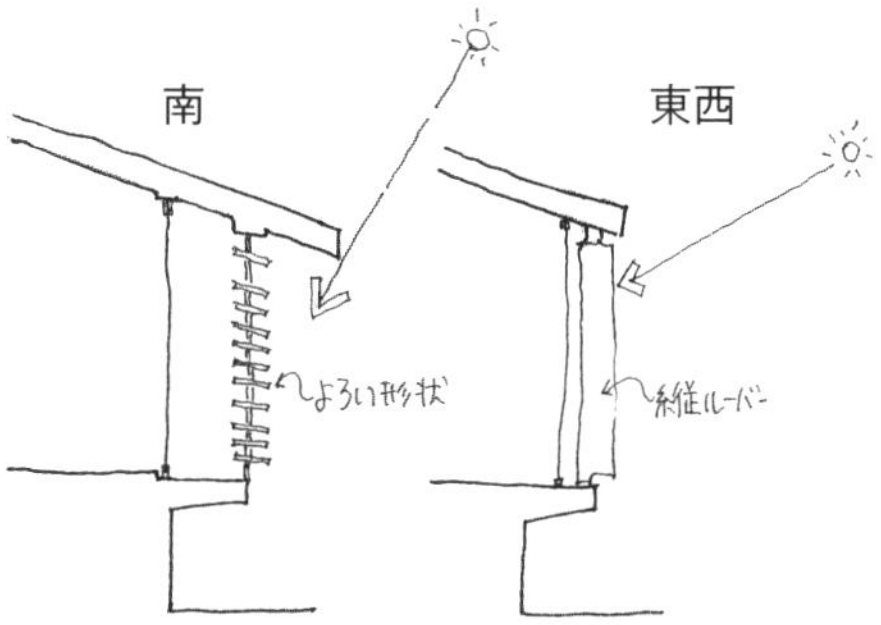

○カタチとメンテナンスの融合

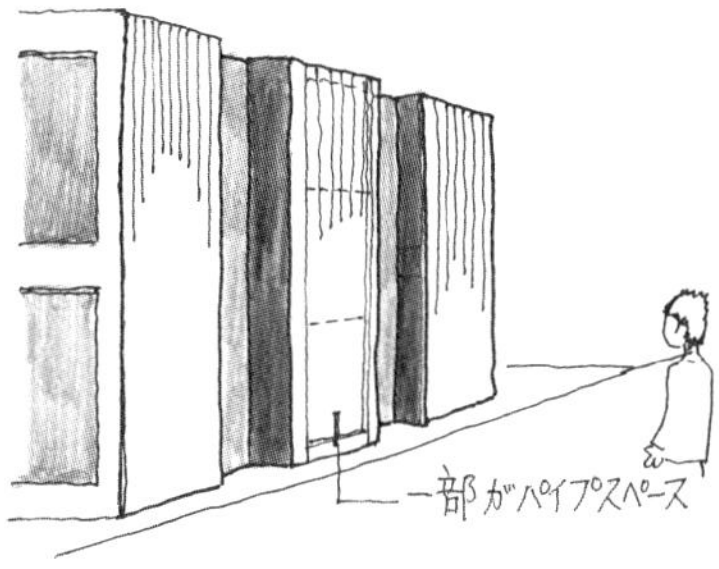

○気候風土によるカタチ

○建て主の要望に一工夫を(基本性能＝安全の例)

「直階段が怖いのですが」→踊り場を付けましょう
＋
書斎ができました

「浴室に手摺がほしいのですが」→既製品を選ぶばかりではなく、機能性とともに目障りにならないカタチを考えてみる

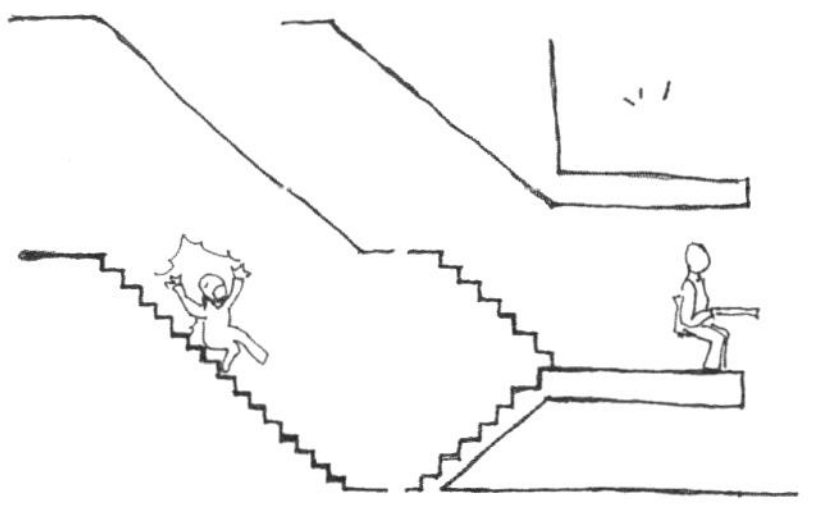

空間構成も変わる

建て主の要望に対する直接的な回答にもう一工夫を加えて、カタチを考えてみる

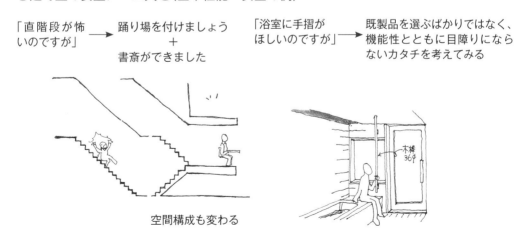

086

増築・減築への対応

Point 家族数の増減が見込まれる場合は、増築や減築の可能性を忘れない。

新築時に、建て主の将来を予測することは難しい。生活スタイルや家族数の変化は、3年、5年周期で訪れるかもしれないからだ。家族数の変化は、子供の誕生・独立、親との同居などが想定され、建物の規模にも関わってくる。

家族数の増減が将来見込まれる場合は、あらかじめ間仕切り壁で仕切れるようにしておいたり、増築や減築に対応できるような構造形式にしておくことが必要だ。

増築の場合、建築基準法の改正の度に構造基準は変わっている。既存建物の図面建設当時の検査済証がなければ、増築規模や方法が制限される。つまり、増築部分のみならず、既存部分をも現在の基準に適合させなければならない場合がある。また上階への増築は、構造的に負担が大きいので、下部構造への構造的な検証が必要である。

室内の可変性を確保するには、平面的に大きく架構をつくり、間仕切り壁に構造的な負担をかけない方法を選択することも1つの考え方だ。敷地面積に余裕があるのなら、既存の建物の設計を読み取り、別棟のように増築する方法もある。

将来、上階への増築が予想される場合は、上階への床を設けることを想定した構造にしておく。あるいは吹き抜けにしておいて、部屋が必要になったら床を張る方法もある。その際は、容積率を確認しておく。

減築は、家族数の減少や、土地の分筆が必要になった場合に出てくる。構造的な負担が少なくなり、面積的にも縮小するため、建築基準法上の制限は増築より軽くなる場合が多い。しかし、既存建物の過半以上の主要構造部の補修や仕上げの変更に際しては、工事内容を関係行政機関に説明して、確認申請などの手続きの有無や内容を事前に相談し、確認する必要がある。

■増築のタイプ

上屋増築や床張り増築など、将来を見越した設計にするか、しないか、新築時のコストやスペックに関わることなので十分に検討したい

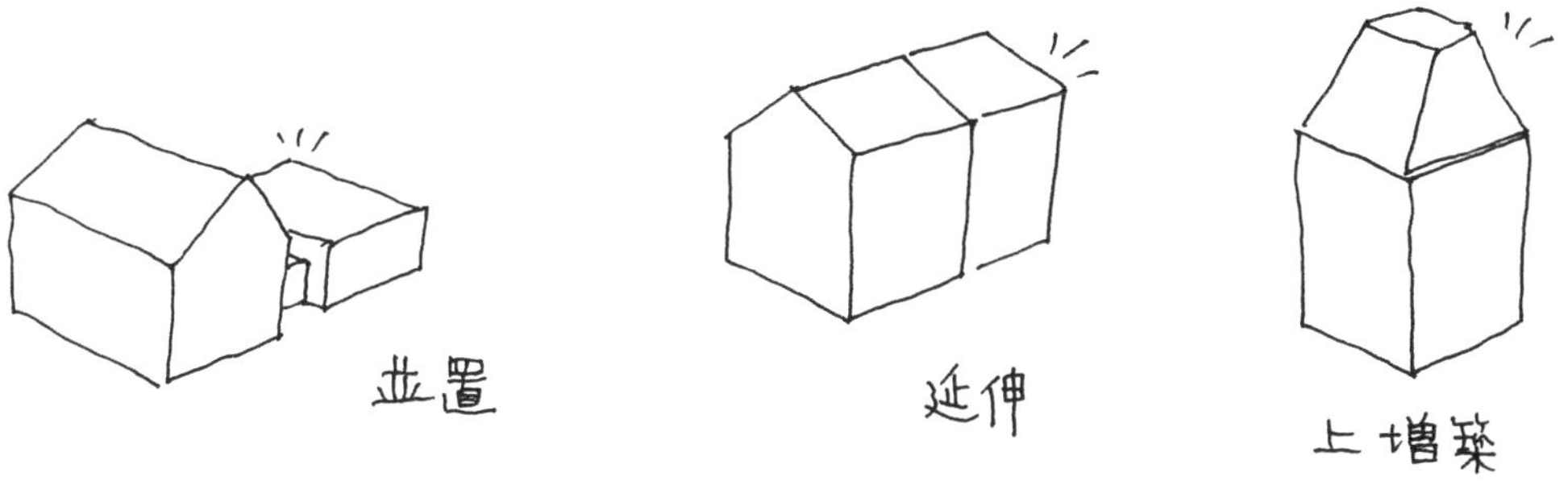

10年後の増築は30年後の減築になることもあり得る

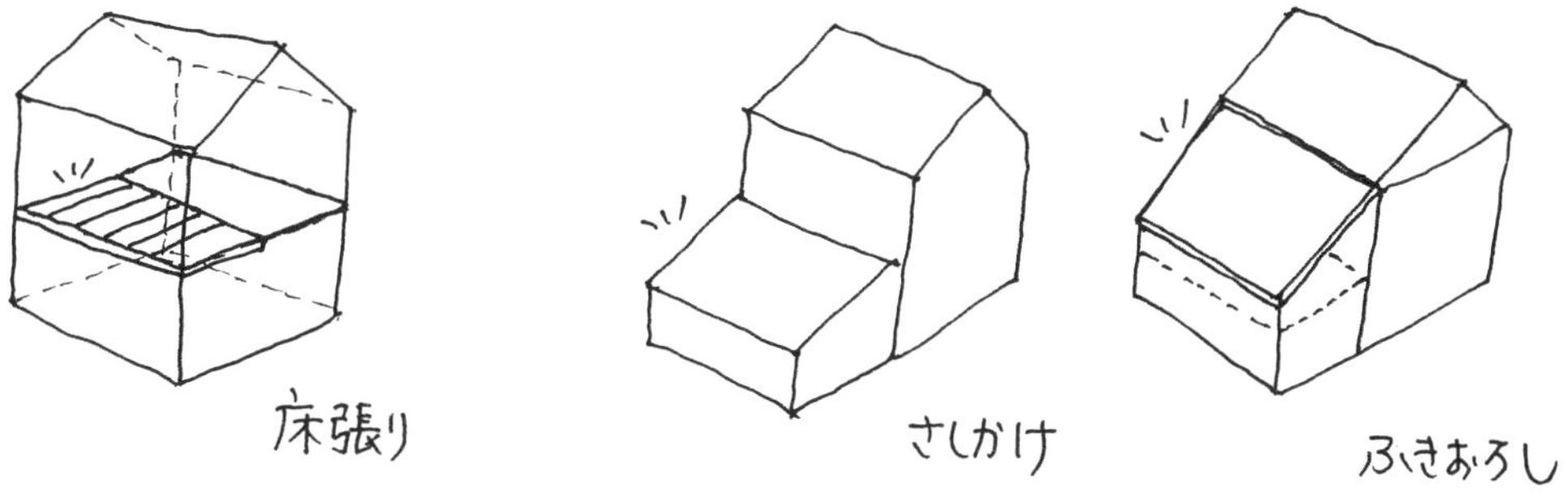

増築は建ぺい率、容積率、高さ制限などに注意

■増築には構造規定が適用される

既存の建物の建設時の検査済証、図面があれば選択肢は増え、増築の面積で扱いが変わってくる

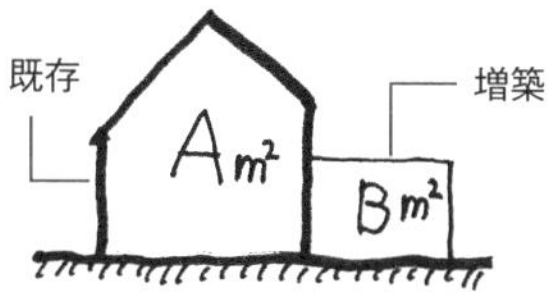

❶B≦50㎡かつ B≦A×1/20 ←令第137条の2二号　構造的に別棟としてBに現在の法令適用など

❷B＞A×1/2 ←法第20条　現在の法令適用

❸B≦A×1/2 ←既存部の構造的対処と増築部分の一定の条件をクリアすれば現在の法令の適用が緩和されるなど
- 令第137条の2一号イ、平成17年国交省告示第566号第1
- 令第137条の2一号ロ、平成17年国交省告示第566号第2

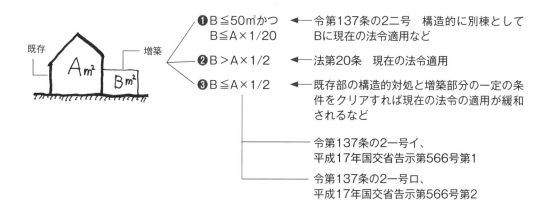

仕切りのカタチ

Point 部屋同士を緩やかな仕切り方にすることで、空間をより有効に使うことができる。

外部と内部、部屋と部屋を仕切るには、壁を設けること以外に、日本建築の特性ともいえる「あいまいな仕切り方」を活用してほしい。

1つは、内部と外部の境界をあいまいにする仕切り方だ。たとえば、室内から伸びた壁でL字型に庭を囲むと、囲まれた庭と室内がつながり、広がりを感じることができる。また軒を支える柱がある場合、柱は外にあるが、室内から見ると軒下までも内部と一体的になり、内部が外までつながって意識される仕切りもある。

2つ目は、LDKをワンルームにした場合、床の高低差で仕切る方法だ。キッチンの床を下げたり、リビングのコーナーに小上がりの和室を設けるなど、床面に300㎜前後の高低差を付けることで、視覚的な仕切りが生まれる。

3つ目は、部屋同士を建具によって仕切ることだ。この場合、引き戸による仕切りのほうが、部屋同士のフレキシブルな使い方ができる。用途が異なる2つ以上の部屋でも、引き戸を全開にすれば一体的に使えるからだ。むしろんリビングに連続してテラスがある場合も、引き戸で仕切っていれば、外部との一体感は、より強くなる。

伝統的な日本の家を見ると、様々な仕切り方があることに気付かされる。襖の上部に設けられた欄間は、意匠を楽しむとともに、通風を確保している。視線を柔らかく遮りながら通風を確保する簾戸、視線を一時的に遮るために使われる衝立てや屏風なども仕切り方の1つだ。現代ではストリングスクリーン、ロールスクリーンなどで、あいまいに仕切ることができる。

通風を確保することは、同時に音も通すことになる。私は生活音は騒音ではなく、気配と感じてほしいと思っている。気配を許容できる建て主なら、緩やかな仕切り方によって、空間をより有効に使うことができる。

■仕切りのバリエーション

家族同士の「音」が許容されるなら「気配」と考え、緩やかな仕切り方によって空間を有効に使いたい

○内と外の仕切り—視覚の連続

ガラス

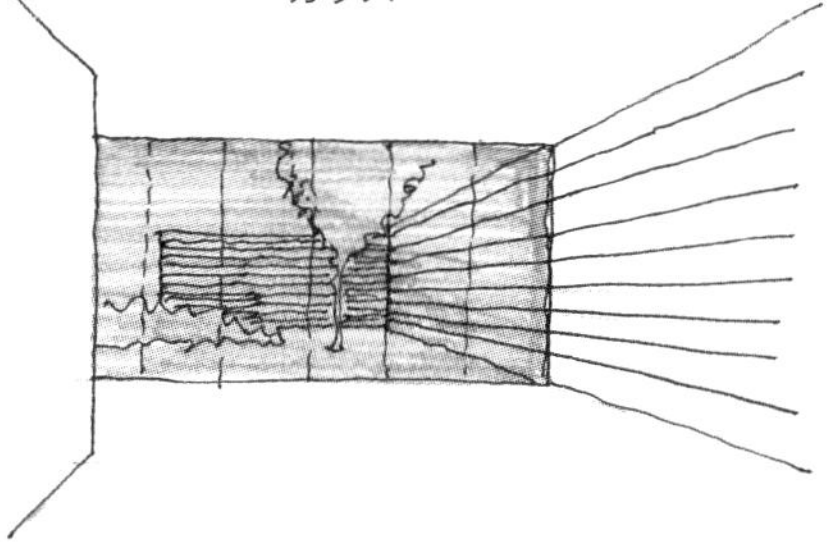

○可変仕切り—内と外の連続

障子

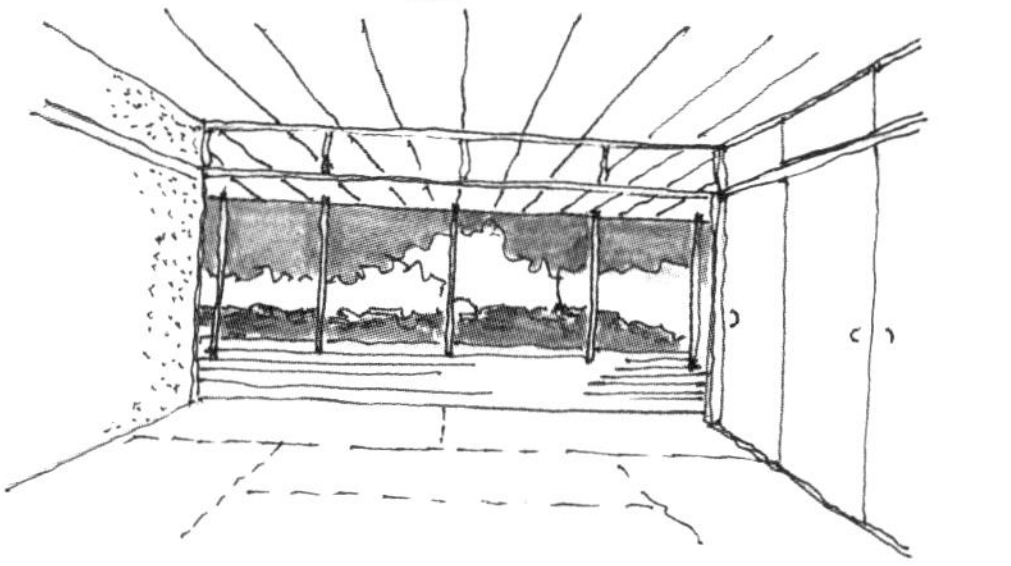

○伝統的な仕切りの利用

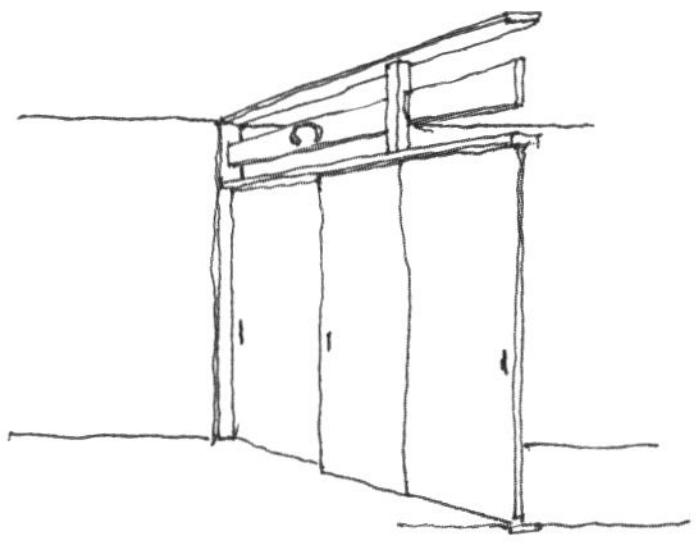

襖と欄間

スダレ（御簾《みす》）

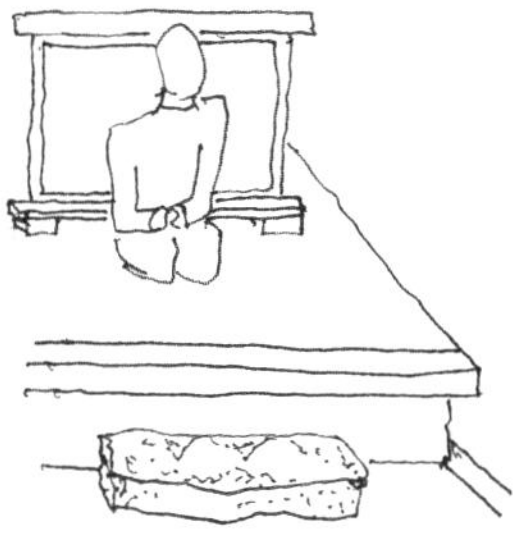

衝立

○カーテンによる仕切り利用

板１枚で仕切る。結界をつくる。
良識を試される「サイン」

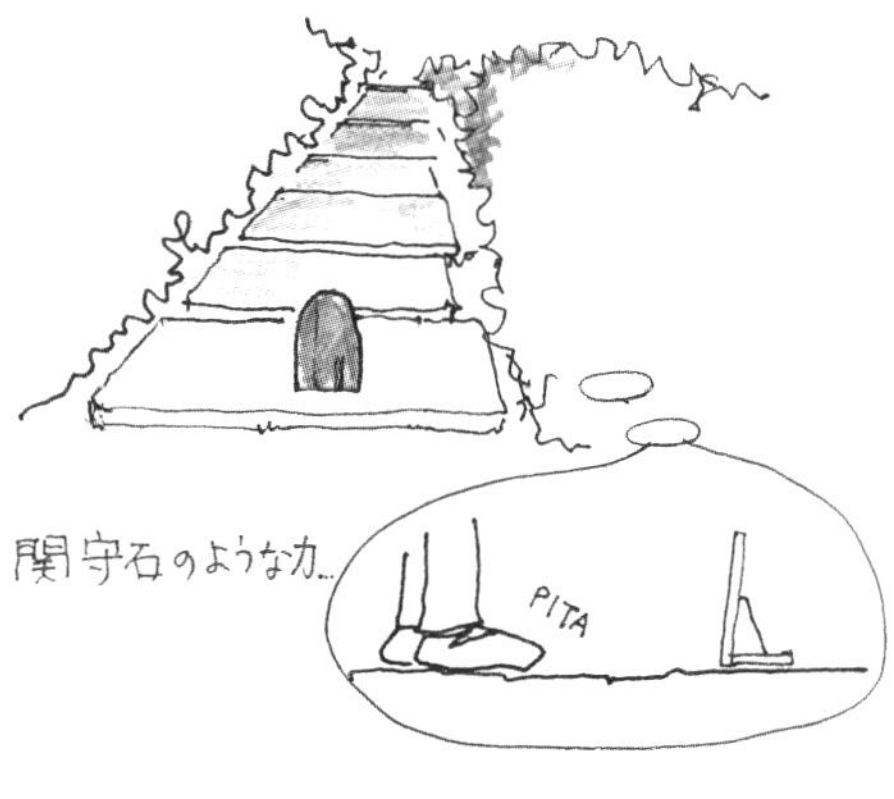

088

建て主へのプレゼンテーション1

Point 専門的な図面に説明文を加え、さらに全体が把握できる立体的な図面も必要だ。

プレゼンテーションの目的は、相手に設計内容を正確に伝え、特徴をアピールすることである。建て主や施工者など、相手によって伝える内容も表現も異なってくる。

建築の内容を専門外の人に伝えることは、非常に難しい。設計者が建て主に設計内容をわかりやすく伝えるには、平面図・断面図といった専門的な図面に、理解を促すような説明文を書き込んだり、パースやアイソメ図など、全体が把握できる立体的な図も必要だ。

平面図の間取りは理解されやすいが、空間構成までは、図面を見慣れていないとなかなか把握できない。わかりやすい絵と言葉で補足しながら、丁寧に説明するようにしたい。

立体的な図の1つであるパースには、建物の質感や影、周辺状況の様子なども描いたほうがよい。計画内容を効果的に伝えるために、人の目の高さで描くなど、パースのアングルは選択する必要がある。植栽や人などを描くことで、設計した建物のイメージが伝わり、建て主が擬似体験しやすくなる。

建物の空間構成をわかりやすく示すには、立体を斜めから見たアイソメトリック図という図法がある。建物の構成を立体的に表現できる基本的な図である。この図を、実際の壁厚やテクスチュアを除いて図式的に描いて、ダイヤグラム(人とモノの流れ)や、各部屋のゾーニングを描き込むことで、計画した空間構成をわかりやすく表現することができる。さらに採光範囲や空気の流れを描き入れたり、各部屋を色分けするなど、空間が把握しやすいように工夫する。建て主は平面図・断面図といった図面よりも、こうした図面のほうが、建物の全体構成を理解しやすいかもしれない。的確なプレゼンテーションによって設計意図を建て主に理解してもらうことで、その後の検討がスムーズに進められるようになる。

■プレゼンテーション＝建て主にプレゼントを贈る気持ち

著名な建築家であれば建物の考え方や求めるイメージが凝縮された「何か」(小物であったり、本であったり、１枚のスケッチであったり)で勝負できる
しかし、ここでは愚直にていねいに表現することを目指そう

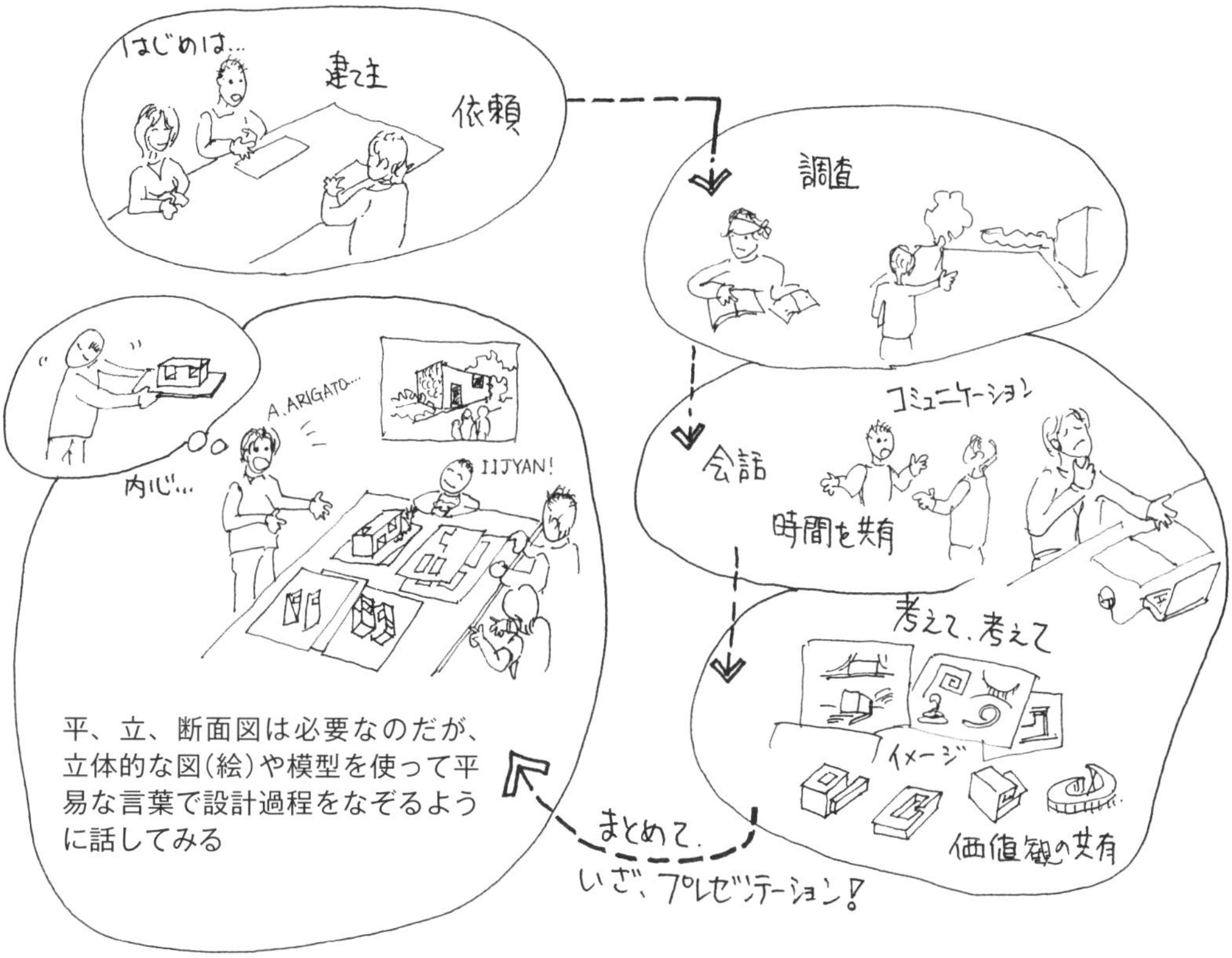

格好よくプレゼンテーションできなくても、表現した図や模型を建て主に
「持ち帰って、そっと一人で眺めていたい」
と思わせるように、ていねいなプレゼンテーションを心がけたい

089

建て主へのプレゼンテーション2

Point 建て主が的確に判断できるように、パネルは要点を絞り、見やすくレイアウトする。

①設計主旨、②建物の面積表、③平面図・断面図・立面図などの基本図面、④パース、アイソメ図、模型(写真)を使ってプレゼンテーションパネルを作り、建て主へ計画内容を説明する。

どのような住宅になるのかを建て主が的確に判断できるように、パネルのレイアウトは見やすくする。パネルの大きさと図面の種類を絞って、要点が伝わるように表現を工夫する。使う素材とレイアウトを無視したパネルは、設計内容を伝えるよりも、図面の羅列で終わってしまう。

①**設計主旨**／ここで効果を発揮するのは、計画時に考えた「タイトル」である。タイトルは設計意図であり、基本方針である。基本方針に沿って、設計内容のストーリーをストレートに表現することが重要である。

②**建物の面積表**／計画する建物の床面積が、建築基準法・都市計画法に決められた範囲内に納まっているかを明確にする。建物の面積は、建設コストにも影響するので、面積を明確にすることは、計画の実現に大きく影響する重要な情報である。したがってプレゼンテーションには必要なのである。

③**基本図面と仕上げ表**／計画の基本的な骨格を伝えるのが目的なので、図面の縮尺は1／100か1／200がよい。基本図面と内部と外部の主な仕上げ表、または立面図や断面図に仕上げを明記することが必要だ。

④**パースや模型写真**／パースは、擬似空間体験を促すように、各スペースのシークエンスを表現することも有効である。時系列で並べたり、場面を多く見せることで、設計した空間の特徴を強く伝えることができる。模型写真は光のあて方、撮影する角度によって、設計の特徴を表現することができる。写真は可能な限り大きいほうが伝わりやすい。模型の精度を訓練するためにも、大きい写真を使いたい。

■プレゼンテーションパネルをつくる

❶〜❹を使ってプレゼンテーションパネルをつくり、建て主に計画内容を説明する

❶設計主旨	計画時に考えた「タイトル」にすべてを託したいが、そうもいかない。設計上の考え方、ストーリーをまとめ、図面の作成への手がかりとする
❷建物の面積表等	各階と延べ床面積、建築面積、構造・規模、主要な内外部仕上げ表(外部仕上げは立面図に記入してもよい) 図面以外にもデータベースとしての内容も必要である
❸基本図面(一般図)	配置図(1/200)、平面図(1/100)、立面図(1/100)、断面図(1/100、2面以上)
❹その他計画を表す図面	パース、アイソメ図などの立体図、模型(写真)

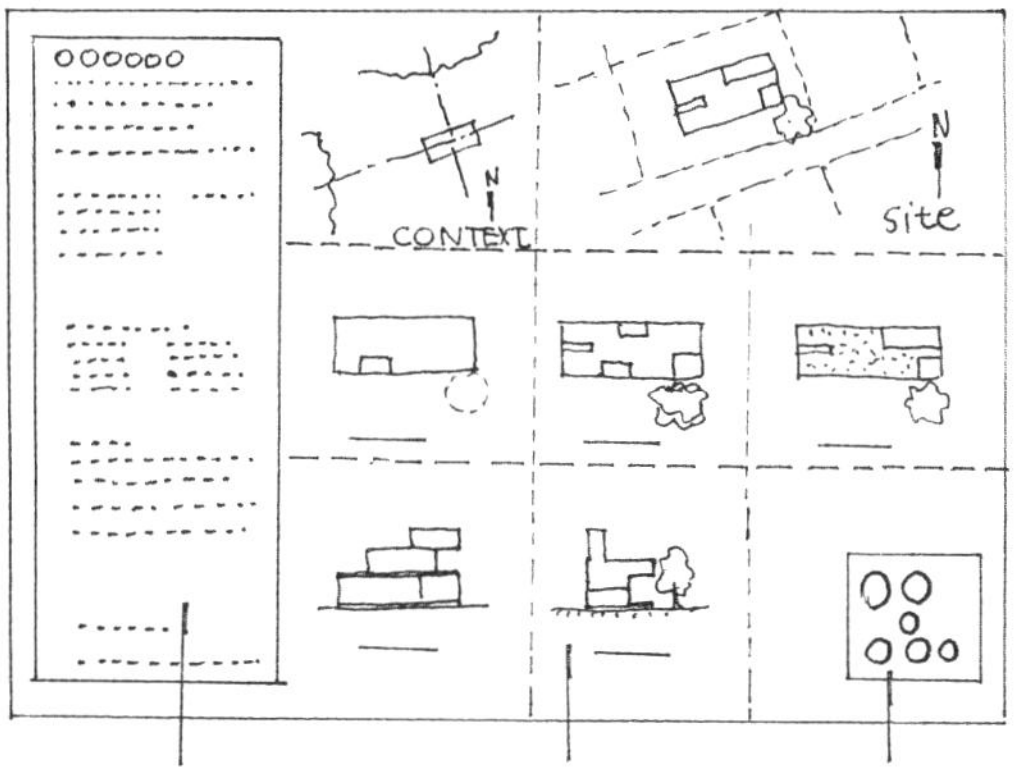

❶、❷　❸　タイトル

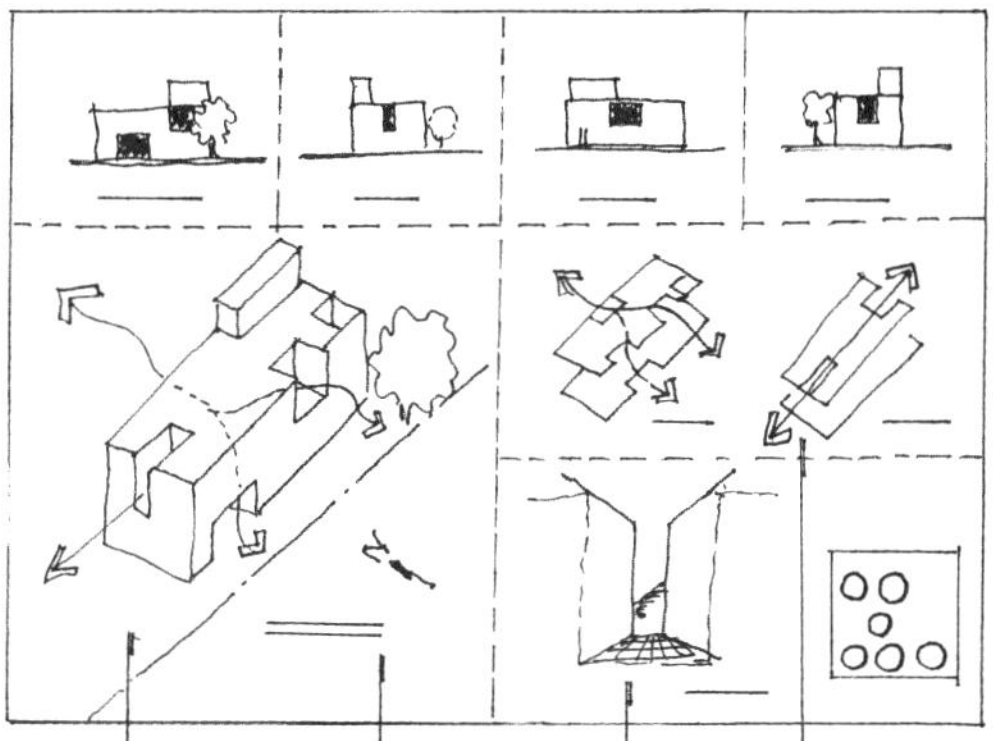

模型写真あるいはアイソメ図　❸、❹　パース　解説図

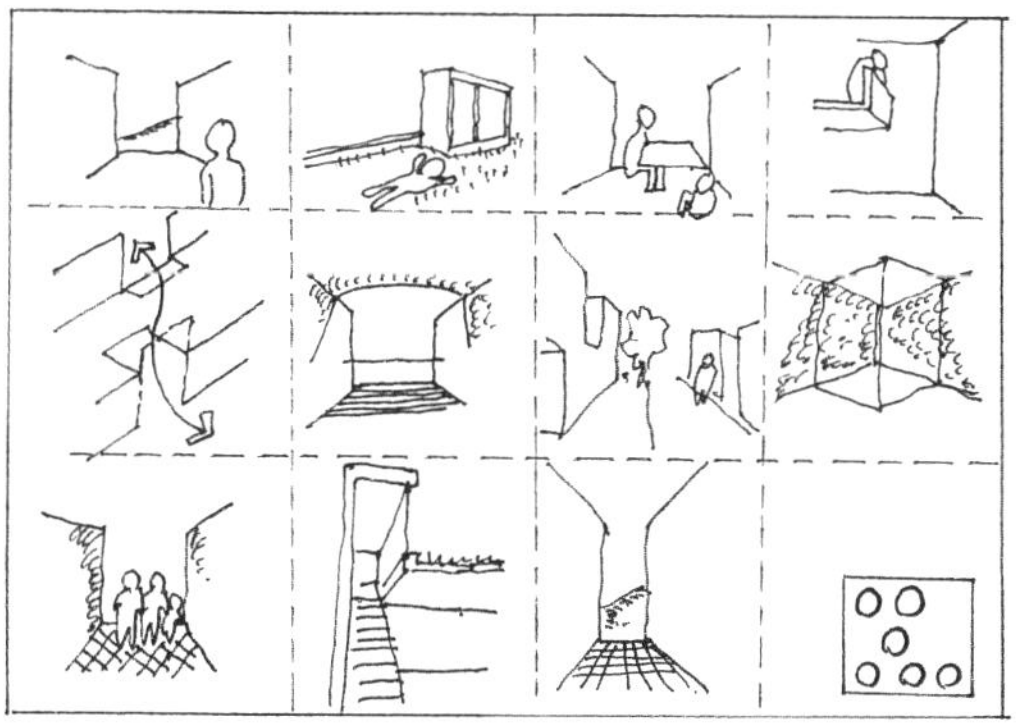

❹様々なシーンの展開を見せる例

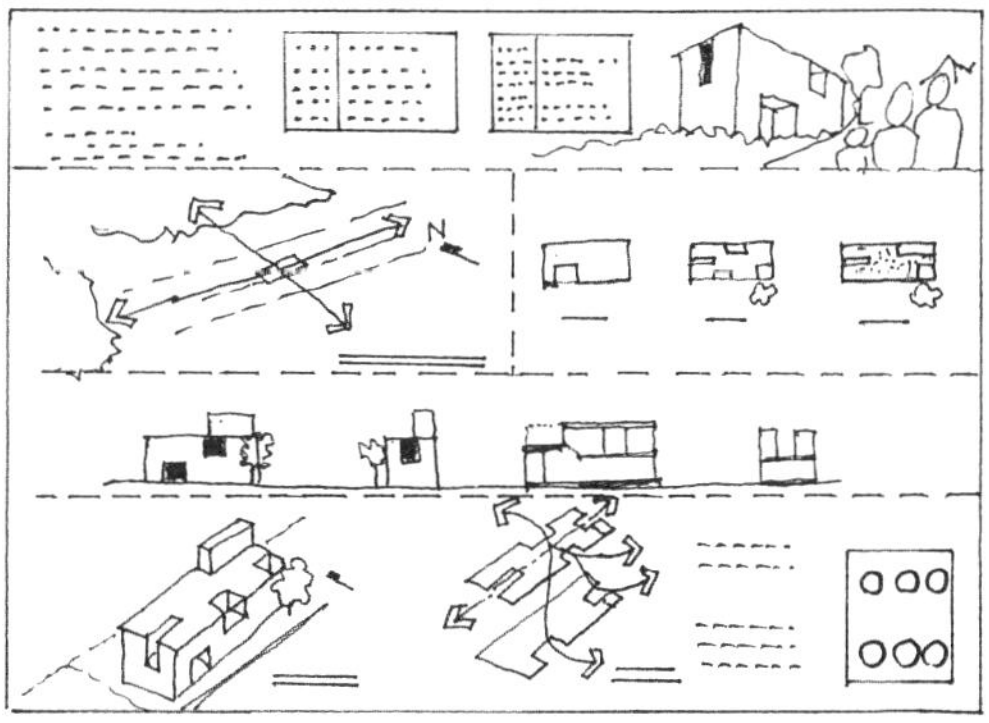

1枚でまとめる例
図面を取捨選択し、設計上の特徴を前面に出す

コアのあるH氏のすまい

1953年／増沢 洵

写真：平山忠治（提供：増沢建築設計事務所）

給排水を集中して居室を開放

「最小限住宅」で知られる増沢洵の、同時期に設計された木造平屋。

題名にあるように水廻りをブロックの壁で囲んだコアにしている。コアの中には浴室・洗面・トイレがあり、それぞれは扉で仕切られている。コアの反対側にはブロックの壁をはさんでキッチンがあり、洗濯用のシンクや洗濯機もブロック壁の外側に設置されている。コアの上部は透明ガラスがはめ込まれ、日中は内部に光を取り入れ、夜は大きな行灯のように周囲にあかりを放つ。

水廻りを一カ所に集中させることで自由になった居室は、東西に４つの個室を従えて、コアの周囲を回遊できるようにしている。玄関、リビング、食堂、キッチンは開放的な一室空間だが、玄関とリビングは収納家具で、キッチンとリビングは大きな襖戸で調理台を隠す分だけ仕切っている。

天井まで掃き出し窓にした南北の開口部からは、庭との床段差を低くしていることもあって、緑がそのまま室内に入ってくるような爽快感がある。水廻りを集中させることで生まれた一室空間は、外部を取り込むことで、さらに広がる。

第6章

実施設計図を描く

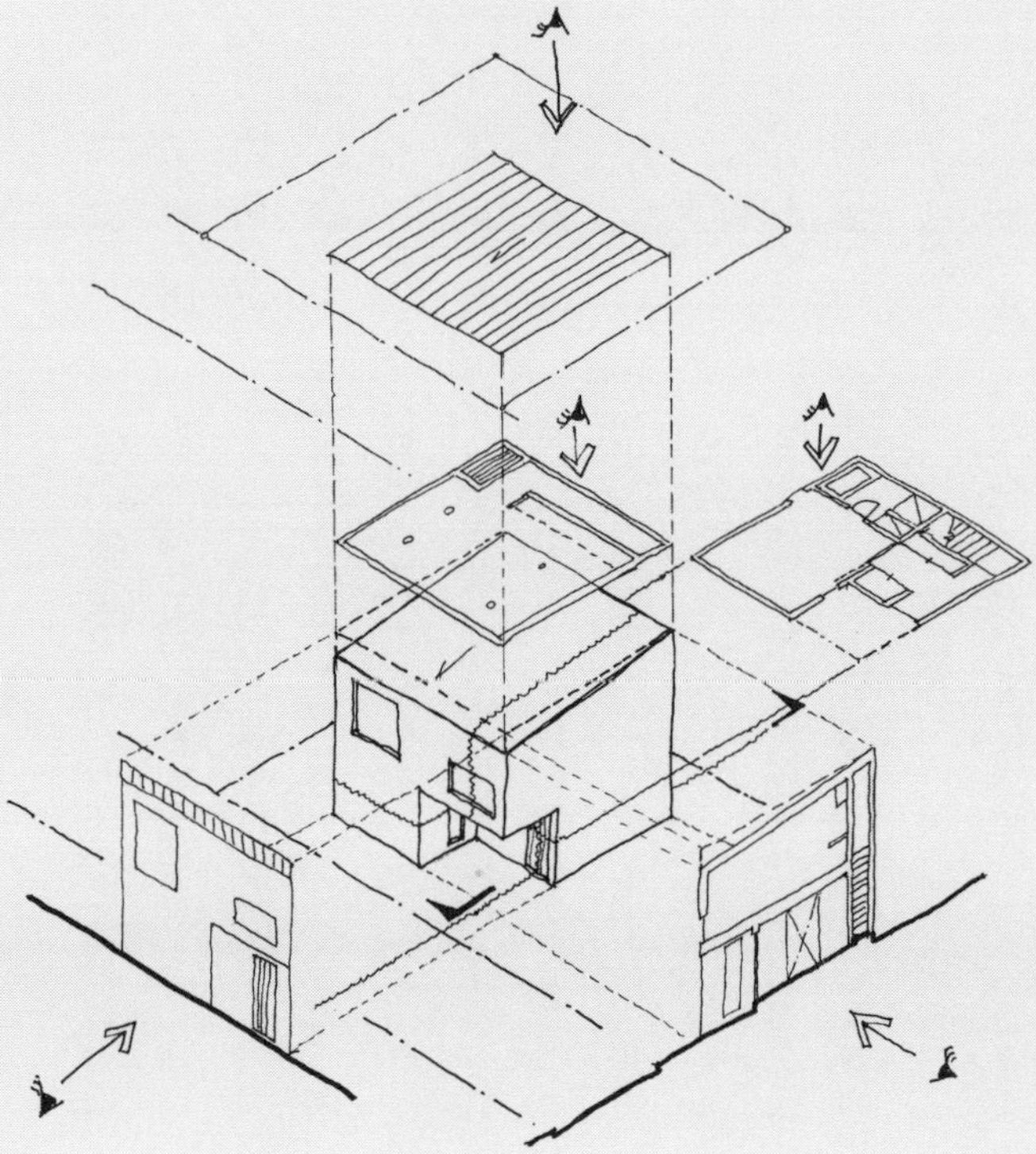

090

伝達手段としての図面

Point 手描き図面にするかCADにするか、図面の表現方法で伝わり方も違ってくる。

図面には2つの種類がある。1つは、エスキースを含めた「考えるための図面」である。イメージの錯綜や飛躍が描かれ、計画が収束する過程を確認することができる。

もう1つは第三者へ「計画内容を伝えるための図面」である。伝えるための図面なので、伝える相手によって図面に盛り込まれる内容が変わる。これには建て主への基本設計時のプレゼンテーション図面と、工事に必要なことが記載されている施工者への実施設計図がある。実施設計図は、工事費を見積もるための図面でもあり、住宅をつくるための図面でもある。

実施設計図は、基本設計図で建て主と設計内容を確認した方針にもとづいて進める。実施設計図には技術的な詳細、材料の指定、積算(見積)のための仕様・寸法が表現されている。それをもとに施工者は工事計画を立てる。さらに注意すべきつくり方や納まりについて、設計者は方針を示さなければならない。この納まりの方針や仕様によって、建設コストはむろんのこと、工程の工夫も必要になってくるので大事なところである。

基本設計図や実施設計図を手描き図面にするかCADにするかによって、伝わり方も違ってくる。図面の表現方法によって、人に与える印象が変わるからだ。手描きの図面は、設計者の思考のプロセスを感じることができるので、建て主にとっては、設計内容に入り込む余地がまだ残されているような印象を与える。

CADで描かれた図面は、「物事が決定してしまった」印象を建て主に与えてしまうことがある。特に、建て主への理解がまだ浅い基本設計の第1案を提示する場合には、手描き図面の方がよい。優先順位や考え方について、お互いに話し合うためのたたき台として使うことができるからだ。

考えるための図面と伝えるための図面

図面にはエスキースを含めた「考えるための図面」と第三者へ「計画内容を伝えるための図面」の2種類がある

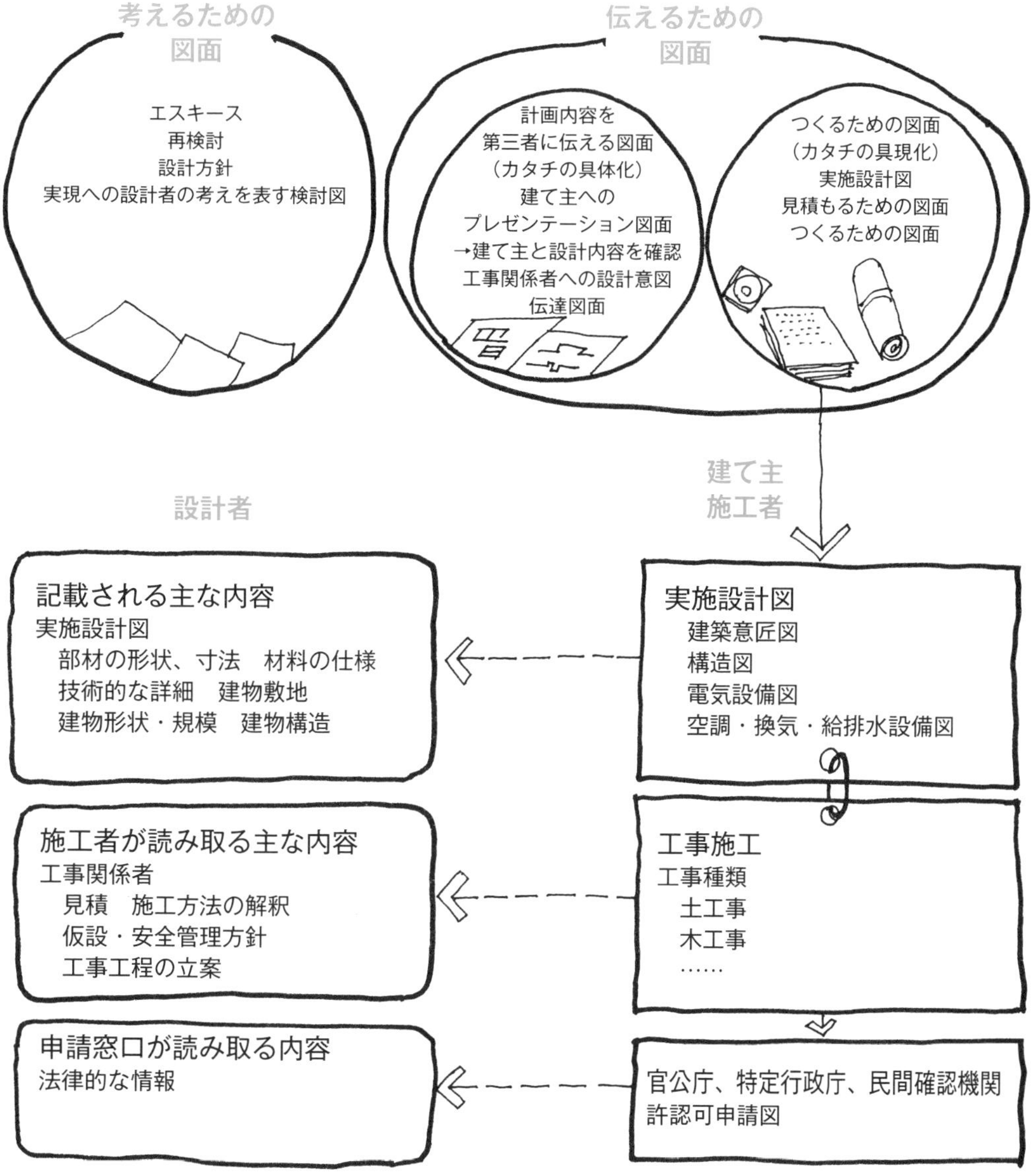

○手描き図面とCAD図面の特性

手描きのよさ（精度にもよる）
- 思考の痕跡を残せる（消し跡）
- 思い入れが線に表れる（ニュアンス、テクスチュア）
- 手で線を探すことができる
- 建て主が図面の中に感情移入しやすい

CAD図のよさ
- 完成度が高く見える
- 思い入れから離れて客観的に構成を確認できる
- 工業製品の定尺寸法や割付に対する納まりを高い精度で検証できる

※図面の受け手によって伝達力が変わることを意識する

091

図面作成の方法／手描きとCAD

Point 手描きもCADも、どちらも使いこなせるように。

CADが今日のように一般化するまで、設計者は詳細図に至るまで、すべての図面を手で描いていた。CADが普及してきたとはいえ、建物は人の手でつくられることに変わりはない。

手描きの図面は、設計者の思考の過程が表れることから、施工者もそれを読み取って、設計意図を理解していくことができる。一方、CADで描かれた線からは、設計者の思考の軌跡が読み取りにくく、1本の線を決定するために悩んだ軌跡が、CADではリセットされてしまうのである。

現場では、必死に施工者が、納まりの解決を求めてくることが多い。設計者はその場で、問題となっている納まりの方針を施工者と協議しながら、目の前で図面を描かなければならない。手描きで図面を描くことは、現場で意図を伝えるためには欠かせない。

CADで図面を作成することの難しさは、モニター上で拡大・縮小を繰り返すうちに、スケール感を喪失してしまうことだ。そこで描く寸法の数値を実測しながら、サンプルなどを手許において設計したい。同時に、実際の空間のヴォリューム感を強く意識することも必要だ。さらCAD図面はモニターを通して作成されるので、手描きの図面と違って、全体像の把握が難しい。全体を把握するには、出力して確認しながらの作業になる。モニターの中の世界と自由に行き来して、確かめることができる設計者もいるが、私の場合は、図面内容のリアリティを確かめるために、必要に応じて出力し、線を手でなぞって実感を取り戻すことが多い。

私の場合、設計前半は手描きで行い、後半はCADで作成することが多い。設計後半では、技術的な検討、法的な記入など、同じ図の中で何度も記載内容を変えて作成するのである。そのため、CADの利用は、作業の効率化からいっても現実的であるのだ。

■手描きとCADの違い

手描き図面

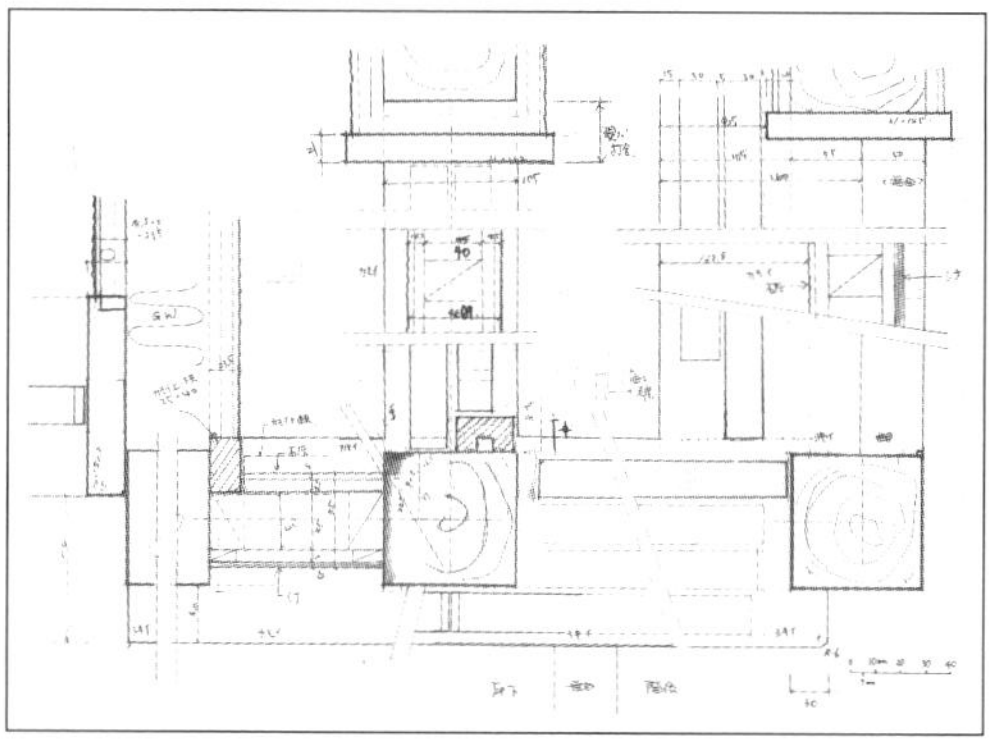

CAD図面

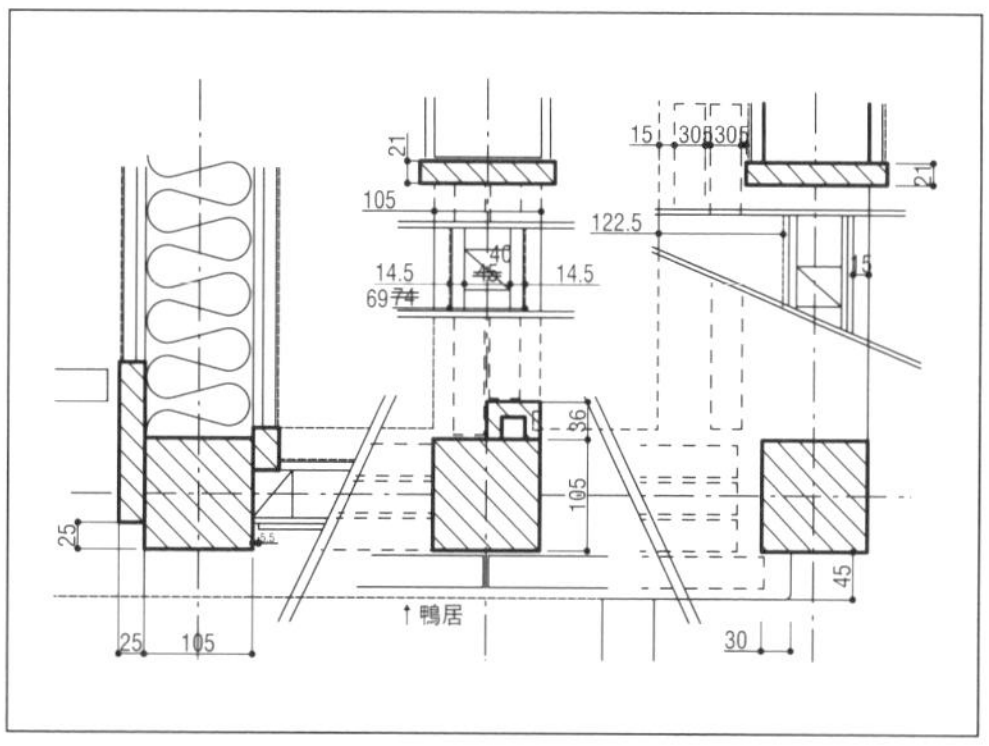

手描きの図面は設計者の思考過程が表れ、施工者もそれを読み取って、設計意図を理解していくことができる。CADで描かれた線からは、設計者の思考の軌跡が読み取りにくく、１本の線を決定するために悩んだ軌跡がリセットされてしまう

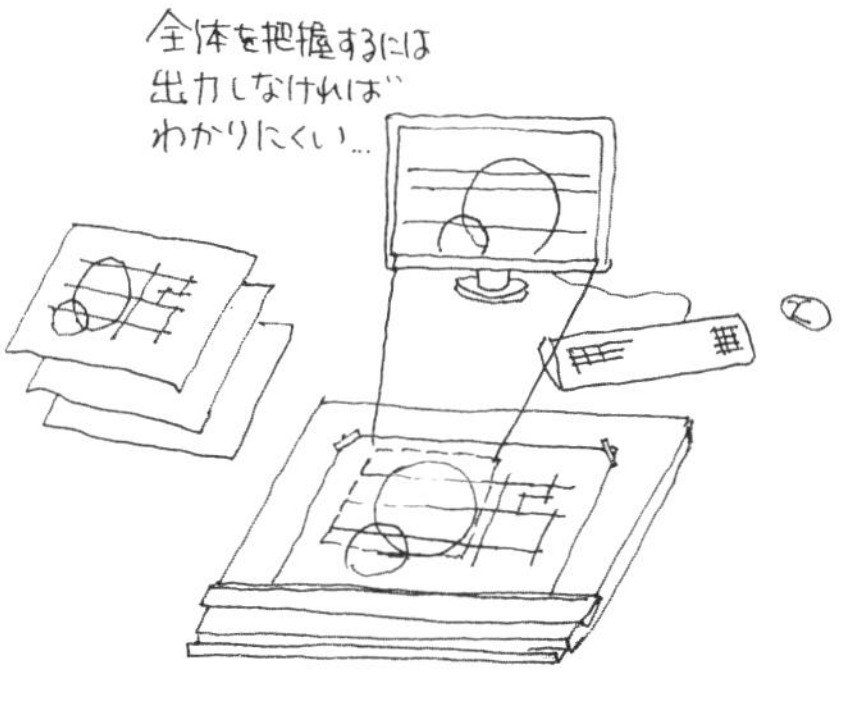

092

実施設計図面の記載ルール

Point 寸法は単に長さや高さを表しているだけでなく、設計意図まで伝えることができる。

実施設計図には配置図、平面図、立面図、断面図、矩計図、平面詳細図、展開図などがある。図面名称や縮尺は、設計者で多少異なるが、内容は基本的に変わらない。図面は二次元で表現されるが、各部の関係が立体的に表現された図面を付加することで、設計内容の特徴が第三者に伝わりやすくなる。

図面は製図のルールに則って、作成される。「垂直（水平）正投影図」といって、実際の見え方とは異なる描き方である。線の種類は、実線、1点鎖線、点線などがあり、通り芯は1点鎖線で描くなどのルールがある。寸法の単位は、メートル法の㎜単位で表現される。10㎝、1mは、100㎜、1000㎜というように、設計者と施工者の間では、基本的に㎜単位でやりとりする。

木造住宅を多く手がける施工者とのやりとりでは「枠の見付は7分か8分。板の厚さは、5分か1寸」など今でも尺貫法を使う。1分≒3㎜、1寸≒30㎜である。21㎜や24㎜など、図面では㎜で表記する必要があるが、元になる寸法は尺貫法によっている。

寸法は単に長さや高さを表しているだけではなく、プロポーションを与え、使いやすさや、設計者が何を優先しているのかを伝えることができるのだ。

矩計図は、細部をわかりやすく表現できるように1／30、またはそれ以上の縮尺で描かれることが多い。それでも1/5や1/2、原寸に比べれば限度があり、部分的な詳細図にゆだねられる。

1／100の平面図や断面図に、製作工場で描くレベルの細かい詳細を入れると、バランスを欠くことになる。各種製品にCADデータがある場合に起こりがちだが、適切な縮尺による図面の表現内容を統一することに努めたい。また、縮尺が大きいからといってわかりやすい図面になるのではない。線の種類の使い分けによるメリハリのある図面を描くようにしたい。

図面は水平・垂直正投影図として記載される

図面は製図のルールに則って作成される。「垂直(水平)正投影図」といって、実際の見え方とは異なる描き方であることを意識する

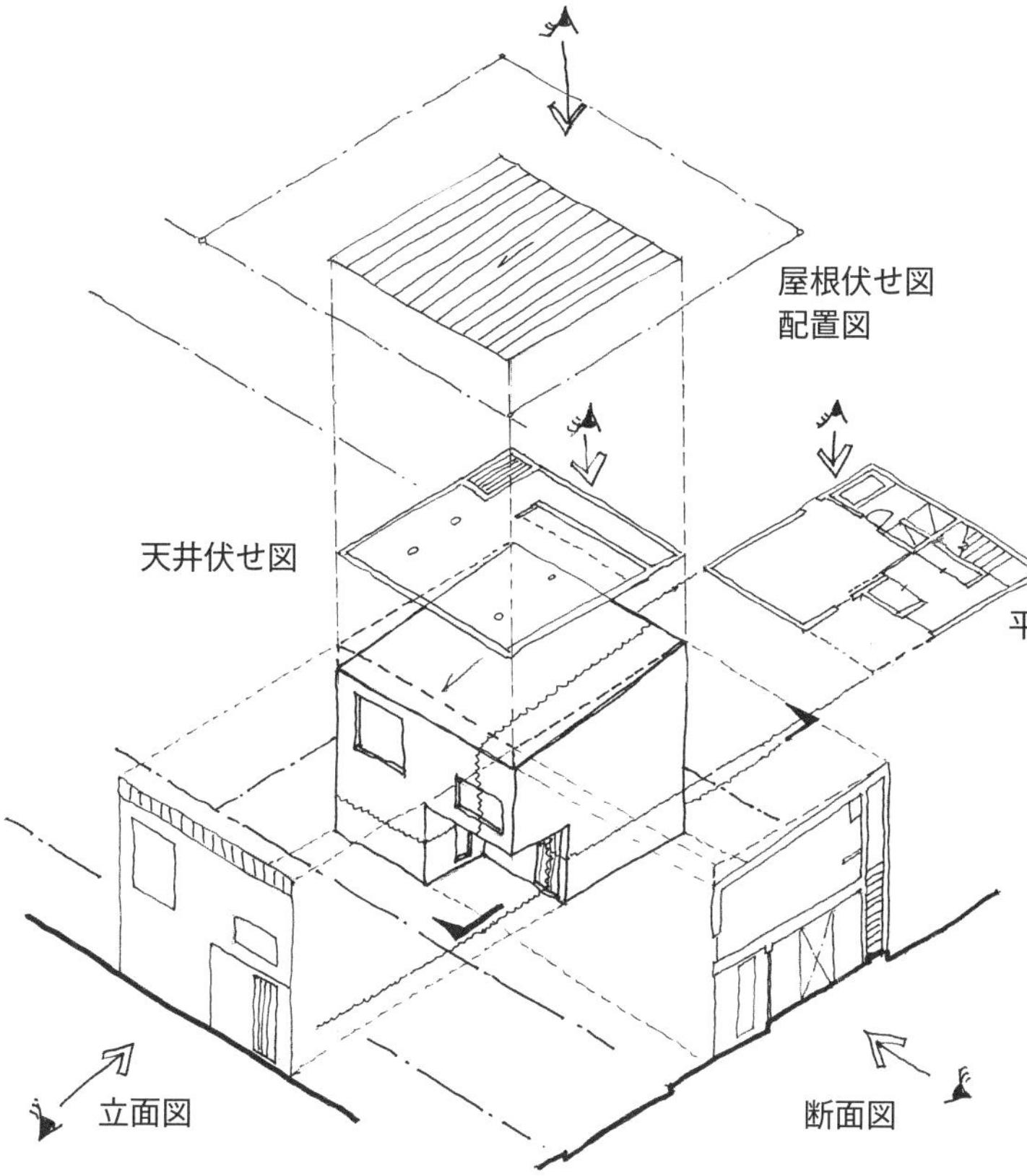

線種

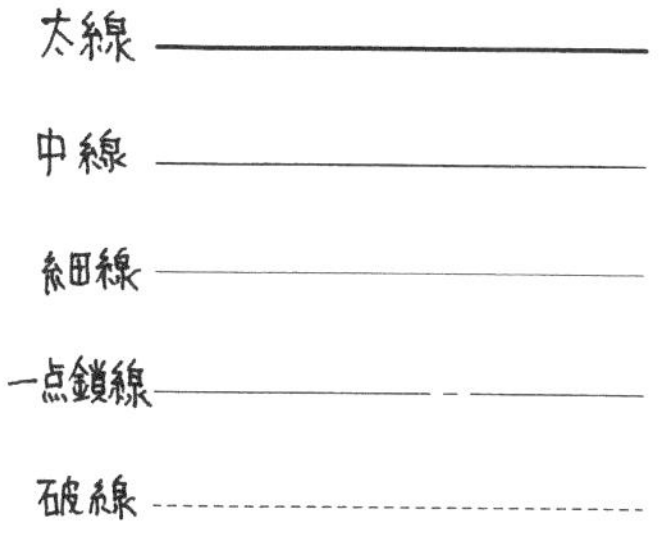

縮尺と表現

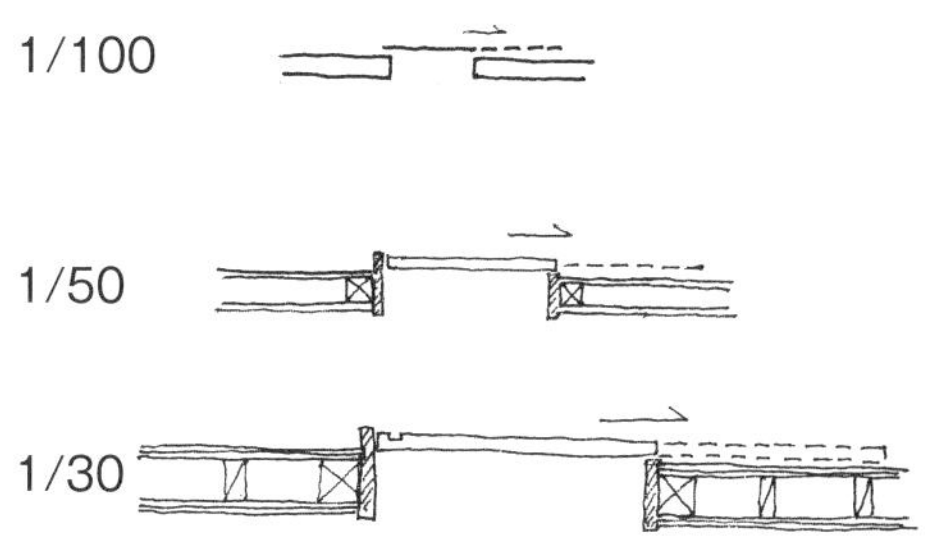

文字の大きさ

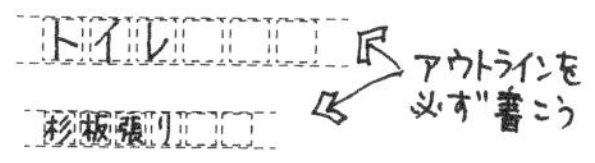

文字の大きさは図面のメリハリに大きく影響する
記載内容によって大きさを統一することが大切である

工事の種類を意識する

Point 図面上で工事過程をシミュレーションしながら、各工事に必要な情報を描きこむ。

伝える図面であるには、見やすくわかりやすい図面であることが求められる。線種を使い分けて、メリハリを付けると見やすい図面になる。メリハリとは、線の太さの描き分けと、内容による線種の統一である。

平面図も断面図も、切断されている部材の線を太く描き、見えがかりの線とのメリハリを付けることが必要である。実線の太さ以外にも、鎖線、点線では、点の間隔や長さをそろえることで、見やすい図面になる。日頃から様々な図面を写す練習を行って、見やすくわかりやすい図面が描けるようにしておきたい。

さらに意識したいのは、工事の順番や種類である。図面上で基礎、躯体、仕上げといった工事をシミュレーションしながら、各工事に必要とされる情報を描きこむ。それぞれの工事の担当者へのメッセージともいえる。たとえば、工事現場で初めて行う作業は地縄である。建物の通り芯によって配置を確定する。そのために通り芯を描き、敷地境界線からの寸法が必要なのである。各工程での工事を意識し、その内容を明確に示す必要があるのだ。

建物の構成や細部は、図面の描き方で工事担当者に伝わる。たとえば軒の役割は変わらないが、軒先ラインを薄く見せるのか、太く見せるのかは、建物の佇まいを決めることになる。このように図面の表現方法によって、施工者に意図するところを伝えることができる。設計の意図を工事に反映させるには、技術的な仕組みを理解して、設計者としての考え方を示すことで、施工者との意見交換が成り立つのだ。

使い勝手や耐久性を含めた、広い視野に立って施工者と意見交換できるように、建物全体に対する部分の役割などを含めて、それぞれの工事担当者に設計意図が十分に伝わるような図面を描くようにしたい。

■住宅に関わる各種工事

土工事

縄張り・遣り方(仮設工事)

敷地

型枠・配筋

コンクリート(型枠)工事・鉄筋工事

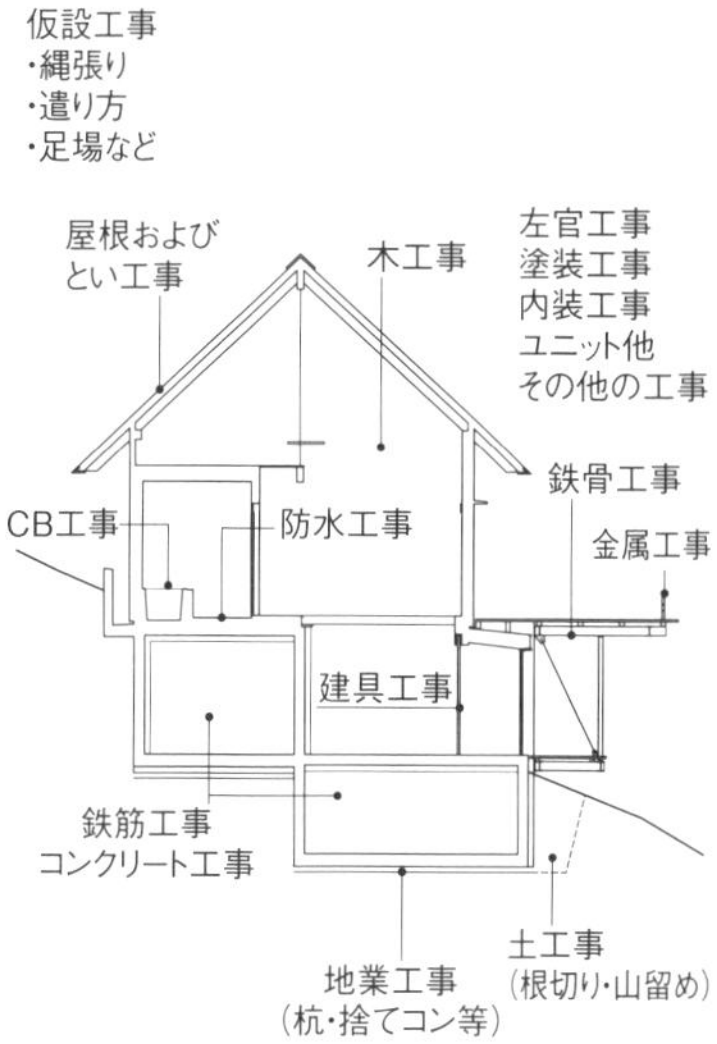

その他の工種に
石工事
タイル工事
などがある

建て方(木工事)

コンクリート打設

鉄骨工事

内装・仕上げ

外装・仕上げ

完成

094

配置図を描く

Point 敷地形状と建物形状の位置関係を明確にし、必ず方位を記載する。

配置図とは、敷地周辺(向こう三軒両隣)を含み、敷地内の住宅配置と周辺環境との関係を描いた図面である。

周辺環境や建物と庭との関係を見ながら、敷地内のどこに建物が配置されているかを示す。そのため建物内部までのアプローチ、樹木やテラス、塀や門、駐車スペースなどを描く。必ず方位を記入して、接道する道路と敷地地盤の高さ関係、前面道路の幅員、敷地境界線、敷地境界線と建物の位置関係を示す寸法を記入する。建築基準法に定められた道路かどうかをチェックしたり、工事車両の搬入搬出などを検討するためにも必要とされるからだ。

敷地境界線と境界線に面する建物の離れ寸法を必ず記載する。民法上、敷地境界線から50㎝離れることを求められる場合や、建築基準法上の防火に関する制約や地区計画などにより、場合によっては壁面線の位置指定がある。

公共下水道が敷設されている場合は、設備工事や足場の計画にも影響するので、下水道管の位置や深さを記載する。

配置図は、通常1/200か1/300程度の縮尺で描かれるが、1階平面図や屋根伏せ図と兼用して描かれることもある。屋根伏せ図では、軒が出ている場合は、外壁面を点線で記載したほうがよい。平面図であれば、屋根の軒先線を点線で記入したほうがよい。この場合、「配置図兼1階平面図」、「配置図兼屋根伏図」という図面名称になる。どちらが住宅の特徴をよりわかりやすく表現できるかによって選択すればよい。

プレゼンテーション用の配置図では、樹木や、建物周囲の使われ方を示す表現や、建物によって道路面や敷地面に生じる陰影を描くことも重要である。陰影は、建物のヴォリュームを表現すると同時に、太陽の与える影を示すことで、方位も暗示できる。

■配置図を描くための注意点

配置図は、敷地と建物を見下ろした図である
周囲の環境に対する建物の位置づけと敷地内の建物位置を表現する

○配置図を描くための準備　敷地情報を集める

敷地実測図

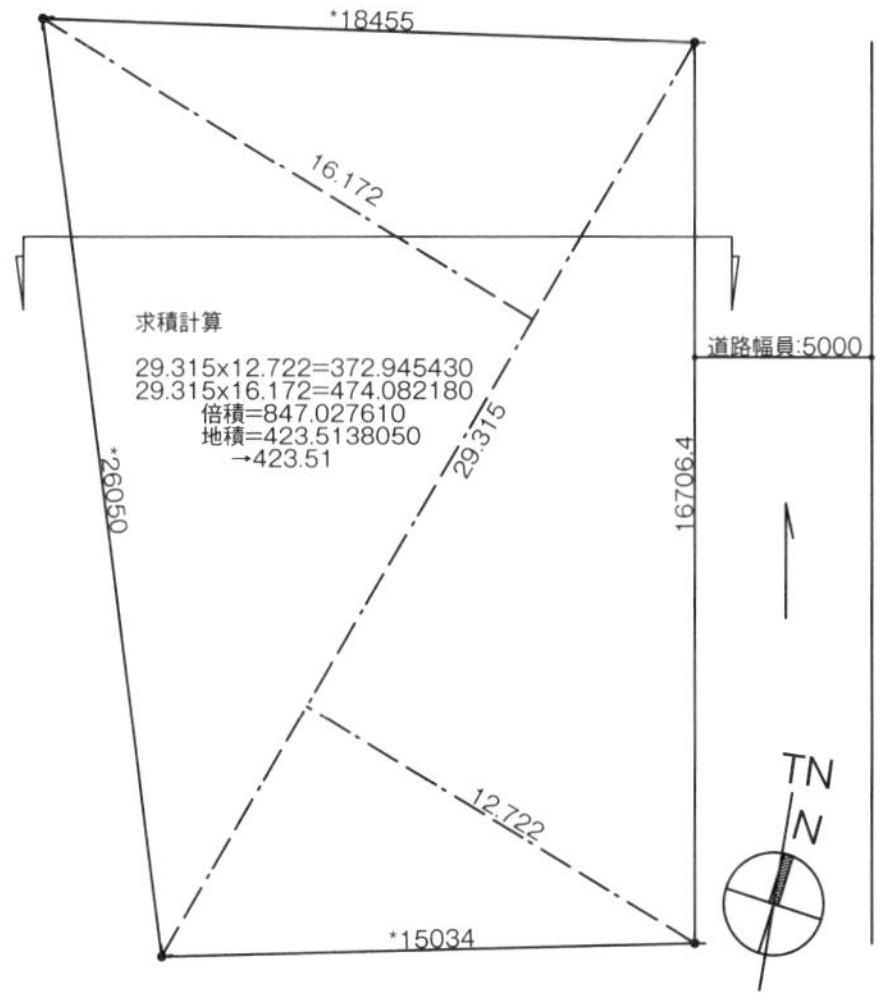

公図(例)

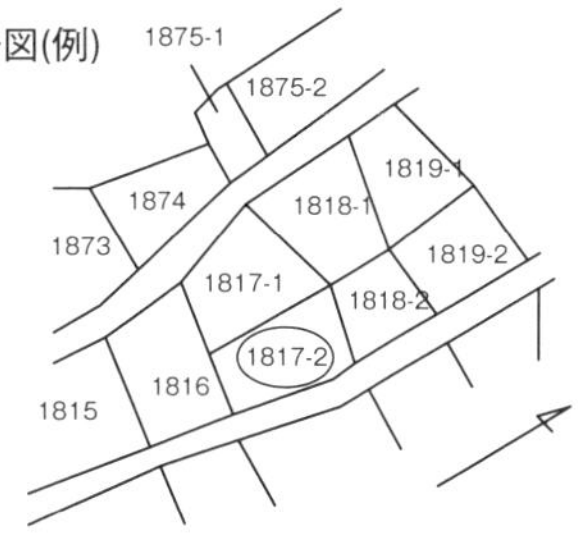

縦横断図

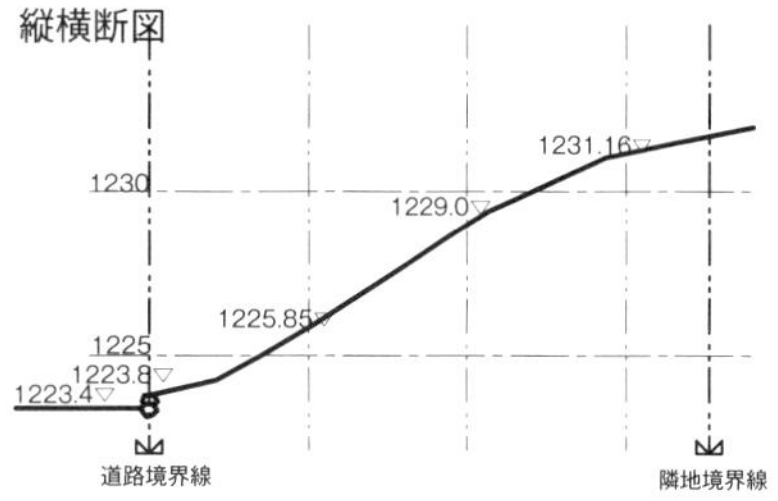

○配置図に描く内容(屋根伏せ図 兼 配置図の場合)

□方位
□敷地境界線からの建物の外形の寸法
□接道する道路の幅員寸法
□道路と敷地の高低差、敷地内の高低差
□建物出入口へのアプローチ
□樹木やテラスなどの外構造作物
□外柵、門、塀がある場合の記入
□建物屋根形状、屋根材仕様
□建物屋根突起物(煙突など)

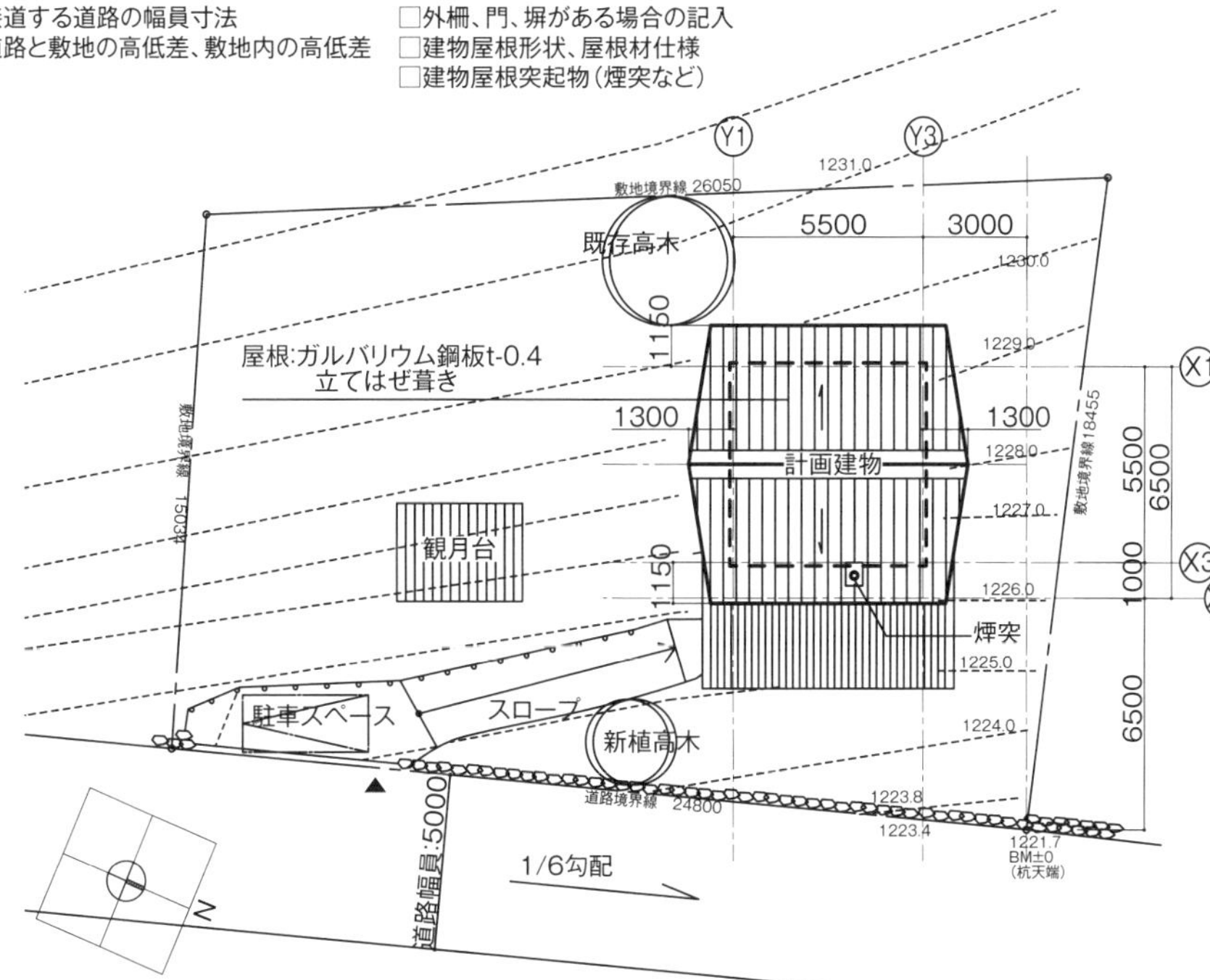

方位は、北が紙面上になる様に描く。
ここでは、紙面の関係上変則的な表現
にしている

屋根伏せ図 兼 配置図 S:1/○○

095

平面図を描く

Point 壁や柱の通り符号の付いた通り芯に寸法を入れ、建物全体の大きさや間取りを表現する。

平面図は床から高さ1～1.5mあたりを水平に切り、そこから下を見た図面である。原則的には水平に一直線に切るが、建物の特徴を表すために、床レベルに応じて上下する場合もある。

他の図面と同様に、切り口から見下ろしているので、床に1m程度の高低差があっても、同じ図面に描かれる。スキップフロアの床構成では同じレベルに見えてしまうので、高低差を示す数値や段差記号を示す必要がある。

平面図には、壁や柱の中心線である通り符号の付いた通り芯に寸法を入れ、建物全体の大きさや間仕切り壁などの位置関係を表現する。そうすることで壁や柱の形状、開口部の大きさ、位置を読み取ることができる。1階の床面積より2階が大きい、あるいはその逆の場合は、平面図にも形状がわかるように表現する。断面図や立面図と照合しながら、建物の全体像を把握するため、断面図に描いた部分の切断位置や方位を記載する。

工事費に含まれる設備機器は実線で記載する。家具、冷蔵庫、洗濯機など、施工する際には工事費に含まれないものは持込品として、点線表記にする。

縮尺が1／100や1／200の平面図とともに、下地や建具枠の技術的な部材構成を示すための平面詳細図もある。平面詳細図の縮尺は、1／50以上。壁の仕様により厚さを確認したうえで、1／100の平面図に移すという手順もある。

プレゼンテーション図面と実施設計図面の違いは、縮尺と図面の表現方法にある。プレゼンテーション図面では、縮尺が1／100または1／200、陰影や仕上げ材の質感などを表現し、細かい寸法よりも建物の外形や主要な部屋の大きさがわかるような寸法記入が求められる。平面図の内容は、各部分の配置、各部屋の大きさ、部屋のつながり、周辺環境との関係など情報量が多いので、わかりやすく表現したい。

平面図を描くための注意点

平面図は、床から1m程度の部分を水平に切って見下ろした図である
建物内部の間取り、スペース相互の関係、外部との関係を表現する

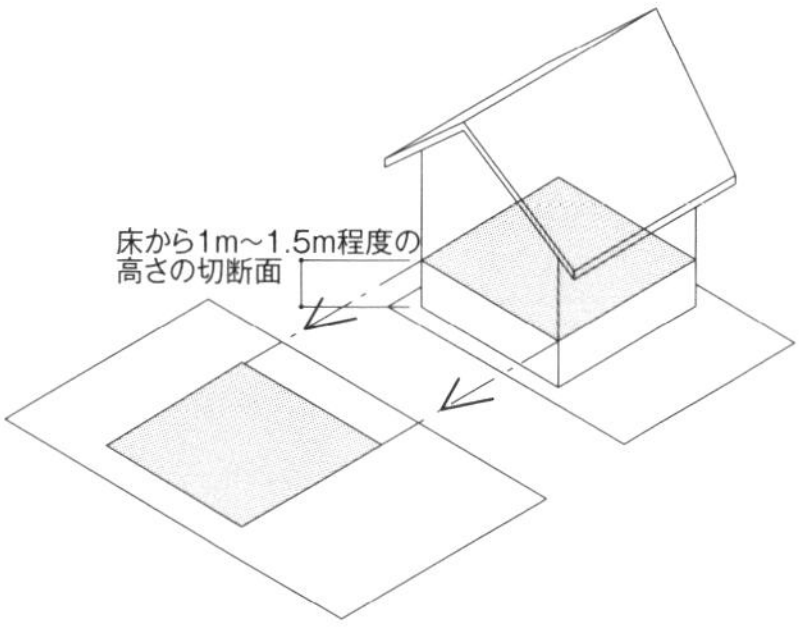

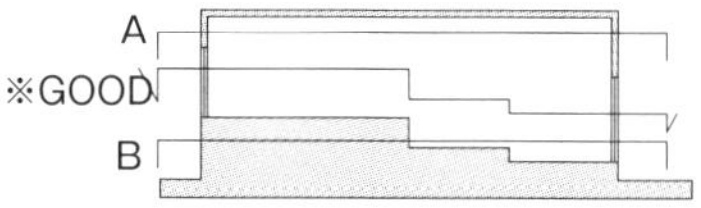

たとえば、上図のような断面形状と開口部を持った
建物の切断面は※の考え方になる。
特徴的な部分を表現する。A、Bは、適切ではない

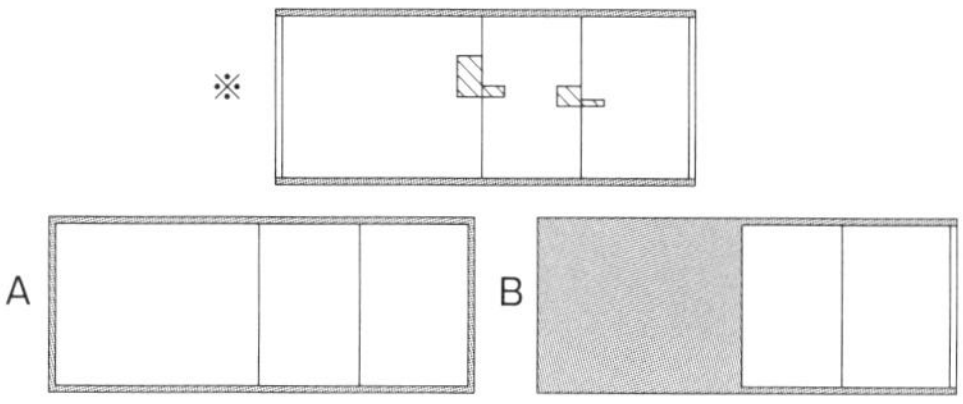

平面図に描く内容

- □方位
- □敷地境界線からの建物の外形の寸法
- □建物外形・間仕切壁位置
- □開口部形状、開き方向
- □床面に見えるものすべて
- □上部あるいは下部に見える建物外形
- □室名
- □階段形状、幅員、蹴上・踏み面寸法
- □室上部あるいは下部の状況（吹き抜けなど）
- □外部植栽など内部との関係を表すもの

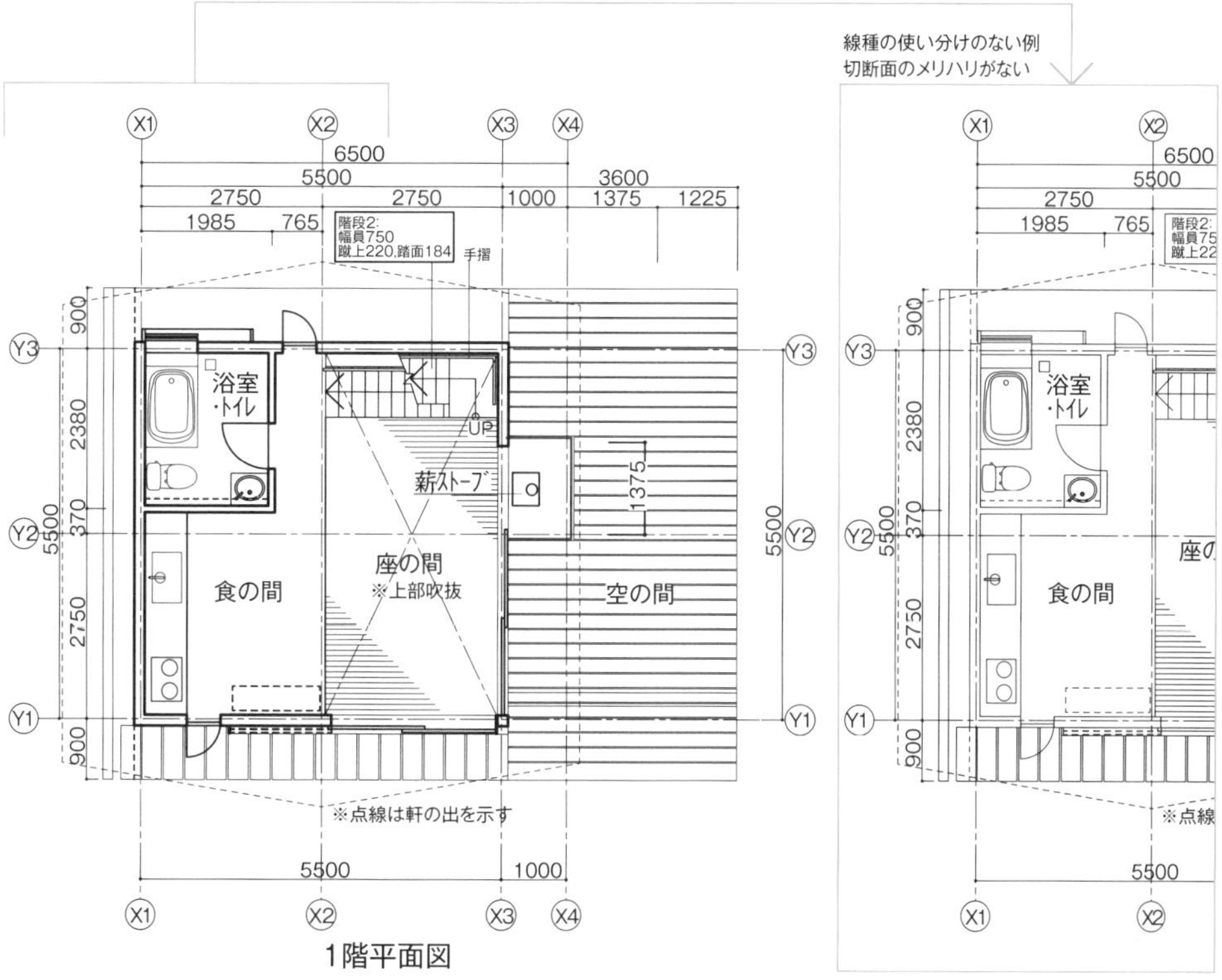

1階平面図

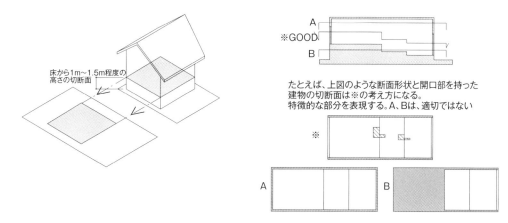

096

立面図を描く

Point 開口部の位置や大きさ、庇、バルコニーなど、外部に現れる形状と仕上げを記載する。

立面図は建物の外観を表し、東西南北の各面を横から見たときの図面である。垂直正投影図という図法であり、透視図(パース)とは異なる。パースは、実際の見え方に近いが、立面図は遠近感が表現されないことを念頭に置いておきたい。

立面図には開口部の配置や大きさ、庇、バルコニーなど外部に現れる形状を記載し、その仕上げを明記する。軒樋や、特に縦樋が現れる場合も忘れないように記載する。また、設備のベントキャップやフードなどは、あらかじめ高さを考慮して記載する。樋の位置や壁の厚さなどは、平面図にも関連してくるので、必ず明記する。さらに通り芯を記入して、建物の大きさがわかるように寸法をふり、各部分の地盤面からの高さを示して、建物の最高の高さや軒の高さなどを明記する。

外壁の仕上げ材が複数ある場合は範囲を明確にして、仕上げ材の見積が正確にできるようにする。仕上げの違いにともなう下地の違いがある場合は、外壁の厚さが違ってくることもあるので、取り合いを検討する意味でも施工者へ正しく伝わる図面にしたい。

プレゼンテーション用の立面図では、水平正投影図法によって描いたうえに、仕上げ材の質感などを描き込むなど、豊かに表現したほうがよい。各面を立体的に伝えるために陰影を付け、外壁面の凹凸は、太陽による陰影を表現してほしい。地盤線はしっかり太く描くことで、地面を強く意識できる。開口部に庇が取り付いているならば、庇から落ちる影によって、日影ができることまで表現できる。また周囲の建物の外形を描くことで、設計する建物と比較できる。植栽や人を描けば、建物の大きさが把握しやすくなる。質感、陰影、植物、人物などを水平正投影図の図面に描き込むことで、立面図がいきいきとしたものになる。

■立面図を描くための注意点

立面図は、建物各面を横から見た図である
垂直正投影図として無限遠から見ているので、奥行きは表現されない
建物の姿（側面）や、外部とのつながりを表現する

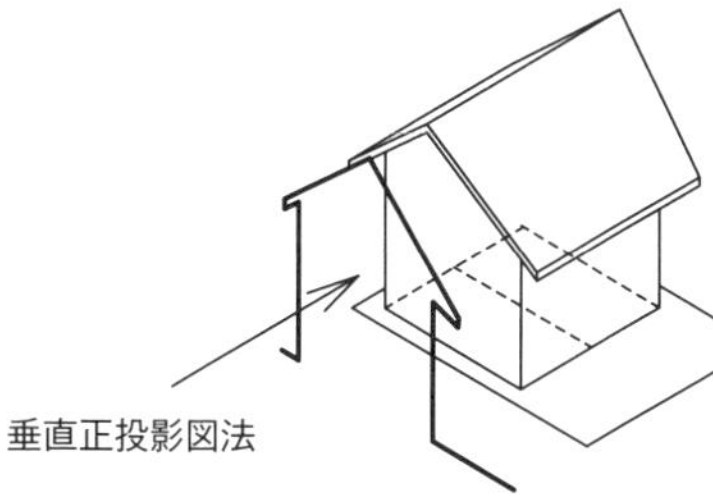

無限遠より見ている図なのでこのようには、遠近が表現されない

○立面図に描く内容

- □地盤面
- □建物外形
- □開口部の位置・形状・開き記号
- □外壁の仕上げ
- □外部に見えるものすべて（手摺、樋など）
- □植栽

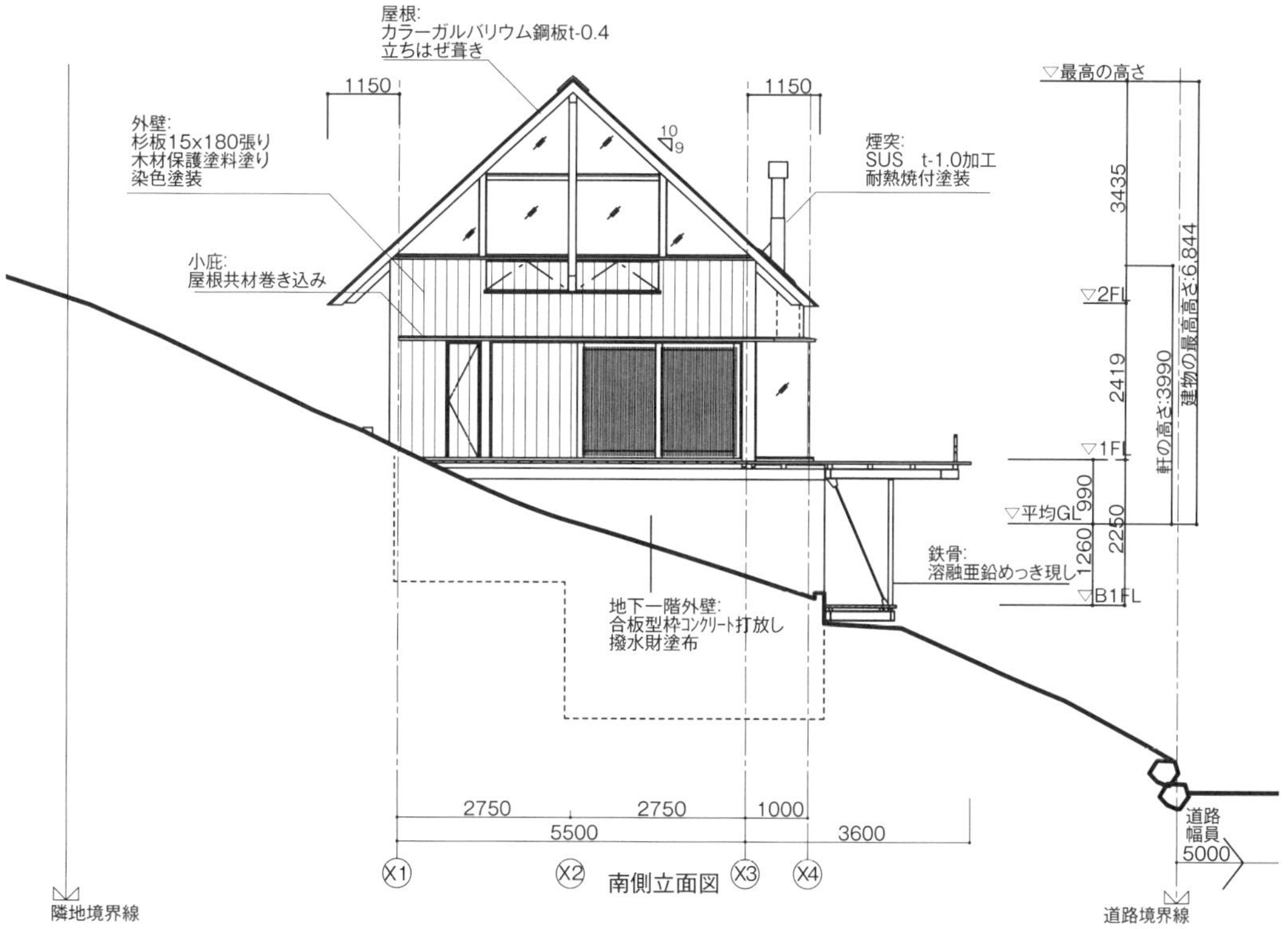

南側立面図

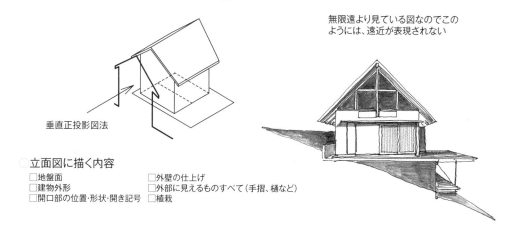

断面図を描く

Point 各階とも平面状の切断面は同一にして最低限、直交する２方向の断面を描く。

断面図は建物を縦・横方向に垂直に切って、その切り口を見たときの図である。切断位置は平面図にも表して、照合できるようにする。建物の各階の構成が相手に伝わるような部分で切断して、建物の特徴がわかるように表現する。各階とも平面上の切断位置は同一にして、1方向のみの輪切りではなく、最低限、直交する2方向の断面図を描く。2方向以上の断面図によって、建物が立体的に把握しやすくなり、より伝わりやすくなる。

断面図は地盤面からの高さ、あるいは深さ(地下)を表すと同時に、設計基準レベル(設計GL)を記載し、1階床の高さ、および各階の高さ、室内の天井高など、建物の各部分の高さや位置関係を記載する。平面詳細図と同様に、断面詳細図あるいは矩計図を描きながら断面図に移すという作業を経ることで、構造部材や設備の納まりによる天井の懐の高さなどに反映される。

道路に接する部分を切断面とした場合は、道路レベルと敷地レベルの高低差を表し、道路の幅員が含まれるよう描く。道路境界線や敷地境界線から建物位置との間の寸法も記入する。これは建築基準法上の高さ関係・防火・採光に関する制約に対して、建物の部分が適法状況にあるかどうかを確認するために必要になってくるからである。

実施図面では、建物の各部分の高さが表現され、壁の厚さ、天井の懐状況を含めた形状が表現される。工事に必要な足場の量や方法を検討する際に、最も利用される図面である。

プレゼンテーション用の図面では、敷地周囲の建物を描くことにより、設計した建物の各部分の高さ関係を、立体的に把握するために役に立つ。さらに、立面図同様、植栽や人、あるいは車などを描写することで、全体と部分のスケール感が把握しやすくなり、より伝わりやすい図面になる。

■断面図を描くための注意点

断面図は、垂直に建物を切って横から見た図である
立面図同様、垂直正投影図として無限遠から見ているので、奥行きは表現されない
建物の立体構成を表現する。

平面を切断する位置を考える

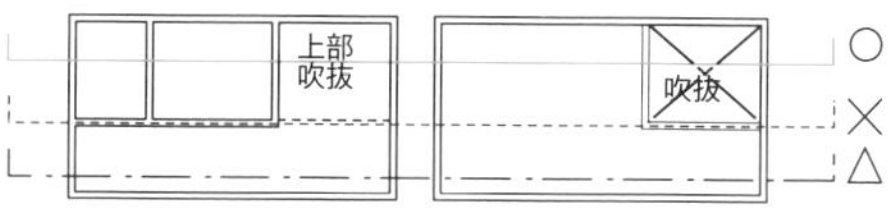

1階平面図例　2階平面図例

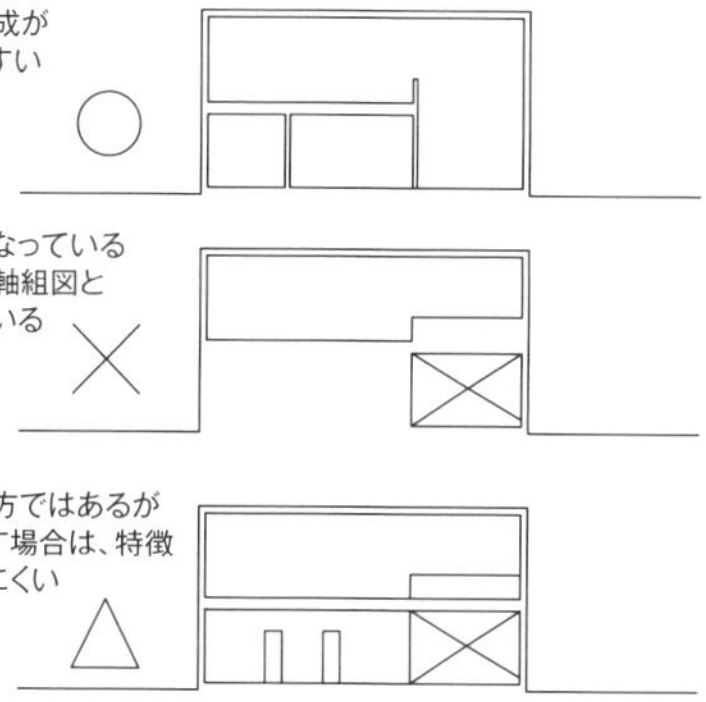
左図の構成が
わかりやすい
壁の中になっている
構造図の軸組図と
間違えている
一つの見方ではあるが
1つで表す場合は、特徴
がわかりにくい

断面図に描く内容

- □地盤面
- □建物高さ寸法
  - ·各階床レベル
  - ·地盤面からの軒の高さ·最高の高さ
  - ·天井高さ
- □部屋名（用途）
- □開口部の位置·形状·高さ寸法
- □切断面から見えるものすべて

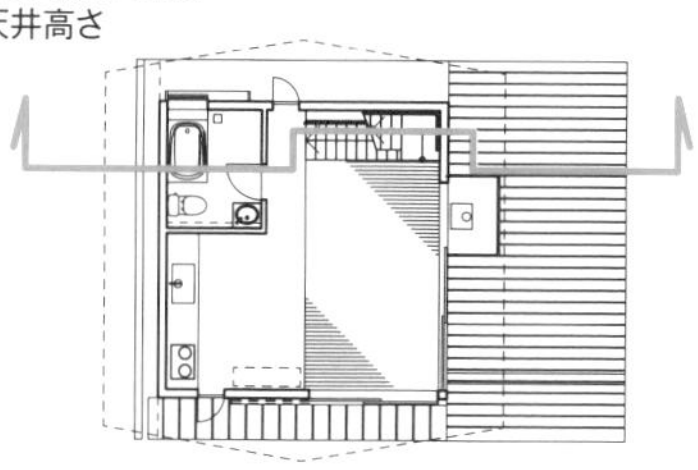

平面切断位置

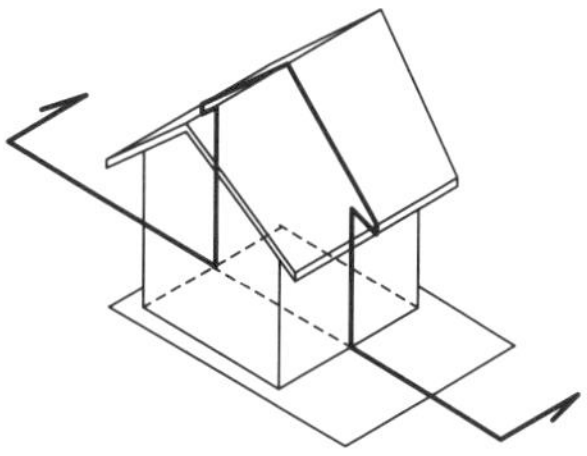

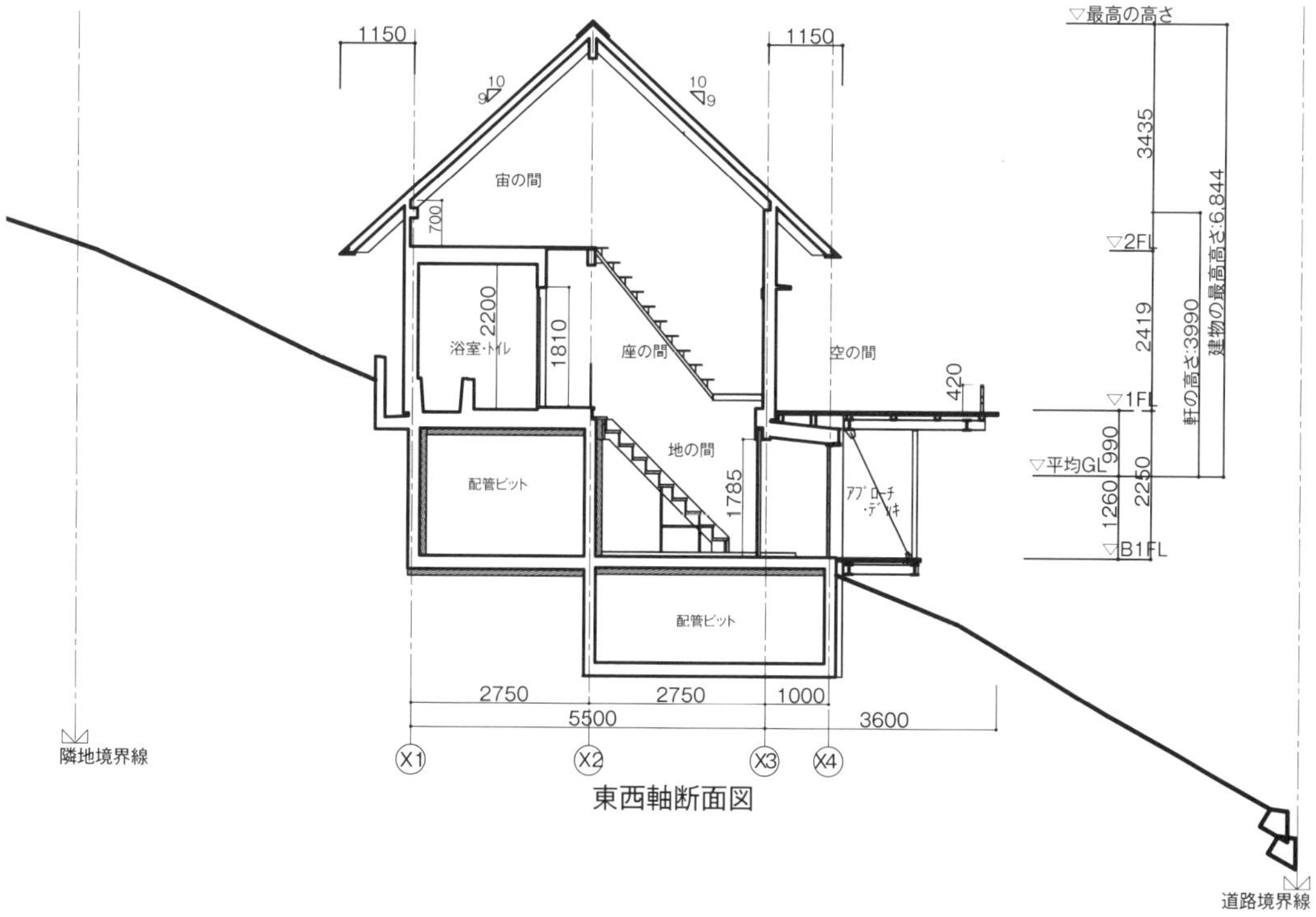

東西軸断面図

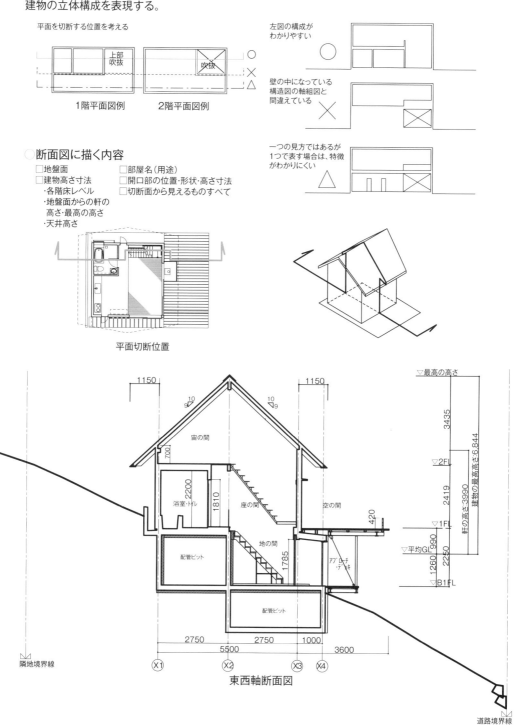

098

矩計図を描く

Point 各部分の下地から仕上げ材までの構成を理解し、納まりの方針を表現する。

矩計図はほかの図面と比較して、縮尺が大きい。初心者にとって矩計図は、非常に複雑に見える。表現する内容は、設計者の考える下地から仕上げまでの各部分の納まりの方針を示す図である。矩計図は設計の初期段階に、「考えるための図面」として描き、全体構成を把握するための役割も持っている。矩計図を検討することで、建物全体の仕様や納まりの方針を示すのである。

設計の意図が伝わるように、切断面を考えたい。矩計図に表現することは、基本的には断面図の内容と重複するが、より詳細な情報が描き込まれる。

①屋根・軒・屋上などの仕様と構成／下地や仕上げまでの構成を描き込み、仕上げ材の仕様・形状を表現する。

②外壁の仕様・構成／構造部材、下地材を描き分け、外壁と内壁の仕上げに必要な部材を表現する。

③床・壁・天井、開口部の仕様・構成／特に室内における構造部材と下地部材、仕上げ方法を表現する。

各部分の下地から仕上げ材までの納まりを理解しながら描く。仕上げ材の選択によって必要となる下地が変わる場合があるからだ。開口部の納まりなども、サッシに取り付く枠の形状や材料や納め方など、断面図より詳しく描くことになる。他の実施図面に比べると大きい縮尺の1／30だが、描ける内容には限度がある。限度があるため、取り合いの確認には、原寸図を含む詳細図が必要になってくる。

矩計図を描く際には、特に工事の種類を意識したほうがよい。根切り底のレベルはどうか、構造部材の高さ関係はどうか、開口部のサッシの枠の見付けはどうかなど、施工者との仮想コミュニケーションを続けて、工事の工程を考えながら描き進めたい。仮想シミュレーションをすることによって、必要な内容や必要な寸法が明確になるからである。

■矩計図を描くための注意点

矩計図は、住宅の各部分の納まりを方向付ける図である

矩計図は、住宅の空間構成に見合った納まり方針、異なる部材がぶつかるときの設計者の解決意図などが表現される
建築家によっては、透視図を補完的に描いて、取り合う部材の構成方法と見え方を表現している
矩計図は、標準的な実施図面のなかでも、他の図面より縮尺が大きく1/20〜1/30で表現される
各断面を断面詳細図として、あらゆる部分を表現する場合も多くなっているが、矩計図は実施図面の中でも存在感がある
すべての図面へのキーになっていると考えられる

○矩計図に描く内容

□地盤面
□建物高さ寸法
　・各階床レベル
　・地盤面からの軒の高さ・最高の高さ
　・天井高さ
□部屋名（用途）
□屋根の仕様、構成方法
□外壁の仕様、構成方法
□開口部の位置・形状・高さ寸法
□内部仕上の仕様、範囲
□内部の造作部分他、部材・部品の形状・造り方、仕様
□その他、施工方法に注意が必要なポイント

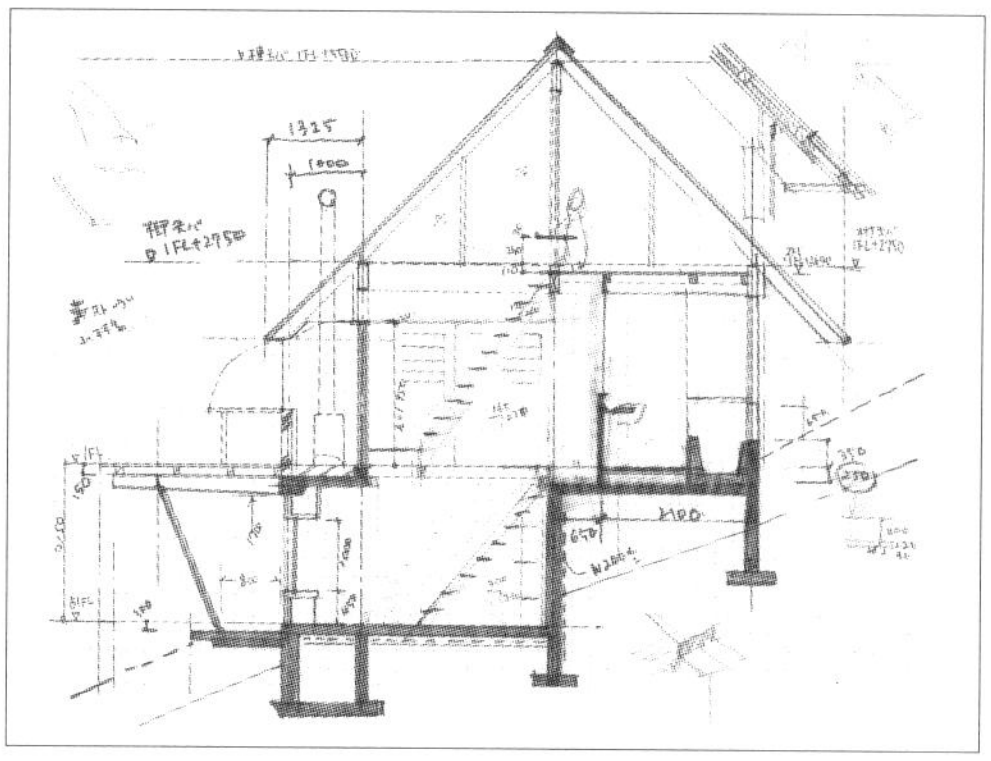

「考える図面」としての矩計図

各部分の構成や、構造・仕上げ・設備ルートなど総合的に検証できる図面であるので、基本設計時にも描かれる。つまり、階高をはじめ、住宅のプロポーションが決定されるのである

「伝える図面」としての矩計図

縮尺は、大きいほうであるが、それでもすべてを表現できる縮尺ではない。その場合、別添として、詳細図が添付される場合もある

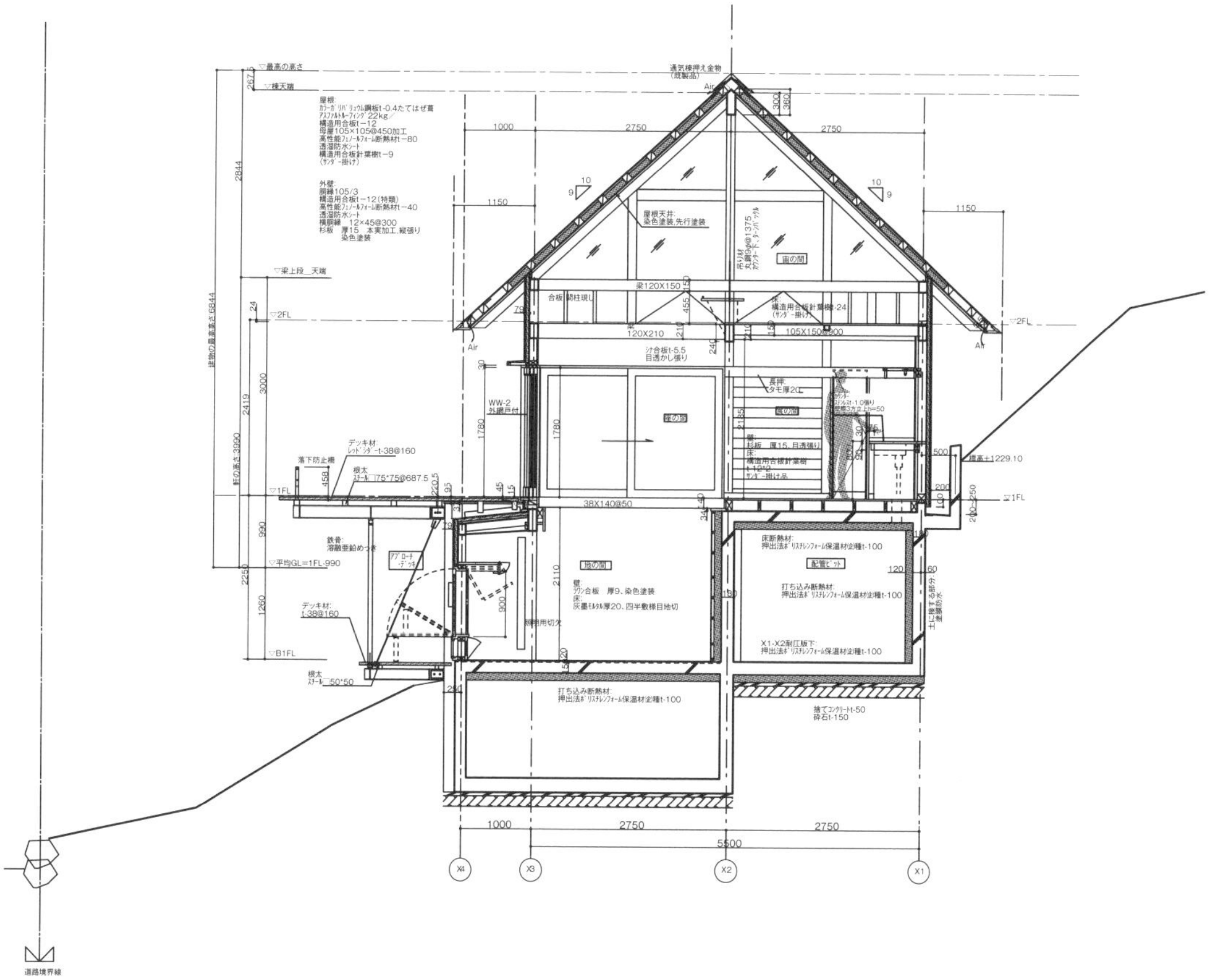

099

階段詳細図を描く

Point

階段の構造、昇降しやすさを左右する寸法、安全対策などを考慮した内容を記載する。

階段詳細図は、階段の平面詳細図と断面詳細図の両方を併せて表現する。縮尺は1／50以上で描かれる。平面詳細図には階段の幅員、手摺の太さ、手摺の壁からの離れ寸法、踏面寸法、支持方法に関係する部分とともに、各部材の形状・材種・寸法を表現する。断面詳細図には、踏面・蹴上げ寸法、蹴込み寸法、滑り止め対策を考慮した段鼻形状、階段の仕上げの仕様、手摺の高さ・形状・仕様を表現する。各段には、段数を記載する。

断面詳細図では、上下階の床梁や、上階の床形状、下階の天井の懐形状といった取り合い部分を明確にしなければならない。床の仕上げ面レベルを明記し、階段と本体が取り付くための必要な部分の納まりを十分に検討して、表現する。蹴上げの高さが不均一だと、転倒などの原因になるので、計画においても、作図に際しても確認しながら断面詳細図を描きたい。

階段詳細図は、階段の構造、安全対策、そして昇降しやすさを左右する寸法が記載されている図面である。木造住宅であっても、階段だけを鉄骨造で製作する場合や、コンクリート造の住宅であっても、階段だけを鉄骨造や木造にすることもあり、工種の違いが生まれることが多い。これによる施工上の課題を検討するためにも、階段詳細図が必要なのである。階段の工種の違いは、製作者の違いでもあるので、階段と本体との取り合いを含めて表現することによって、各工種間の施工上の情報が共有できるように描きたい。

階段は、構造材料、支持方法、踏面・蹴上げの仕上げ材、手摺の材料など様々な材料が絡む部分である。そのことによって、鉄筋・コンクリート工、鉄骨工、金属工、木工、内装工といった工種も多く発生する。設計内容が、それぞれの製作者・施工者と正確に共有できるような図面表現が求められる。

■階段詳細図を描くための注意点

階段詳細図は、主体構造と階段構造との取り合いと仕様を示す図である
階段平面と断面の詳細図
設計者の考える昇降のしやすさを、具体的な寸法で表す

昇降のしやすさは、法では決まらない

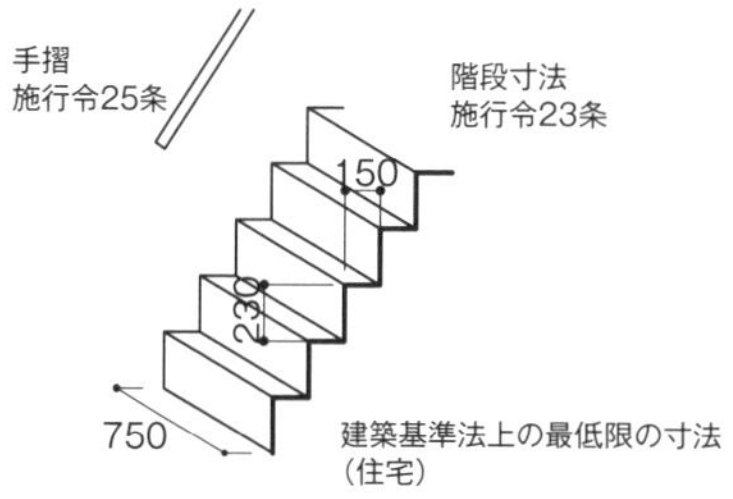

幅員と蹴上げ・踏面の寸法や蹴込み寸法や、段鼻の形状など相互に関係して昇降しやすさを生む。法に合っていればよいというものではない。

主体構造と構造が違う場合、工事上の工程や製作時期などの検討にも使用される

主体構造:木造、階段構造:鉄骨造
条件:階段取り付けが後施工できない場合
あるいは階段搬入が困難な場合など

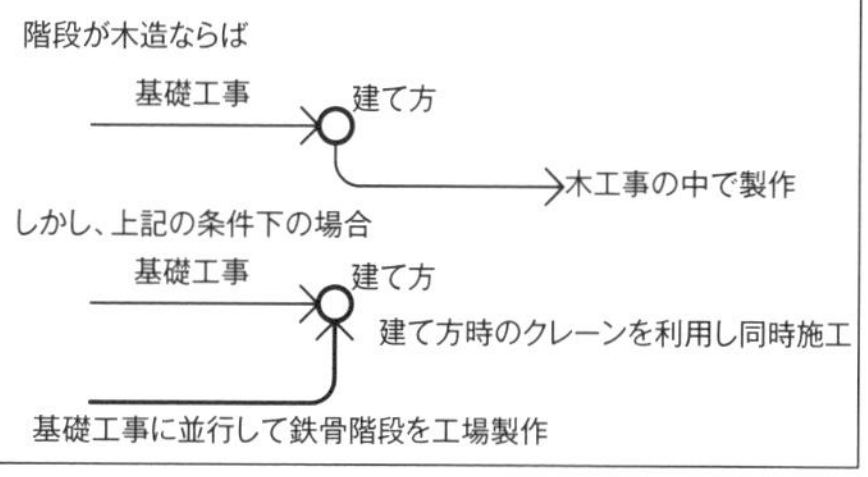

階段詳細図に描く内容

□平面図
- 段数
- 階段の幅員寸法
- 蹴上げ・踏面の寸法
- 手摺の位置・形状・仕様

□断面図
- 段数
- 蹴上げ・踏面の寸法
- 蹴込み板の有無・寸法・仕様
- 段鼻形状、仕様
- 手摺の高さ位置・形状・仕様

□その他
- 取り合う部分の構成（上階・下階の構造体、壁の仕上げなど）

階段2
段板:スチール・パンチングメタルt-9
開口率40%、10φ、60度千鳥
手摺ブラケット:スチール丸鋼9φ@850
丸座t-3,50φ,皿ビス留め
手摺:スチールパイプ 34φ加工
黒皮の上CL

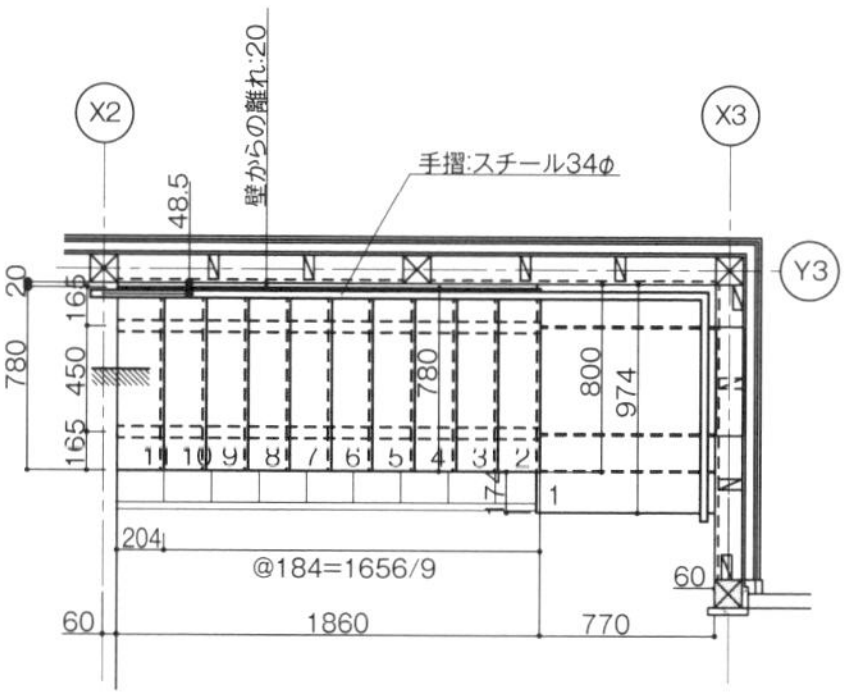

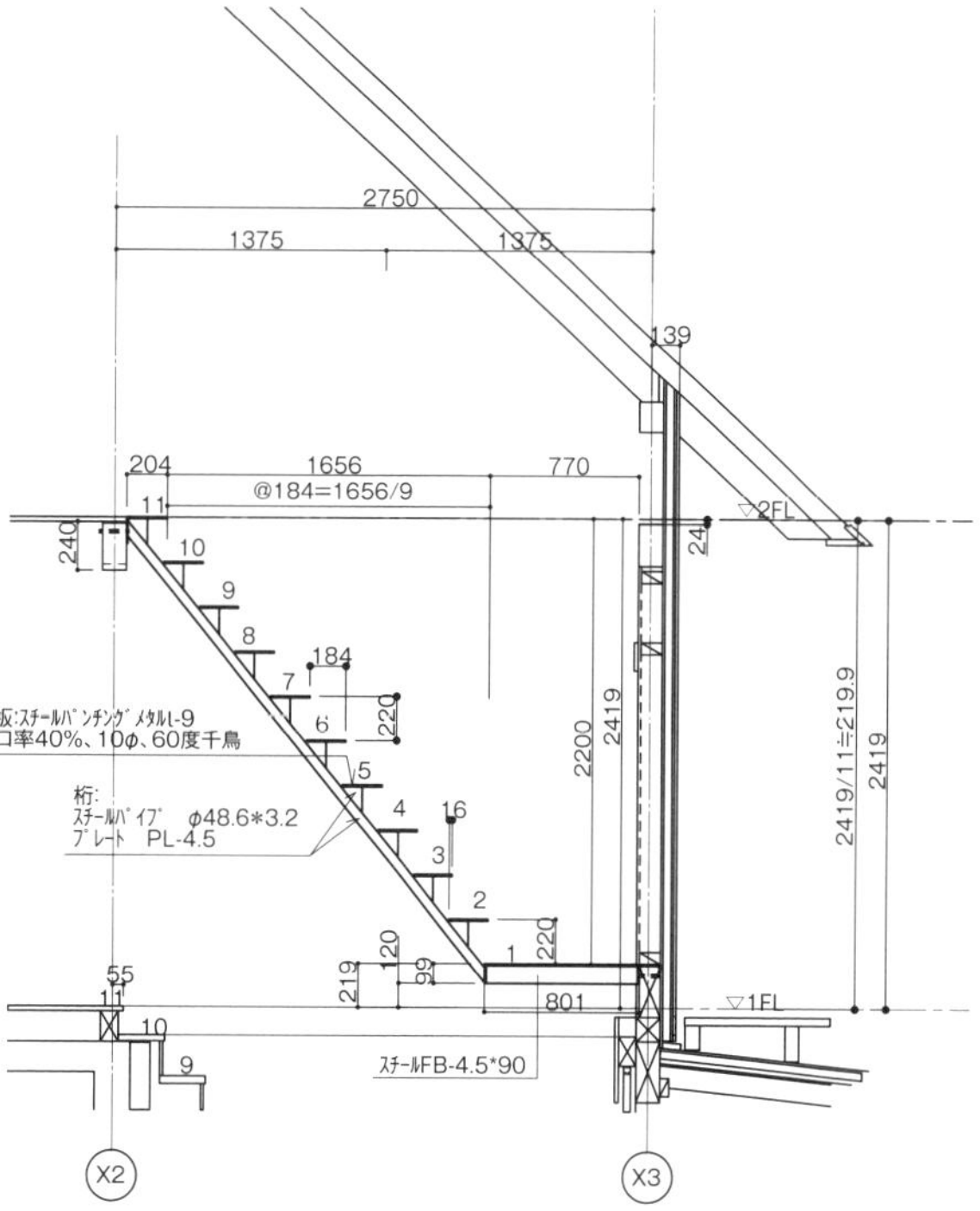

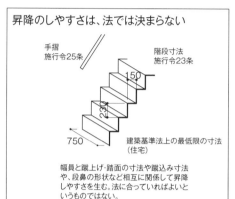

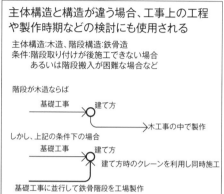

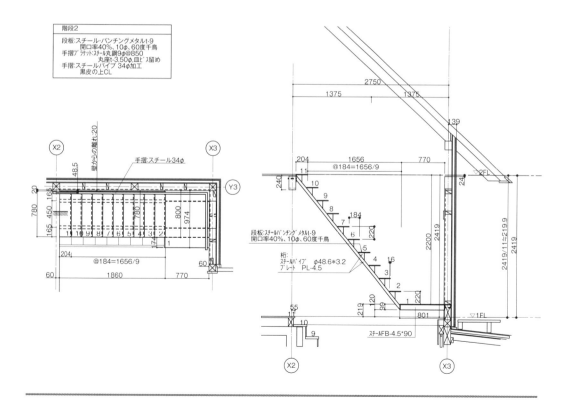

100

その他の図面を描く

Point 天井伏せ図、展開図、建具図、仕上げ表、いずれも形状と仕上げ材を記載する。

天井伏せ図は、各部屋の天井の形状や仕上げ材を表現するための図面である。描く平面形は平面図を描くときと同一の見下ろし方向であるが、記載するのは、床を鏡としたらそこに写る内容である。

天井際を水平に輪切りにした切断面で、たとえば、開口部などの上部に垂れ壁がある場合には、切断面として開口部は表現されない。一方、天井まで開口部がある場合は、開口部の切断面も描かれる。外部の軒裏なども、同様に描かれる。

天井伏せ図には、仕上げ材が板張りの場合は、割付けが表現され、埋め込み型のカーテンボックス・天井点検口、廻り縁などの位置や形状も表記する。天井換気扇、埋め込み型の照明器具などの設備機器も記載する。天井仕上げに大きな開口を設ける場合は、天井下地の補強が必要なので、必ず描く。

展開図は、各部屋の壁の形状や仕上げ、さらに空間のプロポーションを表現するための図面である。各部屋を東西南北の面に分解して描く。各部屋の室内の断面図でもあり、建具や建具枠の高さ、造り付け家具の形状、隣の部屋とのつながりも表現される。

建具図は、各種建具の形状、木・アルミ・鉄などの材種、ガラスの有無、ガラスの厚さや納まり方法などが、一覧表の中に表現される。表には建具材料の種類・形状のほかに、付属する金物類も記載する。丁番の種類やメーカーの指定、レバーハンドル・引き手・クレッセントなどの開閉機構の指定、施錠の有無など、記載項目は多い。他に、ピンチブロックやモヘヤなど、気密性に関する部材なども記載する。

仕上げ表は、外部の屋根・外壁・地幅木・舗装などの材料と仕上げ方法、室内の各部屋の床・壁・幅木・天井・廻り縁の仕上げ材料と仕上げ方法の指定が一覧表で表現される。

その他図面を描くための注意点

天井伏せ図は、天井の形状・仕上げを示す図

天井伏せ図に描く内容
- □室名
- □天井の仕上げ・範囲
- □カーテンボックス・点検口など建築要素
- □照明器具・換気扇など設備機器要素
- □外部の軒裏の形状・仕上げなど

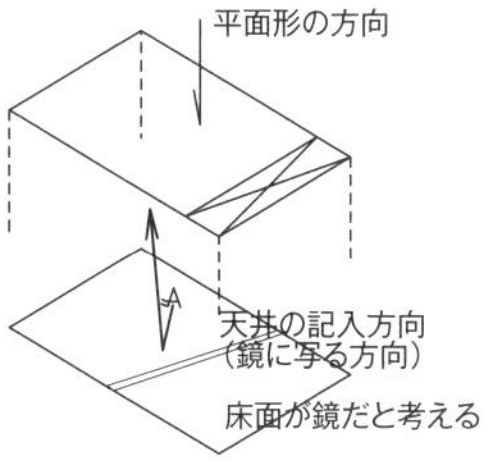

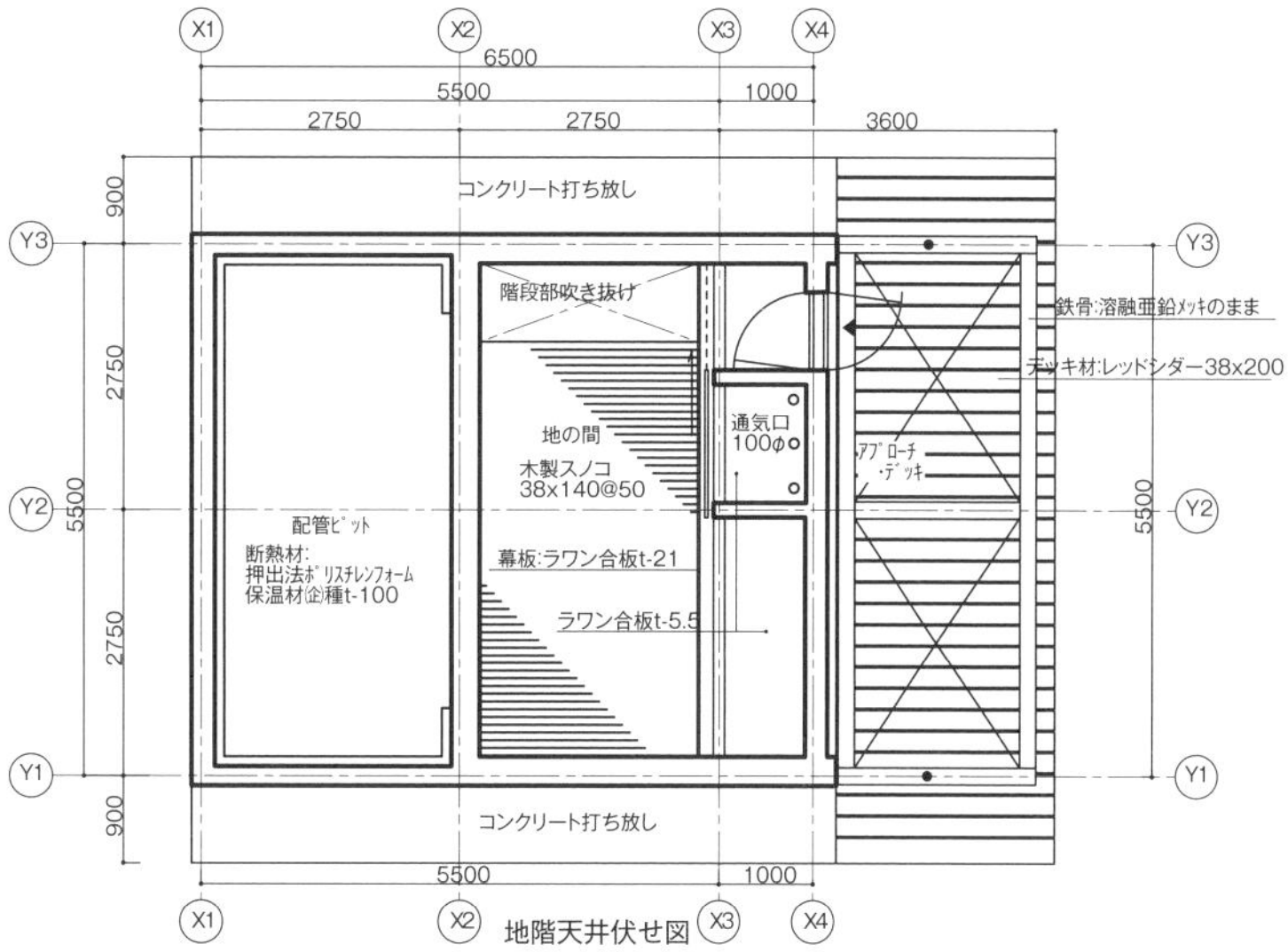

展開図は、各室の壁面形状・仕様を示す図

展開図に描く内容
- □室の東西南北各壁面を描く
- □室の平面・天井高さ寸法
- □開口部などの高さ寸法
- □壁の仕上げ・範囲
- □造作家具など

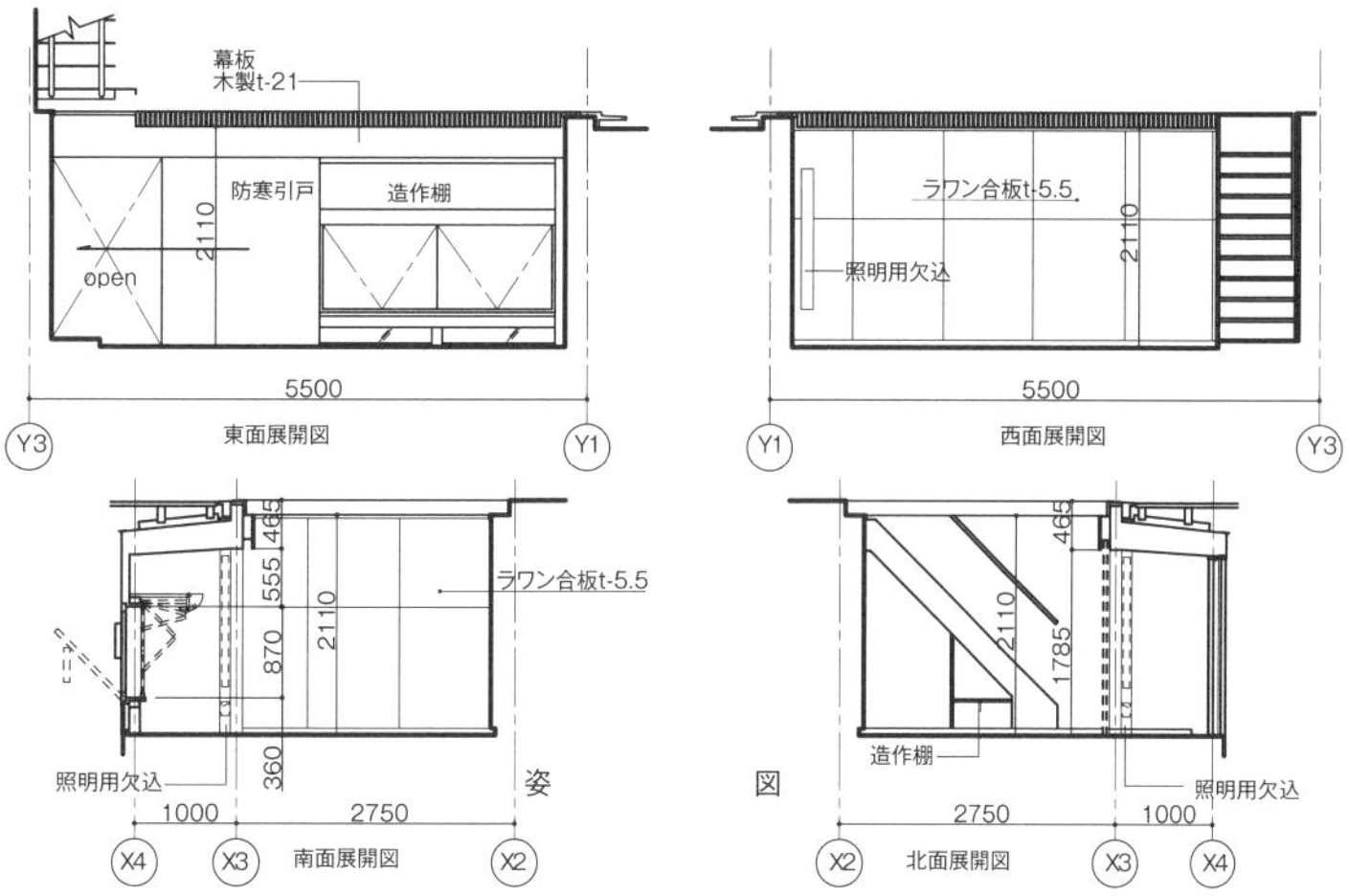

建具図は、各建具の形状・仕様を示す図

建具図に描く内容
- □建具の姿図
- □形状寸法、見込寸法
- □ガラスなどの範囲・仕様
- □建具の仕上げ・範囲
- □付属金物など

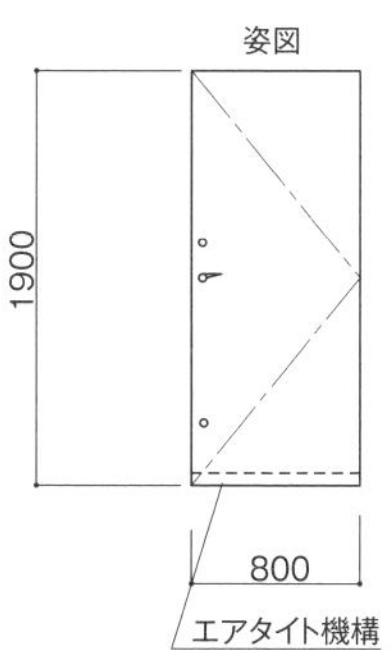

仕様・付属金物(例)

建具記号　種別	WD-1 片開きフラッシュ扉
使用場所	○○階　あるいは　室名
寸法 (W×H)	800x1900
見込	60
額・ガラリ	(ある場合　形状・仕様記入)
仕上・塗装	外:杉板張りt-15,染色塗装/内:ラワン合板t−9
硝子	(ある場合　仕様・厚さ記入)
施錠・吊元	本締り錠x2,丁番
枠	米栂　t-21　,SOP塗装
その他	レバーハンドル(○○社製　アルミシルバー) 断熱材充填 エアタイト機構(閉時　密閉機構)

設備概要図を描く

Point 居心地の善し悪しに影響する
設備機器の形状や位置を明記する。

住宅の設計を行っている意匠設計事務所が、協働する設備設計事務所に設備設計を依頼して効率的な設備システムの設計を行ってもらうことは有益である。

しかし実際には、住宅規模の設計料や工事費だと、設備設計者に設計を依頼できないことのほうが多い。そこで意匠設計者であっても、構造体に影響するような納まりを考慮した設備概要図は描けるようにしておきたい。特に設備機器の大きさや配置、照明スイッチ、コンセントの位置により、下地を配慮しなければならないこともあり、配置は使い勝手に影響するからだ。

エアコンなどの空調設備の場合は、空調設備図や換気設備図に、通信に関する図面は、電気設備図面に記載されることが多い。照明計画図は通信と同様に、電気設備図に記載される。給排水衛生設備図には、量水器からのルートを示し、ガス設備も同じ図面に表現する場合が多い。給水のルートの確保、排水の勾配とルートを確保し、階上からの排水音まで考慮して、排水管の仕様を記載する。

建物の寿命に較べて、設備材料や機器の寿命は短い。そのため設備の配管ルートや機器は、交換しやすい配置にし、点検スペースや搬出入ルートを確認して、図面に明記することが必要だ。設備設計も建物と一体で考えていかなくてはならい。

設備図に表現される記号や作図上のルールは多いので、初心者は読み解くことで精一杯かもしれない。完璧な設備設計図は描けなくても、費用や工事のうえでポイントになる技術的な事柄を押さえた概要図なら作成できるだろう。設備設計の専門家に依頼できない場合でも、特殊なことを考えない限り、設計者が身の回りを注意深く観察していれば、設備概要図を描くことはできる。

一口に設備図といっても様々だ

電気設備図
- 引き込み方法・系統
- 分電盤・回路
- 電灯コンセント
- 照明
- 電話・通信
- 住宅用火災警報
- テレビ共聴器具

給排水衛生設備図
- 排水先・方法
- 給排水ルート
- 給排水機器仕様
- 給湯設備
- ガス設備

空調換気設備図
- 換気設備仕様
- 換気ルート
- 冷暖房設備仕様
- 床暖房熱源配置

本来は設備システムをつくり、図面化する前の各種容量計算、負荷計算などが必要である

設備概要図

主に機器の配置、ルート、見え方や使い勝手を第一に考えた図

設備機器、器具の大きさ、重量

機器が主役にならないように

スイッチ系統の配置と使い勝手

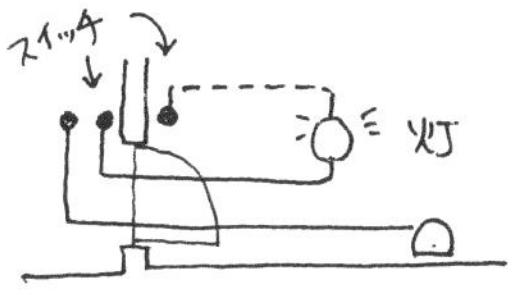

灯のON／OFFは部屋の中か外か系統を分けるのか

構造、メンテナンスを考えた配管・配線ルート

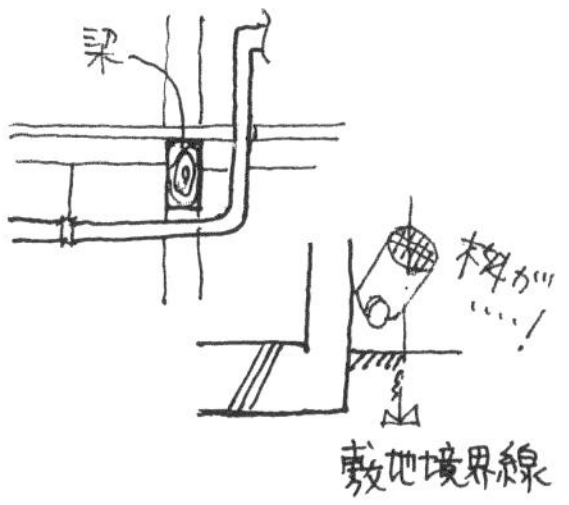

・概要図では電気・給排水・衛生・空調・換気すべてを記載する
・設備設計者に依頼する場合のたたき台にもなる

コストや工事のうえでポイントになる項目

電気
- 引き込み位置・方法
- 分電盤の配置
- 調理台（ＩＨ）
- 専用コンセント
- 照明系統

給排水
- 給湯器の配置
- 排水ルート
- 調理台（ガス）
- お湯を使う場所

空調換気
- 換気設備の仕様と空気の流れ
- 空調機の仕様・電源
- 床暖房の有無

建築士法と建築基準法

Point 建築基準法を大雑把に理解するには、規定や規則の状況をイメージするとよい。

建築士法により定められた建築士の免許の種別によって、設計や工事監理ができる建物の規模や構造は決まっている。建築士は、法令または条例の定める建築物に関する基準に適合するように設計を行う義務がある。(建築士法第18条)

住宅を建てる前には、確認申請という建築基準法上の手続きが必要だ。建築確認の申請者は、建築行為にともなう社会的責任を負う当事者である建て主であるが、一般的には、建て主から委任を受けた建築士が手続きを代行している。

建築基準法の内容、解釈は広範囲に及び、他の専門書にゆだねるが、基準法以外にも関係行政機関の条例など、多岐にわたるため、計画がまとまった段階で、関係行政機関の各課の担当者に確認する必要がある。

建築基準法の法令用語や言い回しには慣れなければならないが、大雑把に理解するには、規定や規則の状況をイメージするといい。たとえば、火を使う機器の周りには、燃えやすいものはないかどうか、火災や地震になったときに建物外、敷地外にどのように逃げることができるかをイメージすることである。

建築基準法の単体規定は、大きくは「安全、衛生」に対して、建物が最低限備えなくてはならない技術的な項目を決めた法律である。したがって、法を守っていれば安全というものではなく、ましてや快適性や美観は別次元のものである。

建築基準法以外に確認対象となる法令は、建築基準法施行令第9条に定める建築基準関係規定としての16法令に加えてバリアフリー法、都市緑地法がある。住宅の場合は、建築基準法と消防法、各自治体の条例などが関わってくる。建築基準関係規定とともに、建築基準法を正しく理解してほしい。

■建築士が設計・工事監理ができる建築物（建築士法3条～3条の3）

延べ面積（S）		高さ≦13m かつ 軒高≦9m 木造 1階	木造 2階	木造 3階以上	木造以外 2階以下	木造以外 3階以上	高さ＞13m または 軒高＞9m すべて 構造・階数に関係なく適用
S≦30㎡		無資格	無資格	2級以上	無資格	2級以上	1級のみ
30㎡＜S≦100㎡		無資格	無資格	2級以上	2級以上	2級以上	1級のみ
100㎡＜S≦300㎡		木造以上	木造以上	2級以上	2級以上	2級以上	1級のみ
300㎡＜S≦500㎡		2級以上	2級以上	2級以上	1級のみ	1級のみ	1級のみ
500㎡＜S≦1,000㎡	下記以外の用途	2級以上	2級以上	2級以上	1級のみ	1級のみ	1級のみ
	特定の用途	1級のみ	1級のみ	1級のみ	1級のみ	1級のみ	1級のみ
1,000㎡＜S	下記以外の用途	2級以上	1級のみ	1級のみ	1級のみ	1級のみ	1級のみ
	特定の用途	1級のみ	1級のみ	1級のみ	1級のみ	1級のみ	1級のみ

無資格　：誰でもできるもの
木造以上　：木造建築士、2級建築士、1級建築士ができるもの
2級以上　：2級建築士、1級建築士ができるもの
1級のみ　：1級建築士ができるもの
特定の用途：学校、病院、劇場、映画館、観覧場、公会堂、集会場（オーディトリアムのあるもの）、百貨店

災害時の応急仮設建築物は誰でもできる。

「世界で一番やさしい建築基準法」より

■建築基準法

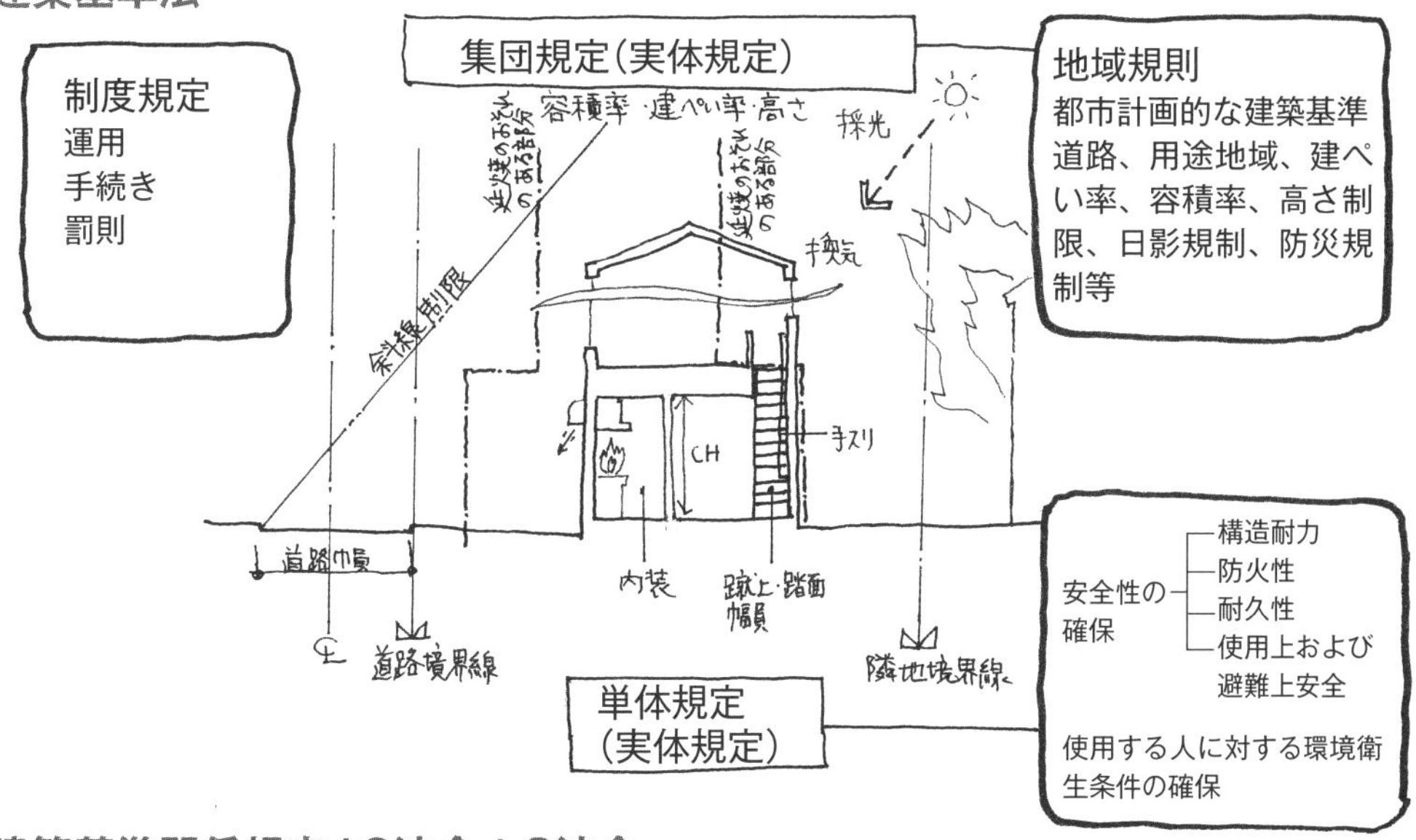

■建築基準関係規定16法令＋2法令

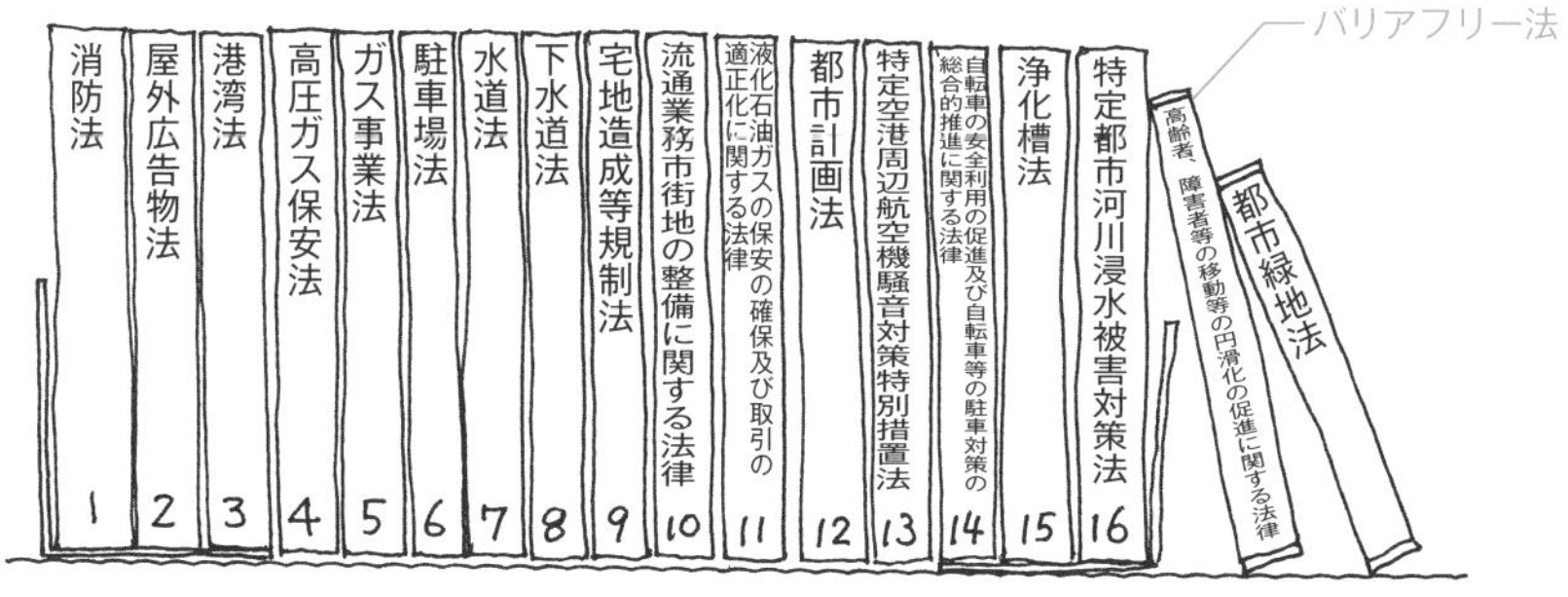

住宅の場合は、主に建築基準法と消防法、各自治体の条例などが関わってくる

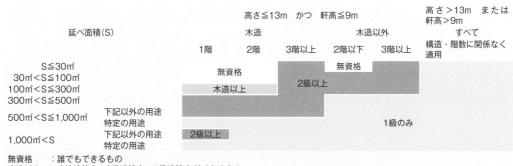

確認申請図面の要点／一般図

Point 確認申請の図面は、法令・規定に適合していることを表現する。

確認申請には、法令に準拠していることが伝わる図面が求められる。法令に対しての回答であるから、条文を意識して、規定に適合するような材料や形状を表現する必要がある。建築基準法の構成は、用途地域、高さ制限、建物の規模などの条文（集団規定）、そして建物本体の内容からくる条文（単体規定）に大別される。確認申請の図面に記載する表現内容の例として、配置図、平面図、立面図、断面図の基本図についてみてみよう。

配置図／敷地に接する道路の接道長さや道路の種類と幅員寸法が必要である。前面道路に上下水道がある場合は、位置・配管の深さ・流下方向などを表現する。敷地境界線と建物本体の位置関係を寸法によって明記し、延焼の恐れのある部分などの距離を表現する。

平面図／各室の室名と面積の記入が必要である。平面図は延焼の恐れのある部分の集団規定の表現など、配置図の記載内容と重なる部分があるが、ともに表現する。単体規定からくる防火上の表現としては、火を使う部屋に設備機器の位置や種別とともに「火気使用室」と明記する必要がある。安全面では、階段の蹴上げ・踏面・幅員寸法と手摺を明記する。衛生面であれば、換気のための開口部や採光のための開口部の寸法を明記し、換気設備についても給気と排気の関係を記載する。

立面図／「平均地盤面」レベルを基準に、前面道路とのレベル差、建物最高高さ・軒の高さ、道路斜線制限や北側斜線制限・隣地斜線制限などの高さ規制の記入、開口部の形状・位置・防火設備の有無を表現する。

断面図／立面図の記載内容のほかに、天井の高さや、採光が必要な居室の開口部の形状・高さ、窓から敷地境界線までの距離を記入する。それによって、採光に有効な開口面積の算出の際に、算定の根拠を示すことにつながる。

■一般図の描き方

設計･工事のスケジュールを立案する際は、必ず関係行政機関に確認申請を含め他の許認可･届などの有無を整理する必要がある

○記入事項例

案内図・付近見取り図
・方位、道路、目標となる地物
・申請地の場所を明記し、隣地にある建築物の位置・用途を記載する
・その他必要事項・指導内容

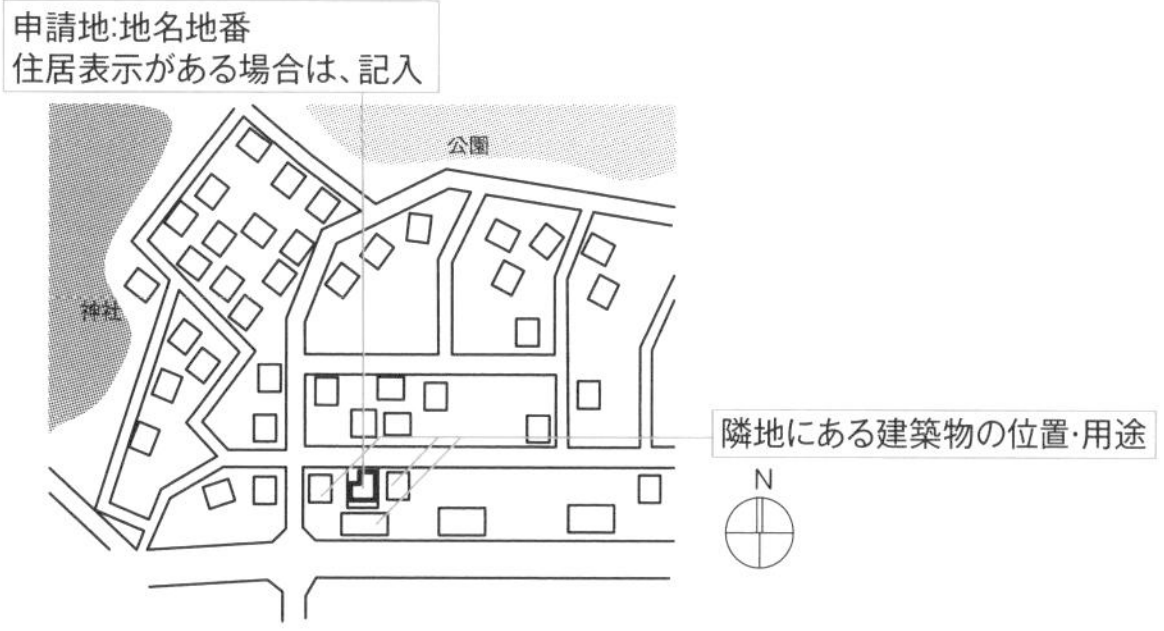

配置図･平面図
・縮尺・方位(真北)
・敷地境界線、道路境界線
・境界線からの建物位置、申請建物の明記
・道路の種別・幅員・レベル
・敷地内のレベル(道路・近隣とのレベル差)
・周り間・接道長さ
・排水設備の経路
　公共下水道がある場合、流下方向
・塀・擁壁の状況(構造・高さ)
・申請建物の外形
・申請建物の最高の高さと軒高さ
・道路側の軒先高さ(道路面・地盤面から)
・延焼の恐れのある部分
・その他必要事項・指導内容

凡例:

換気扇(令20条の8による換気設備)	
換気扇	
給気口　100φFD付	
通気措置	
防火設備	防
給湯器	
住宅用火災警報器	
通し柱	
耐力壁	
汚水･雑排水枡	
雨水浸透枡	
たて樋　60φ	RD
BMからの高さを示す	±n

地盤面=BM+100

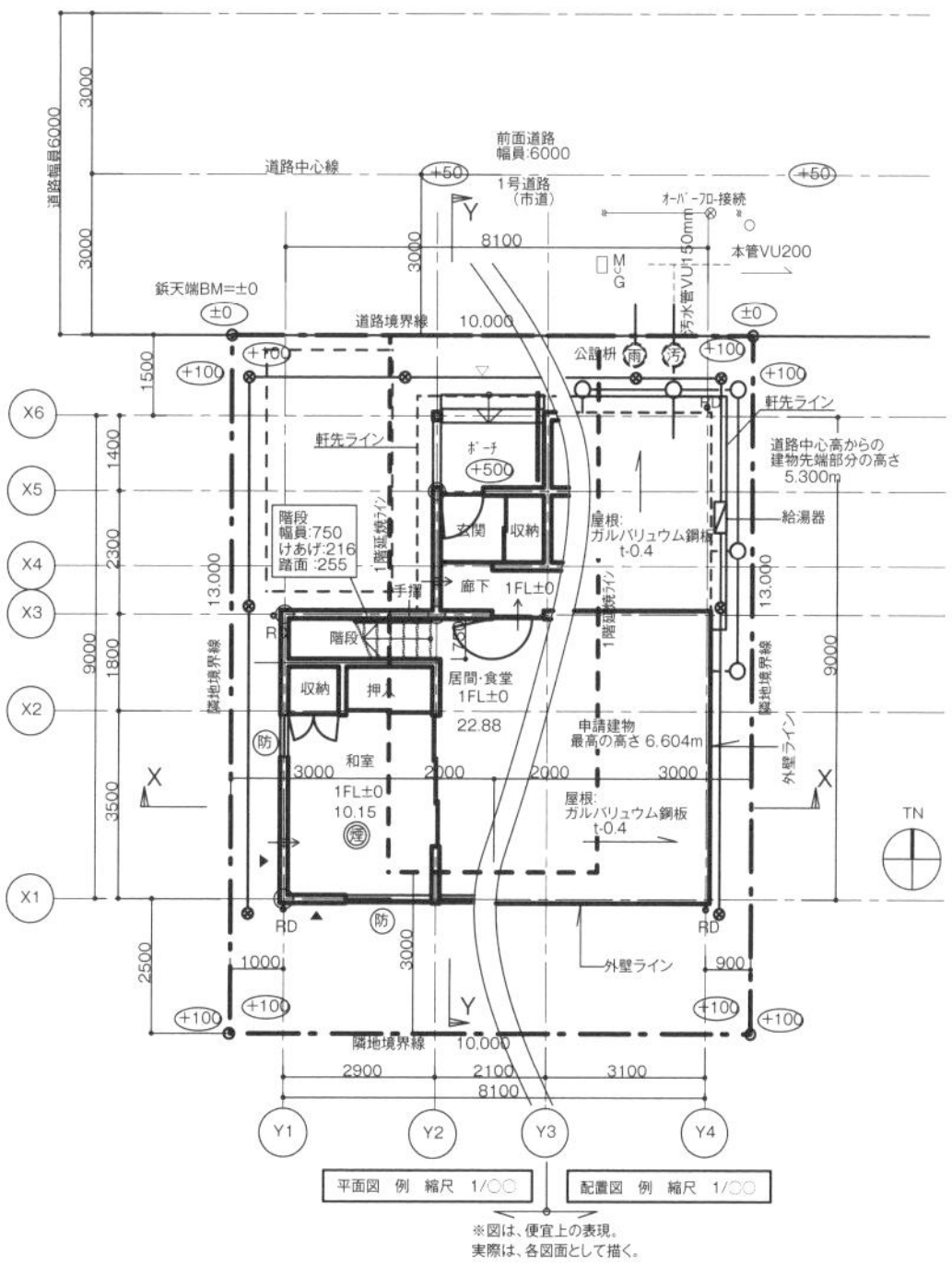

※図は、便宜上の表現。
実際は、各図面として描く。

断面図
・縮尺
・地盤面
・各部分の高さ
・各階の床・天井の高さ
・各種高さ制限ライン
・開口部の位置
・庇、軒先の出
・その他必要事項・指導内容

立面図
・縮尺
・地盤面
・各部分の高さ
・各種高さ制限ライン
・開口部の位置
・延焼の恐れのある部分の外壁・軒裏構造
・その他必要事項・指導内容

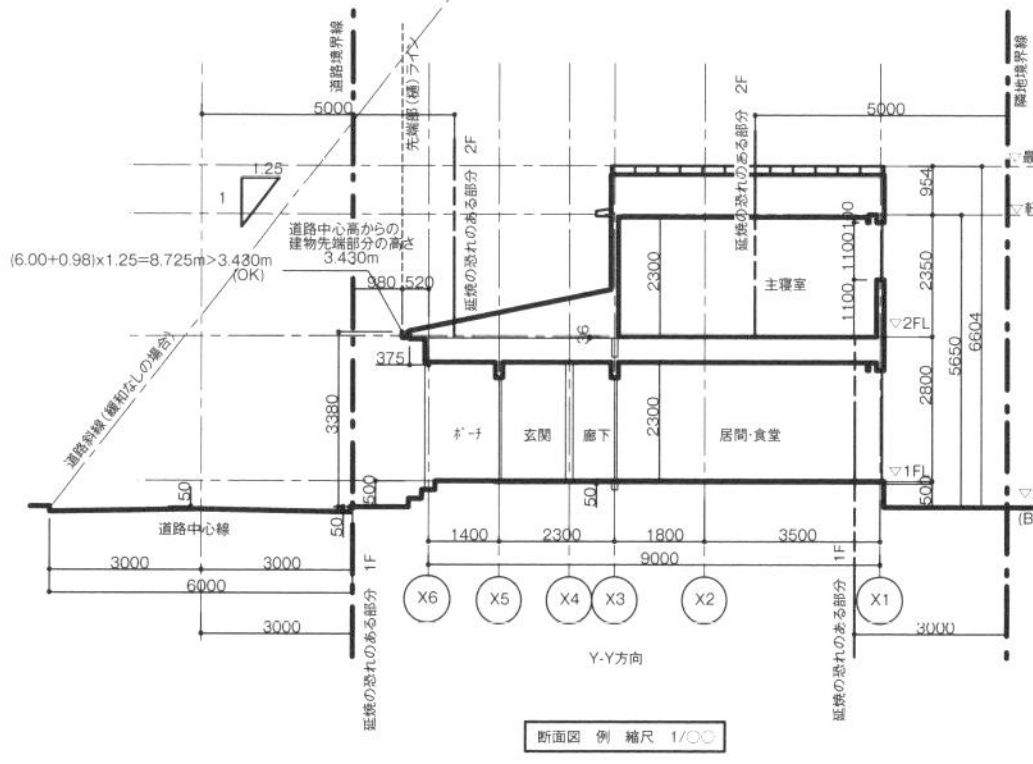

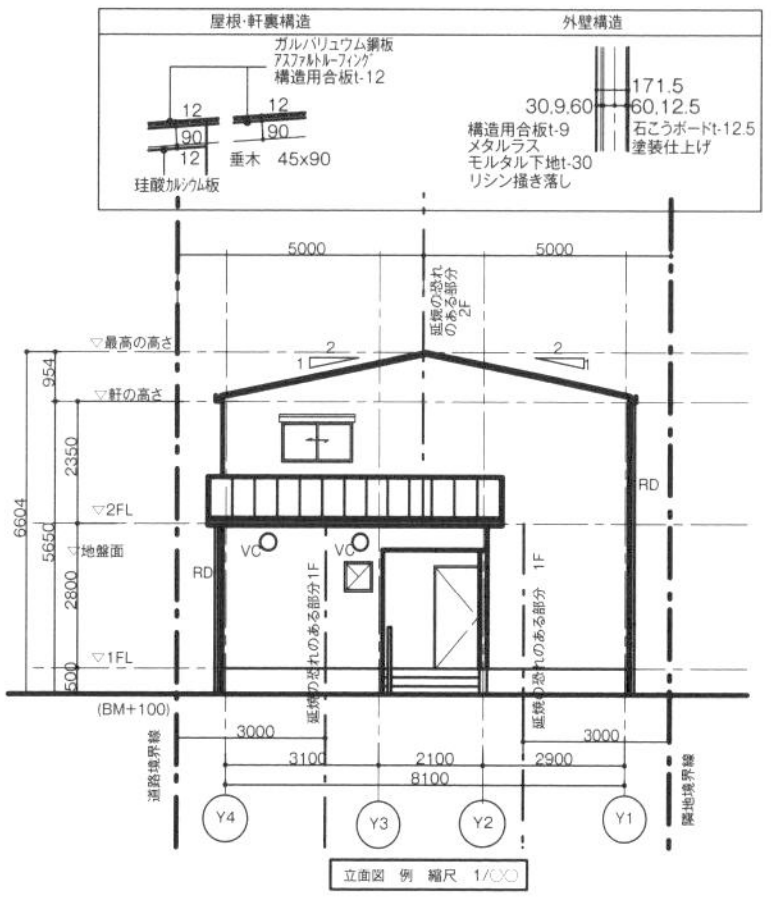

104

確認申請図面の要点／構造・設備ほか

Point　確認申請の図面は、関係する各課が求める情報を記載する。

確認申請の際に、構造種別や規模に応じて、構造図・構造計算書を提出する。構造図は各階の床を見下ろした骨組を表現した伏せ図（基礎・床・梁・小屋伏せ図など）、壁の骨組状況（耐力壁の配置や梁せいが描かれる）、通り符号によって描かれる軸組図などである。基礎図面は、基礎形状を描き、地盤性状がわかる資料を添付する。

木造住宅の耐力壁の位置は、平面図にも記載するとわかりやすい。規模や構造種別によって、構造計算書を提出する場合もある。構造計算書が必要なくても、計画した建物の構造の仕組みを、工学的に検証するには、構造設計者との協働は有益である。

換気設備や消防法の住宅用火災警報設備に関する事項や設置は、平面図に表現されることが多い。燃焼機器の換気設備以外にも、シックハウス対策用の換気設備を、給気口や風の流れなどとともに、位置と能力を明記する必要がある。給湯設備については、給湯器の熱源の種類と機器の配置を入れる。

給水については、給水本管の管径および位置を都道府県の水道局で調査した内容に従って表現する。排水および衛生設備については、公共下水道が整備されている場合は、雨水・雑排水（手洗い、キッチン、浴室など）、汚水（トイレ）の排水方法（合流か分流か）を事前に調査して表現する。雨水の敷地外への放流については、公共下水道の処理能力によって、排水方法が異なってくる。公共下水道が整備されていない場合は、合併浄化槽により、雑排水・汚水を浄化したうえで、排水ルートを表現する。

確認申請の内容は、関係する各課（建築指導、都市計画、開発、道路、下水道、景観など）が求める情報が明記されていなければならない。基本的には一般図の中で、できるだけ多くの情報を簡潔に表現することを目指したい。

■一般図以外の図面の描き方

○確認申請書の様式

建築基準法施行規則第1条の3
表1より抜粋

	図書の種類	明示すべき内容
(は)	基礎伏図 各階床伏図 小屋伏図 構造詳細図	縮尺並びに構造耐力上主要な部分の材料の種別及び寸法

添付対象となる規模・構造種別によって必要となる図書は異なる。
ほかに、基礎・地盤説明書や構造計算書などがある。

○基礎や地盤を説明する際などに使用する地盤調査資料

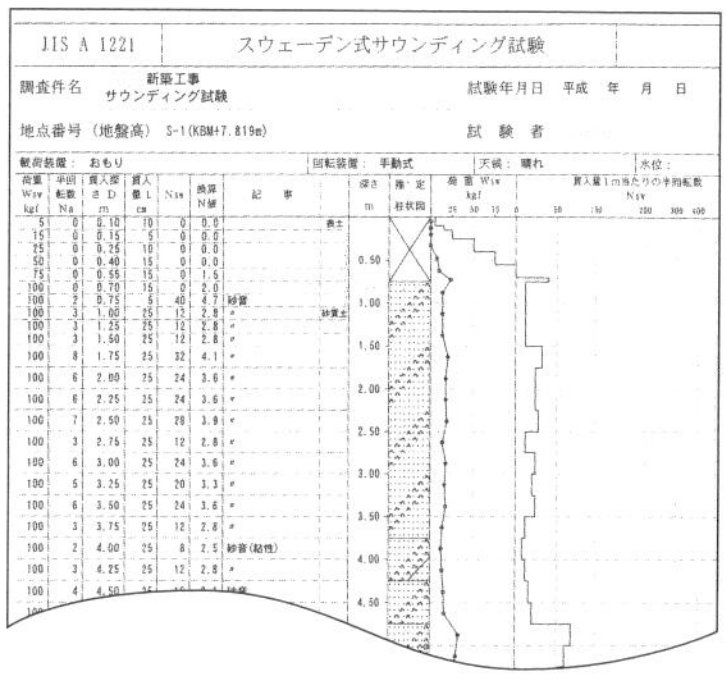

○伏せ図とは

各層の骨組み見下ろし図である。

梁・柱・束のサイズ・位置などが明記され、交差する梁組みや通し柱・管柱の有無などが表現される。

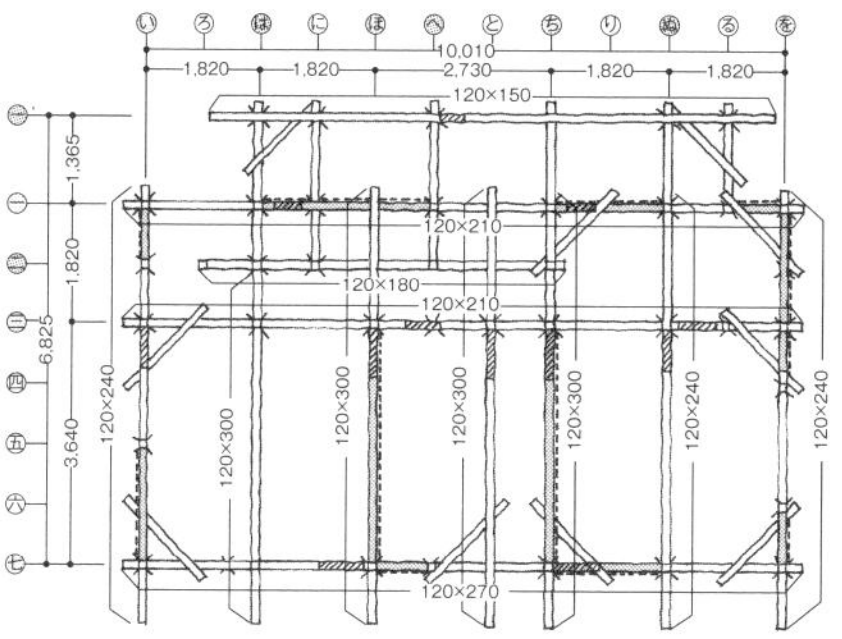

○軸組図とは

通り芯ごとに切り取られた、骨組みの立面図である。基本的には、通り芯（骨組み中心線）における切断面として描かれるが、交差する梁断面や、耐力壁などを記入すると取り合いが理解できる

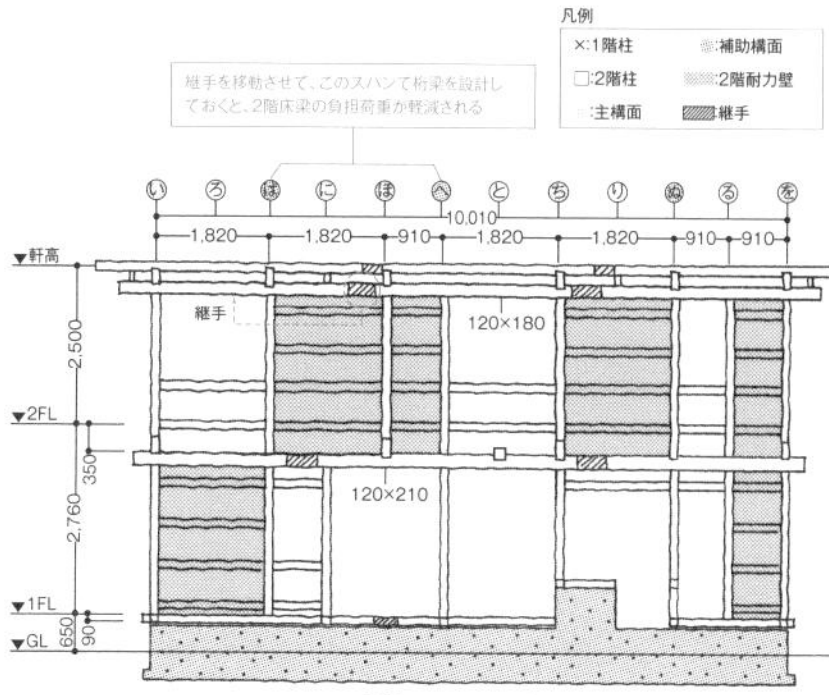

『世界で一番やさしい木構造』より

○設備 換気扇やＦＤ付ベントキャップなどの資料

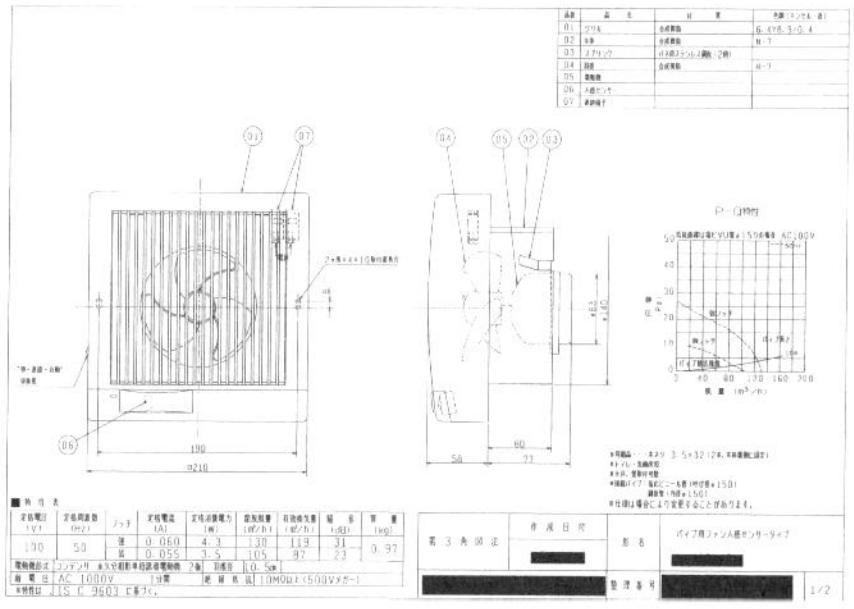

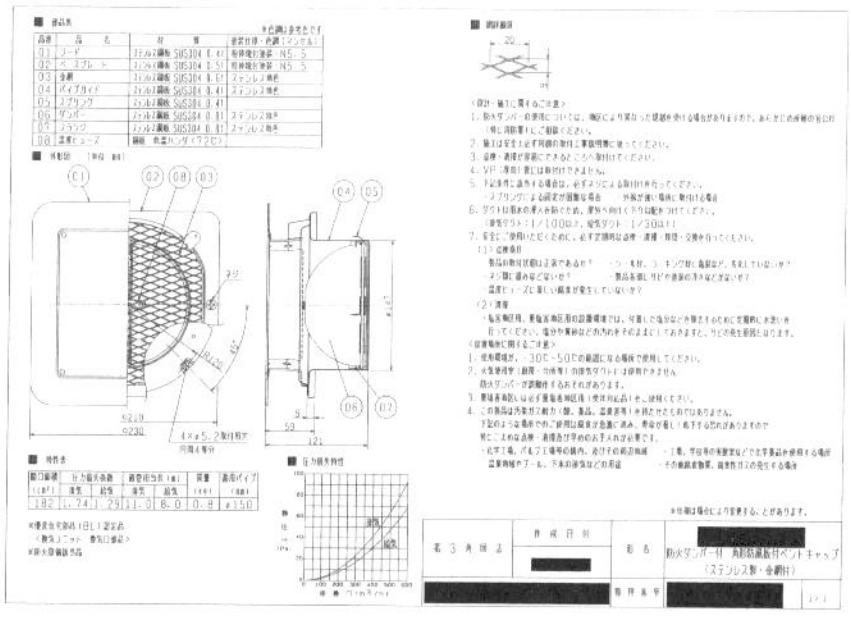

提供：建築行政情報センター

関係行政機関内の各課が求める内容について、事前に確認し申請図書に必要に応じて記載したい
以下、全国共通ではないが例としての部署をあげると、

- □ 道路について（建築指導課、道路課、路政課、道路管理課など）
- □ 開発について（建築指導課、都市計画課、開発審査課など）
- □ 用途地域、都市計画道路について（都市計画課など）
- □ 公共下水道について（下水道管理課など）
- □ 景観・地区計画について（建築指導課、景観課など）
- □ 埋蔵文化財について（文化財課など）
- □ 通学路について（教育施設課、学務課など）
- □ 消防法について（消防署）

その他、確認申請以外の許認可申請・届などの手続きについて、再度確認する必要がある

園田邸　1955年／吉村順三

写真：新建築写真部

天井高の違いで部屋の質を変える

生涯一貫して「気持ちのよい住宅とは何か」を追求し、つくり続けてきた吉村順三が、ピアニストのために設計した家。

グランドピアノを置く吹き抜けのリビングを中心に、各部屋が配置されている。玄関から入ると、ピアノの圧迫感を和らげるためだろうか、リビングの床面は1段下がっている。庭側のコーナーには、天井高を抑えた暖炉を囲むスペースがある。練習の合間の休息や家族との団らんに、いつしか時を忘れてしまいそうな心地よいスペースだ。コンクリートの壁面に設けられた暖炉を前に、造り付けのベンチに腰掛けると、小さいながらも開放的な腰窓から庭の樹木が室内に飛び込んでくる。

寝室と書斎がある2階への階段は吹き抜けのリビングを見ながら上がることになる。それはまるで樹の上にある部屋を訪ねるような感覚だ。ピアノ室を兼ねたリビングも2階の部屋も、この絶妙な階段の位置によって、1つのヴォリュームとして感じることができる。夫妻のための家は、ピアノ室を増築して現在も生き続けている。

第7章

住宅の実現

105

施工者の探し方・選び方

Point 施工者が建て主や設計者と同じように、家づくりへの想いがあるかどうかも決め手になる。

施工者を探すことは、設計者にとって非常に難しいものである。設計者との相性もあるが、何よりも信頼できる施工者に出会うことは、建て主の完成後の生活に影響するからだ。特に知らない地域で建てる場合は、その街で住宅を建てたことのある知り合いの設計者がいれば情報を得ることも必要だ。

建て主と設計者が考えるコスト感覚は、施工者とは異なる。同じ設計図であっても、施工者の考え方によって、見積の差が出てくる。腕のよい職人を抱える施工者や、現場の安全管理の考え方によっても、見積もる経費は各社様々である。施工者の技術力もあるが、設計図から読み取る精度やグレードを伝えきれない場合、予算の50％くらいの差が出る場合もある。

なんといっても施工者が、建て主と設計者に対して、家に対する想いを汲み取ろうとする姿勢があるかどうかが重要である。設計者が、いつも頼んでいる施工者を紹介したり、建て主が紹介する場合もあるが、基本的には地域の施工者に依頼したほうが、完成後の対応まで考えると、建て主にとっては安心だ。住宅はつくってしまえば終わりではない。暮らし始めて対応せざるを得ない機能上の問題も出てくるからだ。そういったとき、価格競争だけで依頼した施工者だと、竣工後も気持ちよく対応をしてくれるかどうかまで考えたほうがよい。

建て主と設計者が、新たな土地で施工者を探すには、敷地周辺の地域を回って、各施工会社の工事現場を見学するか、今までに手がけた住宅を見学することを勧める。工事現場では、施工者の現場の雰囲気を感じることができるからだ。片付け方一つ取ってみても、仕事への取り組みがわかる。なによりも建て主、設計者、施工者が、家づくりに対して対等な立場で、信頼関係を築いていけるかどうかが決め手になる。

■設計業務から工事監理業務へスムーズに移行するために

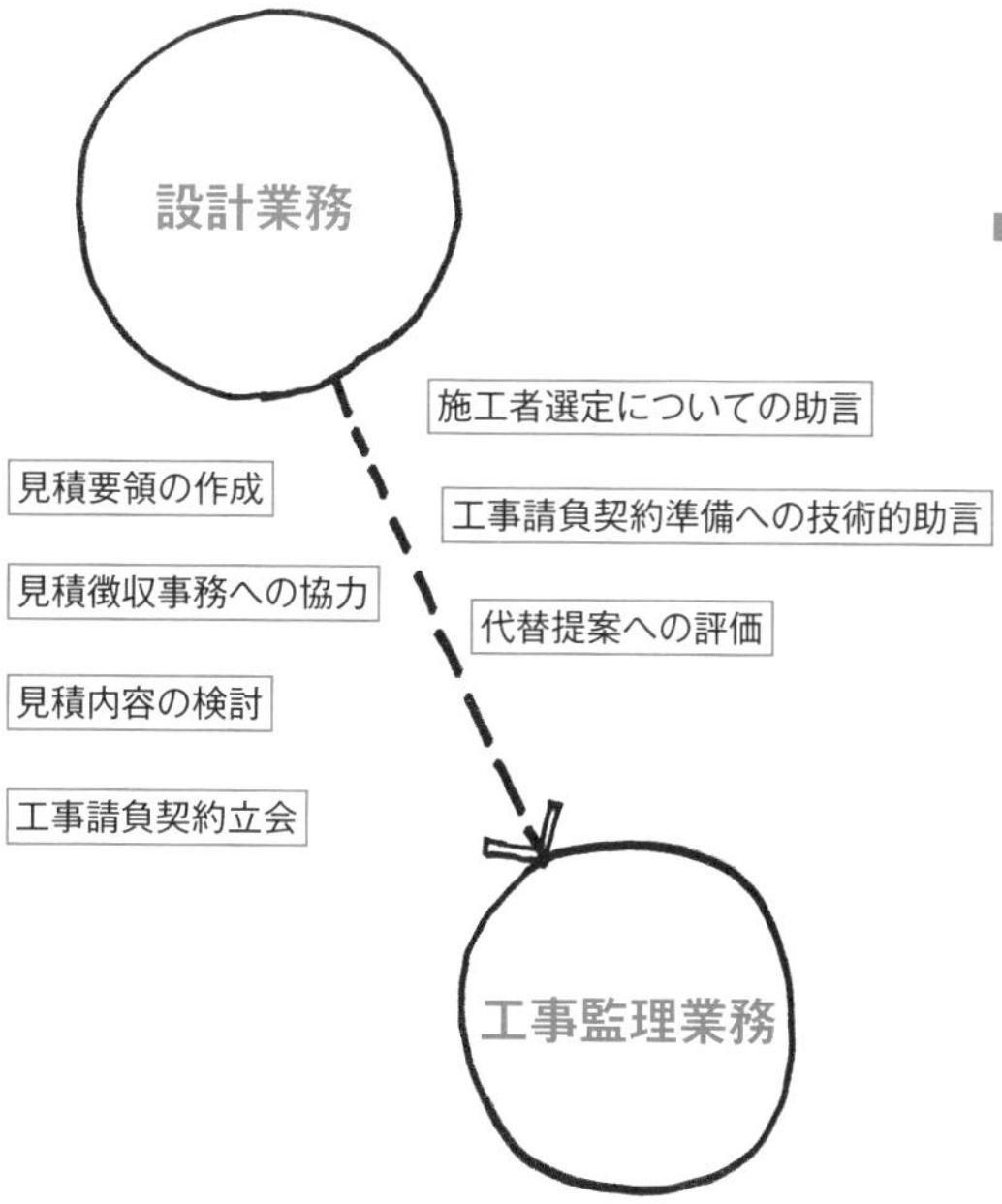

■施工者を探す方法

・建て主が施工者を指定あるいは紹介する
・設計者が施工者を指定あるいは紹介する
・住宅を建てる地場の施工者を探す
・その他の仲介組織を利用する

■建て主や設計者が施工者を選ぶ際の心配ごと

・手抜き工事をしないか
・説明なしに代金請求されないか
・建て主や設計者の意向を技術的に判断し、施工者としての意見を持っているか
・設計内容に興味を持ってくれるか
・信頼関係を築こうとしているか
・会社名より現場担当者の相性はどうか
・コスト感覚が合うか

施工者に手がけた住宅を見せてもらおう

■新たな土地で施工者を探すには工事現場を見回ろう

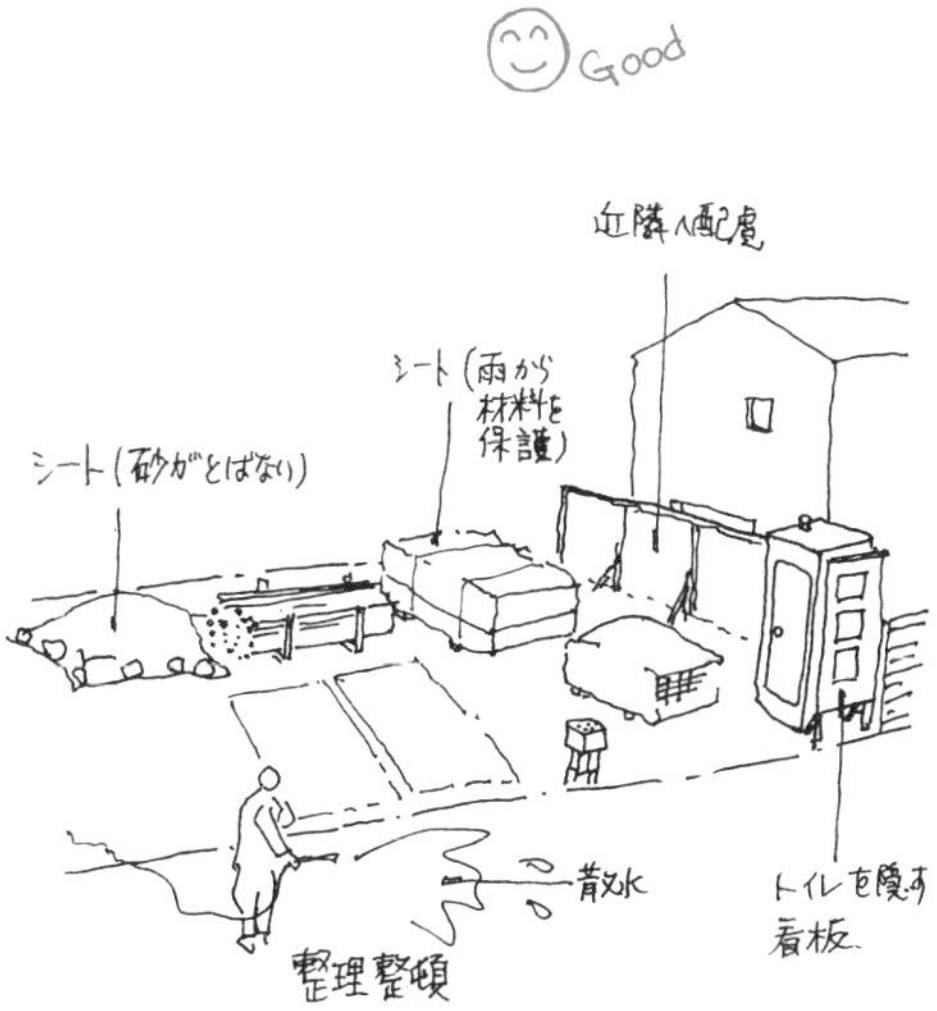

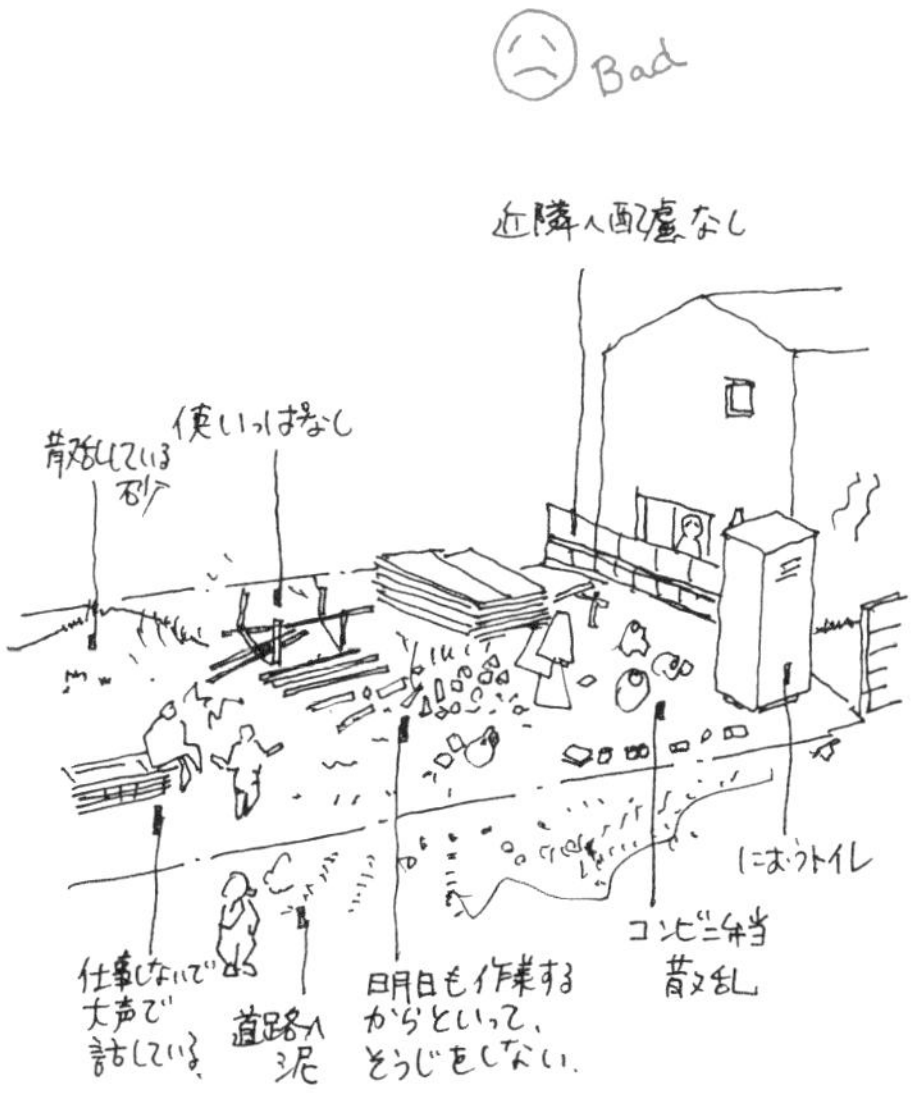

工事をしてもらう施工者を選ぶことは、住宅完成後の安心感を得るためでもある

106

見積依頼と見積精査

Point 相見積は建て主に相場を知ってもらうにはよいが、価格競争のための相見積は避けたい。

複数の施工者に見積を依頼する場合と、1社に決めて依頼する場合がある。前者を相見積、後者を特命という。私は完成後の対応も考えて、特命の方がよいと考えているが、初めての土地では相見積を取るようにしている。相場を建て主に知ってもらう意味もあるが、相見積によって各施工者の力量が判断できるからだ。特命は比較ができないが、設計者が知っている施工者であれば、ある程度コストを把握できる。

規模の大小を問わず、設計図に求められる精度や工種は変わらない。住宅は施工者にとって利益が大きいものではない。さらに見積作業は本来、経費を必要とする。価格競争のための相見積は避けたい。

見積が出てきたら、設計者は内訳を精査し、設計内容を理解したうえでの費用かどうかを冷静に見極める。納まりへの過剰な計上はないか、仕様の考え方は設計内容に合致しているか、さらに機器類の仕入れの掛け率や工賃単価も精査する。施工者の技術提案や代替材料や工法などのコストダウンの提案を含めて、判断しなければならない。施工者の意向を聞くことは、設計内容の新たな可能性や発展につながることもあるので、謙虚に受け止めたい。

見積書の精査が終われば、見積内容についての説明を再度、施工者に確認して、設計者と施工者の意見を互いに摺り合わせる。大きな認識のズレは、コストに大きく影響する。現場でズレが最小になるように摺り合わせる。

様々な調整や交渉を経て、見積金額が建て主と施工者の双方で合意できれば、その設計内容で工事請負契約を建て主と施工者の間で取り交わす。設計者の仕事でもある工事監理者の立場は、請負契約の中では「立会い人」である。設計者が設計から工事監理まで行うためには建て主と工事監理契約を結ぶ必要がある。

■見積依頼事務への協力

・現場説明事項書の作成
・現場説明会(ゲンセツ)の開催

・見積期間中の質疑応答
・見積書の徴収
・施工者選定についての助言

■相見積・特命のメリット・デメリット

相見積
・コスト比較ができる
・設計図の読み取りの差を感じることができる
　→技術的な得意、不得意が分かる
・仮設工事や諸経費で工事に取り組む意欲を判断できる
・価格競争になる恐れがある

特命
・施工者の考え方、コスト感覚を理解している
・施工者も設計者の考え方を理解している
・改修工事等は既存調査から参加してもらい、予算計画を立てながら進めることができる
・コスト比較ができない

見積書の
書き方で
施工者の
考え方がわかる

■見積内容の検討と調整

・設計内容との照合
・見積落ち、過見積の確認
・工事費の妥当性の検証
・工事計画上の方針

検討
調整

コストダウン提案
・工事内容の取捨選択
・将来工事との区分
・代替材料の提案

代替提案(ＶＥ)
・工種の合理化
・工事計画の合理化
・代替材料の提案

■見積金額、工事内容の確定

→工事請負契約時の立会

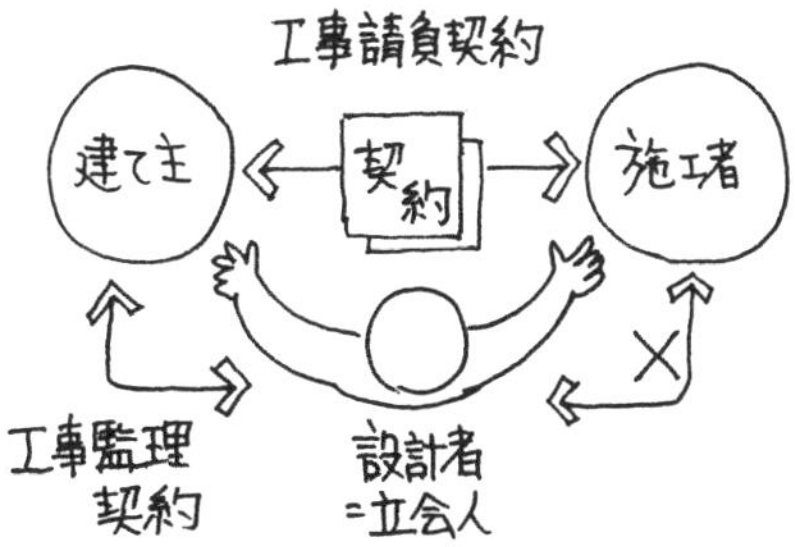

(記名・押印する場合もある)

107

さらかん・たけかん

Point

建て主は工事に際して、工事監理者を置かなければならない(建築基準法第5条の6第4項)。

「工事監理」(監の皿から「さらかん」と言われる)とは、工事が設計図通りに実施されているかを確認および照合する法的な義務である。一方、「工事管理」(管の竹から「たけかん」と言われる)は、工事工程や現場の安全管理を含め、工事全体の運営を管理するという施工者側の言葉として使われる。例えば、鉄筋の配筋完了後、コンクリートを流し込む前に行う配筋検査がある。配筋検査は工事監理の業務であり、設計図通りに施工されているかどうかを確認し照合する。一方、検査を行うまでに、型枠大工や鉄筋工の手配を行い安全管理を考慮して、設計図に基づいた施工を行うために作業時間などを計画し、現場を運営することは工事管理の業務である。

住宅では、設計者がそのまま工事監理業務を委託され、現場まで受け持つことが多いだろう。「工事監理」業務より広範囲な「監理業務」は、契約によりその内容が決まる。工事では技術的な項目を確認するだけではなく、現場で使い勝手や意匠といった設計内容を建て主に向かって現場で説明する作業も出てくるだろう。

監理者は、施工者からのアイディアや現場での思いがけない発見を生かすために、決定した建設費の中で調整しなければならない。工事過程の中では、建て主の新たな追加要望もある。建て主への追加予算への理解を求めたり、施工者に予算や工事期間の調整を求めたりする必要がある。監理者は、設計の主旨に沿ってよりよい家をつくるために、建て主と共に最終的な優先順位の判断が求められる。

モノづくりとしては設計と監理が分けられるのは不自然であると私は感じている。設計図を描いた人間としては、最終的にモノが生み出される現場に立ち会い、最後まで見定めたいものである。

■工事監理業務の内容

監理(工事監理)業務例

監理(契約による業務)

工事監理(建築士法上の工事監理)

建て主に対して
- 工事管理体制についての確認報告
- 工事の状況報告
- 使用材料、配置、高さ、仕様などの最終確認
- 設計図と工事結果、材料の仕様等の照合報告

★工事で起こっていることの説明に尽力する

施工者に対して
- 工事管理体制への助言
- 設計意図内容の説明(機能、意匠など)
- 施工計画、方法の協議
- 設計図と工事結果、材料の仕様等の照合確認
- 建て主の立場で工事の運営への助言

★「ともに」つくる意識を強く持てるようなチームづくり

合理的な工事運営を目指すが、施工効率によって設計の主旨・意図を失わないように注意する

■設計変更への対処

建て主要因
- 新たな条件提示
- 追加要望等
- 設計者への問合せ

⇄

工事監理者要因

設計図の不整合等

⇄

施工者 要因

施工効率化による変更等

【変更事項は3者でよく協議し、合意が必要】

- 変更内容による設計料、工事費、工事期間の延長の有無
- 変更による工事停止や法手続およびそれに関わる設計作業の期間確保と設計料の追加の有無など

以上を十分に協議する

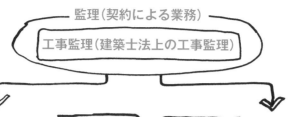

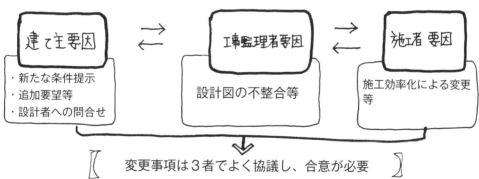

検査と引渡し

Point 法的な検査を終え、竣工時の検査に合格したら、建物が建て主に引き渡される。

工事監理者の業務において最も重要なのは、主要な工種が終了した段階で工事が設計図通りに実施されているかを確認する検査と、竣工時に建て主が立ち会いのもと行う確認と検査である。また建築基準法上の中間検査や完了検査もあり、すべての法的な検査を終え、竣工時の建て主の確認・検査に合格して初めて、建物が施工者から建て主へ引き渡されるのである。

工事監理者が行う工事中の現場確認と検査においてなかでも重要なのは、隠れてしまう部分や構造体の材料・施工が図面通りに行われているかどうかの確認と検査である。鉄筋コンクリート造、鉄骨造、木造と、それぞれの構造に適した合理的な方法で確認と検査をおこなう。適正に配筋されているか、型枠との離れは確保できているか、コンクリートは設計図通りの仕様か、など多岐にわたる。建築基準法上のチェック項目のほかに、工程ごと、工場製作品の搬入前や搬入直後にも工事監理者は立ち会いや書面にて製品を確認する。

建て主の完成検査でのチェック項目は、図面で表現されたすべての工事の完了と仕上り状況を確認することである。一部の工事が検査日までに間に合わない場合や、検査で不具合がでた際は手直し工事の完了を建て主に確認してもらう。また追加工事が発生した場合は、追加の工事費や設計料などの費用清算を明確にしたうえで、建物の引渡しとなる。同時に、工事監理者は建築士法上の工事監理報告書を建て主に提出する。引渡しに際しては、施工者の用意する鍵とともに、仕上げ材のメーカー名、製品名、色番号などが記載された一覧表や、各工種による施工業者名簿などをファイルにまとめて建て主へ提出する。引渡し時に各種設備機器の取り扱い方を説明することも多い。

■工事監理者が行う主な工事中の検査

・技術的な施工方法、施工結果の検査
・設計図に示された材料、形状、仕様、納まりの確認検査
・試運転による設備性能の確認
など

配筋検査

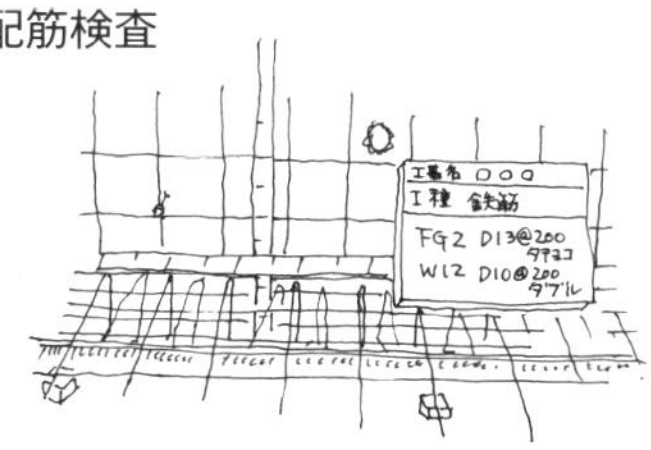

材料の確認検査

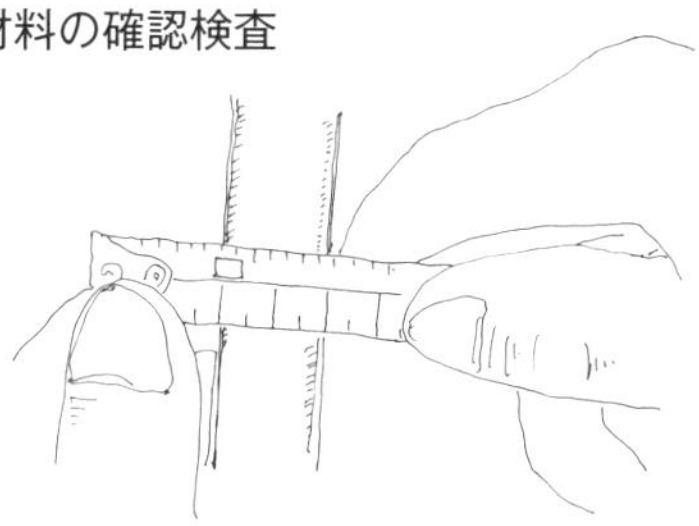

■完成検査（竣工に向かって）

・最終的な検査項目の確認
・施工上における不具合の是正指導
・場合によっては残工事内容と施工予定日時の確認
・工事監理報告書の作成（建築士法）
・建て主より委託を受けて工事監理の状況報告書の作成（建築基準法）
↓
建て主の完成検査
・すべての工事結果の確認
・追加変更に対する費用の合意
↓
引渡し となる

指摘場所には
フセンが貼られていく

施工者

・鍵
・材料証明・保証書
・使用材料リスト
・型番・色番リスト
・施工者連絡リスト
・取扱説明書（説明含む）
・精算（契約による）
・竣工図提出日時

ホッとします！

工事監理者

・工事監理報告書（建築士法）
・工事監理の状況報告書（建築基準法）
・精算（契約による）

さみしくなります

建て主

・火災保険
・登記
・電気・ガス・水道・電話
・引っ越し
……

忙しくなります！

完成後の保守管理

Point 完成後も補修費用がかかることを、建て主に説明し、計画を立ててもらう。

設計期間中はむろんのこと、完成時にも再度、各部位、各材料についての保守管理を説明する時間を、建て主との間に持ちたい。

住宅は完成したら終わりではない。日頃の手入れと、長期的な保守管理やそれにかかる費用が必要なことを、建て主に理解してもらわなくてはならない。建て主は住宅を建てるために大金を払い、ローンを組んでいることも多いので、言いにくいことではあるが、建物をよい状態で維持していくには、将来にわたって修繕費用がかかることを納得してもらわなければならない。

集合住宅では、管理費や修繕積立費が管理組合によって決められているのに、一戸建て住宅では、修繕費用は忘れがちである。建物は必ず老朽化するので、必要な項目と費用を事前に建て主に伝えておきたい。

材料にもよるが、5年ほどの周期で生じる木部や鉄部の再塗装、10年周期の外壁の再塗装、シーリング工事、屋根および防水工事、給排水設備配管の取替えなど、修繕項目と時期、さらにおおよその費用を抽出して、建て主に修繕計画を立ててもらうようにする。

最も修繕費がかかるのが、足場を必要とする工事である。外壁の塗装やシーリング工事、場合によっては屋根・樋の工事などである。5年、10年、20年ごとに修繕を行えば、建物の寿命を延ばすことになり、資源を有効に利用する意味でも、費用の面でも安くつく。一戸建ての住宅でも、集合住宅のように毎月修繕費を積み立てておけば、きたるべき修繕の備えになるだろう。

集合住宅のように、保守管理サービスを専門とする会社と契約するように、一戸建ての住宅でも、設計者と設計・工事監理契約以外に、竣工後の建物を見守るための契約を建て主と取り交わして、定期的な巡回や修繕計画の立案を行うこともある。

■完成後の保守管理

住宅は暮らしを守る器である。日々住み手と住宅が会話をし、手を掛けることで愛着が生まれる。しかし、中長期的にはそれなりの費用を掛けて修繕、改修を行う必要がある。日ごろの手入れと、長期的な保守管理やそれにかかる費用が必要なことを、建て主に理解してもらうように提案するのも、設計者の務めである

○中長期的な修繕計画の例を見てみると

単位：万円

件名：○○○　竣工年月日：○年○月○日　お引渡し

区分	項目	周期	西暦 経年	○○○年 5	○○○年 10	▼ ○○○年 15	▼ ○○○年 20	▼ ○○○年 25	▼ ○○○年 30	Total
建築	内外壁用　塗装下地補修	15				30			30	60
	外壁	20					85			85
	屋根補修	10			10		10		10	30
	軒天・庇など塗装	5		15	10	15	10	15	15	80
	建具塗装	5		15	10	15	10	15	15	80
	内部壁塗り	15				30			30	60
	床フローリング部分取替(部屋単位)	20					10			10
	床フローリング張替え	25							80	80
	床暖房取替え	25						50		50
	窓周りシーリング	10			15		15		15	45
設備	給水管取替え	30							125	125
	排水桝　改修	20					25			25
	空調・換気取替え	10			15		25		35	75
	外部足場					○	50			50
	撤去費・壊し手間				○		○	○	80	80
経費	経費他 10%～　金額による			15	20	20	50	50	50	205
	費用			45	80	110	290	130	485	1140
	ライフステージの変化の可能性					ライフステージの変化①			ライフステージの変化②	
	メンテナンス以外の工事想定					改修 増築			改修 減築	

		5	10	15	20	25	30
【メンテナンス・コスト(目安)】							
↓　積み立て目安		5	10	15	20	25	30
15年まで	積み立て	180	180	180	150	150	150
30000＊12＊1年	積立+繰越	120	255	355	395	255	275
30000＊12＊5年	費用	45	80	110	290	130	485
16年目から	繰越	75	175	245	105	125	-210
25000＊12＊1年							
25000＊12＊5年	支出　累計	45	125	235	525	655	1140 ★不足

15年、30年はライフサイクルの変化も現れる頃
修繕、補修だけでなく改修を行う必要もあり得る

・マンションなどでは1世帯が毎月負担するのは(管理費＋修繕積立金) 25,000～30,000円

・上表の例ではマンションの負担例と同程度として毎月30,000円の積立を15年間行うことを想定する。少々極端な例ではあるが、15年と30年のライフステージの変化に合わせて改修を行えば、さらに増額になる。この修繕計画では30年間の修繕を考えたもので、積立だけでは不足していることが分かる。不足分は別途建て主が手当することになる
マンションと違い修繕時期の設定が自由であるので、この例の通りではないが、支払はすべて建て主の資金である。工事内容も、経済事情で選択は自由であるが、それなりにかかることを建て主に理解してもらうようにしたい

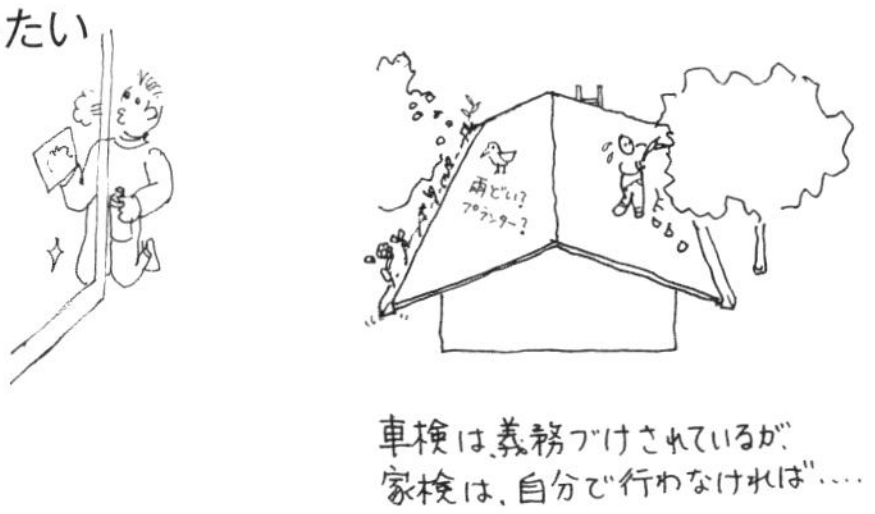
車検は義務づけされているが、
家検は、自分で行わなければ‥‥

110

建て主との付き合いは続く

Point 完成後も建て主との関係を持続させることで、設計者のネットワークも広がる。

建物が完成して建て主に引き渡したら、建て主とも自分が関わった住宅とも終わりというわけではない。住み始めて建て主は住み手となり、住宅と向き合う。はじめは何かと気がかりが多い。設計者はその中で住み手をフォローしたいものである。業務としての責任もあるが、友人として建て主との付き合いは続けていきたい。

建物が完成すれば、新しい暮らしが始まる。建て主は建物と実際の生活との調整を行うことになる。今まで設計者とともに築き上げてきた新しい器での生活に、向き合うことになるのだ。設計者が想定していない使われ方も引き出されるかもしれない。設計者が予想しなかったことを建て主が発見し、工夫をすることで、住み手独自の「家」が創造されるのである。建て主が発見や工夫をする場面が多ければ多いほど、包容力を持った設計であるといえる。

設計者のなかには、竣工した日をその家の誕生日と決めて、毎年、誕生日にはかならず訪ねて、建て主と一緒に食事をする人もいる。5年、10年のうちには、家族数やライフスタイルの変化によって、改築が必要になってくることもある。建て主との付き合いが続いていれば、すぐに対処できるし仕事にもなる。信頼関係が持続されていれば、建て主の友人、知人とも輪が広がる。建て主との関係を持続させていくことによって、設計者のネットワークも広がってくる。

ある設計者は「住宅の設計は、建て主と結婚するようなものだ」といい、またある設計者は「仕事を引き受けるときの決め手は、建て主と生涯にわたって友人になれるかどうかだ」という。どちらも建て主とそれだけの信頼関係を持てなければ、住宅の設計は難しいということだ。完成した家を前にしたら、建て主との付き合いは、これからが本番と思ってほしい。

■建て主との付き合いは竣工後も続く

建て主は住み始めて住み手となり、住宅と向き合う。初めは何かと気がかりが多い。設計者はその中で住み手をフォローしたいものである。業務としての責任もあるが、友人として建て主との付き合いは続けていきたいものである

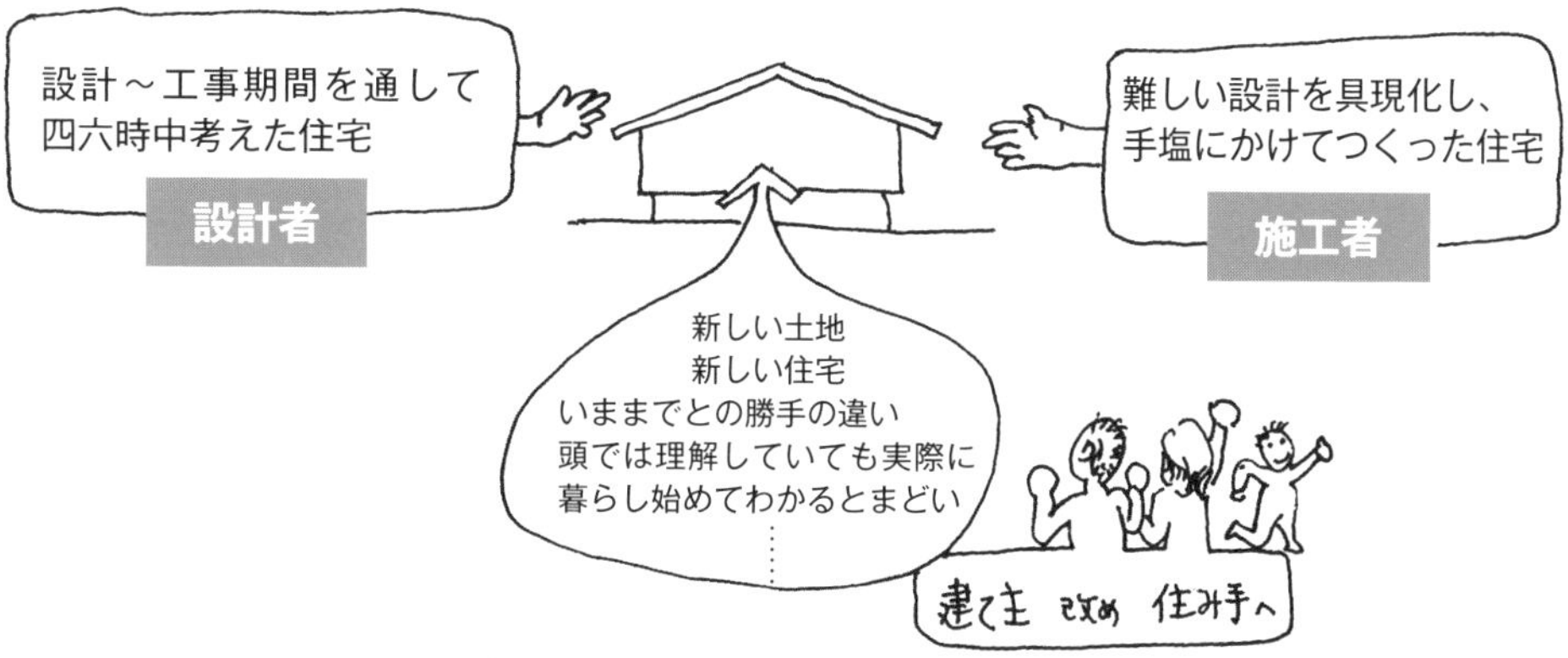

暮らし始めの時点では建て主が新しい住宅に接している時間は、設計者や施工者より短い。設計者、施工者は新しい生活にとまどう建て主をフォローしたい

建て主が暮らしになじみ、工夫されて住宅は完成していく
設計～工事を通じて建て主との信頼関係を築いていきたい

本書の内容と構成——あとがきに代えて

本書は、建築設計の実務に入って間もない人や、学校で初めて「設計課題」に取り組む人に向けて、住宅に絞って建築計画の考え方を示したものである。設計の前段階となる「計画」を取り上げているが、110のポイントを読み進めていけば、1軒の住宅設計ができるように、7章で構成されている。

1章では、設計者の役割と建て主との関係、2章では設計者が基本的に身に付けておきたいこと、3章では敷地の見方と調べ方、4章では住宅計画をするときに必要なアイディアとなるポイント、5章では基本計画の立て方や、計画から設計に移るまでに必要な作業、6章では実施図面と確認申請用の図面の表現方法、7章では工事監理の内容や手順、そして完成後建て主に引き渡すまでを記述している。

設計の受注から完成までに想定される作業を、時間軸で追っているが、見開き単位で1テーマになっているので、関心のある項目から入ることもできる。

設計者の仕事は建て主から設計を依頼されて始まることになる。だが、いきなり住宅のカタチが出てくるわけではない。普段から様々な空間体験をしたり、アートや文学、経済や社会問題に至るまで関心を持ち、その中から自分なりに住宅設計に活かせる引き出しをもつことが大切だ。カタチが決まったとしても、法規や建て主が用意した予算の調整、施工会社との見積をめぐるやりとり、工事現場の監理など、完成までに幾多の難問が待ち受けている。そのような問題にぶつかったときも、本書のページを開いてほしい。きっと解決方法が見つかるはずだ。

これまでにいくつかの住宅を設計させていただいた私の経験が、これから住宅設計に取り組もうとする人たちの参考になればと思い、本書を執筆することになった。ここに記述されている内容は、私の体験から導きだされたことも多く、設計は計画段階でほぼ決まると実感している。そして1軒の住宅をつくる楽しさは、初めて手がけたときとまったく変わっていない。私にとって住宅設計は、果てない夢を追いかけているように、つきることがない。皆さんも本書を通じて、住宅の計画・設計・施工の面白さを感じていただければ幸いである。

樋口善信

引用・参考文献

『世界住居誌』布野修司編　昭和堂
『ARCHITECTURE:FORM,SPACE,＆ORDER』FRANCIS D.K.CHING　VAN NOSTRAND REIHOLD COMPANY
『住宅をデザインする』建築学教育研究会　鹿島出版会
『宮脇檀の住宅設計テキスト』宮脇檀建築研究室　丸善
『マテリアル・デザイン2009-2010』　彰国社
『デザイナーのための内外装材チェックリスト2005』　彰国社
『現場で役立つ建築用木材木質材料の性能知識』　日本住宅・木材技術センター
『ガラス建材総合カタログガラス技術資料編』　日本板硝子社
『住まいの人類学』大河直躬　平凡社
『コワ〜い土地の話』三住友郎　宝島SUGOI文庫
『やすらぎの住居学』清家清　情報センター出版局
『やさしさの住居学』清家清　情報センター出版局
『ゆたかさの住居学』清家清　情報センター出版局
『「しきり」の文化論』柏木博　講談社現代新書
『建築計画の基礎』西出和彦　数理工学社
『図説　日本の住まい』中山章　建築資料研究社
『住まいのミカタ』水上裕　他　学芸出版社
『建築家のための住宅設備設計ノート』知久昭夫　鹿島出版会
『すまいの寸法・計画辞典　第二版』岩井一幸・奥田宗幸　彰国社
『眼を養い 手を練れ 宮脇檀住宅設計塾』宮脇塾講師室編著　彰国社
『木材と木造住宅Q＆A108』日本住宅・木材技術センター編　丸善
『日本の伝統建築の構法』内田祥哉　市ヶ谷出版社
『「私の家」白書』清家清　住まいの図書館出版局
『二十二世紀を設計する』林昌二　彰国社
『建築計画』長澤泰 編著　市ヶ谷出版社
『「日本の住宅」という実験』小泉和子　農文協
『近代ニッポンの水まわり』和田菜穂子　学芸出版社
『宮脇檀　旅の手帖』宮脇彩編　彰国社
『芸術新潮　2007年7月号』　新潮社
『大谷石百選』NPO法人大谷石研究会　市ヶ谷出版社
『住まいの伝統技術』安藤邦廣・乾尚彦・山下浩一　建築資料研究社
『新建築学大系23 建築計画』原広司、鈴木成文、服部岑生、太田利彦、守屋秀夫著　彰国社
『世界で一番やさしい木構造』山辺豊彦　エクスナレッジ
『世界で一番やさしい建築基準法』谷村広一　エクスナレッジ

樋口 善信（ひぐち よしのぶ）

一級建築士・CASBEE評価員
1969年神奈川県生まれ。1994年千葉工業大学大学院修士課程修了。
洋建築企画を経て、2004年樋口善信建築計画事務所設立、現在に至る。
2006年より千葉工業大学建築都市環境学科非常勤講師。

世界で一番やさしい　建築計画［住宅編］
最新改訂版

2020年4月27日　初版第1刷発行

著　者　樋口 善信
発行者　澤井 聖一
発行所　株式会社エクスナレッジ
〒106－0032
東京都港区六本木7－2－26
http://www.xknowledge.co.jp/

編集　Tel 03-3403-1381 ／ Fax 03-3403-1345 ／
info@xknowledge.co.jp
販売　Tel 03-3403-1321 ／ Fax 03-3403-1829